Carl Friedrich von Weizsäcker

Lieber Freund! Lieber Gegner!
Briefe aus fünf Jahrzehnten

Ausgewählt und mit Anmerkungen versehen
von Eginhard Hora

Carl Hanser Verlag

1 2 3 4 5 06 05 04 03 02

ISBN 3-446-20150-5
Alle Rechte vorbehalten
© Carl Hanser Verlag München Wien 2002
Satz: Satz für Satz. Barbara Reischmann, Leutkirch
Druck und Bindung: Franz Spiegel Buch GmbH, Ulm
Printed in Germany

Vorwort

Der Hanser Verlag hat mir vorgeschlagen, zu meinem 90. Geburtstag, im Juni 2002, eine Sammlung von Briefen herauszugeben, die etwa seit meinem 40. Geburtstag (1952) geschrieben waren. Alle diese Briefe waren diktiert, ihre Kopien werden vom Archiv der Max-Planck-Gesellschaft aufbewahrt. Geschrieben haben sie meine Sekretärinnen, denen ich herzlich dafür dankbar bin: zuerst, in der längsten Zeit, war es Ruth Grosse, dann Meike Loth-Kraemer und später Elisabeth Beanum.

Ich erlaube mir hier einen kurzen Rückblick auf die Themen, mit denen ich in diesen vergangenen Jahrzehnten befaßt war. Mit drei Fragenkreisen habe ich mich in meinem Leben beruflich abgegeben: Physik, Philosophie, Politik. Dazu kommt das tiefe Thema der Religion. In keinem der drei Fragenkreise bin ich zu etwas wie einer endgültigen Antwort gekommen. Aber ich möchte zu jedem der drei Fragenkreise hier ein Thema nennen, das mich am stärksten beschäftigt hat. Ich beginne mit dem Rückblick auf den Weg, der mich zu den Themen geführt hat.

Als ich vier Jahre alt war, bin ich oft zwischen Wilhelmshaven, wo mein Vater, im Ersten Weltkrieg, Marine-Offizier war, und unserer Familienheimat Stuttgart in der Obhut meiner Mutter in der Eisenbahn gefahren. Ich sah die Landschaft und wollte Lokomotivführer werden. Sechsjährig wollte ich Forschungsreisender werden, achtjährig Astronom; also immer der Blick auf die weite Welt. Vierzehnjährig lernte ich, in Kopenhagen, wo nun mein Vater an der deutschen Gesandtschaft als Diplomat tätig war, den jungen Physiker Werner Heisenberg kennen, der dort bei dem großen dänischen Physiker Niels Bohr arbeitete. Er bewog mich, mein Interesse im Fach der Physik zu befriedigen. Heisenberg fand eben damals die endgültige mathematische Fassung der Gesetze der Atomphysik, die Quantenmechanik. In ihr habe ich dann jahrzehntelang gearbeitet, wenngleich meine mathematische Begabung geringer war als die mancher Kollegen. Ein Thema, das mir erst in den späten 50er Jahren des Jahrhunderts das Wichtigste wurde, war der Versuch, die Atomphysik auf die Quantentheorie von »Ur-Alternativen« zurückzuführen. Diese Alternativen führen mathematisch zur dreidimensionalen Geometrie des Ortsraums der Atome. Leider ist dies, da mir selbst die Kraft zur vollen Ausarbeitung fehlte und daher keine englische Übersetzung in Angriff genommen wurde, in der späteren Atomphysik, die vorwiegend in Amerika stattfand, bisher nicht aufgenommen worden. Aber es könnte eine Basis der »String-Theorie« sein.

Ich dachte immer darüber nach, was diese Physik eigentlich bedeute. So fügte sie sich in mein seit der Schulzeit waches Interesse an der Philosophie ein. Ich hatte in der Schule Griechisch gelernt, und nun las ich Platon und Aristoteles, aus der Neuzeit Kant, bald auch Schelling und Hegel und lernte den großen zeitgenössischen Philosophen Heidegger kennen. Mein Empfinden war freilich: Wenn in der Physik eine wichtige Entdeckung gemacht wird, ist sie fast stets nach zehn Jahren allen guten Physikern bekannt; in der Philosophie aber soll man sich nicht wundern, wenn in der so kurzen Zeit von nur zweieinhalb Jahrtausenden noch keine allgemein anerkannte Erkenntnis gefunden wird. Mit meinem gleichaltrigen Freund Georg Picht las und diskutierte ich die Philosophen. Ich publizierte einiges, und 1966 bekam ich einen Lehrstuhl für Philosophie in Hamburg.

Nun die Politik. Gegen Ende des Jahres 1938 entdeckte Otto Hahn die Uranspaltung. Kurz darauf besuchte ich ihn, bei dem ich vorher schon ein halbes Jahr gearbeitet hatte. Er schilderte mir seine Entdeckung, und er wußte, daß Joliot in Paris wohl dasselbe gefunden hatte und daß die Entdeckung sehr bald weltweit bekannt sein würde. Dieser Vorgang aber würde die Freisetzung der Kernenergie zur verfügbaren Technik erzeugen, also auch zur Verwendung als Waffe, die allen bisherigen Waffen weit überlegen sein würde. Hahn erschrak zutiefst über die Gefahr, daß Hitler solche Waffen in die Hand bekäme. Am selben Abend ging ich zu Georg Picht, und wir zogen drei Konsequenzen:

1. Wenn Atomwaffen möglich sind, wird es jemanden auf der Erde geben, der sie baut.

2. Wenn Atomwaffen gebaut sind, wird es jemanden auf der Erde geben, der sie kriegerisch einsetzt.

3. Also wird die Menschheit wohl nur die moderne Technik überleben können, wenn es gelingt, die Institution des Kriegs zu überwinden.

Die Vorhersagen 1. und 2. haben sich 1945 in Hiroshima und Nagasaki bestätigt. Die Erwartung 3. zeigt sich vielleicht am Horizont, aber noch weiß niemand, ob sie sich erfüllen wird.

Mit diesen Fragen war ich mitten in einer politischen Aufgabenstellung. Im Zweiten Weltkrieg arbeitete das Dahlemer Institut, in dem ich tätig war, an der Fragestellung der technischen Möglichkeit eines Uranreaktors als Energiequelle. Die tiefe Sorge, vielleicht müßten wir auf Regierungsbefehl noch während dieses Krieges Atombomben bauen, ging nach spätestens zwei Jahren unter, weil wir erkannten, daß unsere technischen Möglichkeiten dafür nicht hinreichten. Aber ich wünschte mir, nie wieder im Leben in eine solche Versuchung zu geraten. Die amerikanische Bombe, kurz nach dem Ende des Kriegs gegen Deutschland, hatte etwa das Tausendfache der von uns faktisch in Deutschland verwendeten (und verfügbaren) technischen Mittel erfordert.

Aber die dritte Konsequenz, die Überwindung der Institution des Kriegs, blieb mir ein leitendes Thema. In meiner Lebensdauer ist kein nuklearer Krieg mehr geführt worden. Kann die Institution des Kriegs überwunden werden? Darf das politische Zusammenleben der Menschheit die anerkannte Überwindung der Tötung von Mitmenschen zur Institution werden lassen?

Dies ist eine Frage an die Religion. Ich darf noch einmal auf meine Lebensgeschichte zurückblicken. Als ich ein Kind im Alter von acht Jahren war, schenkte mir eine Lehrerin ein Neues Testament. Als ich, etwa als Elfjähriger, anfing, in ihm zu lesen, stieß ich alsbald auf die Bergpredigt. Tief erschütterte mich dies: Offenbar ist das die Wahrheit, aber niemand von uns verwirklicht sie.

Muß ich nun nicht Naturforscher, sondern Pfarrer werden? Einige Jahre später sah ich: Hier sitze ich als lutherischer Protestant auf einer Schulbank, neben mir ein Jude, mein nächster

Freund, und hinter mir ein Katholik. Bald sah ich: Die Religionen in verschiedenen Lehrmeinungen erfüllen die Erde; und ich darf doch nicht behaupten, ausgerechnet ich sei in die einzige wahre Religion hineingeboren worden. Erst viel später, als über 50jähriger, kam ich nach Indien und hatte dort eine tiefe mystische Erfahrung. Sollte ich dort bleiben? Aber die innere Stimme sagte mir: Geh' mit dieser Erfahrung in deine Heimat zurück und nimm sie in deiner religiösen Tradition ernst! Nun lernte ich: Das Ethos der großen Religionen ist auf der höchsten Stufe zutiefst verwandt, und die meditativen Erfahrungen begegnen einander ebenso.

Noch einmal zur Geschichte der Politik. Blicken wir auf die menschliche Evolution zurück! Löwen töten einander nicht; bewaffnete Raubtiere können einen Konflikt mit ihresgleichen so ausgleichen, daß der Sieger den Unterlegenen nicht tödlich verletzt. Wie war es in der Geschichte der Menschheit? Der Mensch ist kein von der Natur bewaffnetes Raubtier. Er hat in der technischen Zivilisation schließlich auch die Waffen erfunden. Aber es gibt heute einen Blick auf die menschliche Geschichte, der lehrt, früher als vor vielleicht 4000 Jahren seien die menschlichen Gemeinschaften friedlich (vielleicht von Frauen geführt) miteinander ausgekommen. Wenn dann eine männliche Herrschaft Waffen gegen Menschen erfand, so ist doch die Lehre des hohen religiösen Ethos: »Du sollst Mitmenschen nicht töten!« Können wir das wieder lernen? Ich glaube daran.

Starnberg, im Oktober 2001   Carl Friedrich von Weizsäcker

AN ERWIN SCHRÖDINGER
30. Mai 1952

Sehr verehrter Herr Kollege Schrödinger!

Haben Sie vielen Dank für die Einladung nach Dublin und Ihren persönlichen Begleitbrief. Ich antworte so spät, weil ich im Ausland unterwegs war und mir die Post nicht nachgesandt wurde. Ich wäre sehr gerne einmal nach Dublin gekommen. Leider kann ich diesmal nicht kommen. Ich bin nämlich für die Monate Juli und August an die Harvard Summer School eingeladen und fahre Ende Juni hinüber.

Gerne würde ich den Besuch später aber einmal nachholen. Unter anderem hätte ich gerne einmal mit Ihnen mündlich über das Problem der Zeitumkehr in der Thermodynamik diskutiert. Herr Simon Moser berief sich auf Sie zur Begründung einer von ihm vertretenen Auffassung, die ich nicht für richtig halte. Ich glaube, daß wir zuerst als Physiker uns über den Sachverhalt einigen müßten und auch könnten, wenn wir die Gelegenheit hätten, einmal ein paar Stunden darüber zu reden. Vielleicht würden wir gar nicht so lange brauchen. Die Schwierigkeit bei den Philosophen ist, daß sie sich oft auf unsere in »Prosa« formulierten Behauptungen berufen, ohne die Poesie dazu, nämlich die Mathematik zu verstehen. Dabei schleichen sich dann unmerklich andere Wortbedeutungen ein, als wir sie gemeint haben. (Der Vergleich der Mathematik mit der Poesie gefällt mir deshalb, weil ich das Gefühl habe, daß beide durch die höhere Präzision des Ausdrucks vor der alltäglichen Prosa ausgezeichnet sind. Dieselbe Präzision erreicht meinem Gefühl nach die Philosophie nur an wenigen Stellen, an denen sie ebendeshalb dem sogenannten normalen Menschen völlig unverständlich wird.) Auch über den Schluß Ihres Buchs über das Leben hätte ich gerne einmal Ihren mündlichen Kommentar gehabt. Ich hatte das Gefühl, Sie wüßten dort noch mehr, als Sie sagen.

In der Hoffnung auf ein späteres Gespräch bleibe ich mit meinen besten Grüßen

Ihr sehr ergebener
CFWeizsäcker

An Karl Jaspers

2. September 1953

Sehr verehrter Herr Jaspers!

Ihren Brief vom 8. August habe ich über drei Ferienwochen liegenlassen, weil außer meinem Austritt aus dem Herausgeberstab des »Studium Generale«, den ich inzwischen vollzogen habe, nichts Eiliges auf ihn zu erwidern war und ich mir die Fragen noch einmal durch den Kopf gehen lassen wollte. Da Sie mich bitten, die Stelle, an der Sie meinem Onkel meiner Überzeugung nach Unrecht tun, deutlicher zu bezeichnen, möchte ich aber nun doch versuchen, noch einmal zu antworten.

Ich nehme Ihre Unterscheidung zwischen einem Angriff auf die Person und einem Angriff auf die Sache an, und ich bin Ihnen dankbar dafür, daß Sie ausdrücklich sagen, daß es nicht Ihre Absicht war, einen moralischen Angriff auf die Person zu führen. Meine Meinung ist allerdings, daß Sie einen moralischen Angriff auf die Person in der Tat geführt haben, und mein Kummer ist, daß es mir nicht gelungen ist, Ihnen das deutlich zu machen.

Hierüber möchte ich in diesem Brief aber nichts weiter sagen, denn dies ist – soviel ich sehe – eine Frage, in der man nur als Mensch an den anderen Menschen appellieren, aber nicht argumentieren kann. Ihre Überzeugung, daß Sie der Person nicht Unrecht tun, ist aber eng verbunden mit der Ansicht, die Sie von der Sache haben, und da über die Sache mit Argumenten gestritten werden kann, möchte ich versuchen, meine Auffassung hierüber in diesem Brief kurz auszusprechen. Ich habe das in unserer bisherigen Auseinandersetzung absichtlich in den Hintergrund gestellt, weil ich von vornherein erwartete, daß wir einander in dieser Sachfrage nicht würden überzeugen können. Ich möchte aber nicht den Eindruck erwecken, als hätte ich die Einwände gegen die Sache, die Sie vorbringen, nicht hinreichend bedacht, und versuche deshalb jetzt meine Meinung zu formulieren.

Ich möchte Ihre Sätze zunächst als eine ungefähre Beschreibung unseres Gegensatzes übernehmen, daß nämlich ich die psychoanalytische und psychosomatische Bewegung im ganzen gelten lasse trotz Kritik im einzelnen, während Sie einige Richtigkeiten im besonderen zugeben, die jedoch bei Verwerfung des Ganzen ihren Wert verlieren und erst aus anderen Horizonten wirklich richtig werden können. Wenn diese Beschreibung des Gegensatzes unserer Meinungen ungefähr zutrifft, so heißt das, daß wir nicht im Sinne einer einzelwissenschaftlichen Sachfrage uneins sind, sondern in einer grundsätzlichen Entscheidung, die man philosophisch nennen kann und die in der Tat mit sittlichen Entscheidungen zu tun hat. Ich glaube persönlich, daß der philosophische Hintergrund, vor dem diese Entscheidung allein diskutiert werden kann, das philosophische Verständnis der Geschichte der Neuzeit ist und daß die sittliche Entscheidung, die wir hier zu treffen haben, aufs engste mit einer religiösen Entscheidung, nämlich der zum Christentum, zu tun hat.

Wenn ich, um an unser Gespräch anzuknüpfen, Rassenlehre, Marxismus und Psychoanalyse als Strömungen im geistigen Leben unseres Jahrhunderts miteinander vergleiche, so gebe ich Ihnen völlig zu, daß ihnen ein gemeinsamer »totalitärer« Zug eignet. Ich würde genauer sagen, eine richtige Teilerkenntnis, die allerdings vielfach in unkontrollierter Weise in eine bloße Vermutung übergeht, wird von einer Zeit, der ein ordnendes Prinzip für das Ganze des Lebens abhanden gekommen ist, zu Unrecht zu einem solchen ordnenden Prinzip gemacht. In einem etwas mehr mythologischen Gleichnis gesprochen: Eine der vielen Teilgottheiten, von denen der Polytheismus weiß, wird in den Rang des einen Gottes eingesetzt, an den die Menschen, seit sie einmal Christen geworden sind, allein noch glauben können. Dieser Totalitarismus scheint mir also eine falsche Säkularisierung der christlichen Gotteserfahrung zu sein. Ich glaube aber, daß diese Beschreibung, in der, christlich gesprochen, jeder der genannten Bewegungen ihr Anteil an der Wirklichkeit des Antichrist oder, wie Sie sagen, des Teufels zuerkannt wird, sich nicht auf die genannten drei Phänomene beschränkt, sondern einen Wesenszug der neuzeitlichen Geschichtsbewegung überhaupt bezeichnet. Die Naturwissenschaft steht seit dem 17. Jahrhundert ständig in derselben Gefahr, totalitär zu werden. Wir haben uns an Hand des Unterschieds zwischen Galilei und Descartes über richtige, das heißt begrenzte, und totalitäre Auffassung und Anwendung der Naturwissenschaft unterhalten. Was Sie hiermit der Naturwissenschaft zubilligen, nehme ich auch für die Psychoanalyse in Anspruch. So wie es aber Jahrhunderte gedauert hat, bis ein reiner und vernünftiger Begriff von Naturwissenschaft aus der Fülle möglicher Mißdeutungen herauspräpariert worden ist, und so wie auch dieser Begriff – wie unser Jahrhundert zeigt – noch keine Sicherung gegen fürchterlichen praktischen und theoretischen Mißbrauch der Naturwissenschaft bietet, so glaube ich, daß, wer mit Psychoanalyse umgeht, ein ebenso gefährliches, ja, um seiner größeren Nähe zur Mitte der menschlichen Person willen, noch gefährlicheres Feuer in der Hand hat, dessen Läuterung nur in einem langen Prozeß und unter tragischen Opfern geschehen kann. Ich glaube, daß, wenn jemand von diesem Prozeß und diesen Opfern etwas weiß, weil er es immer gewagt hat, sich in den Vorgang dort, wo er wahrhaft brennend war, mitten hineinzustellen, es mein Onkel ist. Den Vorwurf des borniertes Totalitarismus, den man gegen viele Psychoanalytiker erheben kann, kann man gerade ihm nicht machen. Daß er freilich die Zusammenhänge dessen, was Freud entdeckt hat, mit den tiefen Fragen der menschlichen Existenz, die nur im Bereich der Religion gestellt werden können, gesehen hat, macht das psychoanalytische Denken in seiner Hand in der Tat um so viel gefährlicher, als es der Wirklichkeit des Menschen nähergerückt ist.

Ich bin also der Meinung, daß sich in der Lebensarbeit meines Onkels an einer besonderen und besonders wichtigen Stelle das zeigt, was die Signatur unseres ganzen Zeitalters ist und was ich in meiner Sprache nennen möchte, den Entscheidungskampf darum, ob die im Christentum selbst angelegte Zuwendung zur Wirklichkeit der Welt, die wir vielleicht Säkularisierung nennen dürfen, in einer richtigen oder einer falschen, in einer frommen oder einer dämonischen Weise vollzogen wird. Mir scheint daher das Teilhaben der Psychoanalyse als Bewegung im breiten an der spezifischen Versuchung unserer Zeit des dämonisch Totalitären weder für noch gegen die Wahrheit der Entdeckungen Freuds und der Bemühungen meines Onkels etwas zu sagen. Ich glaube, daß man sich mit der zutreffenden Erkenntnis, daß in ihr der Teufel lauere, nicht nur von der Psychoanalyse, sondern von jedem entscheidenden Schritt der Neuzeit distanzieren könnte, so wie dies ja in der Tat auch immer wieder geschehen ist. Ich glaube aber, daß eine solche Distanzierung der eigentlichen Entscheidung gerade ausweicht, die nur gefällt werden kann, wenn man den brennenden Boden im Bewußtsein, daß er brennt, betritt. Es scheint mir eine Illusion zu sein, man könne einen Bereich aussondern, in dem die Vernunft gesichert wäre gegen die dämonischen Versuchungen unserer Zeit. Ich glaube, daß die Vernunft, die das versucht, eben dadurch notwendigerweise blind werden muß für das, was in der Zeit wirklich geschieht.

Natürlich ist mit solchen allgemeinen Betrachtungen höchstens der Horizont anzudeuten, innerhalb dessen die konkrete Auseinandersetzung sich vollziehen muß. Und in dieser Auseinandersetzung bin ich – wie ich Ihnen schon in Basel sagte – sofort bereit, große, gefährliche Fehler derer zuzugeben, die sich auf einen solchen Weg begeben wie mein Onkel. Aber vielleicht wird es doch deutlich, inwiefern ich vor diesem Horizont solche Fehler gerade nicht als Argumente gegen den Weg dieser Menschen verwenden kann, zumal nicht in einer öffentlichen Auseinandersetzung. Hier ist die Stelle, wo meinem Empfinden nach in der Tat das Recht oder Unrecht, das wir der Sache tun, in seiner Bedeutung nur richtig eingestuft werden kann, wenn wir zunächst fragen, ob wir dem lebendigen Menschen, soweit das menschenmöglich ist, gerecht geworden sind. Denn die Entscheidung, ob eine so zweideutige Sache, wie es jedes Phänomen der neuzeitlichen Säkularisierung ist, dämonisch oder anders vollzogen wird, läßt sich überhaupt nicht gegenüber diesen Sachen in abstracto fällen, sondern nur – wenn überhaupt – gegenüber jedem einzelnen Schritt, den der einzelne Mensch in dieser Sache tut. Ebendarum aber ist, wie mir scheint, ein Urteil über den sittlichen Charakter einer Sache, die ein einzelner Mensch sich zu eigen gemacht hat, auch dann ein moralisches Urteil über diesen Menschen, wenn dies nicht

die ursprüngliche Absicht war. Das ist der Grund dafür, daß ich nicht umhinkann zu empfinden, daß Sie meinem Onkel als Person unrecht tun, indem Sie seine Sache so angreifen, wie Sie es tun. Ich bin damit wieder zum Ausgangspunkt der Frage der Person zurückgekehrt. Wenn ich mich frage, warum für mich dieses Persönliche hier eine so entscheidende Rolle spielt, so ist das wohl aus dem folgenden Grunde. Real gesehen kann es nicht mein Ziel sein, Ihre in Jahrzehnten aufgebaute und gefestigte Überzeugung in bezug auf die Psychoanalyse oder auf die Arbeit meines Onkels abändern zu wollen. Wir müssen ja immer wieder miteinander zu leben versuchen, ohne uns gegenseitig zu überzeugen. Zwar kennen wir den verborgenen Sinn geschichtlicher Auseinandersetzungen nicht, zumal nicht, wenn wir mitten in ihnen stehen. Vermutlich haben die verschiedenen Positionen, die einander auszuschließen scheinen, so wie etwa die Ihre und die meines Onkels, jeweils ihren notwendigen Sinn. Schillers auf eine andere Situation genütztes Wort
»Feindschaft sei zwischen Euch, noch kommt das Bündnis zu frühe;
Wenn Ihr im Suchen Euch trennt, wird erst die Wahrheit erkannt«
hat mir immer großen Eindruck gemacht. Ich kann also nicht wünschen, die Feindschaft, auf die ich hier getroffen bin, aufzulösen, und auch indem ich für meinen Onkel und gegen Sie nicht nur persönlich, sondern auch sachlich Partei nehme, meine ich nicht, die absolute Wahrheit gefunden zu haben. Aber ich möchte mich darum bemühen, daß jeder von uns wenigstens fühlt, daß er ein Instrument im großen Orchester ist, auch wenn er die Partitur nicht kennt, sondern nur das Stück, das er selbst zu spielen hat. Was mich schmerzte war, daß ich dieses Bewußtsein in Ihrem Aufsatz, mehr noch in der Formulierung als im sachlichen Inhalt, nicht habe entdecken können.

Hiermit möchte ich schließen und bleibe mit vorzüglicher Hochachtung

Ihr sehr ergebener
Carl F. v. Weizsäcker

AN MARTIN HEIDEGGER

27. Februar 1954

Sehr verehrter, lieber Herr Heidegger,

erst heute melde ich mich aufgrund unseres Kasseler Gesprächs, weil ich bisher meine eigenen Zeitdispositionen noch nicht übersehen konnte. Ich möchte Sie jetzt fragen, ob es Ihnen passen würde, wenn ich ungefähr die letzten sieben Tage des Monats April in Ihrer Nähe verbrächte. Früher als das werde ich nicht können, es sei denn wenige Tage gegen Ende März. Hingegen könnte ich den Besuch auch noch in die erste Maiwoche hineinziehen. Wenn es Ihnen recht ist, daß ich so komme, so würde ich den Ort aufsuchen, an dem Sie sich dann befinden. Paßt es Ihnen nicht, so müßten wir wahrscheinlich eine Zeit im Herbst suchen, obwohl ich mich vielleicht auch im Mai oder Juni einmal für eine Woche in Göttingen freimachen könnte. Aber vielleicht darf ich, ehe ich darüber nachdenke, Ihren Bescheid wegen Ende April abwarten.

Vielleicht darf ich, da ich nun länger nicht bei Ihnen gewesen bin und Sie aus meinen letzten Veröffentlichungen kein ganz deutliches Bild von dem, was ich wirklich tue, gewinnen können, versuchen, mit ein paar Worten Ihnen den Ort zu erläutern, an dem ich eben stehe. Ich möchte das gern mit dem Geständnis einleiten, daß mein Zögern, mich bei Ihnen zu melden, teils Rücksicht auf Ihre von viel zu vielen Leuten beanspruchte freie Zeit zum Grund hatte, teils aber auch das Empfinden, ich sei für das wirkliche Gespräch mit Ihnen noch nicht zur Genüge vorbereitet. Vielleicht erscheint Ihnen diese Hemmung etwas studentenhaft, aber ich muß trotzdem bekennen, daß sie bestand und in gewisser Weise noch besteht. Ich habe in früheren Zeiten das getan, was man wohl, wenn man jung ist, leicht tut: ich habe Ahnungen so ausgesprochen, als seien sie Wissen. Das war nur möglich in einem Zustand philosophischer Naivität, und dieser Zustand machte es auch, daß ich mich damals nicht scheute, mit Ihnen zu sprechen.

Inzwischen habe ich auch in den äußeren Umständen meines

Lebens eine gewisse Änderung vollzogen. Vor etwa 1 1/2 Jahren, etwa gleichzeitig mit der Erkrankung meines Sohnes, habe ich alle auswärtigen Vorträge und alles überflüssige Schreiben aufgegeben und versucht, mir Zeit und Sammlung zu einem längeren und gründlichen Arbeiten zu verschaffen. Ich würde Ihnen gern, ehe ich zu Ihnen komme, von der Absicht und dem gegenwärtigen Stand dieser Arbeit etwas sagen; denn es handelt sich um ein ziemlich komplexes Gebilde, das man u. U. besser zunächst einmal im Umriß schriftlich aufzeichnet, um dem Gespräch dann die Verdeutlichung und Vertiefung zu überlassen.

Vielleicht darf ich mit der konkreten naturwissenschaftlichen Arbeit anfangen, in der ich zur Zeit stecke. Die Frage der Entstehung des Planetensystems, über die ich vor 10 Jahren einmal eine Arbeit geschrieben habe, die zu einer Neubelebung der Kantschen Theorie führte, hat sich inzwischen zu einer allgemeineren astronomischen Kosmogonie ausgewachsen. Das Wort Kosmogonie ist hier allerdings insofern irreführend, als es nicht meine Absicht ist, die immer höchst problematischen Rahmenvorstellungen wieder einmal umzustoßen, sondern nur die Entstehung von Sternen und Sternsystemen aus einem vorher schon vorhandenen Gas im Rahmen wohlbekannter Naturgesetze so genau wie möglich zu beschreiben. Dies führt zu sehr schwierigen mathematischen Arbeiten, die ich jetzt nicht allein ausführe, sondern mit der Hilfe eines Kreises jüngerer Mitarbeiter. Wir benutzen dabei eine der neuen elektronischen Rechenmaschinen und werden durch die Art unseres team-work und durch das Nachdenken über die technischen Mittel, die wir dabei benutzen, auch immer wieder darauf gedrängt, Reflexionen über das Wesen der modernen Wissenschaft überhaupt anzustellen. Die jüngeren Leute, die bei mir arbeiten, haben in ihrer Mehrzahl ein sehr lebhaftes philosophisches Interesse, und ich habe mit ihnen und einer Gruppe von Studenten der Studienstiftung in den vergangenen zwei Semestern langsam und mit einiger Sorgfalt Ihren Aufsatz über die Zeit des Weltbildes gelesen; da fühlten wir uns durch die Schilderung der Wissenschaft als Betrieb sehr an das erinnert, was wir tatsächlich tun, und schämten uns dessen nicht. Es ist ja doch sehr lehrreich für jemanden, der versuchen will, die Neuzeit zu verstehen, wenn er etwas so spezifisch Neuzeitliches wie diese Art der Wissenschaft mit einer gewissen Leidenschaft und Ausdauer selbst vollzieht.

Im Zusammenhang mit diesen aktuellen astrophysikalischen Arbeiten steht nun eine historische Fragestellung: ich habe vor, Kants »Allgemeine Naturgeschichte und Theorie des Himmels«, die im kommenden Jahr ihr 200jähriges Jubiläum feiert, aus diesem Anlaß eingeleitet und erläutert neu herauszugeben. Die Einleitung, die ich soeben zu schreiben anfange, wächst sich zu einem Abriß des kosmogonischen Problems von den Anfängen her aus. Man kann das, was Kant wirklich getan hat, nicht verstehen, ohne seinen Zusammenhang mit den Problemen des mechanischen Naturbegriffs in der Physiko-Theologie zu betrachten. Diese Fragen führen aber einerseits auf Newton und Descartes, andererseits auf die eigentümliche Ehe, welche im mittelalterlichen und frühneuzeitlichen Schöpfungsbegriff die biblische Schöpfungsgeschichte mit dem platonischen Timaos eingegangen ist. Ich habe in den letzten Monaten versucht, den Timaos zu lesen und bin dadurch mit Naturnotwendigkeit von einem heute vielleicht etwas ungewöhnlichen Ausgangspunkt her an das ganze Problem der platonischen Philosophie geraten. Hierüber stehe ich mit meinem Freund Georg Picht in einer langsamen, aber immer wieder aufgenommenen Auseinandersetzung.

Das Erarbeiten des historischen Stoffes hat schließlich doch das Ziel, unseren heutigen Standort besser zu begreifen. Was eigentlich die Neuzeit sei, suche ich mir von immer neuen Seiten her zu verdeutlichen. Der wichtigste Gesprächspartner, den ich für diese Frage hier in Göttingen habe, ist Gogarten. Ich weiß nicht, ob Sie sein neues Buch »Verhängnis und Hoffnung der Neuzeit« gesehen haben.

Ich scheue mich aber davor, mich in geschichtsphilosophische Theorie zu verlieren, und bemühe mich um die Bindung auch solcher Überlegungen an den konkreten Stoff, den mir meine Wissenschaft bietet. Hier ist ja nun die Quantenmechanik das vielleicht wichtigste Beispiel einer Art der Wissenschaft, die durch eine Radikalisierung des neuzeitlichen Denkens gewisse Ausgangspositionen der Neuzeit aufhebt. Im vergangenen Semester haben Heisenberg und ich im Rahmen unseres ständig weiterlaufenden Seminars das Problem der Grundlagen der Quantenmechanik wieder einmal vorgenommen. Im Anschluß daran möchte ich mit der Hilfe einiger jüngerer Physiker und Logiker die Frage der in der Quantenmechanik verwendeten Logik noch weiter untersuchen. Diese Arbeit habe ich mir für den Sommer und Herbst dieses Jahres vorgenommen, in der Hoffnung, daß ich mit der Schrift von Kant dann fertig sein werde. Eine Vorbereitung hierfür bildete auch die Auseinandersetzung mit der neuen Arbeit von Picht über »Bildung und Naturwissenschaft«, die er neulich, gemeinsam mit Clemens Münster, veröffentlicht hat. Die Pichtsche Arbeit behandelt im wesentlichen die Rolle der Logik im Aufbau der Naturwissenschaft und scheint mir einen sehr wesentlichen Fortschritt zu enthalten. Er präzisiert dort die Beziehung zwischen der klassischen Logik und der klassischen Ontologie. Es scheint mir nun sicher, daß die Quantenmechanik den Rahmen der klassischen Logik verläßt. Um aber die logische Situation, die hier entsteht, richtig beschreiben zu können, ist es notwendig, in die ontologische Frage ausführlich einzutreten. Erst von hier aus wird man meinem Empfinden nach auch die Fragen wirklich angreifen können, die ich in meinem Aufsatz über »Kontinuität und Möglichkeit« gestellt habe (dies ist der Aufsatz, von dem Sie in Kassel sprachen).

Ich hoffe, daß die Darstellung, die ich soeben gegeben habe, deutlich macht, inwiefern die innere Konsequenz aller meiner Fragen mich auf Themen drängt, über die ich wohl nur mit Ihnen sprechen kann. Vielleicht ist es aber auch gerade darum verständlich, daß ich immer gezögert habe, wirklich zu sprechen, wo das Wichtigste noch ungetan ist.

Dies wäre es etwa, was ich Ihnen vor meinem Besuch schon hatte schreiben wollen. Ich sende nun Ihnen und Ihrer verehrten Frau Gemahlin meine herzlichsten Grüße und hoffe, Sie in nicht mehr ferner Zeit in Freiburg oder Todtnauberg besuchen zu dürfen.

Ihr stets ergebener
CFWeizsäcker

AN MAX BORN

8. Januar 1955

Lieber, verehrter Herr Born!

Haben Sie herzlichen Dank für Ihren ausführlichen Brief.
Sie fragen freundlicherweise nach meiner Gesundheit. Es geht mir im Augenblick ganz gut. Ich habe nur gelernt, daß ich meine Kräfte etwas schonen muß.

Dies hat nun zur Folge, daß ich Ihrem an sich sehr verlockenden Vorschlag, an einer Neuausgabe Ihres Buches über die Relativitätstheorie mitzuwirken, nicht folgen kann. Ich komme mit den anderen Sachen, die ich zu tun habe, schon nicht ganz zurecht. Und man kann ja so etwas nicht obenhin machen, sondern muß es sich gründlich überlegen. Ich verstehe, daß Sie es auch selbst etwas zuviel Arbeit finden, wäre aber doch sehr froh, wenn das Buch wieder erschiene. Ob Ihnen mit einem guten jüngeren Theoretiker als Hilfe gedient wäre? Wenn Sie diesen Gedanken überhaupt erwägen, könnte ich versuchen, hier im Institut einen zu finden. Diese Leute haben meist keine Übung und manchmal auch kein Talent im Schreiben, aber sie können oft verblüffend viel Physik, so daß Ihnen jedenfalls beim Ausdenken der Dinge sehr geholfen werden könnte.

Mein Radiovortrag war nicht neu. Ich halte jetzt gar keine Vorträge, eben um mich auf meine Arbeit konzentrieren zu können. Ich habe aber den Rundfunkleuten auf Bitten hin erlaubt, aus alten Bändern von mir wieder etwas zu senden. Das hat aber die Folge, daß ich jetzt nicht einmal genau weiß, was sie gesendet haben. Nach dem, was Sie darüber schreiben, habe ich den Eindruck, es sei mein Vortrag »Wohin führt uns die Wissenschaft« gewesen. Ich glaube, daß Sie diesen Vortrag entweder in meinem Buch »Zum Weltbild der Physik« oder als Sonderdruck haben. Irre ich mich darin und interessiert er Sie, so will ich ihn Ihnen gern schicken.

Über Ihre Fragen und Bedenken sollte man mündlich sprechen. Wenn Sie einmal nach Göttingen kommen, würde ich mich über ein solches Gespräch sehr freuen. Jetzt nur ein paar andeutende Sätze. In der Politik, so wie sie faktisch ist, ist es sehr viel schwerer, anständig zu sein, als in der Wissenschaft. Das zu leugnen würde mir ganz fern liegen. Ebendeshalb habe ich aber vor der persönlichen Anständigkeit der Wissenschaftler noch nicht einen so großen Respekt wie vor einem Politiker, dem es gelingt, anständig zu bleiben. Seine persönliche Leistung ist die größere. Die Sache ist deshalb so schwierig, weil der Umgang mit Menschen, die man nicht einfach ändern kann, eine Urteilsfähigkeit über Dinge braucht, um die sich der Wissenschaftler im allgemeinen nicht zu kümmern braucht. Es ist wiederum leicht, Menschen zu behandeln, wenn man zynisch ist. In der Verbindung einer wirklichen Menschlichkeit mit demjenigen Urteil, das für den politischen Erfolg nötig ist, liegt meinem Empfinden nach die eigentümliche Leistung, die man von Politikern erwarten sollte und die von der eigentümlichen Leistung des Wissenschaftlers verschieden ist.

In bezug auf die Religion würde ich in gewisser Weise gerade in umgekehrter Weise argumentieren als Sie. Aber natürlich handelt es sich dabei zum Teil um den Wortgebrauch. Ob die Religion als menschliche Verhaltensweise einen Ausweg aus unseren Problemen bietet, ist mir weitgehend fraglich. Sie ist historisch nun einmal in weitem Umfange mit dem Fanatismus und mit dem, was Sie anmaßenden Unsinn nennen, oder auch mit der Denkfaulheit verbunden. So ist mir die Tendenz der heute in Westdeutschland herrschenden Richtung, das Christentum auf ihre Fahnen zu schreiben, gar nicht behaglich. Auf der anderen Seite glaube ich aber sehr bestimmt, daß es eine Wahrheit gibt oder vielleicht noch besser gesagt eine Wirklichkeit, die uns allein helfen kann, und daß diese Wirklichkeit das ist, wovon die Religion eigentlich reden sollte, und von der zu reden unweigerlich in den Bereich führt, den man nun einmal den religiösen nennt. In der christlichen Geschichte ist der Widerspruch zwischen diesen beiden Seiten der Religion ganz deutlich darin, daß Christus um der Religion willen gekreuzigt worden ist. Aber darüber sollte ich lieber nichts weiter schreiben, da wir ja die Möglichkeit haben zu sprechen.

Mit den besten Grüßen Ihnen und Ihrer Gattin bin ich stets
Ihr CFWeizsäcker

An Martin Niemöller

9. Februar 1955

Sehr verehrter Herr Kirchenpräsident!

Es ist bekannt, daß Sie ein Freund des offenen Worts sind. Darf ich mir heute ein offenes Wort Ihnen gegenüber erlauben?

Vor kurzem kam das Dezemberheft 1954 der Zeitschrift »Reconciliation« in meine Hand, in dem eine Rede abgedruckt ist, die Sie in Evanston im vergangenen Sommer gehalten haben. Ich gestehe, daß ich über die Art, in der Sie dort unser vorangegangenes Sechsergespräch mit Namensnennung und wörtlichen, aber leider nicht ganz genauen Zitaten erwähnt haben, recht unglücklich bin. Dies hat nichts zu tun mit den Ansichten, die Sie in dieser Rede aussprechen. Wie ich Ihnen schon damals sagte, habe ich die größte persönliche Hochachtung vor diesen Ansichten, auch an den Stellen, an denen die gezogenen Schlüsse mich nicht überzeugen.

Ich wäre aber sehr froh, wenn Sie sich an unsere Bitte hätten halten können, von diesem Gespräch in der Öffentlichkeit keinen Gebrauch zu machen. Wir sind ja seinerzeit nicht deshalb zu dem Gespräch gern bereit gewesen, weil wir eine solche öffentliche Nennung gewünscht hätten, sondern gerade die Besorgnis davor, nachher in einer nicht genauen Weise zitiert zu werden, hat mich veranlaßt, Sie zu bitten, das Gespräch im kleinstmöglichen Kreise abzuhalten, damit keinerlei Gefahr bestünde, daß nachher in einer unkontrollierbaren und unter irgendeinem Gesichtspunkt schädlichen Weise darüber geredet würde. Wir waren überhaupt nur deshalb zu dem Gespräch gern bereit, weil wir meinten, wir dürften führenden Männern der Kirche die Bitte, sie persönlich zu informieren, soweit unsere eigenen Kenntnisse reichen, nicht abschlagen. Es scheint mir in der Tat, daß Sie alles, was Sie in jener Rede sachlich sagen wollten, auch hätten sagen können, ohne uns überhaupt mit Namen zu nennen. Ungenauigkeiten in der Wiedergabe unserer Äußerungen, die Ihnen geringfügig scheinen mögen, sind doch für uns zum Teil sehr unangenehm, zumal, wenn sie dazu beitragen, die Stimmung der Panik, welche um die Atomwaffen nun einmal liegt, weiter zu erhöhen und damit die mit diesen Waffen verbundene Gefahr nur vergrößern.

Ich möchte nur einen einzelnen Punkt herausgreifen, der meinen Wunsch, nicht in solcher Weise zitiert zu werden, verdeutlicht. Ich habe Ihnen in jenem Gespräch den Namen Teller nur unter der mir selbstverständlichen Voraussetzung genannt, daß gerade dieser Name von keinem an dem Gespräch Beteiligten öffentlich gebraucht werden würde. Herr Teller ist ein Ehrenmann, der eine der menschlich und politisch schwierigsten Positionen innehat, die für einen Physiker heute möglich sind. Ich habe in unserem Gespräch einige Sorgfalt darauf verwendet auszudrücken, daß Herr Teller, als ich ihn vor fünf Jahren zum ersten und bisher letzten Mal nach dem Krieg wiedersah, mit mir in allgemeinen Worten über die mit den Atomwaffen verbundenen Fragen gesprochen hat, sich dabei aber selbstverständlich streng an die ihm auferlegten Geheimhaltungspflichten hielt und insbesondere die Möglichkeit einer Wasserstoffbombe nicht erwähnte. Ich fügte dann in Wiesbaden hinzu, ich hätte mir manche Hintergründe dessen, was er sagte, deutlicher vorstellen können, als ich einige Zeit später die öffentlichen Erklärungen über die Möglichkeit von Wasserstoffbomben las. All dies geht aus Ihrem Text nicht hervor. Vielmehr könnte ein Übelwollender aus Ihren Worten schließen, Herr Teller hätte mir gegenüber geplaudert. Und was ein solcher Vorwurf, selbst wenn er unbeweisbar bleibt, und selbst wenn ich ihn, falls er mir überhaupt zu Ohren kommt, nachher dementiere, in der erregten Stimmung, die um diese Dinge herrscht, für Herrn Teller bedeuten kann, ist doch gewiß auch Ihnen klar. Vermutlich haben Sie sich, als Sie die Rede hielten, an diese Einzelheiten nicht erinnert. Aber eben weil unsere Erinnerung uns in solchen Punkten trügen kann, wäre es mir soviel lieber gewesen, wenn Sie von unserem Gespräch in der Öffentlichkeit überhaupt keinen Gebrauch gemacht hätten.

Was geschehen ist, ist jetzt nicht rückgängig zu machen. Trotzdem wäre ich Ihnen sehr dankbar, wenn Sie wenigstens künftig dieses Gespräch nicht mehr öffentlich erwähnen und bei persönlichen Anfragen über seinen Inhalt jede mögliche

Zurückhaltung wahren könnten. Mir würde es dadurch erleichtert, auch künftig gegenüber führenden Männern der Kirche diejenige Offenheit in der Äußerung üben zu können, die ich mir selbst wünsche.

Ich bin mit vorzüglicher Hochachtung
Ihr sehr ergebener
CFWeizsäcker

AN MARTIN HEIDEGGER

12. Juni 1955

Lieber, verehrter Herr Heidegger!

Sie beschämen mich, indem Sie nach meinen vielen Absagen mich gleichwohl wieder um meine Mitwirkung bei einer Veranstaltung bitten und auf den alten Plan eines gründlicheren Gesprächs dabei anspielen. Darf ich beides trennen? Der Wunsch, mit Ihnen zu sprechen, ist in mir unvermindert lebendig, und wahrscheinlich hätte ich Ihnen in den nächsten Wochen einmal geschrieben, um zu fragen, wann und wo Ihnen ein zunächst vielleicht kürzerer Besuch von mir in den nächsten Monaten passen könnte. Darüber nachher noch ein Wort.

Hingegen möchte ich Sie bitten, mich zu verstehen und zu entschuldigen, wenn ich an der Münchner Tagung nicht teilnehmen werde. Ich habe mir vor etwa drei Jahren vorgenommen, für längere Zeit alles öffentliche Sprechen ganz zu unterlassen, und es ist mir bisher gelungen, diesem Vorsatz treu zu bleiben. Ein Präzedenzfall würde mich nötigen, an vielen anderen Stellen die Zurückhaltung auch aufzugeben. Denn es gibt viele Leute, die einen berechtigten Anspruch darauf haben, daß ich an dem, was sie unternehmen, mitwirke. Als Grund für diese Zurückhaltung gebe ich zutreffend den Wunsch an, Arbeiten zustande zu bringen, die ich nur jetzt und nur mit voller Kraft machen kann. Ich möchte Ihnen aber den Vorgang doch noch etwas genauer erläutern. Ich habe bis vor einigen Jahren öffentlich geredet und geschrieben über Fragen, von denen ich wußte, daß sie wichtig waren, und zu denen ich aufgrund eines gewissen – wenn ich so sagen darf – Ahnungsvermögens wohl auch eine vorläufige Stellung beziehen konnte. Sie werden aber selbst an allen meinen früheren Äußerungen das nicht zu Ende Gedachte deutlich wahrgenommen haben und, wie ich fürchte, noch deutlicher, als Sie es mir gesagt haben. Jedenfalls habe ich selbst in einem gewissen Augenblick entdeckt, daß ich so einfach nicht weiterreden konnte, und der Entschluß, nicht mehr zu reden, war gar kein Vorsatz, sondern eine Notwendigkeit, der ich auf keine Weise entgehen konnte. Früher hätte ich vielleicht den Mut gehabt, über Sprache und Logistik etwas zu sagen, und vielleicht darf ich hoffen, daß ich in späteren Jahren darüber wirklich etwas zu sagen haben werde. Im Augenblick könnte ich es nicht.

Die Überlegungen zur Logik, von denen ich Ihnen im vergangenen September oder Oktober schrieb, haben mich seitdem ganz in Anspruch genommen. Einen ersten Aufsatz über das Thema habe ich jetzt abgeschlossen. Er soll Anfang Oktober zum 70. Geburtstag von Niels Bohr erscheinen, und ich werde Ihnen dann gleich einen Sonderdruck schicken. Ich beschränke mich dort auf Physik und mathematische Logik, aber Sie werden die darüber hinausgehenden Fragen spüren. Wenn ich nach der Zeit, die ich bisher dazu gebraucht habe, abschätzen kann, was an spezieller physikalischer, mathematischer und logischer Arbeit im Anschluß an diese Sache noch vor mir liegt, so kommen wenigstens einige Jahre heraus. Den Wunsch, ein ausführliches Gespräch mit Ihnen erst dann zu führen, wenn ich diese Dinge wirklich übersehe, den ich noch vor einem Jahr hatte, muß ich inzwischen als eine der vielen Unterschätzungen der Schwierigkeit begonnener Arbeiten ansehen, die mir immer wieder passiert sind. Ebendeshalb würde ich, wenn es Ihnen recht ist, gerne einmal in den nächsten Monaten für einen kurzen Besuch bei Ihnen vorbeikommen. Vielleicht ist das besser, als gleich einen längeren Besuch zu planen, da vielleicht erst in einem solchen Gespräch deutlich werden wird, worüber man dann ausführlich sprechen müßte.

Meine äußeren Pläne sind nun die folgenden. Ich bin bis Ende

Juli mit meiner Familie in Österreich und dann den größten Teil des August bei meiner Mutter in Lindau. Dort will ich arbeiten und könnte unter Umständen auch eine kurze Reise machen, auf der ich Sie besuchen würde. Die erste Septemberhälfte geht durch einen Astronomen-Kongreß in Dublin, den ich wegen meiner laufenden Arbeiten besuchen muß, verloren. Für die Zeit danach bin ich vorerst noch ziemlich frei, zu disponieren.

An den Grafen Podewils schreibe ich selbst, daß ich nicht komme.

Ich bin mit meinen besten Grüßen und Empfehlungen, auch an Ihre verehrte Frau Gemahlin,

Ihr stets ergebener
CFWeizsäcker

An Martin Heidegger

27. September 1955

Lieber, verehrter Herr Heidegger!

Sie schlugen neulich vor, ich möchte im Oktober einmal bei Ihnen vorbeikommen. Vermutlich wird sich das verwirklichen lassen. Ich kann noch keinen genauen Termin angeben, es wird aber jedenfalls in der zweiten Hälfte des Monats sein. Sollte das Ihnen nicht passen, oder sollte ich es wider Erwarten nicht machen können, so würde ich vermutlich statt dessen um den 17. November herum kommen können, weil ich erwarte, daß an diesem Tag eine Sitzung auf dem Birklehof sein wird, an der ich werde teilnehmen müssen.

Ich sende Ihnen mit gleicher Post ein Exemplar der Hamburger Ausgabe der naturwissenschaftlichen Schriften Goethes. Für Auswahl und Kommentar bin ich nicht verantwortlich; ich habe nur mit dem Herausgeber, Herrn Trunz, über die Sache ein paarmal geredet und habe die Bearbeiterin der Farbenlehre, Frau Wankmüller, die ich schon vorher kannte und die ich sehr schätze, für die Arbeit vorgeschlagen. Im übrigen habe ich mich darauf beschränkt, einen Aufsatz über einige naturwissenschaftliche Begriffe Goethes, den ich damals nach mehrjährigem Hin- und Herwenden fertiggestellt hatte, als Nachwort zur Verfügung zu stellen. Ich habe nicht die Unbescheidenheit, Sie zu bitten, daß Sie solche Äußerungen von mir lesen, aber es ist mir lieb, sie in Ihrer Hand zu wissen.

Ich bin gerade auf Goethe gekommen, nicht nur, weil er doch der Dichter ist, mit dem ich von jeher am selbstverständlichsten gelebt habe, sondern weil seine Naturwissenschaft vielleicht die einzige wissenschaftliche und detaillierte Beschäftigung mit der Natur ist, die in der nach-newtonschen Neuzeit auf höchstem geistigen Niveau im bewußten Gegensatz zu dem herrschenden Ansatz der Neuzeit steht. In der Philosophie ist die Kritik in der neuzeitlichen Naturwissenschaft oft genug ausgesprochen worden, aber diese Kritik hat, soviel ich sehe, meist den Blick von der Natur überhaupt weggewendet und hat es zum mindesten nicht zu einer umfassenden und liebevollen Versenkung in die Natur gebracht. Ich gestehe aber, daß mich erst diese Versenkung, wie wir sie bei Goethe finden, da ich nun einmal Naturforscher bin, von der Berechtigung einer solchen Kritik wirklich überzeugen kann.

Was mich nun frappierte, war die Entdeckung (wenn es eine ist und wenn sie zutrifft), daß man eine sehr einfache Formel finden kann, in der eine Goethe und der neuzeitlichen Naturwissenschaft noch gemeinsame Voraussetzung ausgesprochen ist. Ich habe sie genannt: Platon und die Sinne. Darin ist eine Spannung ausgesprochen. Die völlig verschiedene Art des Platonismus auf beiden Seiten ist dann eine zweite Spannung. Ich empfinde beide Spannungen in dem, was mich selbst bewegt, und strebe danach, Fundamente zu finden, welche die Bedingungen der Möglichkeit dieser beiden Spannungen begreiflich machen. Es wird Ihnen unmittelbar deutlich sein, warum ich diese Frage gerade Ihnen vorlege.

Über die logische Interpretation der Quantenmechanik, von der ich Ihnen schon einmal schrieb, habe ich jetzt einen Aufsatz abgeschlossen, der im Oktober erscheinen wird. Ich sende Ihnen einen Sonderdruck, sobald ich ihn selbst habe. Dort handelt es sich nicht darum, der modernen Naturwissenschaft eine andere Denkweise gegenüber zu halten, sondern das ihr eigentümliche Denken zur äußersten Konsequenz zu treiben. Dabei schlägt es, wir mir scheint, in etwas um, was ihm nach früherer Meinung entgegengesetzt wäre. Sollten Sie es wünschen, so kann ich Ihnen auch jetzt ein getipptes Exemplar schicken, aber wie schon vorhin gesagt, möchte ich Ihnen nicht mit diesen Ergüssen zur Last fallen.

Ich bleibe mit meinen besten Grüßen, auch an Ihre verehrte Frau Gemahlin,

Ihr sehr ergebener
CFWeizsäcker

An Werner Heisenberg

2. November 1955

Lieber Werner!

Heute möchte ich Dir nur kurz berichten, was ich bei meinem Besuch in München in der letzten Woche für Eindrücke hatte und wie sich meine Stimmungen in bezug auf die zukünftigen Vorhaben entwickelt haben.

Soll ich mit dem ganz Privaten anfangen, so würde ich sagen, daß die paar Tage Aufenthalt in München mir die Lust, dauernd dort zu sein, erhöht haben. Es ist doch von den deutschen Großstädten, auch für jemanden, der nicht dort aufgewachsen ist, die anziehendste.

Mit Dempf habe ich ausführlich gesprochen, und er ist offensichtlich Feuer und Flamme dafür, mich auf den freiwerdenden Lehrstuhl von Wenzl zu bringen. Er behauptet, von den sechs Mitgliedern der Kommission seien fünf für mich. Trotzdem ist die Sache natürlich ungewiß, und er hat mir auferlegt, auch mit den Physikern der Universität vorerst noch nicht zu reden. Er hofft aber, die Sache durch Kommission, Fakultät und Senat etwa im Lauf des Monats November durchzubringen, so daß man dann auch mit anderen Leuten darüber würde sprechen können. Sollte die Berufung wirklich ausgesprochen werden, so könnte ich, von den Münchnern aus gesehen, sofort anfangen, d. h. zum Sommersemester 1956. Ich sagte ihm aber, daß ich nicht gut anfangen kann, ehe das Institut in München begonnen hat zu arbeiten, weil ich sonst ständig hin- und herreisen müßte, und das wird ja auch nach optimistischer Schätzung nicht früher als zum Sommersemester 57 möglich sein. Er meinte aber, das mache auch nichts, denn Wenzl könne sich ja solange selbst vertreten. Ich hoffe also eigentlich, daß die Sache, wenn sie auch nicht sicher ist, doch zustande kommen wird, und bitte Dich nur, Deinerseits anderen Leuten in München gegenüber und auch sonst noch nicht davon zu sprechen.

Einige Schwierigkeiten sehe ich voraus in der Frage unserer Beziehungen zur naturwissenschaftlichen Fakultät. Als ich zu Gerlach kam, war dieser gerade sehr aufgeregt, weil das Ministerium der Universität erklärt hatte, ihre Anforderungen zusätzlicher Gelder für die Physik könnten im nächsten Etat natürlich nicht berücksichtigt werden, da das Land Bayern ja jetzt schon 6 Millionen DM für unser Institut ausgebe. Ich habe darüber mit Telschow nach meiner Rückkehr gesprochen, der erzählte, daß er selbst im Gespräch mit dem Minister auf die Notwendigkeit hingewiesen habe, derartige Vorgänge zu vermeiden, worauf ihm der Minister gesagt habe, die Universität habe noch einen Überhang von 20 Millionen DM aus den früheren Etats, der nicht verbraucht sei, und eine solche Konkurrenz könne gar nicht auftreten. In der Ebene der Referenten geschehen die Dinge dann eben oft anders, als die Minister wollen und meinen. Ich hoffe, daß dieser konkrete Punkt wird ausgeräumt werden können, aber er ist ein Zeichen für die Art von Schwierigkeiten, denen wir nicht entgehen werden. Auf das bayrische Ministerium habe ich ja bisher keinerlei Einfluß, ich habe deshalb nur versucht, Gerlach und auch Rollwagen, den ich noch ausführlicher gesprochen habe (Bopp war nicht da), klarzumachen, daß wir alles uns Mögliche tun würden, um uns zum Anwalt der Wünsche der Universität (und TH) gegenüber dem Ministerium zu machen. Unsere Politik müsse es ja sein, daß jeder den anderen fördere. Offenbar erwartet man aber von Dir, daß Du nach Deiner Rückkehr dem Ministerium gegenüber einmal deutlich zum Ausdruck bringst, daß eine großzügige Förderung der Interessen der Münchner Hochschulen in unserem eigenen vitalen Interesse liege. Ich habe in der Tat das Gefühl, daß eine solche Äußerung sehr gut wäre, damit wir in unseren Beziehungen zur Universität einen guten Start haben und, soweit menschenmöglich, die Schwierigkeiten vermeiden, die es so oft zwischen Max-Planck-Instituten und Universitäten gibt.

Die Möglichkeit zu solchen Schwierigkeiten sah ich auch, als Rollwagen mich fragte, was für Positionen für uns an der Universität denn erwünscht seien. Die Frage war offensichtlich von ihm in dem Sinne gestellt, man solle sich einmal zusammensetzen und gemeinsam Angebot und Nachfrage beraten. Offenbar hat es an der Universität böses Blut gemacht, daß der Ministerpräsident neulich öffentlich erklärt hat, er habe Dich (und wenn ich richtig berichtet bin auch mich) auf ein Ordinariat an der Münchner Universität berufen. Die Münchner Professoren sagen mit Recht, daß der Ministerpräsident überhaupt nicht beruft und daß ein Berufungsverfahren die vorherige Zustimmung der Universität voraussetzt. Ich hatte bei Rollwagen auch das Gefühl, daß man dort an Honorarprofessuren u. ä., aber nicht entfernt an Ordinariate denkt. Vermutlich würde auch ein vom Ministerium kommender Vorschlag, ordentliche Stellen einzurichten, jetzt sofort bei der Universität auf den psychologischen Widerstand stoßen, das könne doch nur Geld kosten und sei somit eine weitere finanzielle Konkurrenz. Man wird alle diese Schwierigkeiten wohl ausräumen können, wenn man sich einmal ruhig und ausführlich mit der Universität unterhält, ehe man mit dem Ministerium über diese Dinge verhandelt. Schließlich sah ich bei Rollwagen auch die an Universitäten übliche Abneigung gegen die Habilitation von Angehörigen der Max-Planck-Institute. Er sagte mir ganz offen, wenn auch das noch den Leuten an Max-Planck-Instituten ebenso leichtgemacht würde wie denen an Universitäten, so hätten die Universitätsinstitute den jungen Leuten ja überhaupt nichts mehr zu bieten. Das Gespräch verlief übrigens in völlig freundschaftlichem Ton, zeigte aber ebendeshalb um so deutlicher die Punkte, die den Leuten an der Universität wichtig sind. Du wirst jetzt von Schottland aus in dieser Sache natürlich nichts unternehmen können, aber ich dachte, es sei doch gut, wenn Du sie weißt.

Ich habe mir auch mögliche Wohnungsgrundstücke angesehen. Nach dem Augenschein frage ich mich, ob es im Herzogpark, wo ohnehin nicht mehr viel freie Grundstücke sind, nicht doch etwas feucht und neblig ist. Das Grundstück, das Ihr Euch ausgesucht habt, liegt ja so tief, daß Schrank unsicher war, ob man es überhaupt ohne sehr großen Aufwand würde unterkellern können. Ich frage mich, ob man nicht auf der Höhe östlich vom Herzogpark trockener und insofern besser wohnt. Aber das können wir ja auch nach Deiner Rückkehr besprechen.

Ich habe mir noch einmal Gedanken gemacht über die Standortfrage des Reaktors. Je länger ich mich damit beschäftige, desto entschiedener bin ich der Meinung, daß die Trennung der Reaktorentwicklungsstation von unserem Institut ein wirklich grober Fehler ist. Das Institut kann zwar sehr gut ohne die Reaktorstation existieren, aber die Reaktorentwicklungsstation könnte durch die räumliche Nähe des Instituts entscheidende Hilfe bekommen, und ich frage mich, was man uns, wenn wir durch eine Trennung beider Institutionen in Deutschland mit der Reaktorentwicklung weiter zurückbleiben sollten, in zehn oder zwanzig Jahren darüber mit Recht für Vorwürfe wird machen können. Diese Vorwürfe würden Dich nicht treffen, weil Du ja Deine Meinung zu dieser Sache oft und klar genug ausgesprochen hast. Ich habe aber in der letzten Zeit angefangen, dies als meine Meinung auch verschiedenen anderen Leuten zu sagen, und will damit fortfahren. Ich habe doch das Gefühl, man solle auch jetzt noch darauf hinsteuern, daß Wirtz mit seiner Gruppe nach München kommt und daß nach Karlsruhe erst in einer späteren Phase ein dann meinetwegen größerer Reaktor gesetzt wird. Das, was unsere Nähe braucht, sind ja nicht die fertigen Röcke, sondern die Schneiderwerkstatt. Es ist vielleicht ganz gut, daß ich diese Dinge gerade in Deiner Abwesenheit mit manchen Leuten berede, weil dann der Verdacht etwas ferner liegt, ich sei nur Dein Sendbote.

Sollte die Gruppe Wirtz mit nach München kommen, so hätte ich unter Umständen auch Lust, mich selbst etwas aktiver für die Weiterentwicklung der Reaktoren zu interessieren.

Vielleicht werde ich am Tag Deiner Rückkunft nach Göttingen nicht hier sein. Am 17. November abends ist eine Sitzung des Schulvereins Birklehof in Hinterzarten, an der ich nicht fehlen kann, weil ich zur Zeit sogar der Vorsitzende des Vorstandes dieses Vereins bin. Allerdings dient die Sitzung andererseits dem Zweck, daß ich diesen Vorsitz abgeben kann. Ich muß schon ein paar Tage vorher fahren, bin aber dann am 18. abends jedenfalls zurück.

Hoffentlich hast Du jetzt etwas mehr Ruhe, als wenn Du in Deutschland bist. Grüße bitte in St. Andrews ter Haar von mir und den alten Professor Rose, wenn Du ihn kennenlernst.

Herzliche Grüße
Dein Carl Friedrich

AN MAX DELBRÜCK

1. Februar 1956

Lieber Delbrück!

Ihr Brief hat mich so gefreut, daß ich ganz schnell antworten will, solange die Freude neu ist. Die Freude hängt damit zusammen, daß es mir seltener begegnet, als ich erwartet hatte, daß jemand die Tendenz meiner Arbeiten über Logik versteht. Daß sie inhaltlich schwer zu verstehen sind, ist mir klar, denn obwohl ich vermute, daß das, was ich behauptet habe, zu 90 % richtig ist, ist die ganze Fragestellung auch für mich so schwer, daß ich durchaus nicht herausbringen kann, welches die falschen 10 % sind.

Es würde mich nun sehr interessieren, mit Ihnen über Ihre Meinungen zur Biologie noch gründlicher zu diskutieren. Ich sehe jetzt, daß ich das bei Ihrem letzten Besuch noch nicht ausführlich genug getan habe. Ich muß gestehen, daß ich Sie damals im stillen auch für einen Abtrünnigen von der Bohrschen Weisheit gehalten habe. Das hing natürlich zusammen mit Ihrer Kritik an der Verschwörung der theoretischen Physiker gegen den Darwinismus. Ich glaube, daß ich mit Ihnen in dieser Kritik einig war und bin. Jedenfalls bin ich in diesem Punkt mit Heisenberg und Pauli, mit welchen beiden ich lange mündlich diskutiert habe, völlig uneinig, während ich mit praktisch allen Biologen, mit denen ich hierüber ins Gespräch komme, einig zu sein meine. Mit Bohr habe ich seit vielen Jahren über diese Themen nicht gesprochen. Nun habe ich selbst schon lange das Gefühl, daß Bohrs Weisheit durch die Richtigkeit oder zum mindesten Fruchtbarkeit des Darwinismus und allgemein der heutigen Methoden der Biologen gar nicht widerlegt wird und daß die theoretischen Physiker, die an dieser Stelle der Biologie etwas am Zeug flicken wollen, ein Loch suchen, wo keines ist, und darüber die Stelle verpassen, wo wirklich ein Loch ist. Da Sie aber in unseren Gesprächen über Komplementarität gar nichts gesagt haben, hatte ich dann den Verdacht, Sie hätten sich mit Ihrer, wie mir scheint, richtigen Verteidigung der heutigen Biologie gleichzeitig von der Fragestellung der Bohrschen Weisheit abgewandt. Da ich selbst damals diese Gedanken über Logik halbgegoren mit mir herumtrug, mochte ich ein so ungewisses Thema nicht anschneiden und blieb daher in meiner Täuschung über Ihre Meinungen befangen.

Nun wüßte ich aber doch sehr gerne, wie Sie sich die Anwendung jener neuen Begriffe in der Biologie vorstellen. Ich selbst habe bisher nur zwei Stellen mir ausdenken können, an denen die Biologie mit der Komplementarität konfrontiert werden könnte, und beide sind wahrscheinlich für Ihre Fragestellung zu philosophisch. Die eine ist die Tatsache, daß uns die Lebewesen, zum mindesten die höheren, als Subjekte, als Partner im Spiel des Lebens, gegenübertreten, mutatis mutandis so wie mit Menschen. Ich habe immer das Gefühl gehabt, daß man diese Seite des Lebens zwar methodisch ausklammern kann, daß man dadurch aber in Wirklichkeit nichts an Sauberkeit des Verfahrens gewinnt. Der Wunsch, sie auszuklammern, hängt meinem Gefühl nach damit zusammen, daß man, wenn man sie einbezieht, auf »komplementäre« Sachverhalte stößt, und daß man sich vor der in der Tat schrecklichen Anstrengung des Denkens fürchtet, die es bedeuten würde, diese Fragen durchzuüberlegen.

Der andere Punkt ist am anderen Ende. Er ist die Atomphysik selbst. Zwar zweifle ich, durch manche Gespräche mit Biologen belehrt, an der Meinung, die Bohr gelegentlich und Jordan mit dem ihm eigenen Nachdruck ausgesprochen hat, die Atomphysik könnte für biologische Elementarakte wesentlich werden. Wenn ich Sie recht verstehe, sind Sie selbst Ihrer alten Arbeit mit Timofejeff und Zimmer gegenüber in dieser Hinsicht jetzt zurückhaltend. Dieser Punkt ist mir auch nicht der wesentliche. Wesentlich wäre mir eher der wiederum philosophische Punkt, daß die Behauptung, die Lebewesen beständen aus Materie und genügten den Gesetzen der Physik, heute nicht mehr so verstanden werden darf wie zur Zeit des »Materialismus«, nämlich so, als sei damit etwas Unbekanntes (das Leben) auf etwas schon Erklärtes (die Materie) zurückgeführt. Wenn meine jetzigen Vermutungen über Logik richtig sind, so könnte es sein, daß in der Quantentheorie Logik und Physik in ähnlicher Weise verschmolzen sind wie in der allgemeinen Relativitätstheorie Geometrie und Mechanik. Wenn ich mir dann eine etwas zugespitzte Formulierung erlauben darf, müßte ich sagen, daß die Organismen der Physik genügen, sei hiernach nicht viel mehr behauptet (sogar eigentlich genau dasselbe) wie, daß man sie im Einklang mit der Logik beschreiben kann. Man sieht dann, wie wenig dann damit noch behauptet ist. Aber diesen Gedanken anständig auszuführen, brauche ich noch etwas Zeit, und ich kann es in diesem Brief nicht versuchen. Ich schicke Ihnen Aufzeichnungen, wenn ich sie selbst habe.

Diese beiden Punkte sind eigentlich aber nicht das, was man heute im konkreten Sinne Biologie nennt, und deshalb möchte ich auf meine Frage zurückkommen, ob Sie einen Ort in der Biologie selbst gefunden haben, an dem Sie komplementäre Verhältnisse wenigstens vermuten können. Ich habe mir das, je länger ich darüber nachdachte, eigentlich um so weniger vorstellen können. Aber da ich nicht Fachbiologe bin, sind mir vielleicht die richtigen Gedanken einfach nicht eingefallen.

Noch eine Bemerkung zu Ihrem allgemeinen Gefühl. Natürlich ist es genau, wie Sie sagen. Die heutigen deutschen Intellektuellen haben dafür den Begriff von der restaurativen Epoche geprägt, in der wir leben. In Deutschland meint man damit dann meistens Bürgertum, Kapitalismus und die schüchternen Anfänge von Klerikalismus, denen sich die jetzige Regierung hingibt. Aber die Tendenz der Naturwissenschaft aufs Spezialistische und Positive ist ja genauso restaurativ. Man hält sich an das, was Erfolg gehabt hat, und verdrängt die Tatsachen, die dazu nicht passen. Dagegen ist insofern auch immer kaum etwas zu sagen, als das, was schon früher Erfolg gehabt hat, auch jetzt wieder Erfolg hat. In einer Hinsicht ist mir diese Strömung sogar ganz willkommen. In den Jahren zwischen 1918 und 33 war man etwas rasch bereit, aufgrund eines neuen bedeutenden Einfalls eine Revolution zu statuieren. Man schwamm mit dem Strom, wenn man so etwas behauptete. Heute muß man gegen den Strom schwimmen, und dadurch wird man gezwungen, seine Argumente hieb- und stichfest zu machen. Vielleicht dreht der Strom auch einmal wieder, und dann müssen wir mit unseren Meinungen aufpassen, daß aus ihnen nicht oberflächliche und mißverstandene Revolutionsparolen werden. Dies etwa ist die Stimmung, in der ich versucht habe, an die Logik heranzugehen, und aus Ihrem Brief schließe ich, daß Sie es mit der Biologie ähnlich halten.

Schön wäre es, wenn Sie schon in diesem Sommer wiederkämen. Der einzige von Ihren Wünschen, der meiner Meinung nach unerfüllbar ist, ist, daß bis zu Ihrem Kommen ein guter Zug zwischen Göttingen und Köln fahren wird. Aber auch wenn man einen schlechten nehmen muß, werden wir schon Gelegenheit finden, uns zu treffen.

Herzliche Grüße
Ihr CFWeizsäcker

AN ROBERT S. BILHEIMER

9. Februar 1956

Sehr geehrter Herr Dr. Bilheimer!

Ich danke Ihnen für Ihren Brief vom 2. Februar und für die in diesem Brief ausgesprochene ehrenvolle Einladung zur Teilnahme an der Arbeit der Kommission des Weltkirchenrates über das Thema »Der Christ und die Verhütung des Krieges im Atomzeitalter«.

Diese Einladung betrifft einen so wichtigen Gegenstand, daß es nicht möglich ist, sich ihr bloß durch den für uns alle zutreffenden Hinweis auf die viele anderweitige Arbeit, die wir alle zu tun haben, zu entziehen. Trotzdem möchte ich Sie bitten, mich von der Mitarbeit an dieser Kommission zu dispensieren. Vielleicht darf ich Ihnen die Gründe zu dieser Bitte im folgenden kurz darlegen.

Meinem Eindruck nach ist der Kommission eine Aufgabe gestellt, die sie schlechterdings nicht erfüllen kann. Das Problem kann meinem Gefühl nach in der Tat so kurzfristig angefaßt werden, wie es der Wunsch nach einem vorläufigen Bericht im Jahre 1956 und einem endgültigen Bericht im Jahr 1958 ausdrückt, wenn man es als ein vorzugsweise politisches Problem auffaßt. In der politischen Ebene kann man und muß man in jedem Augenblick konkrete Beiträge zum Weltfrieden leisten. Diese werden sich im einzelnen von Jahr zu Jahr ändern, und deshalb ist es sinnvoll, für sie rasche Vorschläge zu machen. Zwar wäre ich persönlich, da ich ein von allen großen politischen Entscheidungen zurückgezogenes Dasein als Wissenschaftler führe, sicher kein geeignetes Mitglied einer Kommission, die solche politischen Vorschläge machen sollte; aber ich würde jedenfalls die Arbeit einer solchen Kommission für sinnvoll halten.

Ganz anders steht es, wenn eine Kommission eingesetzt wird, die über die theologischen Grundfragen nachdenken soll, welche mit dem Problem des Kriegs und der Kriegsverhütung zusammenhängen. Die beiden Auffassungen der Pazifisten und der Nichtpazifisten, die in dem Beschluß vom Zentralausschuß genannt sind, sind das hervorstechendste Beispiel für die einander scharf entgegengesetzten Meinungen, die hier miteinander konfrontiert sind. Auf der Basis der heute verfügbaren theologischen Argumente scheint mir eine Einigung dieser Gruppen aussichtslos. Eine Kommission, die in drei Jahren über diese Fragen etwas zutage fördern soll, kann, so scheint mir, nur entweder feststellen, daß sie zur Erfüllung ihrer Aufgabe unfähig ist, oder aber sie kann die Tatsache dieser Unfähigkeit hinter einer nichtssagenden Formel verbergen. Ich fürchte, daß das letztere eintreten würde, und gestehe offen, daß ich daran nicht gerne beteiligt sein möchte.

Damit Ihnen mein Brief nicht als der Ausdruck einer rein negativen Haltung erscheint, möchte ich es wagen, ein paar positive Gedanken zu der angeschnittenen Frage hinzuzufügen. Ich möchte aber gleich vorweg sagen, daß ich diese Gedanken unter keinen Umständen zum Inhalt einer Empfehlung einer solchen Kommission vorschlagen würde. Es sind Gedanken, mit denen ich mich persönlich und im Gespräch mit wenigen Freunden beschäftige und die ich, solange sie mir selbst nicht klarer geworden sind, nicht einmal als meine persönlichen Meinungen der Öffentlichkeit sagen möchte, geschweige denn einer im Rahmen der Kirchen sprechenden Kommission zur Annahme unterbreiten. Es scheint mir persönlich besser, ausdrücklich zuzugestehen, daß wir auf die brennenden Fragen unserer Zeit die Antwort nicht wissen, als eine Antwort zu fingieren. Ich glaube insbesondere, daß gerade die wirklich förderlichen politischen Entscheidungen zugunsten des Friedens durch ein ehrliches Eingeständnis dieser Art nicht gehindert, sondern in die Ebene größerer Sachlichkeit gehoben werden kann.

Um die Gedanken, die ich meine, anzudeuten, möchte ich von einer rein politischen Betrachtung unserer wahrscheinlichen Zukunft ausgehen. Mir scheint vieles dafür zu sprechen, daß in hundert oder höchstens zweihundert Jahren entweder unsere Kultur oder die Institution des Krieges aufgehört haben wird zu bestehen, vielleicht sogar beide. Die technische Entwicklung der Kriegsmittel legt diesen Gedanken nahe.

Viele Pazifisten, freilich nicht alle, machen nun meinem Eindruck nach den Fehler, daß sie aus der bloßen Größe der Gefahr ableiten, also würden die Menschen sich eines Besseren besinnen und den Krieg unterlassen, wenn nur ein kleiner Kreis von Machthabern bereit wäre, der Einsicht oder dem Druck der Völker nachzugeben. Diese Ansicht scheint mir zu verkennen, daß der Krieg ganz tief in der menschlichen Natur wurzelt und daß die Erwartung, die Menschen würden auf einmal dort gut sein, wo sie früher nie dazu bereit waren, selbst unter dem Druck der Angst wenig Aussicht auf Verwirklichung hat.

Auf der anderen Seite scheint mir das Argument, es werde immer Kriege geben, weil es immer Kriege gegeben habe, ebenfalls falsch. Es hat immer Kriege gegeben, weil die Menschheit nicht fähig war, sich selbst auszurotten. Wenn es weiter Kriege geben wird, so wird die Menschheit sich vermutlich ausrotten, und damit werden auch die Kriege aufhören. Die Geschichte gibt uns nun immerhin einige wenige Beispiele für wirkliche Änderungen der politischen Struktur. So sind vor vielen tausend Jahren die Hochkulturen entstanden, die es vorher nicht gab, und vor einigen hundert Jahren ist das Fehderecht durch die Polizei ersetzt worden. Also scheint mir auch eine gewisse Möglichkeit dafür zu bestehen, daß eine Organisationsform der Menschheit gefunden werden wird, die künftige Kriege für kürzere oder längere Zeit ausschließt, vielleicht sogar für immer. Man soll aber diese Möglichkeit nicht eo ipso positiv ansehen. Es scheint mir gar nicht gewiß, daß eine solche Organisationsform besser sein wird als künftige Kriege. Sie wird besser sein, wenn sie einigermaßen auf freier Übereinkunft aufgebaut ist. Sie wird vielleicht schlechter sein, wenn sie in einer Weltdiktatur besteht, der man sich aus Angst vor dem Krieg unterwirft.

Es gibt, meinem Empfinden nach, heute nur die politische Aufgabe, gleichzeitig den Frieden und die Freiheit mit allen verfügbaren Mitteln anzustreben. Da aber Frieden und Freiheit nach der normalen Logik der Politik nicht immer vereinbar sind, entstehen sehr viele sehr schwierige Entscheidungsfragen, für die ich kein allgemeines Rezept weiß.

Angenommen, diese Analyse der politischen Situation sei wenigstens im Umriß richtig, so fragt sich, was theologisch zu ihr zu sagen wäre.

Für die Möglichkeit einer großen kriegerischen Katastrophe gibt es wohl nur einen theologischen Ausdruck, nämlich den des Gerichts. Für die Möglichkeit einer künftigen Weltdiktatur gibt es wohl nur ein biblisches Bild, nämlich das Tier der Apokalypse. Der Versuch, über unsere historische Situation theologisch nachzudenken, führt uns also fast unweigerlich in den Bereich der Eschatologie. Auf der anderen Seite wissen wir, daß in den zweitausend Jahren christlicher Geschichte immer wieder historische Einzelheiten und Einzelgestalten mit den großen Bildern der biblischen Eschatologie gleichgesetzt worden sind, und wir werden heute sehr deutlich empfinden, daß alle diese Gleichsetzungen, wenn man sie wörtlich verstand, naiv und irrig waren. Zwar haben die biblischen Bilder etwas von den bewegenden Kräften der Weltgeschichte gleichnisweise ausgesprochen, aber gerade durch die wörtliche Gleichsetzung dieser Gestalten mit den Erscheinungen der Weltgeschichte ist das tiefere Verständnis der Gleichnisse gehindert worden. Die theologische Aufgabe, die heute gestellt wäre, ist also meinem Empfinden nach das Nachdenken über den Zusammenhang zwischen der Geschichte und der biblischen Eschatologie.

Jeder Versuch aber, solche Gedanken heute offiziell im Namen der Kirchen auszusprechen, würde die unverständigen Schwärmer ermutigen und die vernünftig und vorsichtig Denkenden abstoßen. Denn es ist nicht anders möglich, als daß die Öffentlichkeit die biblische Eschatologie so wörtlich auffaßt, wie dies bei den Schwärmern vergangener Jahrhunderte der Fall gewesen ist. Solche Gedanken sind also zur öffentlichen Verwendung ungeeignet.

Es scheint mir, daß die Erkenntnis in diesen Bereichen durch den guten Willen, akuten politischen Gefahren abzuhelfen, nicht gefördert werden kann. Ferner scheint es mir aussichtslos, von dem Gedanken einer Schöpfungstheologie aus zu unserer heutigen geschichtlichen Lage etwas Entscheidendes beizusteuern, solange die Fragen der Geschichtstheologie, die ich eben angedeutet habe, ungeklärt sind. Auch sehe ich nicht, daß eine theologisch fundierte Ethik des politischen Handelns möglich ist, ohne daß zuvor der Rahmen einer konkreten Beurteilung dessen, was politisch überhaupt geschehen kann, abgesteckt ist.

Soviel daher meinem Gefühl nach heute wie immer das Beispiel von Menschen vermögen wird, die sich zu den Aufgaben des Tages aus ihrem christlichen Glauben heraus immer von neuem konkret entscheiden, und so wichtig auf der anderen Seite die grundsätzlichen theologischen Fragen sind, so habe ich das Gefühl, daß die vorgeschlagene Kommission diese beiden Aufgaben in einer solchen Weise vermischen müßte, daß keine von beiden gelöst wird.

Dies sind die Gründe, aus denen heraus ich Sie bitte, von meiner Mitarbeit in der Kommission abzusehen.

Ich bin mit verbindlichen Empfehlungen

Ihr sehr ergebener
CFWeizsäcker

AN MARTIN HEIDEGGER

16. Mai 1956

Lieber, verehrter Herr Heidegger!

Als ich vor einem halben Jahr bei Ihnen war, luden Sie mich ein, mit Ihnen in diesem Jahr einmal etwas länger zusammenzusein; Sie schlugen insbesondere vor, daß wir uns gewisse Fragen, die sich auf Aristoteles beziehen, miteinander ansehen. Ich möchte Sie nun fragen, ob wir diesen Plan in den kommenden Semesterferien verwirklichen können. Mir würde es am besten passen in der zweiten Septemberhälfte. Zwar kommen gelegentlich Terminansprüche, die sich schwer abweisen lassen, noch in einem späten Augenblick, aber im ganzen ist es für mich doch eine große Hilfe, wenn ich solche Dinge auf einige Monate voraus planen kann. Dürfte ich Sie deshalb fragen, ob Ihnen dieser Zeitraum und in diesem Zeitraum eine bestimmte Folge von Tagen passen würde oder was Sie sonst vorschlagen würden?

Zugleich würde ich gerne noch einmal genauer fragen, welche Punkte bei Aristoteles Sie dabei im Sinn hatten. Da wir in unserem Gespräch, wenn ich mich recht erinnere, von dem Zusammenhang zwischen Logik und Ontologie ausgehen, würde es wohl die Beziehung dieser beiden Bereiche bei Aristoteles sein. Ich habe im vergangenen Monat mit meinem Freund Georg Picht ein wenig Metaphysik gelesen, da ja von meinen quantentheoretischen Fragen aus die Sätze vom Widerspruch und vom ausgeschlossenen Dritten der unmittelbare Angriffspunkt sind. Ich würde sehr gerne das, was Sie besonders interessiert, mitmachen, aber mich darauf vorweg noch ein wenig vorbereiten.

Was ich bisher in diesem Brief geschrieben habe, hatte ich vor, genau so zu schreiben, und hatte sogar schon einmal mit dem Diktat angefangen und nur wegen einer noch unklaren Terminfrage den Brief nicht fertiggemacht. Nun kam heute früh Ihr Brief betr. den Generallehrgang. Graf Baudissin hatte mich schon im Winter dazu eingeladen, und ich hatte ihn sofort gebeten, doch nach Möglichkeit einen anderen Redner zu suchen, da ich ja jetzt gar keine Vorträge halte. Er hat sich aber nicht abweisen lassen, sondern seine Bitte wiederholt. Daraufhin habe ich ihm, leider etwas verspätet wegen einer Reise, eine endgültige Absage vor wenigen Tagen geschickt.

Hätte ich Ihren Brief vor meiner Absage erhalten, so würde ich mir gewiß die Sache noch einmal von neuem überlegt haben, aber ich glaube, das Ergebnis wäre doch dasselbe gewesen. Auch ich habe die große Wichtigkeit dieser Sache empfunden, aber dieser Gesichtspunkt hat mich in früheren Jahren schon oft dazu gebracht, Einladungen zu folgen, und ich habe in der nun schon bald vier Jahre dauernden Zeit, seit ich keine Vorträge mehr halte, schon Aufforderungen bekommen, die eigentlich noch stärker als diese hier an mein Gefühl einer fast unausweichlichen Pflicht appellierten. Trotzdem habe ich für mich persönlich noch in keinem einzigen Fall bereut, daß ich schließlich immer meinem Entschluß, nicht zu reden, treu geblieben bin. Selbstverständlich heißt das nicht, daß ich Ihren und gegebenenfalls Herrn Heimpels Wunsch, selbst dort zu reden, in irgendeiner Weise kritisch betrachtete. Ich bin im Gegenteil glücklich, daß in einer Zeitspanne, in der ich selbst mich einmal ganz aus all diesen Dingen herausziehen mußte, andere, zumal Ältere und Reifere, da sind, die die Aufgabe erfüllen, die uns gemeinsam ja jedenfalls gestellt ist.

Ich habe das Gefühl, daß auch für das Gespräch zwischen Ihnen und mir, das vielleicht noch ansteht, die Stille einer Arbeit an Aristoteles eine sehr viel bessere Voraussetzung gibt als die vielfachen Brechungen, die unsere Überzeugungen notwendigerweise in der Auseinandersetzung mit dem wiederhergestellten Militär erfahren würden. Das einzige, was mir an dieser Sache überhaupt schwerfällt, ist das Empfinden, daß ich Sie mit meiner beharrlichen Weigerung des Redens in öffentlichen oder halböffentlichen Gremien nun schon mehrfach bei Dingen, die Ihnen am Herzen liegen, äußerlich gesehen, im Stiche lasse. Es bleibt mir aber wohl nichts anderes übrig, als Sie von neuem bitten, dies zu verstehen.

Ich bleibe mit meinen besten Grüßen und Empfehlungen
Ihr stets ergebener
CFWeizsäcker

An Niels Bohr

22. Juni 1956

Lieber Herr Professor Bohr!

Ich schulde Ihnen zwei Briefe. Einen über Quantentheorie und Logik und einen über den Aufsatz von Herrn Howe und die geplante Veröffentlichung Ihres Aufsatzes über Religion in einer deutschen theologischen Zeitschrift. Heute schreibe ich Ihnen den zweiten von diesen beiden Briefen. Den ersten hoffe ich in einigen Wochen schreiben zu können.

Ich verstehe die Gründe, die Sie bedenklich machen gegenüber der geplanten Publikation, sehr wohl. Ich habe Ihre Reaktion eigentlich genau so erwartet. Ebendeshalb habe ich in den vergangenen Jahren die gelegentlich an mich herangetragenen

Wünsche von Herrn Howe und seinem Kreis, Sie zu einem der Gespräche dieses Kreises einzuladen oder auf andere Weise einen näheren Zusammenhang zwischen Ihnen und dem Kreis herzustellen, immer abgelehnt. Ich wollte Sie nicht mit einer Sache belästigen, von der ich voraussetzen mußte, daß sie Ihnen unangenehm sei. Auf der anderen Seite kann ich nicht leugnen, daß ich mich immer sehr gefreut habe, wenn Leute anderer Fachrichtung, in diesem Falle also Theologen, sich für Ihren Gedanken der Komplementarität interessiert haben. Bei Herrn Howe, der Mathematiker und Theologe in Personalunion ist, ist das spontan geschehen. Als er mit seinen theologischen Freunden zusammen den Gedanken faßte, Ihren Aufsatz, dessen Kenntnis er mir verdankte, einem weiteren theologischen Kreise in Deutschland bekanntzumachen, brachte ich es deshalb doch nicht übers Herz, ihm zu sagen, er solle das unterlassen. Ich glaube, es ist gut, wenn die Theologen Ihren Aufsatz lesen. Nun sind freilich die Welten der traditionellen Theologie und der modernen Physik, zumal in der Sprache, die man in beiden Bereichen spricht, sehr weit voneinander entfernt. So bestand die Gefahr, daß theologische Leser Ihren Aufsatz nicht ernst genug nehmen würden. Man erlebt so oft die Reaktion, daß jemand, der von theologischer oder philosophischer Seite herkommt, bei den Äußerungen heutiger Physiker über allgemeinere Themen sagt: »Das ist ja zum Teil Physik und daher philosophisch ganz uninteressant; zum Teil ist es zwar Philosophie, aber als solche dilettantisch.« Dieses Urteil trifft zwar gerade auf Ihre Gedanken in Wahrheit überhaupt nicht zu, aber auf die Äußerungen mancher anderer Physiker trifft es vielleicht doch zu. Daher ist es den theologisch und philosophisch interessierten Leuten nicht übelzunehmen, wenn sie Äußerungen wie die Ihren ohne Kommentar an den Stellen, an denen sie sie nicht verstehen, doch einfach als irrelevant abtun. So sind die Menschen nun einmal. Aus diesem Grund habe ich mich auch gefreut, daß Herr Howe einen Kommentar geschrieben hat.

Dieser Kommentar ist nun freilich so, daß er zwar vielleicht den Theologen klarmachen kann, daß komplementäre Verhältnisse auch in den traditionellen Problemen der Theologie unerkannt immer gegenwärtig gewesen sind, daß aber auf der anderen Seite in dem Wunsch, den Theologen Ihre Gedanken verständlich zu machen, der Eindruck entstehen könnte, als handle es sich bei diesen Übertragungen ins theologische Gebiet um so etwas wie Ihre eigenen Meinungen. Daß Sie das nicht wünschen, ist selbstverständlich.

Ich habe nun, seit ich Ihren Brief bekommen habe, mit Herrn Howe noch einmal über diese Sache schriftlich verhandelt, und er hat sich mit seinen theologischen Freunden besprochen. Ich habe Herrn Howe vorgeschlagen, einen Passus an die Spitze seines Kommentars zu setzen, der etwa besagt: »Hier bringen wir die Äußerungen eines Mannes, der sich selbst nicht als einen Christen ansieht und der gute Gründe dafür hat, dies nicht zu tun. Wir glauben aber, daß es für die Theologen sehr wichtig wäre, sich klarzumachen, welche Mängel in ihrer eigenen Denkweise die Verständigung mit einem Manne, der solche Erkenntnisse hat, erschweren.« Mit einer Äußerung dieser Art, die Herr Howe natürlich selbst stilisieren müßte und die wir Ihnen gerne noch einmal zur Begutachtung vorlegen würden, würde dann ganz klargemacht, daß man Sie nicht für die theologischen Thesen in Anspruch nehmen will und doch sehr großen Wert darauf legt, die Leser darüber zu informieren, was Sie über Religion denken. Wenn Ihnen eine solche Lösung recht wäre, so würde es mich freuen, weil dann die Information der Theologen über die Komplementarität ungefähr in der geplanten Weise zustande käme. Wenn Ihnen auch diese Form eigentlich nicht gefällt, so bitte ich Sie, es mir in einem kurzen Brief unumwunden zu sagen. Herr Howe und ich sind natürlich bereit, uns entweder noch eine andere Form auszudenken oder aber auch die Sache ganz zu unterlassen. Denn wenn wir diese Publikation machen in einer Art, die Sie bekümmert, so könnten wir ja selbst mit dem, was wir vorhaben, nicht mehr zufrieden sein.

Vielleicht darf ich doch noch ein Wort über meine persönliche Stellung zu den Sachen selbst hinzufügen. Ich stehe wohl in dieser Frage etwa in der Mitte zwischen Ihnen und der offiziellen Theologie. Das, was meine Gedanken, als ich Student war, weitaus am tiefsten beeindruckt hat, war die persönliche Begegnung mit Ihnen und der Versuch, das zu verstehen, was

Sie mit dem Begriff der Komplementarität sowohl in der Physik wie in allen weiteren Bereichen meinen. Im engeren physikalischen Sinn bin ich natürlich Schüler von Heisenberg. Im philosophischen Sinn kann ich mich nur als Schüler von Ihnen bezeichnen. Demgegenüber ist mir die Theologie lange Zeit hindurch ein ziemlich fremdes Land gewesen. Ich habe die Sprache der Theologie gelernt, wie man eine Fremdsprache lernt. Heute kann ich sie ziemlich flüssig sprechen, aber wie es in einer Fremdsprache geht, fällt es mir schwer, in ihr mich ganz spontan auszudrücken. Auf der anderen Seite aber bezieht sich diese Fremdheit nur auf die Begriffssprache der Theologie, aber gar nicht auf das, wovon in der Theologie die Rede ist. Ich finde im Neuen Testament ein Zeugnis einer Art, Mensch zu sein, die mich überzeugt und die mir seit langen Jahren in den praktischen Entscheidungen meines Lebens der wichtigste Leitfaden gewesen ist. Es liegt mir fern, das, was ich dort liebe und verehre, gegen eine der anderen Religionen auszuspielen. Ganz gewiß ist in einem sehr weiten Umfang das, was dort gesagt ist, Gemeinbesitz der Religionen. Ich habe mich gerade auch mit asiatischen Religionen einigermaßen beschäftigt und habe den tiefsten Respekt für sie. Hingegen scheint mir, daß die wunderbare Entwicklung des rationalen Denkens im neuzeitlichen Europa zugleich den Verlust eines spontanen Verständnisses für die tiefen Wahrheiten mit sich gebracht hat, die in den Religionen in einer bildlichen Sprache ausgedrückt sind und von den Menschen früherer Zeiten so unmittelbar verstanden worden sind, wie man eben ein Gleichnis verstehen kann, das etwas sonst fast Unaussprechbares sagt. Ich könnte nicht leben, wenn ich mich nicht an jenen großen Gleichnissen orientieren dürfte und wenn ich mich nicht vor allem orientieren dürfte an der Art, das praktische Leben anzugreifen, die die Menschen gehabt haben, die sich selbst von diesen Gleichnissen leiten ließen.

Die große Spannung, in die man gerät, wenn man die Dinge so empfindet, wie ich es gerade geschildert habe, beruht ja wohl darauf, daß man doch nicht aufhören kann und soll, ein Kind seiner eigenen Zeit zu sein. Ich lese als Gleichnis, was frühere Zeiten ohne einen solchen Vorbehalt als unmittelbare Wahrheit verstanden haben. Dazu ist freilich zu sagen, daß die Begriffe Gleichnis und Wahrheit beide erkenntnistheoretisch gar keine selbständig klare Bedeutung haben. In gewissem Sinne könnte man ja sagen, daß man überhaupt nicht anders reden könnte als durch Gleichnisse, und daß keine Wahrheit, die überhaupt irgendwie ausgesprochen werden kann, anders ausgesprochen wird als durch ein Gleichnis. Aber das wissenschaftliche Denken der Neuzeit hat eine Kohärenz gewonnen, die der Gleichnissprache der großen Mythen in diesem rationalen Sinne fehlte. Daher stellt sich das Problem, wie wir den Gehalt jener alten Gleichnisse in einer Weise aussprechen sollen, die sich mit unserem wissenschaftlichen Bewußtsein verträgt. Auch diese Aufgabe ist ja nicht erst in der Neuzeit entstanden. Zum Beispiel ist die christliche Theologie, die ja im wesentlichen in der Spätantike und im Mittelalter entstanden ist, sicher die Folge des Versuchs, das, was im Christentum gemeint war, mit dem philosophischen und wissenschaftlichen Bewußtsein der Antike zu harmonisieren. Das, was auch mir die Theologie zu einer Art Fremdsprache macht, ist wohl gerade dieses von unserem sehr weit entfernte antike philosophische Denken, das zumal in seiner wohl nie ganz geglückten Verbindung mit den mythischen Elementen der Bibel eine im modernen Sinne nur noch schwer verständliche und nie ganz konsequente Einheit zustande gebracht hat.

Beim Versuch, diese alten Wahrheiten neu zu denken, ist mir nun in der Tat der Begriff der Komplementarität eine entscheidende Hilfe geworden. Die christliche Theologie ist voll von Widersprüchen, und gerade die wirklich frommen Christen haben, wenn sie außerdem gut denken konnten, immer gewußt, daß man diese Widersprüche nicht eliminieren darf, sondern daß sich gerade in ihnen das Entscheidende ausdrückt. Verfolgt man die Geschichte der Entstehung der christlichen Dogmen, so sieht man, daß sich sehr oft zwei Parteien gestritten haben, deren jede eine ziemlich konsequent scheinende These vertrat; durchgesetzt hat sich dann eine widerspruchsvolle Behauptung, die beide Thesen umfaßt, ohne sie begrifflich wirklich zu harmonisieren. Solche Verhältnisse muß man wohl komplementär denken. Dies ist der Grund dafür, daß ich die Themen, um die es in jener geplanten Publikation geht, sehr wichtig finde, selbst wenn mir ganz deutlich bewußt ist, wie unzureichend alles ist, was wir bisher darüber gesagt haben.

Hiermit möchte ich für heute schließen und Ihnen herzliche Grüße senden.

Ihr stets ergebener
CFWeizsäcker

An Heinrich Barth

26. Juli 1956

Sehr geehrter Herr Dr. Barth!

Sie werden etwas erstaunt sein, von mir einen Brief zu bekommen. Ich muß diesen Brief mit einer Entschuldigung beginnen. Sie haben vor zwei Jahren einen Brief an Herrn Professor Hahn geschrieben. Herr Hahn bekommt so viele Post, daß es ihm gar nicht möglich ist, alle Briefe zu beantworten. Ab und zu aber ist ihm einer dieser Briefe dann doch einfach wegen des persönlichen Tons, den er in ihnen hört, wichtig genug, um einen seiner Mitarbeiter zu bitten, er möchte diesen Brief beantworten. So hat er Ihren Brief damals mir zugestellt. Ich ging damals aber gerade auf eine Reise, und unter der vielen Post, die auch ich zu erledigen habe, blieb Ihr Brief dann liegen. Sie sehen aber, daß er nicht ganz verlorengegangen ist, sondern jetzt wieder vor mir auf dem Schreibtisch liegt.

Ich habe das Gefühl, daß Sie mit Ihrem Brief in gewisser Hinsicht eine offene Tür einrennen. Wir sind heute in der Naturwissenschaft gar nicht so überzeugt davon, die letzten Rätsel gelöst zu haben, wie man das vielleicht noch vor einigen Jahrzehnten war. Gerade weil wir heute praktisch einiges mehr wissen, als man damals wußte, haben wir auch ein deutlicheres Bewußtsein dafür, wieviel größer der Bereich des Unerkannten ist als der des Erkannten. Wir sind auch durch die Umwandlung der Welt im friedlichen und im kriegerischen Sinn, die die wissenschaftliche Technik mit sich gebracht hat, sehr deutlich auf die Folgen aufmerksam geworden, die aus der Wissenschaft hervorgehen. Ich möchte nicht etwa den Stand der Wissenschaftler besonders über andere Menschen hervorheben, ich würde denken, daß wir etwa so gut oder schlecht sind wie andere Leute auch. Aber einfach die Tatsache, daß wir etwas früher als die anderen Menschen diese Folgen gesehen haben, weil wir sie ja schon voraussehen konnten, ehe sie eintraten, hat gemacht, daß wir vielleicht etwas früher als die anderen den Schreck darüber erlebt haben, welche Mächte da entfesselt werden. Sowenig ich glaube, daß wir im ganzen mit unserem Bewußtsein den Folgen unseres Handelns gewachsen sind, so entschieden möchte ich doch sagen, daß im Durchschnitt gerade die bedeutenden Wissenschaftler über die Folgen ihres Handelns und die damit verbundene moralische Verantwortung viel mehr nachgedacht haben und viel tiefer beunruhigt sind als die Mehrzahl der Menschen. Insofern habe ich das Gefühl, daß die kritischen Äußerungen, die Sie in Ihrem Brief an Herrn Hahn getan haben, vielleicht nicht ganz gerecht und nicht ganz an die richtige Adresse gerichtet sind.

Offenbar hat Ihnen die Äußerung von Herrn Hahn, die Wissenschaftler müßten das Gesetz befolgen, nach dem sie angetreten seien und fortfahren, die Welt zu erforschen, Schrecken eingejagt. Hier liegt meiner Überzeugung nach in der Tat ein ernstes Problem vor. Otto Hahn ist um eine Generation älter als ich und wurzelt in einer völlig überzeugenden Weise in der liberalen Tradition, die die Größe des 19. Jahrhunderts ausmacht. Wenn er hier die Freiheit der wissenschaftlichen Forschung vertritt, so vertritt er damit die Freiheit überhaupt gegen den staatlichen oder sonstigen Zwang. Das ist es, was ihm am Herzen liegt, und darin folge ich ihm gern. Meiner Generation ist vielleicht die Gefahr, die unmittelbar mit der durch die Wissenschaft vermittelten Macht verbunden ist, ein noch früherer Eindruck gewesen, und so habe ich mit meinen Freunden oft auch darüber gesprochen, daß es Situationen geben könnte, in denen man auf die Weiterführung einer Forschung verzichten würde, wenn man sich oder seinen Mitmenschen die Kraft und das Verantwortungsbewußtsein nicht zutrauen würde, die zur Verwaltung der Folgen neuer Erkenntnisse gehört. In diesem Punkt verstehe ich also Ihre Gedanken. Ich teile auch Ihre Überzeugung, daß an einer anderen Stelle als der religiösen eine Lösung dieser Frage überhaupt nicht möglich ist. Freilich glaube ich, daß die Wissenschaft, wenn sie recht verstanden würde, dem Willen Gottes nicht entgegen wäre, sondern ihn auszuführen helfen könnte.

Mehr als dies möchte ich als Antwort auf Ihren Brief nicht sagen. Ich weiß nicht, ob wir einig bleiben würden, wenn wir auf die besonderen Vorstellungen eingingen, die Sie, wenn ich nach Ihrem Brief schließen darf, von den religiösen Fragen haben. Ich halte das in unserem jetzigen Zusammenhang aber nicht für das Entscheidende.

Ich bin mit den besten Empfehlungen
Ihr sehr ergebener
CFWeizsäcker

An Robert Jungk

4. Januar 1957

Lieber Herr Jungk!

Ihr Brief war mir eine ganz große Freude. Als ich meinen Brief abgesandt hatte, war ich doch etwas unsicher, ob ich nicht in meiner Kritik zu scharf gewesen sei, entweder, indem ich unrecht hatte oder indem ich, selbst wenn ich recht hatte, Ihnen etwas zugemutet hatte, was man einem anderen Menschen nicht zumuten soll. Sie haben aber meine Kritik genau so verstanden, wie ich sie gemeint habe, und Sie haben an einer Reihe von Stellen meine Meinungen, wie mir scheint, auch wirklich berichtigt. Ich kann jetzt nur sagen, daß ich auf den Augenblick hoffe, in dem wir uns nach Ihrer Rückkehr nach Europa wieder werden unterhalten können. Ich würde sehr gern noch etwas länger, als wir es damals getan haben, mit Ihnen über eine Reihe von Dingen plaudern. Es bleibt uns ja doch gar nichts anderes übrig, als eine gemeinsame Anstrengung zu machen, um die Folgen dessen, was wir Physiker erfunden haben, in eine nicht allzu verderbliche Richtung zu lenken. Aber auch abgesehen von diesem objektiven Zweck einer solchen Unterhaltung würde ich mich einfach freuen, menschlich freuen, Sie wiederzusehen.

Trotz der Aussicht, mich mit Ihnen in einigen Monaten mündlich zu unterhalten, möchte ich zu ein paar Punkten Ihres Briefs schriftlich schon etwas sagen.

Wenn Sie auf der ersten Seite Ihres Briefs fragen, ob Sie je die Nuancen so genau treffen werden, wie Sie sie fühlen und erkennen, so haben Sie damit meinem Gefühl nach sehr gut das formuliert, was ich Ihrem Buch gegenüber empfunden habe. Ich hatte das Gefühl, daß Sie im Grunde die Nuancen sehr genau und sehr richtig gespürt haben, daß sich aber über dieses richtige Empfinden eine gewisse Zwischenschicht gelegt habe, die dem Niveau dieses eigentlichen Empfindens nicht ganz entsprach. Zu meiner Freude habe ich, nachdem ich Ihnen geschrieben hatte, aus den Äußerungen einer ganzen Reihe von Lesern Ihres Buchs entnommen, daß diese doch dieses eigentliche Fühlen verstanden hatten und daß für diese Punkte, die mir, als einem direkt Beteiligten, etwas mühsam zu ertragen waren, keine Rolle spielten, da es für diese ja nicht so sehr darauf ankam, ob es nun ganz genau so beschrieben war, wie es meiner Kenntnis nach gewesen ist. So denke ich, daß die Wirkung Ihres Buchs im ganzen doch entschieden gut ist.

Zur Seite 2 möchte ich sagen, daß ich Ihnen eigentlich auch implizite nicht bewußten Mangel an Gewissenhaftigkeit vorgeworfen habe, sondern eher, abgesehen von »Flüchtigkeitsfehlern«, ein unbewußtes Beeinflußtwerden der Färbung, die Sie Geschichten geben, durch das Bild, das Sie von den betreffenden Menschen haben. Zum Beispiel fand ich, daß die nur geringfügigen Änderungen, die in Ihrem Text gegenüber meiner Erzählung über meine frühen Gespräche mit Teller stehen, doch alle zuungunsten von Teller ausgefallen sind.

Ihre Bemerkung auf derselben Seite über die einander widersprechenden Aussagen von Zeugen des gleichen Vorfalls sind natürlich vollkommen richtig. Bei einer Reihe anderer

Menschen habe ich deutlich gesehen, wie sich ihre Erinnerung nachträglich aus mir meist recht verständlichen Gründen gefärbt hat, und ich glaube, daß ich dasselbe auch bei mir wahrgenommen habe.

Eine sehr tiefe und natürlich für Ihr Unternehmen sehr wichtige Frage berühren Sie oben auf Seite 3, wenn Sie fragen, ob es denn eigentlich »objektive« Geschichtsschreibung gäbe. Ich würde darauf etwa so antworten. Eine Geschichtsschreibung, die nicht gefärbt wäre durch das Wesen des Menschen, der da schreibt, gibt es ganz gewiß nicht. Es gibt aber eine objektive und eine weniger objektive Haltung des Menschen zu seinem Mitmenschen. Diese Art der Objektivität hat vielleicht mit der christlichen Nächstenliebe fast noch mehr zu tun als mit der Wissenschaftlichkeit. Gerade weil Sie einen so großen Schritt in der Richtung getan haben, die Atomphysiker als wirkliche, gequälte, oft falsch entscheidende, aber in vielen Punkten dann doch auch wieder wohlmeinende Menschen zu sehen, lag mir daran, daß Sie in dieser Hinsicht vielleicht noch ein bißchen weitergingen. Ich habe das Gefühl, daß auch für die Politik der kommenden Jahrzehnte die Gabe vielleicht sehr wichtig sein wird, daß, ich will nicht sagen alle Menschen, aber doch einige Menschen es vermögen, auch ihre politischen Gegner mit dieser Art der Objektivität zu sehen, also zu verstehen, warum dieser andere Mensch von seinen Voraussetzungen aus dazu gekommen ist, so zu handeln, wie er handelt.

Reden wir nun von einzelnen Menschen, so könnte ich mir denken, daß Sie gerade in bezug auf Oppenheimer recht haben. Daß ich ihn herausgegriffen hatte, um zu illustrieren, mit welchen Zügen Ihres Buchs ich nicht einverstanden sei, hat vielleicht seinen Grund auch darin, daß ich am liebsten dies erläuterte an einem Menschen, zu dem ich selbst so gut wie keine persönliche Beziehung habe. Bei Teller bin ich im Verdacht, nicht objektiv zu sein wegen persönlicher Freundschaft, und bei Heisenberg kommt dann noch dazu, daß ich in den weiteren Verdacht gerate, meine eigene Haltung verteidigen zu wollen, was ich ja in der Tat an einigen Stellen auch will. Mir selbst war Oppenheimer, als ich ihn traf, interessant und bemerkenswert, aber ich hatte nicht das Gefühl, daß dies ein Mensch sei, zu dem ich besonders leicht in eine nähere menschliche Beziehung kommen würde. Ich weiß auch, daß viele Menschen über ihn so denken, wie Sie es schildern. Was mich zu dem vielleicht ein bißchen Don-Quichotte-haften Unternehmen veranlaßte, gerade Oppenheimer besonders stark zu verteidigen, mag das Empfinden gewesen sein, daß Menschen, die eine etwas komplizierte Natur haben, bei anderen Leuten, die weniger kompliziert sind, im allgemeinen Verdacht erwecken. Wenn man einmal dahintergekommen ist, daß ihre Motive nicht immer so sind, wie sie gerne möchten, daß man es glaubt, so verfällt man leicht in die umgekehrte Gefahr, ihnen ihre Motive, die sie vorgeben, überhaupt nicht mehr zu glauben. In einer Situation wie der, die Sie geschildert haben in bezug auf die Preisgabe des Namens Chevalier, pflegen ja die Motive eines Menschen fast nie eindeutig zu sein. Ich würde denken, daß Oppenheimer damals einerseits den Gedanken, die führende Rolle, die er soeben spielte, wieder aufzugeben, unerträglich fand, daß er aber andererseits auch sachlich den Gedanken, er müsse wegen einer solchen Sache das Unternehmen abbrechen, das er begonnen habe, für einen unangemessenen Gedanken halten mußte. Dabei würde ich selbst, so wie ich mir Oppenheimer und diesen ganzen Kreis von Leuten vorstelle, gar nicht in erster Linie sein sachliches Motiv mit dem Namen »Patriotismus« belegt haben, sondern eher mit dem Namen »Schutz der ganzen Welt vor der Gefahr der Nazis«. Es gibt wohl sehr wenige Menschen, die ihre Motive in einem solchen Fall wirklich sauber auseinanderanalysieren können. Ich gestehe, daß ich Oppenheimer, so wie ich ihn mir vorstelle, eine verhältnismäßig hohe Begabung zu einer solchen Analyse zutraue, daß ich freilich auf der anderen Seite nicht erwarte, er werde die Ergebnisse einer solchen Analyse der Mitwelt mitteilen.

Der Mann, dem gegenüber Sie meiner Vermutung nach aber noch immer ungerecht sind, ist eben Teller. Die Behauptung, ich hätte ihn zur Wasserstoffbombe überredet oder von ihrer Notwendigkeit überzeugt, ist wirklich reiner Unsinn. Erstens sprach er nur in sehr allgemeinen Begriffen von dieser Sache, da er auch mir gegenüber seine Geheimhaltungspflicht ganz streng innegehalten hat. Zweitens war es seine, allerdings leidenschaftliche Meinung, seine Kollegen trieben Vogel-Strauß-Politik, indem sie meinten, die Welt werde in Ordnung kommen, wenn nur sie selbst keine Waffen mehr machten. Ich habe ihm damals zugehört und allerdings nicht widersprochen, aber auch nicht mit irgendeinem Grad von Intensität zugestimmt. Ich hatte das Gefühl, er habe recht in der Beurteilung der durchschnittlichen Haltung der Physiker, die das, was ihnen unangenehm ist, nicht sehen wollen. Ob aber die Lösung, die er vorschlug, die richtige sei, ist eine Frage, über die ich damals nicht ins klare kommen konnte. Ich glaube zwar, daß ich mich damals nicht an solchen Arbeiten beteiligt haben würde, selbst wenn man es mir sehr nahegelegt hätte, und ich weiß bestimmt, daß ich es heute nicht tun würde. Aber dieser Entschluß, den ich für mich fasse, hebt nicht auf, daß ich vor Tellers andersgeartetem Entschluß Respekt habe. Was mich beeindruckt hat, war der Ernst, mit dem Teller die tödliche Bedrohung unserer Welt durch Atomwaffen in den Händen des Feinds ins Auge faßte. Dabei verschloß er, meinem Empfinden nach, seine Augen keineswegs gegenüber der tödlichen Bedrohung der Welt durch Atomwaffen in den eigenen Händen. Mir ist die Geschichte höchst glaubwürdig, die ich in dem Buch von Frau Fermi gelesen habe, daß gerade Teller sehr gezögert habe, ob er sich überhaupt auf die Waffensache im Krieg einlassen solle, dann allerdings, nachdem er eine Rede von Roosevelt über diese Sache gehört hatte, sich mit besonderer Entschlossenheit ihr zugewandt habe. Ich würde sagen, er sah die Not unserer Situation deutlicher als viele optimistischere Kollegen, und er hat dann eben keinen anderen Ausweg gewußt als den, den er gewählt hat. Meinem Empfinden nach ist manchmal in solchen Entscheidungen ein wirkliches und echtes Engagement wichtiger und ein bedeutenderer historischer Faktor als die Richtigkeit der Entscheidung. Natürlich kann man einen solchen Satz nur aussprechen, wenn man unter »Engagement« versteht ein leidenschaftliches Bedürfnis, die richtige Entscheidung zu finden, sie dann aber eben auch auszuführen. So könnte es doch sein, daß die Sicherung des Weltfriedens, die vielleicht durch die Wasserstoffbombe im Augenblick erreicht ist, eine angemessene Belohnung Tellers für den inneren moralischen Einsatz ist, den er hier geleistet hat. Das hebt nicht auf, daß diese Sicherung des Weltfriedens meiner Überzeugung nach höchst gefährlich und nicht dauerhaft ist, daß also über den Einsatz, den Teller geleistet hat, hinaus noch etwas ganz anderes getan werden muß. Mir selbst hat sich das während meines Aufenthalts in Amerika immer so formuliert, daß mir die beiden extremen Positionen Tellers und der Quäker einleuchtend waren, während mir die dazwischenliegenden Positionen immer große Schwierigkeiten gemacht haben. Eine andere Frage, die ich gar nicht beurteilen kann, ist, ob Teller sich in der Angelegenheit Oppenheimer und in einer Reihe anderer Fälle menschlich richtig verhalten hat. Offenbar bezieht sich die Ächtung Tellers durch viele seiner Kollegen im wesentlichen auf solche Dinge; denn schließlich war ja auch z.B. Johann v. Neumann ein entschiedener Befürworter der Wasserstoffbombe. Es mag wohl sein, daß Teller hier im Menschlichen wirklich große Fehler gemacht hat. Diese Fehler habe ich nicht gesehen, aber ich kann ihr Bestehen nicht ausschließen.

Sehr richtig finde ich den Schluß Ihres Briefes, wo Sie sagen: »wären die Atomforscher nur naiver gewesen«. Diese Naivität ist freilich nicht leicht, wenn man sie einmal verloren hat, und gerade der Physiker ist ja rationalen Argumenten so sehr zugänglich, daher auch dem Argument, daß dies oder jenes aus irgendwelchen angebbaren Gründen nun eben nötig sei.

Mehr möchte ich heute nicht sagen, hoffe aber, wie gesagt, auf ein gründliches Gespräch in nicht zu ferner Zeit.

Herzliche Grüße
Ihr CFWeizsäcker

AN MARTIN BUBER

22. Januar 1957

Lieber und verehrter Herr Buber!

Ihre Anfrage wegen der Bayerischen Akademie der schönen Künste bringt mich in eine leichte Verlegenheit. An sich habe ich mich nun schon seit etwa 5 Jahren gegen alle Aufforderungen, Vorträge zu halten, erfolgreich gewehrt. Ich habe mich immer wahrheitsgemäß mit der Notwendigkeit entschuldigt, für Arbeiten Zeit zu finden, die ich nie werde machen können, wenn ich sie nicht jetzt mache. Dazu kam aber auch, daß ich die Art des Redens über grundsätzliche Themen, wie ich sie in jüngeren Jahren gepflegt habe, von einem bestimmten Augenblick an nicht mehr konnte. In einem gewissen Jugendstadium kann man sich wohl leisten, Ahnungen in Vorträgen und Schriften auszusprechen. Dann kommt aber ein Alter, in dem man empfindet, daß man nur noch über solche Dinge reden solle, über die man aufgrund genauer Beschäftigung mit dem Gegenstand wirklich etwas weiß. Es mag sein, daß in einem noch höheren Alter dieser Forderung dann soweit Genüge getan ist, daß man sich auch wieder an Dinge heranwagt, von denen man weiß, daß man sie nicht wirklich wissen kann, und daß dieses Wagnis legitim ist. Ich selbst befinde mich aber jedenfalls jetzt in jenem Mittelstadium, in dem mir das Sprechen über Fragen allgemeinen Charakters gar nicht leichtfällt. Freilich werde ich jetzt einen Philosophischen Lehrstuhl annehmen, und was noch nicht entschieden ist, ist nur, ob es der in München oder der in Hamburg sein wird. Ein solcher Lehrstuhl bringt ja dann die Notwendigkeit mit sich, jene allgemeineren Themen zu berühren. Ich möchte aber auch in meinen Vorlesungen zunächst einerseits die Probleme, die uns die moderne Naturwissenschaft stellt, und andererseits die Geschichte der Philosophie als eine solide Wissenschaft zunächst in den Vordergrund stellen und nur ganz behutsam zu den mir eigentlich wichtigen Fragen vorzudringen suchen, die jenseits dieses positiven Wissens stehen.

Von der geplanten Tagung über die Sprache hat mir Heidegger schon vor einem Jahr geschrieben. Er hat mich schon damals gebeten, an dieser Tagung teilzunehmen und zu einer Vorbesprechung zu kommen. Damals habe ich ihm im Sinne jener allgemeinen Abstinenz, die ich mir auferlegt hatte, eine Absage gegeben, und ich glaube, er hat meine Motive sehr gut verstanden. Ich möchte vielleicht zur Erläuterung dieser Motive doch noch hinzufügen, daß der Respekt vor dem fachlichen Wissen nur eine Komponente davon ist. Im Grunde habe ich empfunden, daß ich gerade die tiefsten Fragen, nämlich die religiösen, früher in einer Weise behandelt habe, die zwar wohl von gutem Willen getragen, aber auch nicht ganz ohne Leichtfertigkeit war. Ich konnte plötzlich die religiösen Begriffe öffentlich nicht mehr in den Mund nehmen, weil mir das, was sie meinen, zu wirklich geworden war. Andererseits empfand ich, daß ich in einem öffentlichen Auftreten zusammen mit Heidegger nicht würde von sekundären Dingen sprechen können, und so war ich damals sehr froh, dieses Auftreten vermeiden zu können.

Nun bringt Ihre Anfrage mich von neuem vor dieses Problem. Freilich habe ich in der Zwischenzeit mein absolutes Schweigen in öffentlichen Vorträgen bereits gebrochen. Nach Ihrem Besuch bei uns bin ich einmal in Jena gewesen, weil ich fand, eine Vortragseinladung dorthin könne ich ohne schlechterdings zwingenden Grund nicht ablehnen, weil man die Leute dort nicht im Stich lassen darf. Dort habe ich also gesprochen und habe zum ersten Mal empfunden, daß ich vielleicht jetzt mich in die Nähe eines Zustands bewegt habe, in dem ich mit großer Zurückhaltung doch ab und zu wieder öffentlich würde reden können. Ferner habe ich das Empfinden gehabt, die Beunruhigung der Menschen über die Entwicklung der Atomenergie sei so groß, daß man, wenn man selbst von diesen Sachen etwas weiß, verpflichtet sei, ihnen darüber auch etwas zu sagen. So habe ich zunächst eine akademische Vorlesung über die Atomenergie angefangen und dann in etwas verkürzter Form dasselbe auch im Radio zu besprechen begonnen. Dadurch habe ich jetzt nicht mehr die Möglichkeit, einfach abzusagen unter Berufung darauf, daß ich überhaupt nicht öffentlich spreche. Ein zweites sehr starkes Motiv, jetzt nicht abzusagen, liegt, wenn ich das offen aussprechen darf, darin, daß nun Sie mich darum bitten. Zwar wäre es mir immer noch ein bißchen lieber, wenn die Sache nicht jetzt, sondern sagen wir in einem der kommenden Jahre stattfände. Aber wenn schon feste Pläne bestehen sollten, die Veranstaltung in diesem Jahr geschehen zu lassen, so würde ich mich dagegen nicht mehr unbedingt zur Wehr setzen. Ich bin also auch gerne bereit, zu einer Vorbesprechung mit Ihnen und Heidegger nach Bregenz oder an irgendeinen anderen von Ihnen vorgeschlagenen Ort zu kommen. Meine Mutter wohnt in der Nähe von Lindau, so daß ich in diese Gegend ohnehin immer gerne reise. Wenn sich dabei eine Gelegenheit böte, Ihnen unser kleines Häuschen oberhalb von Lindau zu zeigen und vielleicht einmal mit meiner Mutter eine Stunde zusammen mit Ihnen zu sprechen, so wäre das eine schöne Sache. Nicht frei bin ich am 28. Mai, an diesem Tag muß ich in Baden-Baden sein, aber vielleicht ließe sich unser Treffen unmittelbar davor oder danach einrichten.

Es hat mir sehr leid getan, daß Frau Picht nicht nach Jerusalem gekommen ist. Ihr Konzert war geplant im Zusammenhang mit einer Reise nach Neu-Delhi aus Anlaß der dortigen UNESCO-Tagung. Nun traf es sich so unglücklich, daß das Konzert genau in der ersten Woche des Sinai-Konflikts hätte sein sollen, und ohne daß ich die Einzelheiten weiß, finde ich es verständlich, daß es abgesagt worden ist. Sie ist dann nur nach Indien geflogen und hat dort gespielt. Ich habe sie seitdem nicht gesehen, aber ich glaube, das Land hat ihr einen tiefen Eindruck gemacht.

Wir wünschen Ihnen einen guten Verlauf Ihrer Reise, und ich hoffe Sie also Ende Mai wiederzusehen.

> Mit herzlichen Grüßen, auch von meiner Frau,
> Ihr CFWeizsäcker

AN
HERRN PROFESSOR DR. F. BOPP, MÜNCHEN,
HERRN PROFESSOR DR. W. GENTNER, GENF,
HERRN PROFESSOR DR. O. HAXEL, HEIDELBERG,
HERRN PROFESSOR DR. W. JENTSCHKE, HAMBURG,
HERRN PROFESSOR DR. H. KOPFERMANN, HEIDELBERG,
HERRN PROFESSOR DR. H. MAIER-LEIBNITZ, MÜNCHEN,
HERRN PROFESSOR DR. J. MATTAUCH, MAINZ,
HERRN PROFESSOR DR. F. A. PANETH, MAINZ,
HERRN PROFESSOR DR. W. RIEZLER, BONN,
HERRN PROFESSOR DR. W. WALCHER, MARBURG

9. April 1957
Vertraulich!

Liebe Kollegen!

Angesichts der Weiterentwicklung der öffentlichen Atombombendebatte hat es uns Göttingern geschienen, wir sollten nun doch eine öffentliche Erklärung abgeben. Besonders die Herren Gerlach und Born haben diesen unseren ohnehin bestehenden Wunsch in Gesprächen und Briefen noch besonders unterstützt.

Wir haben nun den beiliegenden Text formuliert, den wir, d. h. die Herren Hahn, Heisenberg, Born, Gerlach und ich, jedenfalls der Presse zur Verfügung stellen wollen. Ich frage Sie – zugleich im Namen der vier anderen –, ob Sie damit einverstanden sind, daß auch Ihr Name unter dieser Erklärung erscheint. Außer Ihnen fragen wir noch die Herren v. Laue, Straßmann, Fleischmann und Paul.

Wir wären sehr froh, wenn wir Ihre Antwort spätestens am Freitag, dem 12. April, haben könnten. Vielleicht darf ich Sie bitten, notfalls zu telegrafieren.

Mit den besten Grüßen
Ihr C. F. v. Weizsäcker

P. S.
Herr v. Laue hat inzwischen zugesagt.

Die Pläne einer atomaren Bewaffnung der Bundeswehr erfüllen die unterzeichneten Atomforscher mit tiefer Sorge. Einige von ihnen haben den zuständigen Bundesministern ihre Bedenken schon vor mehreren Monaten mitgeteilt. Heute ist die Debatte über diese Frage allgemein geworden. Die Unterzeichneten fühlen sich daher verpflichtet, öffentlich auf einige Tatsachen hinzuweisen, die alle Fachleute wissen, die aber der Öffentlichkeit noch nicht hinreichend bekannt zu sein scheinen.

1. *Taktische Atomwaffen haben die zerstörende Wirkung normaler Atombomben.* Als »taktisch« bezeichnet man sie, um auszudrücken, daß sie nicht nur gegen menschliche Siedlungen, sondern auch gegen Truppen im Erdkampf eingesetzt werden sollen. Jede einzelne taktische Atombombe oder -granate hat eine zwar geringere, aber ähnliche Wirkung wie die erste Atombombe, die Hiroshima zerstört hat. Da die taktischen Atomwaffen heute in großer Zahl vorhanden sind, würde ihre zerstörende Wirkung im ganzen sehr viel größer sein. Als »klein« bezeichnet man diese Bomben nur im Vergleich zur Wirkung der inzwischen entwickelten »strategischen« Bomben, vor allem der Wasserstoffbomben.

2. *Für die Entwicklungsmöglichkeit der lebenausrottenden Wirkung der strategischen Atomwaffen ist keine natürliche Grenze bekannt.* Heute kann eine taktische Atombombe eine kleinere Stadt zerstören, eine Wasserstoffbombe aber einen Landstrich von der Größe des Ruhrgebiets zeitweilig unbewohnbar machen. Durch Verbreitung von Radioaktivität könnte man mit Wasserstoffbomben die Bevölkerung der Bundesrepublik wahrscheinlich heute schon ausrotten. Dasselbe mag binnen kurzem für die Menschheit gelten. Wir kennen keine technische Möglichkeit, große Bevölkerungsmengen vor dieser Gefahr zu schützen.

Wir wissen, wie schwer es ist, aus diesen Tatsachen die politischen Konsequenzen zu ziehen. Einige grundsätzliche Folgerungen, zu denen wir uns gedrängt sehen, glauben wir aber aussprechen zu müssen.

Es ist selbstverständlich, daß wir uns zur Freiheit bekennen, wie sie heute die westliche Welt gegen den Kommunismus vertritt. Ferner leugnen wir nicht, daß die gegenseitige Angst vor den Wasserstoffbomben heute einen wesentlichen Beitrag zur Erhaltung des Friedens in der ganzen Welt und der Freiheit in einem Teil der Welt leistet. Wir halten aber diese Art, den Frieden und die Freiheit zu sichern, auf die Dauer für unzuverlässig, und wir halten die Gefahr im Falle ihres Versagens für tödlich. Diese Bomben erfüllen ihren Zweck nur, wenn sie nie fallen. Sie erfüllen ihren Zweck aber auch nicht mehr, wenn jedermann weiß, daß sie nie fallen werden.

Wir fühlen keine Kompetenz, konkrete Vorschläge für die Politik der Großmächte zu machen. Für ein kleines Land wie die Bundesrepublik glauben wir, daß es sich heute noch am besten schützt und den Weltfrieden noch am ehesten fördert, wenn es ausdrücklich und freiwillig auf den Besitz von Atomwaffen jeder Art verzichtet. Jedenfalls wäre keiner der Unterzeichneten bereit, sich an der Herstellung, der Erprobung oder dem Einsatz von Atomwaffen in irgendeiner Weise zu beteiligen.

Unsere volle Bereitschaft, an der friedlichen Ausnutzung der Atomenergie wie bisher mitzuwirken, wird davon natürlich nicht berührt.

An Victor Weisskopf

25. April 1957

Lieber Weißkopf!

Auf Ihre Bitte hin, die mich wegen einer Reise erst heute erreichte, habe ich Ihnen sofort ein Exemplar unserer Erklärung durch Luftpost zugehen lassen. Als Kommentar habe ich einen Vortrag beigelegt, den ich vor einigen Wochen im Radio gehalten habe. Natürlich drückt dieser Vortrag nur meine eigenen

Meinungen aus, aber er war immerhin sämtlichen Unterzeichnern der Erklärung, mit vielleicht zwei oder drei Ausnahmen, bekannt und sie haben keine Einwände dagegen erhoben. Vielleicht darf ich Ihnen noch ein bißchen über den weiteren Fortgang dieser Dinge berichten und damit eine Bitte verbinden.

Wie Sie vielleicht in der Presse gelesen haben, hat Bundeskanzler Adenauer fünf von uns zu sich eingeladen, und wir haben ein sehr ausführliches Gespräch mit ihm gehabt, das in einer guten Atmosphäre verlief. Er hat uns seine Auffassung dargelegt. Diese läßt sich etwa auf die Formel bringen: Auch er ist nicht der Meinung, daß man die Atomrüstung einfach immer weitertreiben dürfe. Er ist ganz entschieden für atomare Abrüstung. Dies wurde in einem Schlußkommuniqué unserer Besprechung auch zum Ausdruck gebracht. Er ist der Meinung, daß die atomare Abrüstung erstens kontrolliert sein müsse und zweitens Hand in Hand gehen müsse mit einer Reduktion der konventionellen Rüstungen. Vielleicht kann man die Probleme so verteilen: Eine Abrüstung der Atomwaffen ist ein größeres Opfer für den Westen als für die Russen; die Zulassung einer Kontrolle ist ein größeres Opfer für die Russen als für den Westen. Eine kontrollierte Atomabrüstung ohne jede Abrüstung konventioneller Waffen läßt die Russen überlegen zurück, daher muß der Westen auch eine Reduktion der konventionellen Waffen fordern. Was man dafür politisch zu bezahlen bereit sein wird, ist ein Problem besonderer Art und vielleicht in gewissem Umfang eine Frage des taktischen Geschicks der Unterhändler. Wir haben natürlich keinerlei Anlaß, diese seine Pläne zu durchkreuzen, sondern, im Gegenteil, wir werden sehr glücklich sein, wenn er damit irgendeinen Erfolg hat. Eine Meinung des größeren Teils der Unterzeichner, die leider in der endgültigen Fassung unserer Erklärung nicht ganz klar genug zum Ausdruck gekommen ist, ist, daß eine ausschließlich auf die größten Atomwaffen sich stützende Bewaffnung des Westens auch für den Westen kein wirklicher Schutz ist. Ich habe einmal versucht, dies in den beiden folgenden Sätzen zu formulieren: Diese Bomben erfüllen ihren Zweck, den Frieden und die Freiheit zu schützen, nur dann, wenn sie nie fallen; sie erfüllen ihn auch nicht mehr, wenn jedermann weiß, daß sie nie fallen werden. Diesen Sätzen hat Adenauer und haben seine Generale nicht widersprochen. Wir waren ferner der Meinung, daß eine Initiative zur Abrüstung sich nicht nur in der Ebene der Diplomatie abspielen dürfe, sondern daß sowohl die Wissenschaftler wie die Völker den ihnen möglichen Anteil an einer solchen Initiative nehmen müßten, wenn etwas zustande kommen soll. Wir waren schließlich der Meinung, daß wir uns mit unserer Initiative nur an unser eigenes Land wenden sollten und nicht etwa, wie uns manche Leute vorgeschlagen haben, einen Aufruf an die Wissenschaftler und Techniker der Welt machen. Letzteres wäre überheblich, ersteres hingegen ist genau unsere Sache. Das schließt aber natürlich nicht aus, daß wir mit der größten Freude alles mitmachen werden, was von den Wissenschaftlern auf der Welt getan werden kann, um einer Abrüstung und allen anderen dem Frieden dienenden Sachen näher zu kommen.

In diesem Zusammenhang ist insbesondere der Gedanke aufgetaucht, ob nicht die Physiker der Welt eine internationale Konferenz veranstalten könnten, ähnlich der Genfer Atomenergiekonferenz mit dem Thema: Wie kann man eine Atomabrüstung effektiv kontrollieren? Über dieses Thema habe ich unmittelbar nach unserem Gespräch mit Adenauer eine Unterhaltung mit Scherrer gehabt, dem dieser Gedanke sehr einzuleuchten schien. Die Initiative zu einer solchen Sache könnte wohl entweder ausgehen von den Physikern derjenigen Länder, die keine großen Atomwaffen haben, oder aber von den Physikern aller Länder. Scherrer versprach, bei seinem Besuch in Amerika, der unmittelbar bevorsteht, diese Frage einmal gesprächsweise mit einigen Leuten zu besprechen. Ihre Anfrage ermutigt mich nun aber, Ihnen die Frage direkt vorzulegen, da Scherrer ohnehin vorhat, sich mit Ihnen darüber zu unterhalten.

Ich würde denken, daß eine solche Konferenz etwa die folgende Fragestellung mitbekommen sollte: Es sei vorausgesetzt, daß eine kontrollierte Atomabrüstung beschlossene Sache sei. Wie muß man sie am besten durchführen, so daß sie die Kontrollierten am wenigsten belästigt und gleichzeitig effektiv ist? Diese Fragestellung enthält einerseits, daß nicht gefragt wird, ob man überhaupt kontrollieren kann, sondern nur, wie man am besten kontrollieren kann, und daß andererseits die Physiker auch nicht zu entscheiden haben, ob kontrolliert werden soll, sondern nur, wie man es machen muß, wenn kontrolliert werden soll. Diese beiden Gesichtspunkte scheinen mir wichtig, weil sie zu bedeuten scheinen, daß eine solche Konferenz überhaupt nicht scheitern kann; ihre Resultate können nützlicher oder weniger nützlich sein, aber ganz unabhängig von den Resultaten wäre wahrscheinlich die Tatsache, daß sie überhaupt stattfände, politisch eine große Hilfe zur Entspannung. Adenauer hat vollkommen richtig gesehen, daß eine solche Konferenz dann am nützlichsten wäre, wenn sie von den Physikern allein veranlaßt würde, hat uns aber jede Unterstützung auf den ihm zugänglichen diplomatischen Wegen zugesagt, wenn wir eine solche brauchen würden. Meine Frage an Sie geht nun insbesondere dahin, ob Ihrer Kenntnis nach zu hoffen wäre, daß die russischen Physiker entweder schon bei der Initiative zu einer solchen Konferenz beteiligt werden könnten oder wenigstens zu ihr kommen könnten, wenn die Konferenz veranstaltet wird. Meinem Gefühl nach sollte bei der Initiative ebenso wie beim Besuch kein Unterschied zwischen USA und UdSSR gemacht werden, d. h. entweder sollten die Physiker beider Mächte schon an der Initiative beteiligt sein oder die keiner von beiden. Der Besuch der Konferenz durch die Physiker beider Mächte wäre aber unerläßlich, damit die Sache überhaupt einen Sinn hätte.

Um der Klarheit willen möchte ich sagen, daß der Gedanke nicht von mir ausgegangen ist, sondern daß ich im Augenblick nur der Sprecher dieses Gedankens bin. Ich weiß nicht, wer den Gedanken zuerst gehabt hat, er tauchte in unserem Gespräch plötzlich auf.

Unsere öffentliche Erklärung hat übrigens in Deutschland eine für uns ganz unerwartete sehr große Resonanz gehabt. Ich glaube, daß diese Resonanz doch auch für Adenauer ein wesentlicher Grund dafür ist, eine Initiative in bezug auf Atomabrüstung, die er an sich gewiß gerne ergreifen würde, mit wesentlich mehr Nachdruck und früher zu ergreifen, als er es sonst vielleicht getan hätte.

Öffentlich sprechen wir natürlich über diesen Konferenzplan vorerst überhaupt nicht. Wir wollen ihn nicht durch eine öffentliche Initiative an der falschen Stelle vor der Zeit gefährden.

Herzliche Grüße
Ihr CFWeizsäcker

AN FRITZ STRASSMANN

16. Mai 1957

Lieber Herr Straßmann!

Nun habe ich Ihnen zu danken erstens für Ihren Brief, mit dem Sie für die Bonner Besprechung absagten, und zweitens für Ihren Brief über die japanische Erklärung.

In bezug auf den Inhalt Ihres ersten Briefes möchte ich nur kurz sagen, daß wir wahrscheinlich näher beieinander sind, als es Ihnen erscheint. In der Gesinnung, daß nur eine wirkliche Verständigung nützen kann, sind wir vollkommen einig. Unsere etwas sehr westlich klingende Formulierung hatte den konkreten Grund, daß uns in der ersten Besprechung, die wir mit Strauß über diese Sache am 29.1. gehabt haben, klar wurde, daß Strauß mit allen auch nur überhaupt ihm verfügbar stehenden massiven Mitteln versuchen würde, wenn wir eine solche Erklärung öffentlich abgäben, diese Erklärung als prokommunistisch öffentlich zu diskreditieren. Wir haben deshalb für nötig gehalten, eine sehr klare Formulierung unseres Bekenntnisses zum Westen einzubauen, so daß dieser Vorwurf von vorneherein abprallen würde. Selbstverständlich kann man verschiedener Meinung darüber sein, wie weit man mit solchen Formulierungen gehen soll. Zweifellos sind auch in unserem Kreise die Auffassungen über das Maß des Rechts der westlichen Position etwas verschieden. Ich verstehe sehr gut, wenn Ihnen unsere Erklärung nun weiterzugehen scheint, als Sie gerne möchten, in bezug auf das Lob des Westens, und ich möchte Ihnen nur versichern, daß wir an dieser Stelle wohl in der Gesinnung doch recht einig sind. Ich glaube übrigens, daß wir in der öffentlichen Debatte das in der Tat erreicht haben, daß man unsere Auffassung als ein Wort wirklicher Freunde des Westens an den Westen verstanden hat. Die Versuche von Strauß und anderen, uns in dieser Hinsicht zu diskreditieren, scheinen mir doch weitgehend gescheitert zu sein.

Daß Sie sich nicht die Mühe machen wollten, zu unserer Besprechung nach Bonn zu kommen, da ja schon so viele redelustige Leute dort waren, kann ich gut verstehen. Ein bißchen schade war Ihre Abwesenheit nur deshalb, weil Sie natürlich Ihre Meinungen, wenn Sie selbst dagewesen wären, noch etwas mehr hätten zur Geltung bringen können, und da Sie andererseits dann vielleicht noch manche Fakten aus der Vorgeschichte gehört hätten, die Ihnen auch wieder unser Verfahren erläutert hätten.

Auf unserer Besprechung in Godesberg ist auch die japanische Erklärung besprochen worden. Professor Hirano hat sich an eine ganze Reihe von uns gewandt und hat insbesondere mit Gerlach auch persönlich ausführlich geredet. Es war nun die gemeinsame Auffassung unseres Kreises, wir sollten im Augenblick als Kreis überhaupt keine öffentlichen Erklärungen abgeben, um nicht das, was wir einmal gesagt haben, abzuschwächen, indem wir uns zu oft äußern. Deshalb glaube ich, daß Ihr Vorschlag, wir möchten gemeinsam die japanische Erklärung unterzeichnen, im jetzigen Augenblick nicht angenommen werden würde. Dagegen steht natürlich gar nichts im Wege, daß jeder einzelne von uns sich darin so verhält, wie er es für richtig hält. Ich möchte hinzufügen, daß ich auch über diese Entscheidung durchaus zu diskutieren und mich überzeugen zu lassen bereit bin, denn ich finde sie gar nicht selbstverständlich. Jedenfalls ist sie aber jetzt zunächst so gefallen, und ich glaube, ich müßte Ihnen das einfach mitteilen. Wenn Sie noch einen weiteren Schritt unternehmen wollen, so bitte ich Sie, mir auf diesen Brief zu antworten, und ich will dann gerne diese Antwort vervielfältigt an alle übrigen Unterzeichner schicken oder irgend etwas anderes tun, was Sie für richtig halten.

Mit herzlichen Grüßen
Ihr CFWeizsäcker

AN KLARA-MARIE FASSBINDER

14. Juni 1957

Sehr geehrte gnädige Frau!

Haben Sie vielen Dank für Ihren Brief vom 7.6., den ich hier, nachdem ich kurze Pfingstferien gemacht habe, vorfand.

Zunächst muß ich Ihnen das Negative sagen: Ich werde leider nicht in der Lage sein, bei Ihnen in der Paulskirche zu sprechen. Nach Ihrem Besuch hatte ich nunmehr fest damit gerechnet, daß ich es nicht tun werde, und habe seitdem meine Termine so angelegt, daß ich es jetzt auch praktisch nicht mehr einrichten kann.

Nachdem ich auf diese Weise klargemacht habe, daß ich das, was ich weiterhin sagen will, nicht sage, um etwa eine Absage zu entschuldigen, würde ich nun gerne noch ein paar sachliche Bemerkungen machen.

Zunächst möchte ich Ihnen noch einmal sehr für Ihren Besuch danken. Das Gespräch mit Ihnen war mir eine wirkliche Freude. Das ist deshalb nicht leichthin gesagt, weil ich ja an sich jetzt zeitlich so in Anspruch genommen bin, daß ich oft froh bin, wenn Gespräche rasch vorübergehen.

Es würde mir nun leid tun, wenn Sie sich die Äußerung einer anderen Dame, die Sie mir zitieren, als Ihre eigene Meinung zu eigen machen würden. Die Äußerung nämlich: so seien die Männer, sie sagten, daß die Frauen nichts tun und ließen die Frauen im Stich, wenn sie etwas tun. Zunächst würde ich nicht sagen, daß die Frauen nichts tun. Auch wenn die Frauen öffentlich nicht hervortreten, tun sie oft sehr viel und sehr Wichtiges. Was aber das öffentliche Hervortreten betrifft, so meine ich weiterhin, daß eine Wahrheit liegt in dem Satz, den ich Ihnen zitiert habe vom getrennten Marschieren und vereinten Schlagen. Dies möchte ich Ihnen an meiner persönlichen Situation erläutern. Ich habe nun eine große Anzahl von Aufforderungen zum öffentlichen Sprechen bekommen. Es war offensichtlich unmöglich, alle diese Aufforderungen zu erfüllen. Daher habe ich mich auf eine ganz bestimmte Auswahl beschränkt.

Erstens habe ich einmal in Bonn an einer hervorgehobenen Stelle gesprochen. Das, was ich dort gesagt habe, ist inzwischen bei Vandenhoeck u. Ruprecht hier in Göttingen im Druck erschienen als Broschüre unter dem Titel »Die Verantwortung der Wissenschaft im Atomzeitalter«. Das kann nun also in die Hände aller derer kommen, die sich dafür interessieren. Ferner habe ich überall dort zugesagt, wo ich gewissermaßen persönlich und lokal der Nächstbeteiligte war. So habe ich hier in Göttingen dreimal, nämlich in unserem Institut, vor den Schülern der höheren Schulen und in einer geschlossenen Versammlung der CDU gesprochen. Ebenso werde ich in Hamburg in einem Universitätszusammenhang und einem kirchlichen Zusammenhang sprechen. Ferner habe ich an ein paar Stellen, an die ich ohnehin kam oder denen gegenüber ich vorher schon verpflichtet war, nunmehr über dieses Thema gesprochen. Ich würde denken, daß jeder andere, der mit dieser Sache befaßt ist, in derselben Weise sich an den Stellen, an denen er am nächsten dran ist, äußern sollte. Wenn in dieser Weise jeder das Seine tut, so wird man sehr weit kommen. Hingegen wäre es falsch, wenn auf einzelne Leute, wie z. B. auf mich, dasjenige abgewälzt würde an Anstrengung, was ein einzelner niemals leisten kann, während viele zusammen es sehr wohl leisten können.

Ich gebe zu, daß ich manche Dinge vielleicht verhältnismäßig gut und eindrucksvoll formulieren kann. Auf der anderen Seite finde ich wieder nun die Polyphonie, die dadurch entsteht, daß viele voneinander verschiedene Menschen eine parallele Anstrengung machen, sehr nützlich. Wenn in der Frage der Atomrüstung überhaupt etwas erreicht werden soll, so muß es sich ja um eine Sache handeln, die wirklich von breiten Kreisen in eigener Überzeugung getragen wird, und dazu müssen dann diese breiten Kreise in ihrer jeweils eigenen Gestalt sich regen.

Diesen Begriff der Polyphonie möchte ich nun auch anwenden auf die konkrete Gestalt Ihres Zusammentreffens. Es gibt da zwei Punkte, die ich selbst, wenn ich auftreten könnte, vielleicht etwas anders wünschen würde, die aber, da ich nicht auftrete, von mir aus sehr gerne so bleiben können, wie Sie sich vorgenommen haben. Das eine ist die Tatsache, daß Dr. Manstein spricht, das andere ist der Vorschlag der atomfreien Zone.

Zwischen Dr. Manstein und uns 18 besteht ja der wesentliche Unterschied, daß er auch gegen die friedliche Verwendung der Atomenergie zum mindesten sehr große Bedenken erhebt, während wir umgekehrt eine sehr intensive Förderung dieser friedlichen Verwendung in unserer Erklärung unserer Überzeugung gemäß gefordert haben. Diese beiden Standpunkte brauchen einander nicht auszuschließen; denn es kommt schließlich darauf an, soweit ich sehe, daß die friedliche Verwendung der Atomenergie mit den größten möglichen Vorsichtsmaßregeln unternommen wird. Ich glaube aber, daß ein Angehöriger der Gruppe der 18 den Standpunkt der 18 dadurch undeutlich machen würde, daß er zusammen mit Herrn Manstein öffentlich aufträte. Es ist sehr wichtig, die Öffentlichkeit auch auf die Gefahren aufmerksam zu machen, die mit der friedlichen Anwendung der Atomenergie verbunden sind, und wenn Herr Manstein diese Aufgabe erfüllt, so tut er etwas Gutes. Aber Sie werden verstehen, daß ich, wenn ich selbst überhaupt bei Ihnen hätte sprechen können, dann gewünscht haben würde, daß nicht in der notwendigen Vergröberung, die die Presse nachher bringt, das Anliegen, das ich vertrete, mit dem Anliegen von Herrn Manstein verwechselt worden wäre. Ich glaube, es ist vernünftig, hier von Polyphonie zu reden.

Ähnlich steht es mit dem Vorschlag der atomfreien Zone. Dieser Vorschlag ist u. a. von Heisenberg gemacht worden. Er ist aber nicht etwa ein Vorschlag, den die 18 gemeinsam gemacht hätten. In unserer Erklärung steht lediglich, daß wir meinen, ein kleines Land, wie die Bundesrepublik, werde noch am ehesten sich und den Weltfrieden fördern, wenn es selbst auf Atomwaffen verzichte. Wir haben absichtlich nicht einen weitergehenden Vorschlag gemacht und haben z. B. nichts gesagt über die in Deutschland gelagerten amerikanischen Atomwaffen. Natürlich ist es nicht im Sinne gemeint, daß wir nun das Lagern ausländischer Atomwaffen in unserem Territorium wünschenswert fänden. Es schien uns aber richtig, uns auf einen ganz bestimmten Vorschlag zu konzentrieren, den auszuführen völlig in unserer eigenen Macht liegt. Ich würde selbst den weitergehenden Vorschlag, die Amerikaner möchten ihre Atomwaffen aus unserem Territorium zurückziehen, als einen Wunsch formulieren, dessen Erfüllung Gegenstand internationaler Verhandlungen sein soll. Dieser Wunsch hat ja nämlich auch nur dann seinen wahren Sinn, wenn er ein Teil eines noch umfassenderen Abrüstungs- und Friedensprogramms ist. Deshalb würde ich mit der völligen Klarstellung dessen, daß wir als Deutsche uns an dieser Rüstung überhaupt nicht zu beteiligen gedenken, verbinden einen Vorschlag zu Verhandlungen und nicht eine einseitige Forderung gegenüber den Amerikanern. Auch hiermit bin ich aber schon wieder in die Politik verhältnismäßig detailliert eingetreten, und ich würde für meine eigene Person einen deutlichen Unterschied machen zwischen den Forderungen, die ich an mich stelle und die unbedingt sind, den Forderungen, die ich an mein eigenes Land stelle und die dieses eigene Land sich unbedingt zu eigen machen kann, wenn es will, und den Forderungen, die ich an die internationale Politik stelle, die lediglich Vorschläge sind.

Ich würde im jetzigen Augenblick den Vorschlag der atomfreien Zone auch nicht in derselben Weise wie z. B. den Vorschlag, mit den Versuchen aufzuhören, machen. Das hängt nun mit ganz speziellen Punkten zusammen. Der Verzicht auf die Versuche ist zwar vielleicht auch ein wenig zuungunsten des Westens, da das Gleichgewicht der Rüstungen auf der atomaren Überlegenheit des Westens gegenüber der konventionellen Überlegenheit der Russen beruht. Aber dies ist ein Vorschlag, der heute eine weltweite Resonanz hat und der als erster Schritt zu einer Abrüstung sehr gut durchgeführt werden könnte, zumal die Kontrolle verhältnismäßig leicht ist. Der Vorschlag der atomfreien Zone, zumal wenn die Breite nach beiden Seiten in Kilometern und gleich bemessen wird, ist ganz eindeutig zuungunsten des Westens. Wenn man etwa 1000 km von der gegenseitigen Grenze weggeht, so hat der Westen kaum mehr ein Aufmarschgebiet, während Rußland an seinem Aufmarschgebiet kaum nennenswert etwas verloren hat. Wer diesen Vorschlag macht, unternimmt daher etwas, was dem Westen ausgesprochen unangenehm sein muß. Nun habe ich gar keine Angst davor, auch meiner eigenen Partei sehr Unangenehmes zu sagen, wenn es unvermeidlich ist. Die Frage ist aber, ob im Rahmen der Abrüstungsverhandlungen gerade dieser Vorschlag so wichtig ist, daß man ihn unbedingt machen muß. Ich glaube, daß der Nutzen einer solchen atomfreien Zone im wesentlichen in der Entstehung eines politisch neutralen Gürtels liegt. Und wenn das damit erreicht wird, so würde als eine Dokumentation dieser Neutralität auch die atomfreie Zone förderlich sein. Wird hingegen keine politisch neutrale Zone erreicht, sondern grenzen immer weiter die beiden Machtblöcke in Europa ohne Übergang aneinander, so bin ich nicht sicher, daß die Rückziehung der Atomwaffen an dem Zustand politisch etwas Nennenswertes ändern würde. Mit anderen Worten, ich bin nicht sicher, ob dieser Vorschlag in den heute konkret möglichen politischen Vereinbarungen eine besonders glückliche Rolle spielen würde, und auf der anderen Seite finde ich ihn als Ausdruck einer moralischen Ablehnung der Atomwaffen dann wieder zu bescheiden. Alle diese Bedenken bedeuten aber wieder nicht, daß ich etwas dagegen habe, daß Heisenberg diesen Vorschlag ausgesprochen hat, und ich würde auch gar nichts dagegen haben, wenn Ihr Zusammentreffen in Frankfurt zur Annahme dieses Vorschlags durch die Frauenvertretungen führen würde. Das ist wieder im Sinne der Polyphonie gesprochen. Das heißt dann eben, daß diese bestimmten Menschen sich diesen bestimmten Vorschlag zu eigen gemacht haben; und wenn später vielleicht nicht genau dieser Vorschlag realisiert wird, so ist trotzdem etwas in der Richtung auf eine Versöhnung deutlich gesagt. Aber es ist eben zweierlei, ob ich einen solchen Vorschlag, wenn er von anderen gemacht wird, wegen seiner Wirkung auf die Atmosphäre begrüße, und ob ich sozusagen meinen eigenen politischen Kredit mit der öffentlichen Vertretung eines solchen Vorschlags aufs Spiel setze. Letzteres würde ich nur tun bei einem Vorschlag, der für mich einen noch überzeugenderen Charakter hätte.

Ich erlaube mir, Ihnen gleichzeitig ein paar Aufsätze, die ich in der letzten Zeit geschrieben habe bzw. als Vorträge gehalten habe, zuzusenden.

Mit den besten Wünschen für den Erfolg Ihres Zusammentreffens bin ich

Ihr sehr ergebener
CFWeizsäcker

An Helmut Gollwitzer

8. Oktober 1957

Lieber Herr Gollwitzer!

Ich weiß nicht genau, ob ich Sie jetzt mit meinen Gedanken in Bonn oder in Berlin suchen soll. Diesen Brief schicke ich nach Bonn; er wird Ihnen ja wohl nachgesandt werden, wenn Sie schon in Berlin sind. Ich komme am 24. Oktober für etwa 2 Nächte nach Berlin. Ich habe an diesem Tag dort einen Vortrag im Rahmen der Forschungsgemeinschaft zu halten. Falls Sie dann in Berlin sind, würde ich Sie gerne sehen. Wohnen werde ich wahrscheinlich bei meiner Cousine, der Oberin Siegrid Gräfin zu Eulenburg, Nikolassee, Prinz-Friedrich-Leopold-Straße 48. Ich weiß nicht, ob ich viel Zeit haben werde, aber es gibt doch eine Reihe von akuten Fragen, über die zu reden gut wäre. Ich weiß nicht, ob Sie meine Cousine kennen, sonst würde ich gleichzeitig gerne die Gelegenheit benützen, Sie mit ihr bekannt zu machen; denn ich glaube, sie ist einer der Menschen in Berlin, mit denen in Verbindung zu stehen sich wirklich lohnt. Auf jeden Fall hoffe ich, Sie am 19. November in Bonn zu sehen. Ich denke, Sie haben inzwischen die Einladung von Howe zur 2. Zusammenkunft unserer Kommission, die das 1. Mal im Mai in meiner Wohnung getagt hat, bekommen.

Ich habe Ihnen noch nicht für Ihre Schrift »Die Christen und die Atomwaffen« gedankt, die ich in meinen Ferien in Lindau bekommen habe. In Lindau hatte ich mir vorgenommen, einmal 4 Wochen ohne Rücksicht auf alles andere zu arbeiten, und habe das so ziemlich durchgeführt. Die Folge ist aber, daß ich seitdem noch mit dem Aufarbeiten der Korrespondenz zu tun habe. Wenn ich nun Ihre Schrift ansehe, so finde ich mich in der merkwürdigen Lage, mit Ihnen in den Folgerungen einiger zu sein als in der Art der Beweisführung. Das ist ja wahrscheinlich, angesichts der Atomwaffen, ein nicht überraschender Zustand. Die Haltungen, die man zu den Atomwaffen einnehmen kann, sind nicht groß an der Zahl. Und wenn man so wie Sie und ich zum mindesten für die eigene Person jede Beteiligung daran für falsch hält und wünscht, daß auch andere denselben Standpunkt einnehmen möchten, so befindet man sich in der Folgerung schon auf derselben Ebene, selbst wenn man vielleicht auf ganz verschiedenem Weg dazu gekommen ist. Trotzdem ist meinem Gefühl nach eine sorgfältige Durchdiskussion der Begründungen jetzt sehr wichtig. Vielleicht darf ich versuchen, in diesem Brief das Problem wenigstens anzudeuten.

Ihre Argumentation beruht im wesentlichen darauf, daß die Atomwaffen als Vernichtungswaffen keine Möglichkeit zu denjenigen Rechtfertigungen des Waffengebrauchs und des Kriegs mehr bieten, die man früher gewählt hat. Sie erkennen damit die früheren Rechtfertigungen, wenngleich nicht ohne gewisse Einschränkungen, an und sagen nur, daß diese Rechtfertigungen jetzt nicht mehr verfangen. Ich gestehe, daß ich gegenüber dieser Argumentation Einwände habe, die ich kaum anders als mit dem Wort »theologisch« bezeichnen kann. In der Theologie, die Sie hier versuchen, fehlt mir ein wesentliches Element, das freilich in unserer Theologie im ganzen wohl so ziemlich abwesend ist. Ich habe aber das Gefühl, daß ohne dieses Element die Argumentation nur schwer zu führen ist. Es hängt eng zusammen mit der Frage, was die Geschichte, und zwar nicht die abstrakt gedachte Geschichtlichkeit der menschlichen Existenz, sondern die konkrete Geschichte für uns theologisch bedeutet.

Ehe ich auf dieses theologische Problem komme, möchte ich aber eine mehr physikalische oder waffentechnische Schwierigkeit nennen. Soviel ich sehe, setzt sich jetzt immer mehr im Westen die Meinung durch, daß man zwischen den strategischen und den taktischen Atomwaffen unterscheiden muß. Zwar ist der Übergang zwischen beiden völlig fließend, aber da man die Unterscheidung zwischen beiden so nötig braucht, wird man bereit sein, den Unterschied durch eine relativ willkürlich gezogene Grenzlinie festzustellen. Die Meinung, die sich, soviel ich sehe, immer weiter durchsetzt, ist die, daß der Westen strategische Atomwaffen keinesfalls als erster gebrauchen darf, daß er hingegen taktische Atomwaffen in lokalen Konflikten auch dann einsetzen müßte, wenn die Russen, oder wer immer der Gegner ist, keine taktischen Atomwaffen einsetzen. Da z. Zt.

der Westen in taktischen Atomwaffen überlegen ist, während der Osten in konventionellen Waffen überlegen ist und zudem die Waffe subversiver Bewegungen hat, denen militärisch überhaupt schwer beizukommen ist, so ist die genannte Unterscheidung offensichtlich im militärischen Interesse des Westens. Die Drohung mit dem Einsatz strategischer Waffen ist verhältnismäßig wirkungslos, weil sie ein so selbstmörderisches Element enthält, daß sehr leicht daran gezweifelt werden kann, ob eine solche Drohung ernst gemeint ist. Die Drohung mit dem Einsatz taktischer Atomwaffen ist um so viel wirksamer, als die taktischen Atomwaffen, wenn man sich auf sie beschränkt, weiter weg von Waffen einer Totalvernichtung sind. Selbstverständlich ist die Zerstörung, die sie anrichten, ebenso groß wie die Zerstörung in Hiroshima, multipliziert mit der Anzahl dieser Bomben bzw. Granaten. Aber es ist wahr, daß ein Krieg, der auf einem beschränkten Schachbrett von den Großmächten mit taktischen Atomwaffen ausgefochten wird, für die Großmächte keinen selbstmörderischen Charakter hat und infolgedessen die Drohung mit ihm eine Drohung ist, die man ausführen kann. Wirklich aufrichtige und friedliebende Leute im Westen hängen dieser Meinung an, weil sie sagen, daß nur durch eine Drohung, die verwirklicht werden kann, auch lokale Kriege mit einiger Aussicht auf Erfolg von vornehrerein verhindert werden können. Die Anhänger dieser Meinung glauben also, daß die scharfe Unterscheidung zwischen beiden Sorten von Atomwaffen auch die kleinen Kriege unwahrscheinlicher machen wird.

Vielleicht habe ich Ihnen von dieser Auffassung schon einmal erzählt. Jedenfalls aber habe ich sie nach unserem letzten Gespräch in meiner Wohnung noch sehr viel genauer kennengelernt, weil sie von einem ihrer Hauptverfechter, dem englischen Admiral Sir Anthony Buzzard, in der ökumenischen Kommission über diese selben Fragen, der Howe und ich angehören, sehr sorgfältig vertreten worden ist.

Es ist klar, daß diese These große Gefahren enthält. Wenn man aufgrund einer solchen These nun allerhand Länder mit taktischen Atomwaffen ausrüstet, und wenn man durch sie gewissermaßen den kleinen Krieg wieder legitimiert, so besteht die Gefahr großen Mißbrauchs, ganz abgesehen von den Schrecken, die ein solcher Krieg über das Gebiet bringt, in dem er stattfindet. Meine erste Reaktion auf die These war in der Tat ein tiefes Erschrecken, weil ich das Gefühl hatte, daß diese These, wenn sie falsch ist, sehr verführerisch ist, und wenn sie wahr ist, die Aussicht, dem Problem des Krieges überhaupt zu Leibe zu rücken, vermindert. Aber man kann den Vertretern dieser These zunächst nichts Durchschlagendes entgegnen, wenn sie sagen, daß die genannten Entschlüsse in den Generalstäben längst gefaßt sind und daß es sich jetzt nur darum handelt, ob der Westen diese Entschlüsse auch durch den Mund seiner führenden Politiker bekanntgibt oder ob er sie bei sich behält bis zum Ernstfall. Man müßte auch eine politisch konstruktive Lösung vertreten und durchführen können, die so stark und überzeugend ist, daß sie die bei langem Nachdenken sehr große Anziehungskraft der genannten These wirklich überwindet. Hier ist also eine politische Aufgabe gestellt, und ich gestehe, daß ich selbst mich bisher dieser politischen Aufgabe nicht wirklich gewachsen fühle. Mit anderen Worten: ich erwarte in der Tat, daß das nächste Jahrzehnt weitgehend von der oben genannten These beherrscht sein wird.

Es ist wohl klar, warum ich diese Sache hier nenne. Wenn diese These nämlich richtig ist, oder auch wenn sie, obwohl in der Tiefe falsch, jedenfalls vorerst das Verhalten der Politiker und Militärs bestimmen wird, so kann Ihre Argumentation, daß der Atomkrieg wegen seiner totalen Vernichtungswirkung nicht mehr gerechtfertigt werden kann, nur schwer aufrechterhalten werden. Man wird Ihnen dann einwenden, es sei jetzt mit den Atomen wieder genau dasselbe geschehen, was Sie an einer Reihe von Beispielen, z. B. der Armbrust, gezeigt haben. Es sei jetzt die Form des Atomkriegs gefunden, die man mit gutem Gewissen vertreten könne. Das Ausmaß des Mordens ist ja ein zweifelhaftes Argument; denn eine Bedrohung der gesamten Menschheit liegt sicher nicht vor, und die Anhänger dieser Ansicht können im Grunde genau so argumentieren, wie man für die Hiroshima-Bombe argumentiert hat, daß nämlich durch die hunderttausend Toten von Hiroshima zwei Millionen anderen das Leben gerettet worden sei, die in der sonst unvermeidlich langen Kriegführung zugrunde gegangen wären. Dies Argument mag im Einzelfall falsch sein, es wird schwer grundsätzlich widerlegbar sein. Es ist in der Tat möglich, daß die Drohung eines Kriegs mit taktischen Atomwaffen so viele bewaffnete Konflikte verhindern wird, daß, wenn man rein numerisch vorgeht, die Zahl der Menschenleben, die dadurch gerettet werden, zunächst größer ist als die Zahl der Menschenleben, die durch einen doch ausbrechenden kleinen Atomkrieg vernichtet wird. Es wird dann also gar nicht mehr leicht sein, das qualitative Anderssein des Atomkriegs gegenüber dem bisherigen Krieg zwingend zu beweisen. Natürlich kann man immer sagen, daß jetzt die Gefahr besteht, daß ein Krieg, der mit taktischen Atomwaffen geführt wird, umschlägt in einen Krieg mit strategischen Atomwaffen, der dann die mörderischen Wirkungen hat, von denen Sie in Ihrer Argumentation ausgehen. Dagegen aber könnte wieder geantwortet werden, daß genau dasselbe auch geschehen kann, wenn man einen Krieg nur mit konventionellen Waffen führt. Das könnte zwar nicht geschehen, wenn die strategischen Atomwaffen oder überhaupt die Atomwaffen vernichtet wären. Aber solange sie nicht vernichtet sind, und im Augenblick sind ja beide Seiten nicht bereit, sie zu vernichten, würde das Argument gelten. Ferner sagen die Vertreter der These, die ich zitiere, daß die Chance, zu einer Übereinkunft über die Vernichtung oder internationale Kontrolle der strategischen Waffen zu kommen, erst dann ernstlich bestehe, wenn es den Russen klar sei, daß sie dem Westen auch dann noch nicht überlegen sind, sonst würden die Russen die Vernichtung der Atomwaffen allein fordern und sich auf nichts anderes einlassen, und der Westen würde dann überhaupt zu keiner vernünftigen Abrüstungsvereinbarung mit den Russen kommen. Auch dies führt wieder in schwer zu Ende diskutierbare Züge der speziellen Politik hinein.

Kehre ich nun von diesen politisch-militärischen Betrachtungen zu der theologischen Frage zurück, so scheint mir, daß Ihre Argumentation theologisch zu schwach fundiert ist. Sie basiert auf einem Argument, das man politisch so sehr zersetzen kann, wie ich eben versucht habe, es anzudeuten. Ich bin nun nicht der Meinung, daß ich selbst ein besseres theologisches Argument wirklich vorbringen kann. Ich suche nur nach einer Formulierung des uns gemeinsamen Gefühls, daß sich in jenem Satz meines jungen Mitarbeiters: »Einmal ist Schluß« ausdrückt. Ich habe selbst immer noch das Gefühl, daß man eigentlich nur etwa die folgende Linie einschlagen kann, die in unseren Gesprächen gelegentlich ja auch schon angeklungen ist: Man müßte wohl sagen, daß Kriegführen niemals in dem Sinne eine richtige Handlung gewesen ist, wie etwa Handlungen der Nächstenliebe es sind, bei denen nicht getötet wird. Jedenfalls entspricht dies genau meinem Gefühl. Ich habe dort, wo ich selbst das Empfinden hatte, daß etwas anderes als eine Gewalthandlung nicht möglich war, doch immer das Empfinden gehabt, daß es irgendwie meine eigene Mitschuld sei, daß ein anderer Weg als der der Gewalt nicht hat gegangen werden können. Es gibt nun aber Wahrheiten, die einen bestimmten historischen Ort haben, d. h. Wahrheiten, die vor einem bestimmten Augenblick in der Geschichte zwar abstrakt gesprochen schon genauso wahr waren, aber jenseits der Reichweite der Menschen, so wie sie wirklich historisch lebten. Es kommt dann einmal ein Augenblick, in dem das, was bisher unmöglich schien, auf einmal möglich ist. So scheint es mir, daß die Wahrheit von der grundsätzlichen Verfehltheit des Krieges bis in unser Jahrhundert hinein für die Menschen ungreifbar war. Daher haben Menschen, die Kriegsdienstverweigerung betrieben haben, wie z. B. die Quäker, wenn sie wußten, was sie taten, d. h. wenn sie nicht naive Idealisten waren, im Grunde früher nie an etwas anderes appellieren können als an das Jüngste Gericht. Sie konnten sagen: Wir verhalten uns jetzt schon so, wie nach dem Jüngsten Gericht alle Menschen sich verhalten werden. Dagegen konnte dann immer der Einwand des Chiliasmus gemacht werden. Trotzdem würde ich glauben, daß dieser Einwand in manchen Fällen, z. B. gerade bei den guten Quäkern, nicht berechtigt war, sondern daß sie wirklich recht hatten, so zu handeln, wie sie taten. Daraus, daß ich ihnen zubillige, daß sie recht hatten, so zu handeln, folgere ich nicht, daß die Menschen, die nicht so gehandelt hatten, schlechterdings im Unrecht waren, sondern ich folgere nur, daß das Problem damals für eine allgemeine Entscheidung nicht reif war. Heute aber scheint mir eine Zeit gekommen zu sein, in der die schlichte Vernunft, zu deren Anwendung man gar kein Christ zu sein braucht, genau in dieselbe Richtung weist. Heute besteht zum ersten Mal eine echte Chance, daß die Kriege aufhören, auch wenn das Jüngste Gericht keineswegs kommt. Dadurch ändert sich prinzipiell an der Natur des Krieges eigentlich nichts; denn man darf annehmen, daß der selbstmörderische Krieg nicht leicht, vielleicht überhaupt nicht in Gang kommen wird, sondern daß sich kriegerische Handlungen durchaus in einem Rahmen halten werden, bei dem die Opfer vielleicht sogar geringer sind als bei manchen Kriegen der Vergangenheit. Das heißt, der Vernichtungscharakter der Atomwaffen äußert sich zunächst nicht darin, daß nunmehr dieser Waffengebrauch moralisch unmöglich wird, sondern er äußert sich darin, daß dieser Waffengebrauch so unvernünftig wird, daß überhaupt eine neue Konstellation in der Welt entsteht. Der Mensch, der sich heute, so wie Sie und ich, weigert, Atomwaffen zu machen, ist deshalb meinem Eindruck nach nicht innerlich in einer fundamental anderen Lage als es etwa der Quäker im 17. Jahrhundert war, der sich weigerte, an den damaligen Kriegen teilzunehmen. Er ist nur äußerlich in einer anderen Lage, denn er ist jetzt Glied einer stärkeren Partei. Es fällt uns gewissermaßen leichter, die fundamentale Wahrheit, die die Quäker damals auch schon gewußt haben, in der Welt zur Geltung zu bringen.

Ob man wirklich so argumentieren kann, wie ich es hier tue, weiß ich selbst nicht, und ich bin froh, wenn Sie mich kritisieren. Nur sehen Sie, daß ich doch auf eine sehr andere Linie der Argumentation gedrängt bin, als Sie es versucht haben. Ich glaube in der Tat, daß Sie mit Ihrer Linie der Argumentation bei Leuten, die etwa die eingangs geschilderte Theorie über taktische Atomwaffen sich wirklich zu eigen gemacht haben, nicht durchkommen werden. Ich komme dort zwar mit meiner Linie auch nicht direkt durch; denn beweisen kann ich diesen Leuten nichts. Meine Thesen klingen wahrscheinlich sogar utopistischer als die Ihren. Auf der anderen Seite scheint es mir eben, daß meine Thesen nicht durch ein bestimmtes politisches

Programm so leicht erschüttert werden können, wie meinem Gefühl nach die Ihren erschüttert werden können.

Das also wäre eines der Themen, über das ich gerne mit Ihnen sprechen möchte, weniger im Kreis der Kommission, obwohl es da auch hingehört, sondern auch zu zweit oder zu dritt.

Herzliche Grüße
Ihr CFWeizsäcker

An Erich Ollenhauer

16. Februar 1958

Sehr geehrter Herr Ollenhauer!

Für Ihre freundliche Einladung möchte ich Ihnen vielmals danken. Leider bin ich durch äußere Gründe an der Teilnahme sowohl an der Sitzung am 22. Februar wie an einer evtl. Kundgebung am 23. März verhindert. Am 22. Februar kann ich mich leider hier nicht frei machen, am 23. März werde ich in einer Frage, die mit dem Thema, um dessenwillen Sie mich einladen, eng zusammenhängt, nach Amerika unterwegs sein.

Es tut mir sehr leid, daß ich an der Besprechung, die Sie vorhaben, nicht teilnehmen kann. Vielleicht darf ich das Thema, das Sie in Ihrem Brief ansprechen, mit meinen Kollegen, die seinerzeit an der Göttinger Erklärung beteiligt waren, bei unserem nächsten Zusammensein, das am 1. März in Bonn stattfinden wird, durchsprechen. Ich bin auch gern bereit, mit Ihnen oder einem Ihrer Mitarbeiter anläßlich dieses Aufenthalts in Bonn über den Fragenkreis mündlich einmal zu sprechen. Am Sonnabend, dem 1. März, bin ich vormittags und wahrscheinlich mittags und nachmittags bis in den Abend hinein durch verschiedene Sitzungen in Anspruch genommen, von denen ich am ehesten einen Teil am frühen Vormittag würde schwänzen können. Am 28. Februar bin ich abends in Düsseldorf; ich könnte aber unter Umständen im Laufe des Tages für ein paar Stunden in Bonn sein. Am 2. März oder auch am

Abend des 1. könnte ich für eine Unterredung ebenfalls zur Verfügung stehen, dann wird allerdings das Treffen mit meinen Kollegen schon vorbei sein.

Vielleicht darf ich ein paar Worte zum sachlichen Problem hinzufügen. Unsere grundsätzliche Einstellung zur Frage der atomaren Ausrüstung der Bundeswehr ist Ihnen bekannt. Wir haben diese Einstellung nach der Bundestagswahl noch einmal öffentlich bekräftigt und haben sie natürlich auch seitdem nicht geändert. Wir haben es für richtig gehalten, danach nicht mehr als Kreis uns an die Öffentlichkeit zu wenden, weil wir der Meinung waren, daß solche Äußerungen, wenn sie zu oft von denselben Leuten wiederholt werden, sich verbrauchen. Auch wollten wir zu den sehr komplexen außenpolitischen Problemen, wie sie z. B. der Rapackiplan enthält, als Physiker lieber keine Meinung äußern.

Ich darf wohl auch ein offenes Wort über unser Verhältnis zu den politischen Parteien hinzufügen. Im Kreise der Unterzeichner der Göttinger Erklärung befinden sich die Herren, die der heute regierenden Partei nahestehen, und solche, die der heutigen Opposition nahestehen. Ob irgendeiner der Achtzehn einer Partei angehört, ist mir nicht bekannt, und die Mehrheit hat wohl den Wunsch, wie man es nennt, parteipolitisch neutral zu bleiben. Selbstverständlich sind wir sehr froh gewesen, daß die Parteien der Opposition unser Anliegen so energisch aufgegriffen haben. Es ist Ihnen bekannt, daß zwischen uns und den Oppositionsparteien weder vor noch nach der Veröffentlichung der Göttinger Erklärung irgendeine Absprache stattgefunden hat und daß die Göttinger Erklärung in keiner Weise durch die Opposition angeregt worden ist. Wir haben auf diesen Sachverhalt immer Wert gelegt, weil er ein klares Zeugnis dafür ablegt, daß wir aus keinem anderen Grunde als dem unserer physikalischen Sachkenntnis und der Sorge, die uns diese Sachkenntnis auferlegt hat, zu unserem Schritt gekommen sind. Ich kenne viele der Regierung oder der Regierungspartei angehörende oder nahestehende Personen, die unsere Sorge teilen.

Es scheint uns, wenn ich in einem Brief, den ich ohne vorherige Konsultation mit meinen Kollegen schreibe, doch zugleich die mir bekannte Stimmung meiner Kollegen mit ausdrücken darf, daß wir diese von allen übrigen politischen Kontroversen getrennte Position behalten sollen. So froh wir daher darüber sind, daß andere als wir unser Anliegen so kräftig aufnehmen, haben wir es doch bisher für richtig gehalten, uns an Kundgebungen der Art, wie Sie sie jetzt erwähnen, nicht zu beteiligen. Natürlich ist auch ein solcher Entschluß immer von neuem zu überprüfen; eine solche Überprüfung kann ich aber nicht allein ohne meine Kollegen vornehmen. Gerade im Sinne einer möglichst umfassenden Wirkung unserer Überzeugungen werden Sie diese unsere Haltung gewiß verstehen.

Ich bin mit dem Ausdruck meiner vorzüglichen Hochachtung

Ihr sehr ergebener
CFWeizsäcker

An Otto Hahn

25. April 1963

Lieber Herr Hahn!

Zunächst möchte ich Ihnen für Ihren freundlichen Glückwunsch danken anläßlich des Buchhändler-Friedenspreises. Ich bin da ja nur der gewissermaßen zufällig ausgesuchte Vertreter der Bemühungen der Naturwissenschaftler, nun auch in bezug auf die Folgen ihrer Entdeckungen gemeinsam mit den anderen Menschen nach dem rechten Weg zu suchen.

Sie werden aber diesen Anfang des Briefes mit Recht nur als eine Vorrede ansehen und sich fragen, warum ich Ihnen zugleich mit diesem Brief wieder einmal so entsetzlich viel Papier schicke. Ich glaube allerdings, daß Sie sich eine genaue Lektüre ersparen können. Nur sollten Sie vielleicht bis zur Seite 6 einmal lesen. Es ist der Entwurf der zusätzlichen Äußerungen in der 2. Auflage des Memorandums über zivilen Bevölkerungsschutz der VDW, zu dem Sie, Heisenberg und ich für die 1. Auflage ein Vorwort geschrieben haben. Die jetzige Bitte, die ich an Sie habe, ist, daß Sie zustimmen, daß auch in der 2. Auflage unser Vorwort stehenbleibt. Mit Herrn Heisenberg habe ich dies gestern schon besprochen, und er hat gerne zugestimmt und hat mich beauftragt, Ihnen das auch zu sagen.

Die Ergänzungen zur 2. Auflage setzen sich vor allem mit dem inzwischen dem Bundestag zugeleiteten Regierungsentwurf der Notstandsgesetzgebung, insbesondere mit dem Gesetz über Schutzräume auseinander. Während Sie zur 1. Auflage des Memorandums die skeptische Frage hatten, ob es denn überhaupt Sinn habe, solche Schutzmaßnahmen vorzuschlagen, sehen Sie, daß jetzt die Verfasser des Memorandums allerdings die Regierungsvorschläge viel zu weitgehend finden in Maßnahmen, die aller Wahrscheinlichkeit nach gar nichts nützen würden, aber sehr teuer wären. So möchte ich eigentlich vermuten, daß die grundsätzliche Tendenz der Ergänzungen Ihnen eher besser gefallen wird als der ursprüngliche Text (der natürlich wieder abgedruckt wird). Auch die grundsätzliche Frage, die auf Seite 5 unten mit Großbuchstaben besprochen ist, scheint mir dort ganz richtig behandelt. Ich habe das mit einer Reihe verständiger Leute aller politischen Richtungen besprochen und habe, wenn ich es lange genug darlegte, immer volle Zustimmung gefunden. Man muß nicht der Regierung schon in Friedenszeiten Vollmachten geben, die praktisch die Demokratie aufzuheben gestatten. Zwar kann man antworten, wir hätten sicher immer eine so nette Regierung, daß sie von diesen Vollmachten keinen schlechten Gebrauch machen würde. Aber wenn man von diesem Standpunkt aus argumentieren will, dann braucht man ja überhaupt keine Verfassung. Ich glaube übrigens auch nicht, daß die Notstandsgesetze in der jetzigen Fassung den Bundestag passieren werden. Natürlich wird damit gar nicht geleugnet, daß es grundsätzlich vernünftig ist, der Regierung richtig abgegrenzte Notstandsrechte zu geben. Ich habe aber das Gefühl, daß der jetzige Regierungsentwurf ohne bösen Willen dadurch entstanden ist, daß man alle Sachbearbeiter in allen Ministerien gefragt hat, welche Vollmachten für die Regierung sie angenehm fänden, und dann das alles zusammenaddiert hat. Dann kommt natürlich heraus, daß es am angenehmsten für die Ministerien wäre, wenn die Regierung alles dürfte, was sie wollte. Wenn man dann die vorliegenden Texte analysiert und darauf hinweist, daß die Regierung die Vollmachten nicht nur im Kriegsfall, sondern schon dann hat, wenn sie die von ihr zu verordnenden Maßnahmen selbst für notwendig hält, so sind alle Leute ganz erstaunt und sagen, so hätte man es ja doch nicht gemeint. Aus diesem Grunde scheint es mir vernünftig, daß im Memorandum diese paar Sätze über diese grundsätzliche Frage stehen. Alles übrige sind dann Detailuntersuchungen.

Ich habe mir für den Sommer ein Urlaubssemester genommen und ziehe mich auf unser Almhaus in Österreich zurück, wo ich weder mit dem Auto noch mit dem Telephon erreichbar bin, um einmal wirklich zu arbeiten. Deshalb würde ich Sie bitten, Ihre Antwort direkt an Herrn Afheldt zu richten (Adresse: Rechtsanwalt H. Afheldt, Hamburg-Blankenese, Strandweg 57). Für dringende Fälle weiß mein Sekretariat, wie ich zu erreichen bin.

Herzliche Grüße
Ihr CFWeizsäcker

AN KARL VON FRISCH

7. Januar 1971

Sehr verehrter lieber Kollege von Frisch!

Über Ihr Buch habe ich mich zunächst einmal sehr gefreut. Ich bin ja ein alter Leser Ihrer Schriften und habe im übrigen einen Sohn, der ein kleines bißchen in Ihre Fußstapfen getreten ist mit einer Arbeit über das Sehen der Bienen. Den Schlußpassus können Sie meines Erachtens genauso schreiben, wie Sie ihn entworfen haben. Ich schicke Ihnen den Entwurf hier zurück. Ich würde selbst dazu sagen, daß unter den akuten Problemen der Entwicklungsländer die Übervölkerung noch nicht das größte ist. Die Notwendigkeit, sich mit der Modernisierung auseinanderzusetzen, die darauf nicht eingestellten überlieferten sozialen Strukturen, die Abhängigkeit von den wirtschaftlichen und politischen Interessen der Industrieländer schaffen alle zusammen eine Situation, die erst der Grund dafür ist, daß man mit dem Ernährungsproblem und, weiter gesehen, mit dem Übervölkerungsproblem nicht fertig wird. Aber, wenn Sie als Biologe genau die Seite der Übervölkerung betonen, so geben Sie an der Stelle Ihrer unbestreitbaren Fachkompetenz einen sehr wichtigen Hinweis und dürfen die anderen Fragen dann getrost anderen Leuten der jüngeren Generation überlassen.

Mit meinen besten Grüßen bin ich
Ihr CFWeizsäcker

AN KARL RAIMUND POPPER

15. Juni 1971

Verehrter, lieber Herr Kollege Popper,

es tut mir sehr leid, daß unser langes Gespräch diesmal nicht zustande gekommen ist. Ich hatte mich gerade genug erholt, um nach Deutschland zurückzufliegen, und habe hier dann noch einmal einige Wochen mit Fieber gelegen. Es war wohl eine tropische Infektion. Jetzt bin ich von einem Rekonvaleszenzurlaub zurückgekommen und finde Ihren Brief vom 7. Juni vor. Es freut mich außerordentlich, daß Sie mein Buch mit dieser Sorgfalt gelesen haben, und das steigert meinen Wunsch, das diesmal mißlungene Gespräch bei nächster Gelegenheit nachzuholen. Der Passus, den Sie zitieren, wäre nun allerdings ohne den Einfluß Ihrer Gedanken wohl gar nicht möglich gewesen. Ich habe Sie an dieser Stelle nicht ausdrücklich zitiert, da dieser Aufsatz in bezug auf die Wissenschaftstheorie ein wenig eine zusammenfassende Rolle hat und ich Sie an den diesbezüglichen früheren Stellen des Buches, insbesondere Seite 123 bis 124, ausdrücklich genannt habe. Ich möchte Ihnen aber mein Verhältnis zu Ihrer Falsifikationsthese jetzt doch in seinem Werdegang noch etwas deutlicher erklären.

Als Ihre »Logik der Forschung« 1935 erschien, habe ich sie in einer Bibliothek in die Hand bekommen und habe darin ein wenig und unsystematisch gelesen. Ich habe mir damals innerlich vorgemerkt, das Buch gründlicher zu lesen, wenn ich einmal die wissenschaftstheoretischen Fragen systematisch durchgehen würde. Ich war ja damals als aktiver theoretischer Physiker mit Kernphysik und Astrophysik beschäftigt und mein philosophisches Interesse wandte sich, da die Positivisten des Wiener Kreises mich nicht befriedigten, der klassischen Philosophie zu, von der ich zunächst Kant ausführlich zu lesen begann. Inzwischen sprach sich herum, Ihre zentrale These sei, daß allgemeine Gesetze nicht verifiziert, sondern nur falsifiziert werden können. In dieser Form fand ich das einen wichtigen Ansatz, aber mir fehlte daran die Erkenntnis, daß auch die Falsifikation Theorie voraussetzt. Es war mein Versäumnis, Ihr Buch nicht wieder zur Hand zu nehmen, denn dort hätte ich gefunden, daß Sie dies genau wissen und ausführlich besprechen. So habe ich in Vorlesungen die Falsifikationsthese unter Nennung Ihres Namens in grundsätzlicher Zustimmung, aber mit der eben genannten Kritik, oft zitiert. Ein solcher Vorlesungstext ist unter 1.6. in das Buch aufgenommen, das in Ihrer Hand ist. Erst als das Buch abgeschlossen war, habe ich die »Logik der Forschung« wieder vorgenommen und wirklich durchgelesen. Hier entdeckte ich dann mein Versäumnis. Die Folge dieser Lektüre war die detaillierte Auseinandersetzung mit Ihren Gedanken in dem Aufsatz zu Heisenbergs 70sten Geburtstag, den ich Ihnen geschickt habe. Das führt nun sehr ins Detail, insbesondere die Deutung der Quantentheorie. Darüber hätte ich gerne mit Ihnen geplaudert, denn eine ausführliche schriftliche Antwort wage ich Ihnen nicht zuzumuten. Jedenfalls aber freut es mich sehr, daß Sie in der kurzen Partie in dem Platonaufsatz eine Ihnen und mir gemeinsame Überzeugung erkennen.

Ich bin mit herzlichen Grüßen
Ihr sehr ergebener
CFWeizsäcker

An Werner Heisenberg

                                      undatiert (1971)
Lieber Werner,

darf ich Dir heute nur schnell bestätigen, daß wir uns mündlich verabredet haben, daß Du am Montag, dem 13.12., von 10 bis 12 Uhr hier in Starnberg im Institut bist und eine Gruppe, die in der Woche vorher ein Kolloquium über die Wissenschaftstheorie der Physik gehalten hat, Dich darüber ausfragen darf, was Du Dir bei der Erfindung der Quantenmechanik und der Unbestimmtheitsrelation gedacht hast.
                                          Herzliche Grüße
                                        Dein Carl Friedrich

An Helmuth Plessner

                                          3. Februar 1972
Lieber Herr Plessner,

ich habe Ihre Adresse nicht, aber die Neue Zürcher Zeitung wird sie schon finden. Ich wollte Ihnen nur sagen, daß ich mich über Ihre Besprechung meines Buches besonders gefreut habe. Ein solches Buch ist ja immer ein Wagnis, und ich fühle sehr dankbar, wenn die Intention von einem Mann, der meine eigenen Anstrengungen seit so langer Zeit verfolgt hat, so verstanden und dem Publikum dargelegt wird. Inhaltlich wäre vieles zu sagen, aber ich will mich auf zwei Punkte beschränken, die an den beiden Stellen auftauchen, an denen Sie Heidegger nennen.
    Die Konvergenz zwischen Heideggers und meiner Auffassung der Zeit, die Sie beobachten, fällt natürlich auch mir auf, zumal, da ich mich in dieser Sache nicht direkt von Heidegger beeinflußt weiß. Der Ausgangspunkt war für mich das immanent physikalische Problem des 2. Hauptsatzes der Thermodynamik (der Aufsatz II.2. wurde 1939 in einer Zeit geschrieben,

in der ich überzeugt war, daß ich Heidegger nicht verstehe). Ich möchte glauben, daß hier etwas in unserem Jahrhundert zur Ausarbeitung ansteht, was mehrere Leute unabhängig voneinander in Bewegung gesetzt hat. Wenn bei mir später ein Einfluß von Heidegger vorliegt, dann vielleicht am stärksten vermittelt durch Georg Picht.

Mir hat es hauptsächlich Spaß gemacht, das Wort von Heidegger »die Wissenschaft denkt nicht« Wissenschaftlern gegenüber zu verteidigen. Ich drücke es gelegentlich so aus, daß es eine methodische Voraussetzung der positiven Wissenschaft ist, ihre eigenen Grundfragen nicht zu stellen. Dabei muß man strenggenommen, etwa im Sinne von Thomas Kuhn, zwischen »normaler Wissenschaft« und »wissenschaftlichen Revolutionen« unterscheiden. In dem Sinn, in dem ich Heidegger interpretiere, gehört es zu den Funktionsbedingungen der normalen Wissenschaft, nicht zu »denken«. Hingegen gehört es zu den Entstehungs- und Lösungsbedingungen der wissenschaftlichen Revolutionen, daß gedacht wird. Könnten Sie dem zustimmen?

Mit herzlichen Grüßen
Ihr CFWeizsäcker

AN WOLFHART PANNENBERG

8. Februar 1972

Lieber Herr Pannenberg,

seit langem liegt bei mir Ihre Besprechung meines Buchs, die Sie freundlicher- und herausforderderweise im Untertitel als Fragen an mich bezeichnet haben. Ich möchte versuchen, schriftlich auf einige dieser Fragen einzugehen.

Ich knüpfe daran an, daß Sie meine Definition der Erfahrung, nach der diese darin besteht, aus der Vergangenheit für die Zukunft zu lernen, als eine zu eingeschränkte, auf die Wissenschaft bezogene, Definition ansehen. Hier gabeln sich für mich sofort die Wege der Antwort.

Einerseits würde ich die soeben zitierte Formulierung für so allgemein halten, daß sie auch einen außerwissenschaftlichen Gebrauch des Wortes Erfahrung deckt. Sie fragen: »Gehört zu ihr nicht auch das Widerfahrnis des Überraschenden, das auf alles Vergangene und Künftige ein neues Licht wirft?« Dem stimme ich sofort zu, aber wenn wir z. B. sagen, Paulus habe bei Damaskus die Erfahrung von etwas ganz Neuem gehabt, so meinen wir doch, daß dies nur deshalb eine Erfahrung war, weil, als es vergangen war, es nicht wieder versank, sondern die gesamte Zukunft seines Lebens prägte. Nur hat das Lernen dann nicht die Form des Allgemeinbegriffs.

Nun ist wahr, daß ich in meinem Buch nur die begrifflich artikulierte Erfahrung ausdrücklich behandelt habe. Eine Philosophie der Zeit, wie ich sie höchstens in Umrissen vor mir sehe, sollte begreiflich machen, daß der Begriff selbst eine zwar spezielle, aber auch in ihrer Eingeschränktheit nur in der Zeit mögliche Form des Denkens ist. In meinem Buch gehe ich den umgekehrten, eher induktiven, Weg. Ich gehe von der Wissenschaft aus, die wir als geschichtlich Werdende vorfinden, und frage nach den Bedingungen ihrer Möglichkeit.

An Hand der Quantentheorie ergibt sich eine Äquivokation, in der Sie, meinem Gefühl nach, in einem speziellen Punkt einem Mißverständnis erlegen sind. Der Gegensatz zwischen dem Möglichen und dem Wirklichen tritt in gewissem Sinne innerhalb der Sphäre des Möglichen von neuem auf. Man kann dies ganz allgemein sehen, wenn man bedenkt, daß ein Begriff stets eine Möglichkeit bezeichnet und daß andererseits auch Wirklichkeit ein Begriff ist. Um es speziell zu fassen: die Quantentheorie ist eine Theorie des Verhaltens beliebiger Objekte, sofern sie nur Objekte sind, und in diesem Sinne eine Theorie möglicher Objekte. Indem ich die Elementarteilchenphysik in die Diskussion einführe, sage ich, sie sei Theorie darüber, welche der quantentheoretisch denkbaren Objekte es wirklich gibt. Auch die in diesem Sinne wirklichen Objekte sind aber begrifflich charakterisiert und nicht als Individuen aufgewiesen. Auch sie sind insofern mögliche Objekte. In der Näherung, in der ich an dieser Stelle gesprochen habe, könnte man sie als Objekte bezeichnen, für welche es einen empirisch bewährten

Begriff gibt. Eine deduktive Theorie der Elementarteilchen sollte aber zeigen, daß nur solche Objekte möglich sind, die mit dieser Theorie übereinstimmen. Sie würde dann zeigen, daß der Möglichkeitsbegriff der allgemeinen Quantentheorie entweder zu weit gefaßt war oder aber, daß er tatsächlich nur die mit der Elementarteilchentheorie vereinbaren Objekte zuläßt. In letzterem Falle wäre unsere Meinung, die Quantentheorie lasse auch andere Objekte zu, nur die Folge eines unzureichenden Verständnisses der Quantentheorie, d. h., wenn ich richtig argumentiert habe, so löst sich der in der Geschichte der Wissenschaft zunächst auftretende Gegensatz quantentheoretisch möglicher und elementarteilchentheoretisch wirklicher Objekte am Ende in nichts auf. Ein Hegelianer würde diesen Denkvorgang vielleicht dialektisch nennen. Aber Sie wissen, daß ich dieses Wort lieber vermeide. Ich glaube, daß sich hierdurch einige Ihrer Schwierigkeiten auflösen.

Näher an das Problem des Individuellen und Einmaligen rückt die Kosmologie heran, da wir das Universum gleichsam als einmalig definieren. Die begrifflichen Probleme, die hier entstehen, habe ich in meinem Buch nur ganz unvollkommen behandelt. Dafür ist eine Theorie der Zeit unerläßlich.

Daß eine allgemeine Theorie von Objekten, wie Sie es nennen, unentrinnbar abstrakt ist, ist genau meine Meinung. Das Problem, mit dem ich mich abgebe, ist nicht so sehr, dies zu erkennen, denn eigentlich wissen das ja die Philosophen seit langem und seit Heidegger von neuem. Mich beschäftigt eher die Frage, wieso die allgemeine Theorie von Objekten eine so erstaunlich erfolgreiche Näherung sein kann. Ich habe das Gefühl, daß man hier meine Fragerichtung nicht immer versteht. Ich bin von der Physik fasziniert, nicht weil ich sie für selbstverständlich hielte, sondern weil es so ungeheuer unselbstverständlich ist, daß es so etwas geben kann.

Nun noch eine Randbemerkung: Sie sagen, Erfahrung erscheine in meiner Perspektive nicht mehr als etwas bloß Subjektives, sondern als Zugang zu der Wirklichkeit, die sich durch sie zeigt. Man kann hier über Formulierungen streiten, aber ich glaube, mit meinem Ansatz Kants Intention treu zu bleiben. Über diesen Punkt haben wir uns schon mündlich unterhalten und vielleicht sollte ich ihn jetzt nicht noch einmal aufnehmen.

Jedenfalls danke ich Ihnen herzlich für diese ausführliche Kritik, denn solche Kritiken sind ja das, was man am nötigsten braucht.

Mit meinen besten Grüßen
Ihr CFWeizsäcker

An Willy Brandt

21. März 1972

Sehr verehrter Herr Bundeskanzler,

anliegend sende ich Ihnen das erste Exemplar einer soeben erscheinenden kurzen Auslegung der Studie über Kriegsfolgen und Kriegsverhütung meines Instituts. Mir liegt daran, daß diese in Ihrer Hand ist, ehe eine mögliche öffentliche Debatte über diesen Text einsetzt, so daß Sie wissen, welchen Bezug auf aktuelle Fragen ich mir dabei vorstelle.

Durch einen Zufall trifft die Fertigstellung und Veröffentlichung unserer kurzen Studie »Durch Kriegsverhütung zum Krieg?« zeitlich zusammen mit der öffentlichen Debatte über die Ratifikation der Ostverträge. Falls ich öffentlich gefragt würde, ob ich auch einen sachlichen Zusammenhang zwischen beiden Fragenkomplexen sehe, würde ich etwa folgendes antworten.

Es wird für jede Bundesregierung sehr schwer, wenn nicht unmöglich sein, eine Außenpolitik und Rüstungspolitik zu betreiben, die den Sicherheitsinteressen unseres Landes wirklich dient, wenn in der politisch interessierten Öffentlichkeit Illusionen herrschen über den Grad der Sicherheit, die uns das heute mögliche Rüstungssystem günstigstenfalls gewähren kann. Wir haben unsere Auffassung hierüber in sieben Thesen mit einem die Thesen sorgfältig erläuternden Text dargelegt. Wir glauben, damit nichts gesagt zu haben, was den Experten nicht bekannt wäre, stellen uns aber natürlich gerne einer fachmännischen Diskussion Wir haben aus diesen Thesen zwei Konsequenzen gezogen, welche nach meinem Urteil auch eine Anwendung auf die Ostverträge zulassen, obwohl diese Anwendung nicht der erste oder unmittelbare Zweck unserer Überlegungen war.

Wir sagen A.: »Gerade die Fragwürdigkeit des Abschreckungssystems eröffnet der Bundesrepublik einen Spielraum, rüstungspolitische Entscheidungen als Mittel der Außenpolitik einzusetzen.« Diese Konsequenz ist zunächst für im engeren Sinne rüstungspolitische Verhandlungen, z. B. über Truppenreduktion, gedacht. Ich würde sie persönlich im Blick auf die Debatte über die Ostverträge aber folgendermaßen interpretieren: Eines der Argumente vieler Gegner der Ostverträge ist die Besorgnis, diese Verträge könnten unsere militärische Sicherheit gefährden. Diese Sorge beruht auf einer illusionären Überschätzung der Sicherheit, die wir heute haben.

Sicherheit beruht im wesentlichen darin, daß die Sowjetunion keinen politischen Grund hat, das schwer kalkulierbare militärische Risiko auszuprobieren, das ein Angriff auf uns für sie bedeuten würde. Auf Seite 47 f. unserer Studie ist diese Überlegung näher ausgeführt. Solange unsere Rüstung im Rahmen des für beide Seiten inkalkulablen Risikos bleibt, hängt unsere Sicherheit vorwiegend von einer tragfähigen politischen Regelung unseres Verhältnisses zu unseren östlichen Nachbarn ab.

Wir sagen B.: »Bei der Beurteilung jeder Politik hat heute der Beitrag zur Schaffung eines politisch gesicherten Weltfriedens die erste Priorität.« Es ist meine persönliche Meinung, daß hierfür der für die ganze Welt überzeugende Eindruck der Intention unserer Ostpolitik sehr viel wichtiger ist, als die Meinungsdifferenzen, die man darüber haben kann, ob die konkrete Fassung der jetzt vorliegenden Verträge unsere Interessen in jeder Einzelheit so gut wie möglich wahrt. Ich bin deshalb persönlich entschieden und ohne jedes Zögern für eine Ratifikation der Verträge im jetzigen Augenblick.

Ich habe dies absichtlich als meine persönliche Meinung formuliert, weil die Argumente unserer Studie meiner Überzeugung nach von der Stellungnahme zu den außenpolitischen

Entscheidungen des Augenblicks unabhängig gelten und diskutiert werden sollten.

Ich möchte Ihnen in diesem für Sie schwierigen Augenblick sagen, wie überzeugt ich davon bin, daß Ihre Politik auf dem richtigen Wege voranschreitet.

Mit dem Ausdruck meiner Verehrung
bin ich Ihr
CFWeizsäcker

AN KONRAD LORENZ

7. April 1972

Lieber Herr Lorenz,

Herr Heisenberg, Herr Schneider von der Max-Planck-Gesellschaft und ich sind übereingekommen, eine Gruppe von etwa 20 Wissenschaftlern zu fragen, ob sie bereit wären, gemeinsam den diesem Brief beiliegenden Text zu veröffentlichen. Ich weiß nicht, wie Sie persönlich zu der darin angeschnittenen Frage stehen, aber wir sind übereingekommen, Sie zu fragen, ob Sie mitmachen möchten. Die Veröffentlichung ist beabsichtigt für einen Zeitpunkt nach den baden-württembergischen Wahlen, aber vor der Abstimmung über die Ratifizierung der Verträge.

Die inhaltliche Auffassung, in der wir einig sind, ist in dem beiliegenden Text ausgedrückt. Da eine größere Reihe ähnlicher Unterschriftenaktionen schon läuft oder gelaufen ist, stellt sich vielleicht die Frage, warum wir auch noch diese unternehmen. Ich bin persönlich immer skeptischer und zurückhaltender geworden gegenüber der Methode der Politik durch öffentliche Erklärungen, an deren Aufkommen ich ja nicht ganz unschuldig bin. Zu oft gebraucht, wird dieses Instrument sehr schnell stumpf. Ich glaube aber, daß eine der Weltöffentlichkeit sichtbare, starke Bewegung gerade unter denjenigen Wissenschaftlern und überhaupt Intellektuellen der Bundesrepublik, die nicht ohne weiteres mit der jetzigen Bundesregierung politisch identifiziert sind, wichtig ist, selbst wenn die

Verträge auch ohne diese Hilfe ratifiziert würden und ebensosehr, wenn die Verträge gleichwohl nicht ratifiziert würden. Es schien uns deshalb, daß zusätzlich zu den anderen Unterschriftensammlungen der spezifische, von uns vertretene Gesichtspunkt mit den Namen verhältnismäßig weniger, aber – wenn ich so sagen darf – prominenter Wissenschaftler vor die Öffentlichkeit gebracht werden sollte. Es ist wichtig, daß die Welt sieht, wie vielen Deutschen diese Sache am Herzen liegt.

Sollten Sie zustimmen können, so bitte ich Sie um eine Notiz an meine Adresse. Natürlich spreche ich auch gerne mündlich (gegebenenfalls telephonisch) noch mit Ihnen über diese Frage, ebenso wie Herr Heisenberg oder Herr Schneider.

Leider bin ich aber vom 9. bis 16. April außer Landes; doch wird auch danach zu einem solchen Gespräch noch Zeit sein.

Mit meinen besten Grüßen
Ihr CFWeizsäcker

AN HELMUT SCHELSKY

5. Mai 1972

Lieber Herr Schelsky,

herzlichen Dank für Ihren langen Brief. Ich fürchte, daß ich schon wegen des Dranges der Geschäfte Ihnen nicht mit adäquater Gründlichkeit antworten kann. Aber da Sie mich auch am Telephon um eine Antwort gebeten haben, will ich mich nicht darum drücken.

1. Sie berühren eine sehr interessante Frage, die ja auch in der Öffentlichkeit, nachdem unsere Erklärung nun publik geworden ist, alsbald wieder erhoben worden ist, nämlich, ob Wissenschaftler Politik durch öffentliche Erklärungen betreiben sollen. Ich bekenne mich mitschuldig am Aufkommen dieses Stils und bekenne andererseits mein überwiegendes Mißbehagen an der Mehrzahl der Fälle, in denen er praktiziert wird. Dieses Mißbehagen beruht, wenn ich mich ehrlich prüfe, wahr-

scheinlich überwiegend auf dem rein politischen Motiv, daß das Instrument sich abstumpft, wenn es zu oft benützt wird, und daß ich es für die ganz seltenen Fälle, in denen ich es für nötig halte, scharf erhalten möchte. Es wäre übrigens vielleicht eine interessante soziologisch-zeitgeschichtliche Studie, wie das politische Engagement der Wissenschaftler in den letzten 25 Jahren in den großen Industrieländern ausgesehen hat. Wenn ich mich nicht irre, ist der Stil gemeinsamer Manifeste von Wissenschaftlern in Deutschland besonders verbreitet. Vielleicht ist das ein schwacher Kompensationsversuch für das Scheitern der Professorenpolitik im Parlament der Paulskirche. Ich empfinde solche Vorgänge, auch wo ich ihre Mißlichkeiten fühle, dann doch oft als geschichtliche Phänomene, mit denen man nun einmal zu leben hat. Bismarcks Ressentiment gegen Professorenpolitik hat vermutlich die politische Selbsterziehung unserer akademischen Schicht um 50 oder mehr Jahre zurückgeworfen, und vielleicht ist das Bedürfnis, sich zu allem und jedem öffentlich zu äußern, eine Reaktion aus einem Nachholbedürfnis dieser politischen Selbsterziehung heraus.

Sie sehen, daß ich auf das grundsätzliche Argument, Wissenschaftler sollten grundsätzlich die Rolle als »Lehrer der Nation« in nichtwissenschaftlichen Dingen nicht usurpieren, zunächst gar nicht eingegangen bin.

Ich finde das Argument in der Fülle der Einzelfälle meistens richtig und grundsätzlich genommen falsch. Wenn ein Mensch oder eine Menschengruppe etwas für sehr wichtig hält und für ihre Überzeugung in dieser Sache öffentliches Gehör sucht und wenn die Struktur ihrer Gesellschaft so ist, daß sie dieses Gehör findet, so ist das meines Erachtens ein legitimer Prozeß. Die Wissenschaft findet dieses Gehör nicht durch Zufall, sie verwandelt die Welt, und ihre Träger haben recht, sich für die so verwandelte Welt mitverantwortlich zu fühlen. Diese Verantwortung endet dann nicht an den Grenzen der Fachkompetenz, denn die Politik ist ja selbst ein Ganzes. Indem ich mir also das Recht herausnehme, als Staatsbürger zu agieren, sehe ich sehr deutlich die Gefahr, in welche die Wissenschaft durch diese ihr unweigerlich zuwachsende Verflechtung in politische Verantwortung gerät. Zur politischen Selbsterziehung der Wissenschaftler muß die Erziehung zum Respekt vor politischem Sachverstand gehören. Als ich selbst die Notwendigkeit empfand, mich als Physiker über Kernwaffen öffentlich zu äußern, habe ich es für meine Pflicht gehalten, die Nuklearstrategie so gut zu lernen, daß ich mit jedem Militär ernsthaft darüber diskutieren konnte. Ähnliche Sorgfalt habe ich auf die Meinungsbildung über unsere Beziehung zu der russischen Weltmacht gewendet. Beide Fragen hängen ja zusammen. Über das Problem der Friedenssicherung habe ich einiges publiziert, und ich schicke Ihnen unser neuestes Bändchen zu. Natürlich kann ich nicht von jedem meiner naturwissenschaftlichen Kollegen verlangen, daß er in derselben Ausführlichkeit die Probleme studiert, aber ich habe kein schlechtes Gewissen, wenn ich mich einer Gruppe anschließe, die zu denselben Ergebnissen gekommen ist wie ich.

2. Über die Frage der politischen Zweckmäßigkeit dieses besonderen Aufrufs kann man natürlich verschiedener Meinung sein, und ich habe Ihnen und einigen anderen, die wir gefragt haben und die abgelehnt haben, diese Ablehnung keinen Augenblick verübelt. Schon aus den Gesprächen mit meinem Bruder weiß ich, daß man über die Schuld an der eingetretenen Polarisierung verschiedener Meinung sein kann. Meine persönliche Ansicht von den möglichen günstigen Wirkungen eines solchen Aufrufs ist immerhin die folgende: Es scheint mir, daß eine überwiegende Meinung nicht nur im Volk im breiten, sondern auch unter Intellektuellen und Politikern dahin geht, daß im Prinzip solche Verträge abgeschlossen werden sollen. Meinem Empfinden nach wäre einem großen Teil der CDU wohler, wenn die Verträge ratifiziert vorlägen, ehe sich die Frage stellt, ob die CDU wieder an die Regierung kommt. Vielleicht wird die Opposition es fertigbringen, über ihren Schatten zu springen und eine Ratifikation der Verträge wo nicht mitzumachen, doch zu ermöglichen. Das schiene mir auch innenpolitisch ein Schritt zur Heilung einiger Wunden. Man springt aber nun einmal leichter über seinen Schatten, wenn man sieht, wie groß der allseitige Wunsch ist, daß dies geschehen möge. Wenn Wissenschaftler, die so ausgesucht sind, daß sie in ihrer Mehrheit nicht als Partisanen der Regierungskoalition gelten können,

diesen Wunsch artikulieren helfen, so ist das meines Erachtens eine gute Sache.
Dies ist keine vollständige Antwort, aber eine Andeutung meiner Motive.

Herzliche Grüße
Ihr CFWeizsäcker

An Heinrich Böll

8. Mai 1972

Sehr geehrter Herr Böll,

haben Sie vielen Dank für Ihre beiden Briefe vom 1. und 25. 4.
Eigentümlicherweise steht die Frage, die Herrn Eidlitz betrifft, fast drängender vor meinem Bewußtsein als die andere. In Fragen der Ost-West-Kooperation nehmen wir an einer Entwicklung teil, deren Wichtigkeit sehr viele Leute erkannt haben. Da muß man sich einsetzen, und das kostet Kraft, aber irgendwo hat das eine gewisse Selbstverständlichkeit. Bei Eidlitz handelt es sich einmal um einen hilfsbedürftigen alten Mann, dem vielleicht niemand hilft, wenn wir es nicht fertigbringen, ihm zu helfen, und außerdem vermittelt er eine Wahrheit, die tiefer liegt als die wichtigste politische Aktualität. Ich würde sagen: nur wenn das, was Eidlitz weiß, wahr ist, ist politische Versöhnung überhaupt möglich. Natürlich hängt das nicht an seiner Person, aber es macht doch, daß ich die Person ernst nehme, auch wenn sie äußerlich gesehen nichts als ein gebrechlicher alter Literat ist. Ich sage das gar nicht, um nun noch irgendeinen moralischen Druck auszuüben, sondern nur als Schilderung meiner Gemütslage.
Den Leuten in Brüssel habe ich eine Absage gegeben, die ich im Durchschlag beilege. Meine Antwort ist zutreffend: wenn es irgend geht, möchte ich mich bis zum 8. Oktober von allem, was öffentlich vor sich geht, vollkommen fernhalten. Ich habe jetzt zum ersten Mal seit 6 Jahren wieder Aussicht auf eine zu-

sammenhängende Zeit der Arbeit an den Dingen, die mir persönlich die wichtigsten sind.

Ich möchte aber zu Ihrer Information noch ein Wort darüber sagen, wie ich mich gegenüber Aktivitäten der in Brüssel geplanten Art im ganzen gerne verhalten möchte. Obwohl ich schon seit vielen Jahren meine und öffentlich gesagt habe, daß wir in Deutschland eine Politik machen müssen, welche die notwendige Verständigung zwischen dem Westen und der Sowjetunion erleichtert und nicht behindert, habe ich es bisher nie über mich gebracht, meinen Widerwillen gegen das dortige politische System so weit zu überwinden, daß ich in die Sowjetunion gereist wäre. Das ist eine im Kern irrationale Reaktion, von der ich weiß, daß ich sie eines Tages überwinden muß. Ich war nahe daran im Jahr 1968 und habe dann, nach dem Einmarsch in die Tschechoslowakei, einfach keine Lust mehr gehabt. Dabei kann ich mit einzelnen Menschen, die dort zu Hause sind, natürlich gut in Kontakt kommen.

Dies ist also die eine Hemmung. Die zweite ist, daß ich öffentliche Treffen von friedenswilligen Intellektuellen soweit ich kann vermeide. Ich bin gar nicht der Meinung, solche Treffen seien verwerflich, oder auch nur, sie seien nutzlos. Sie sind aber eigentlich meinem spontanen Stil fremd. Ich bringe es immer sehr viel leichter über mich, zu solchen Begegnungen zu gehen, wenn vorher garantiert ist, daß es keinerlei öffentliche Äußerung geben wird. Meinem Gefühl nach sind öffentliche Äußerungen nur dort nützlich, wo hinter ihnen eine sehr lange, nichtöffentliche Vorbereitung steht, so daß alle Beteiligten genau wissen, was sie wollen und daß sie wirklich dasselbe wollen. Ich sage dies nur, damit Sie in den weiteren Aktivitäten, die nun folgen werden, wissen, wofür Sie mich leicht verwenden können und wo Sie bei mir einen gewissen elementaren Widerstand zu überwinden haben.

Lassen Sie mich im Augenblick nur sagen, daß mich dieser Kontakt mit Ihnen freut, auch wenn er nicht unmittelbar Früchte trägt.

Mit meinen besten Grüßen
Ihr CFWeizsäcker

AN HANS-JOCHEN VOGEL

17. Oktober 1972

Sehr geehrter Herr Dr. Vogel,

bitte verzeihen Sie, daß ich Ihren Brief vom 29. September so spät beantworte. Ich bin erst vor einer Woche von einem mehrmonatigen Auslandsaufenthalt zurückgekehrt und mußte dann sofort hier im Lande auf einige Tagungen fahren.

Mir war bei meiner Rückkehr nach Deutschland klar, daß mir die Frage vorgelegt werden würde, ob ich mich zur Bundestagswahl öffentlich äußern wolle. Ich habe mir vorgenommen, mir die Situation in unserem Lande erst noch etwas zu vergegenwärtigen, ehe ich mich darüber entscheide. Da ich, einerlei wie die Wahl ausgeht, auf jeden Fall für die kommenden Jahre auf einen Gesprächskontakt mit Ihnen hoffe, erlaube ich mir, Ihnen die Lektüre von ein paar Sätzen zuzumuten, in denen ich meine Überlegungen hierzu zu formulieren suche.

Ich habe seit 15 Jahren bei jeder Bundestagswahl für die SPD gestimmt und mache im Gespräch aus dieser meiner Haltung kein Geheimnis. Ich habe es aber in all diesen Jahren für richtig gehalten, keiner Partei beizutreten und mich auch nicht öffentlich in Wahlkämpfen zugunsten einer Partei zu äußern. Diese Entscheidung ging daraus hervor, daß ich – anfangs vor allem in rüstungspolitischen Fragen, seit der Gründung meines Instituts aber auch in anderen Bereichen – bestimmte sachliche Meinungen öffentlich zu vertreten habe, mit denen ich mich stets sowohl an die jeweilige Regierung wie an die jeweilige Opposition gewendet habe. Um in diesen Fragen ein von jedem Verdacht vorgefaßter Parteinahme freies Gehör zu finden, hielt ich meine Zurückhaltung für notwendig. Ich habe diese Regel zum ersten Mal im Frühjahr 1972 durchbrochen, als ich meiner öffentlichen Stellungnahme für die Ratifizierung der Ostverträge noch eine Äußerung folgen ließ, in der ich für den baden-württembergischen Wahlkampf zur Stimmabgabe zugunsten der FDP riet, mit dem ausdrücklichen Argument, daß dies im Augenblick für die Sicherung der Ostverträge das Wichtigste sei.

Sie werden verstehen, daß ich mich mit dieser bisherigen Haltung im Augenblick in einem gewissen Dilemma befinde. Der Wahlsieg der gegenwärtigen Koalitionsregierung scheint mir um der Kontinuität der Außenpolitik willen sehr wichtig. Die Gründe zu meiner bisherigen Zurückhaltung bestehen aber weiterhin. Ich möchte noch eine kleine Weile vergehen lassen, ehe ich mir endgültig darüber klar werde, wie ich in dieser Frage handeln will.

Mit verbindlichen Empfehlungen und den besten Wünschen
bin ich stets Ihr
CFWeizsäcker

An Henry A. Kissinger

21. März 1973

Lieber Herr Kissinger,

ich fand es besonders nett von Ihnen, daß Sie zwischen Ihren vielen wirklich wichtigen Geschäften Zeit gefunden haben, mir zu schreiben. Jetzt möchte ich Ihnen nur mitteilen, daß ich vorhabe, vom Abend des 24. April bis zum 27. in Washington zu sein. Es ist selbstverständlich, daß ich mich sehr freuen würde, Sie wiederzusehen, und es ist ebenso selbstverständlich, daß ich weiß, daß Sie keine Zeit haben. Ich werde von der Botschaft aus anrufen lassen, ob zufällig ein Termin möglich wäre, erwarte aber, daß die Antwort negativ sein wird. Es ist klar, daß Sie Ihre Zeit verwenden müssen, die Welt in Ordnung zu bringen, und nicht, mit alten Freunden Gespräche zu führen.

Herzliche Grüße
Ihr CFWeizsäcker

An M. W. Keldysch

18. September 1973

Sehr geehrter Herr Präsident,

ein Telegramm einiger deutscher Kollegen an Sie ist abgegangen, als ich im Ausland war. Wie Sie wissen, bin ich öffentlich und entschieden für Brandts Ostpolitik und für Entspannung zwischen unseren Ländern eingetreten. Ich möchte zur Kenntnis der Akademie bringen, daß ich überzeugt bin, daß Kollege Sacharow eben demselben Interesse der Entspannung in einer Weise dient, die ich bewundere. Um klarzumachen, daß ich Entspannung und nicht Gegnerschaft wünsche, verzichte ich heute darauf, diese meine Mitteilung der Öffentlichkeit bekanntzugeben.

Ihr sehr ergebener
Carl Friedrich von Weizsäcker

An Hellmut Becker

8. Januar 1974

Lieber Hellmut,

vielen Dank für Harro Siegels Brief. An den Schreiber erinnere ich mich sehr gut, und seine freundlichen Gedanken über mich freuen mich. Ich komme zur selben Konklusion wie Du, aber mit anderen Argumenten, und ich glaube, ich sollte diese Argumente explizit machen. Ich folge deinen vier Punkten.
1. Zum Hergang. Vor 10 Jahren fragte mich die SPD offiziell, vertraulich, durch den Mund Helmut Schmidts, ob ich zur Verfügung stünde, falls sie sich mit der FDP auf mich als Kandidaten einigen könne. Ich antwortete, ohne Bedenkzeit zu erbitten, sofort mit Nein. Grund: meine wissenschaftliche Arbeit, die in diesem Augenblick abzubrechen ich nicht verkraften würde. Dies war mein ehrlicher Grund. Dahinter stand auch ein Emp-

finden, die politischen Zusammenhänge noch nicht genug zu durchschauen. Schmidt eröffnete mir, da nun sein Auftrag erfüllt sei, gestehe er, daß er persönlich auch einen Berufspolitiker für die richtige Wahl halte. Es wurde dann wieder Lübke, und die große Koalition kam ein paar Jahre später zustande.

Im Sommer 73 bat Heinemann mich zu sich und sprach anderthalb Stunden mit mir über das Problem seines Nachfolgers. Mich nannte er mit keinem Ton, aber ich hatte das entschiedene Gefühl, daß er mich ernstlich in Betracht zog. Das gab mir Anlaß, meine etwaige Reaktion zu überlegen. Ich kam zu dem Schluß, falls die Parteien (zunächst die Koalition) mir die Kandidatur anbieten würden, sie anzunehmen. Daß sie dies voraussichtlich nicht tun würden, war mir klar. Gegen Scheel werde ich selbstverständlich nicht kandidieren.

2. Kann man es mir wünschen? Meine Vorstellung von Glück ist, auf der Griesser Alm zu sitzen und über die Grundlagen der Physik nachzudenken. Ich habe aber das Institut gegründet, weil ich es für notwendig hielt, über die politischen Probleme Bescheid zu wissen. Mein Problem der Politik gegenüber ist wohl dieses: Ich habe einerseits ein Urteil über politische Vordergründe, auch über Taktik, das nicht schlechter, aber auch nicht besser ist als das mancher Politiker. Andererseits sehe ich politisch lebenswichtige Zusammenhänge, die jenseits des Verdrängungshorizonts nicht nur der Tagespolitik, sondern auch der meisten politischen Theorien sind. Die Vermittlung zwischen beiden, die ersteres relevant, letzteres real machen würde, ist eine sehr große, sehr langfristige gedankliche Anstrengung. Heute, nach vieler Vorgeschichte und vier Jahren Institut, habe ich erstmals das Gefühl, daß mir dieser Brückenschlag möglich wird. Ohne ihn wäre ich in der praktischen Politik mit Sicherheit gescheitert. Mit ihm kann ich in ihr scheitern. Aber es ist denkbar, daß das so Gesehene gerade auf dem Weg über dieses Amt in politische Wirksamkeit gebracht werden könnte. Natürlich gerade nicht, wenn alles harmonisch weitergeht; dann ist Scheel der richtige Präsident. Jedenfalls würde ich mich, wenn ich gebeten würde, an einer Stelle gefordert fühlen, an der ich heute meine, etwas leisten zu können. Werde ich nicht gebeten, so tue ich es auf andere Weise.

3. Unmittelbar aus der politischen Welt kommen. Das ist eine gute Faustregel. Sicher ist, daß es absurd wäre, gegen den Willen der Parteien in dieses Amt kommen oder in ihm wirken zu wollen. Aber im Mißtrauen vieler Menschen, wie z. B. Harro Siegels, gegen die Selbstgenügsamkeit der Parlamentarier, die sich als die politische Welt ansehen, liegt auch etwas Berechtigtes. Ich habe Helmut Schmidt vor 10 Jahren in diesem Punkt widersprochen.

4. Heute umstritten. Stimmt. Ich fühle mich in der Umstrittenheit eigentlich besser verstanden als in der Unumstrittenheit. Für reelle politische Wirkung ist sie vielleicht auch die bessere Basis.

Hier schicke ich Dir einen Beitrag zur Festschrift für Heinemanns 75. Geburtstag. Er war über das Umweltthema erbeten, deutet die weiteren Zusammenhänge aber wenigstens an.

Ich habe Deinen Besuch am 7. 2. notiert. Gundi ist dann vielleicht gerade in Genf, bei Bebettes für Ende Januar erwartetem dritten Kind. In diesem Fall würde meine Mutter mir den Haushalt führen. Vielleicht kann ich Dir in diesem Fall kein Quartier in unserem Haus anbieten, hoffe aber auf ein paar ruhige Stunden mit Dir.

Herzlich
Dein Carl Friedrich

An Kurt Körber

21. Oktober 1974

Lieber Herr Körber,

vielen Dank für Ihre freundliche Einladung nach Moskau. Im Prinzip bin ich bereit zu kommen, obwohl meine Zeit, insbesondere durch die inzwischen beginnende Arbeit der Forschungsberatung, knapp ist. Die Zeitspanne um Ende Januar herum, innerhalb deren ich kommen könnte, reicht vom 15. bis 30. 1. und vom 3. bis 8. 2. Das dazwischenliegende Wochenende

31. 1. bis 2. 2. ist nicht mehr frei. Wenn Sie in dieser Zeitspanne fünf Tage finden können und wenn ich nicht inzwischen noch durch anderes, was unabweisbar sein könnte, verhindert werde, bin ich bereit.

Ich habe Herrn Böhme, als ich ihm wegen einer Japanreise für die Entwicklungshilfe-Diskussion absagen mußte, dazugeschrieben, ich bäte ihn, Ihnen vorläufig für Ihren Aufsatz zur Entwicklungshilfeproblematik zu danken und eine ausführlichere Antwort anzukündigen. Zu dieser Antwort komme ich im Augenblick nicht. Deshalb jetzt nur eine Andeutung der Richtung. Ich war zum mindesten mit der möglichen Wirkung Ihrer Darstellung nicht einverstanden. Daß Sie im Detail sehr viele Naivitäten der Entwicklungshilfe zutreffend kritisieren, ist nicht zu leugnen. Aber so naiv sieht man doch bei den besser informierten Vertretern dieses Anliegens die Dinge auch nicht mehr an. Der Punkt meiner Besorgnis gegenüber Ihrem Text liegt da, wo dieser die allgemeine Verdrossenheit gegenüber den Problemen der Entwicklungsländer in die These überleiten könnte: »Laßt sie doch im eigenen Saft schmoren!« Ob man das moralisch über sich bringt, ist eine Frage für sich, aber die Rückwirkungen auf uns wären meines Erachtens sehr gefährlich. Wir haben diese alten Kulturen und diese Naturvölker mit der zeitweiligen Überlegenheit unserer technischen Zivilisation einer zwangsläufigen Veränderung aller Lebensverhältnisse unterworfen, ohne sie zu fragen, ob sie das wünschen. Wenn es diesen Völkern jetzt schwerfällt, nach unseren Tanzregeln zu tanzen, so ist auch dies ein Problem, dem wir uns aktiv widmen müssen. Die Erhöhung des Ölpreises ist ein kleines Indiz für die Art von Wirkungen, die unsere Weltverwandlung zu unserer Verblüffung hervorbringt. Ich bin sicher, daß Sie selbst für diese Fragestellung ganz offen sind, aber ich könnte mir denken, daß weitergetragene Argumente aus Ihrem Aufsatz die entgegengesetzte Wirkung haben könnten.

Ich erlaube mir, Ihnen einen Aufsatz zu schicken, in dem ich versucht habe, ein globales und vereinfachtes Bild der ganzen und damit auch der dritten Welt zu zeichnen.

Mit meinen besten Grüßen
Ihr CFWeizsäcker

An Martin Heidegger

10. Dezember 1974

Lieber Herr Heidegger,

Ihren 85. Geburtstag habe ich vorübergehen lassen, ohne mich zu melden. Nach der völligen Zurückgezogenheit auf unserem Almhaus im Sommer, in der ich zu konzentrierter Arbeit komme, war dann wieder zuviel Geschäft für einen ruhigen Brief. Nun möchte ich Ihnen zwei Aufzeichnungen der letzten Zeit schicken. Nicht daß ich meinte, Sie müßten sie lesen, aber ich wüßte sie gerne in Ihrer Hand. Die Selbstdarstellung ist ein erbetener Beitrag zu einer Sammlung solcher Aufsätze. In Japan war bei den Philosophen sehr viel von Ihnen die Rede. Seit ich Japan kenne, verstehe ich diese Affinität noch sehr viel besser als vorher. Ich habe nach der Rückkehr Ihr Gespräch mit einem Japaner über die Sprache noch einmal durchgelesen und bilde mir ein, jetzt endlich verstanden zu haben, wovon dort die Rede war.

Ihnen habe ich für die neue Auflage des ersten Kant-Buchs mit dem Davoser Protokoll zu danken. In solchen Gesprächen werden ja manchmal Motive deutlicher als in für den Druck ausformulierten Büchern. Vielleicht wird Ähnliches von Ihren Vorlesungen gelten, die nun zu erscheinen beginnen. Ich erinnere mich, wie ich auf das Erscheinen Ihrer Nietzsche-Vorlesung reagiert habe. Mir drängte sich die Formulierung auf, hier werde Ihre Philosophie episch. Das ist für den Leser eine Hilfe. Das knapp Formulierte sendet zwar Strahlen nach allen Seiten, aber die epische Formulierung bringt die Strahlen zurück ins Auge mit den Gestalten der Fülle der geschichtlichen Welt, an denen sie sich gebrochen haben. Es ist vielleicht ein ähnlicher Unterschied, wie ich ihn in Japan zwischen dem Buddhismus und dem Shinto empfunden habe.

CFWeizsäcker

An Hans Küng

10. Dezember 1974

Sehr geehrter Herr Küng,

zunächst habe ich Ihnen für Ihr großes Buch zu danken. Ich habe es, wie Sie vermuten werden, bisher nicht ganz gelesen, habe aber in seinen verschiedenen Teilen versucht, einen Eindruck davon zu gewinnen, was Sie anstreben. Ich gehe wohl nicht ganz fehl, wenn ich es als ein sozusagen exoterisches Buch anspreche. Es soll vielen Menschen etwas sagen, was ihnen in den Fragen hilft, die sich ihnen aufdrängen. Ich kenne die Wichtigkeit einer solchen Aufgabe. Der Wunsch, eher ein Gespräch als eine literarische Verbindung mit Ihnen zu suchen, den ich in meinem Brief vom 29. 1. 1973 aussprach, bleibt aber bestehen und läßt sich anhand davon vielleicht erläutern. Ich sagte damals, ich fürchte, eine ehrliche Äußerung von mir könne neue Gegensätze schaffen, die freilich quer zu den im Augenblick etablierten Fronten stehen. Ihr Buch wendet sich an die Menschen, die den Gegensatz der etablierten Fronten erleben. Ich habe das Gefühl, daß solche Fronten in der Geschichte oft nicht durch den Sieg einer Seite überwunden werden, sondern dadurch, daß von neuen Frontstellungen her die alten Gegensätze sich ganz anders ausnehmen. Darüber hätte ich gerne gesprochen.

Vor einigen Jahren besuchte mich hier in Starnberg der Kardinal König. Er suchte meine Mitwirkung in einer öffentlichen Klarstellung, daß der alte Gegensatz zwischen Kirche und Naturwissenschaft überwunden sei. Meine Antwort war, daß ich diesen Gegensatz in der Tat nicht sehr stark empfinde, daß aber meinem Gefühl nach das Gespräch zwischen Christen und Naturwissenschaftlern dort wichtig würde, wo sie einander in aller Brüderlichkeit scharf kritisieren könnten. Die Christen müssen die Naturwissenschaftler fragen, ob sie sich der verbrecherischen Verantwortungslosigkeit vieler ihrer Tätigkeiten bewußt seien, und die Naturwissenschaftler die Christen, ob sie sich klarmachen, daß ihr Bewußtsein um Jahrhunderte hinter der Modernität zurückgeblieben ist. Dies vielleicht als Andeutung der Richtungen, in denen ich gerne weiterfragen würde.

Mit meinen besten Grüßen
Ihr CFWeizsäcker

AN WILLY BRANDT

6. Oktober 1975

Sehr verehrter Herr Brandt,

vom Ausland zurückkommend finde ich heute Ihren Brief vom 15. September. Mein in VDW-INTERN veröffentlichtes, Ihnen durch Ihren Mitarbeiter wohl zugängliches Referat von der letzten Jahrestagung der VDW enthält einen Rückblick auf die Friedensbemühungen der Atomphysiker. Die Gedanken über die Zukunft, die ich dort nur ganz kurz ausgesprochen habe, sind in dem ausführlicheren Aufsatz »Fünf Thesen zum dritten Weltkrieg« ausgeführt. Ich lege Ihnen diesen Aufsatz bei. Er ist vor einem Jahr geschrieben, aber nicht zur Veröffentlichung fertiggestellt worden, weil ich die Reaktion von Sachkennern im In- und Ausland einholen und verarbeiten wollte. Im kommenden Winter will ich über diese Fragen noch eine Reihe von Gesprächen mit Amerikanern und Franzosen führen und werde dann wohl eine kleine Publikation daraus machen. Die Thesen behaupten nicht ein akutes Wachstum der Gefahr eines dritten Weltkriegs, aber sie behaupten, daß diese Gefahr nicht gebannt ist. Die Analyse muß für sich sprechen, für die Motivation zur Abfassung eines solchen Textes darf ich Sie vielleicht auf die Seite 30 verweisen.

In nie verminderter Hochachtung
Ihr CFWeizsäcker

AN HERMANN KUNST

22. Dezember 1975

Lieber, verehrter Bischof Kunst,

leider hat Ihr Brief vom 2. Dezember mich erst gestern abend erreicht, obwohl ihn meine Frau mir sofort nachgesandt hatte. Ich war zwischen verschiedenen Städten der Bundesrepublik und der Vereinigten Staaten unterwegs und der Brief ist mir wie die lettre à Rodrigue in Claudels »Soulier de Satin« hin und her nachgereist. Ich hoffe, daß für Sie dadurch kein Schaden entstanden ist. Ich habe in Amerika zu seinem Thema noch einiges Wichtige zugelernt. Heute will ich schriftlich nur ein paar Stichpunkte angeben, stehe Ihnen aber natürlich sehr gerne zu einem ausführlicheren Gespräch zur Verfügung. Ich bin jeden Monat in Bonn, das nächste Mal am 9. Januar. Über Weihnachten bin ich in Genf bei meinem Schwiegersohn Konrad Raiser, danach eine Woche vielleicht schwer erreichbar.

Ich gestehe, daß ich über keinen der drei Briefe, deren Ablichtung Sie mir geschickt haben, ganz glücklich bin. Bezüglich des ersten und dritten brauche ich das Ihnen nicht zu erläutern. Es betrifft aber auch den zweiten Brief, den des Ratsvorsitzenden. Ich habe keinerlei Anlaß, an der Richtigkeit der Auskünfte zu zweifeln, die Ihnen der Staatssekretär Gehlhoff bezüglich unserer Reaktorgeschäfte mit Südafrika gegeben hat. Auch in Amerika ist mir in diesem Punkt kein Zweifel begegnet. Wir, d. h. die Bundesrepublik, sind aber wegen nuklearer Verkäufe an andere Länder z. Z. in der Welt Objekt großen Mißtrauens, das sich insbesondere auch in denjenigen Kreisen immer stärker festsetzt, die unsere Freunde sind und die wir uns als Freunde erhalten müssen. Eine etwas auftrumpfende Betonung unseres guten Gewissens reicht zur Behandlung dieses Problems nicht aus.

Z. Z. handelt es sich vor allem um unseren Lieferungsvertrag mit Brasilien. Ich habe erst auf meiner soeben beendeten Reise erkannt, daß dieser Vertrag die seit Jahren tiefste Vertrauenskrise zwischen den Vereinigten Staaten und der Bundesrepublik ausgelöst hat. Es handelt sich nicht um die Auslieferung von Reaktoren, sondern um die damit verbundene Lieferung einer Wiederaufbereitungsanlage. Auch bezweifelt niemand, daß die Sicherheitsvereinbarungen unseres Vertrags diejenigen, denen sich die Partner des Nichtverbreitungsvertrags unterwerfen, an Zuverlässigkeit noch übertreffen. Gleichwohl hat es die Amerikaner tief beunruhigt, daß wir von der in Amerika bisher fest durchgehaltenen Regel, die Plutoniumgewinnung nicht im Ausland stattfinden zu lassen, abgewichen sind und durch einen binationalen Vertrag auch der amerikanischen Tendenz, in den verschiedenen Weltteilen regionale, übernationale Wiederaufbereitungszentren entstehen zu lassen, zuvorgekommen sind.

Leider wird die Wahrnehmung dieser amerikanischen Sorge in unserem Land dadurch getrübt, daß sich allgemein die Sprachregelung durchgesetzt hat, der Ärger der Amerikaner beruhe auf dem Konkurrenzneid der amerikanischen Reaktorindustrie. Natürlich gibt es diesen Konkurrenzneid, ihn aber als einzige Ursache einer so tiefen Erregung anzusehen, wie ich sie in Amerika wahrgenommen habe, ist ein verhängnisvoller Irrtum. Sollte in 15 Jahren Brasilien den Vertrag mit uns aufkündigen und mit den dann angesammelten Vorräten an Plutonium und den erworbenen Verfahrenskenntnissen eine eigene Atomrüstung aufbauen, so wird man in ganz Amerika und in der ganzen Welt auf unseren jetzigen Vertrag als die Ermöglichung dieses Vorgangs hinweisen.

Ich möchte dazu bemerken, daß mich weniger der materielle Inhalt des Vertrags stört als die Unfähigkeit der Öffentlichkeit und auch eines erheblichen Teils unserer Führungskreise, das Gewicht dieses Problems ernst zu nehmen.

Vermutlich ist die Verbreitung der Kernwaffen ohnehin nicht zu verhindern. Wir werden voraussichtlich in wenigen Jahrzehnten rund 20, wenn nicht mehr Atommächte haben, und es ist ein frommer Wunsch, daß diese dann nicht gegeneinander Krieg führen werden. Die Deutschen sagen vielleicht mit Recht, die partnerschaftliche Einbeziehung der Brasilianer sei ein Fortschritt gegenüber der bisherigen Nichtverbreitungspolitik. In Indien sagten mir meine physikalischen Kollegen schon 1969, es sei schlechthin unmoralisch, daß die Großmächte, welche schon Atomwaffen besitzen, sich selbst die moralische Reife zu deren friedlicher Verwaltung zusprächen, dieselbe Reife aber anderen, also z. B. den Indern, absprächen. Ich habe versucht, meinen amerikanischen Gesprächspartnern unter diesem Gesichtspunkt die Notwendigkeit einer mit den Empfängern unserer Technologie frei vereinbarten Regelung nahezubringen. Die Deutschen könnten den schweren diplomatischen Fehler, den sie gemacht haben, dadurch wiedergutmachen, daß sie in dieser Hinsicht konstruktiv würden. Vielleicht können sie damit wirklich an den brasilianischen Vertrag anknüpfen. Das kann aber nur gelingen, wenn man auf deutscher Seite die Überlegenheit hat, das Problem in seinem vollen Gewicht zu sehen und auf die Kritiken Dritter nicht gereizt, sondern so zu reagieren, wie es nur einer kann, der schon weiter gedacht hat als die Kritiker.

Wenn Sie, verehrter Herr Bischof, mir zur Schaffung eines derartigen Verständnisses in Bonn helfen könnten, wäre ich sehr glücklich.

Mit den herzlichsten Grüßen
wie immer Ihr
Carl Friedrich Weizsäcker

AN MAX FRISCH

8. Januar 1976

Lieber Herr Frisch,

Ihren China-Bericht habe ich mit der charakteristischen Freude des Wiedererkennens von Vertrautem gelesen. Haben Sie herzlichen Dank für ihn. Ich habe in der Tat den Eindruck, daß wir, mit verschiedenen stilistischen Mitteln, nahezu dieselben Erlebnisse dargestellt haben. Auch ich habe unsere ständige Nachbarschaft während dieser Woche in schönster Erinnerung und würde mich freuen, einmal wieder mit Ihnen eine Woche zusammengesperrt zu sein (ich schlage vor, daß Sie dann meine akademische Würde nicht mehr in der Anrede benützen).

Mit allen guten Wünschen
Ihr CFWeizsäcker

An Martin Niemöller

27. Februar 1976

Sehr verehrter Herr Niemöller,

die Fragen, um derentwillen Sie mir geschrieben haben, liegen mir sehr am Herzen. Soeben schreibe ich an einem kleinen Buch, dessen zentrale Frage die Vermeidung des Kriegs ist, in dem die Waffen verwendet würden, die jetzt gebaut werden. Ich bitte Sie aber zu verstehen, daß ich eben um der Wirkung meiner Äußerungen willen von der Beteiligung an der von Ihnen befürworteten Aktion absehe. Obwohl Sie meine Haltung in solchen Fragen aus vergangenen Jahrzehnten kennen (sehr dankbar erinnere ich mich Ihrer Verständigungsinitiative auf der Spandauer Synode 1958), schulde ich Ihnen vielleicht eine kurze Erläuterung dieser meiner Haltung. Sie hat zwei Komponenten.

Einerseits bin ich mit der Beteiligung an kollektiven Äußerungen aus Prinzip zurückhaltend. Ich bemühe mich, wenn ich selbst mich äußere, sehr genau zu sagen, worauf es nach meinem Empfinden ankommt. Bei der Unterschrift unter einen vorformulierten Text muß ich fast immer einiges mitunterschreiben, was ich für falsch halte. Wenn ich das öfters tue, so verliert mein Einsatz an Stellen, an denen ich wirklich überzeugt bin, seine Wirksamkeit, denn die Leser können ja nicht unterscheiden, wo ich aus Überzeugung unterschrieben habe und wo nur, um kein Spielverderber zu sein.

Der zweite Punkt ist, daß ich zwar die Absicht des von Ihnen mitvertretenen Aufrufs sehr gut verstehe, aber nicht glaube, daß er an einer Stelle ansetzt, an der Erfolg möglich ist. Abrüstung ist, soweit ich mir darüber eine Meinung habe bilden können, stets nur eine Folge gelöster politischer Probleme, aber nicht ein Weg zu ihrer Lösung. Vermeidung eines weiteren Wettrüstens ist möglicherweise politisch erreichbar, zum mindesten zwischen den beiden Supermächten. Hierüber sind ja Kissinger und Breschnew einig, aber selbst diese vernünftige Absicht ist gegen die vielfachen politischen Zwänge kaum durchzusetzen. Wenn ich mich an verantwortliche Politiker wende, um für einen Schritt zur Rüstungsbegrenzung und Kriegsverhütung zu plädieren, so muß ich Vorschläge machen, die einerseits möglichst praktikabel sind, andererseits ins Herz der Probleme zielen. Ein Vorschlag allseitiger 10 %iger Abrüstung nimmt sich angesichts dieser Kriterien doch vorwiegend propagandistisch aus. Kurz, ich finde, daß der Aufruf die Schwierigkeiten, vor denen die verantwortlichen Politiker stehen, nicht präzise genug ins Auge faßt, und will mich deshalb nicht an ihm beteiligen.

Mit meinen besten Grüßen
bin ich stets
Ihr CFWeizsäcker

Kopie an das Komitee für Frieden, Abrüstung und Zusammenarbeit

AN BRUNO SNELL

16. März 1976

Lieber Herr Snell,

es bekümmert mich sehr, von der für das Homer-Lexikon drohenden Einschränkung zu hören, die ja fast auf ein Ende des ganzen Planes hinausläuft. Ich schreibe Ihnen hier meine Meinung über den Sinn dieser lexikalischen Unternehmung. Ihnen sage ich damit nichts Neues, aber ich möchte, daß Sie diesen

Brief, wenn Sie wollen im Wortlaut, bei den zuständigen Instanzen verwenden können.

Ich beschränke mich in meinem Urteil im wesentlichen auf den Punkt, für den ich von der philosophischen Arbeit her mich als kompetent fühlen darf. Diese Einschränkung bedeutet nicht, daß ich nicht offen wäre für die umfassendere kulturelle Bedeutung der Homer-Philologie. Für meinen subjektiven Geschmack hat kein späterer Dichter den Homer übertroffen und nicht allzu viele haben ihn erreicht. Und es ist gewiß, daß, unabhängig von solchen Geschmacksurteilen, die Nachwirkungen Homers, sei es direkt, sei es indirekt, die gesamte abendländische Literatur durchdringen.

Nun aber zur philosophischen Bedeutung der Homer-Lexikographie. Vielleicht darf ich das anekdotisch einleiten. Vor etwa 12 Jahren war bei mir in Hamburg ein schon etwas fortgeschrittener Student der Philosophie zu Gast. Ich fragte ihn, was er höre, und verwies ihn, da er sich zugleich für klassische Philosophie interessierte, auf Ihr Seminar. Er sagte: »Ach, das ist kein interessantes Thema, was er behandelt.« Ich fragte: »Was ist es denn?« Er antwortete: »Homerische Wortbedeutungen.« Dies zog ihm zu, daß ich ihm in einer Weise den Kopf gewaschen habe, wie ich das nur tue, wenn man mich ganz ungewöhnlich geärgert hat. Ich sagte etwa: »Wenn Sie noch nicht wissen, daß dies das philosophisch wichtigste Thema ist, das z.Z. in Hamburg überhaupt behandelt wird, dann sollten Sie sofort aufhören, Philosophie zu studieren.« Ich glaube, er hat mich weder verstanden, noch hat er aufgehört, Philosophie zu studieren, und es ist auch nichts Rechtes aus ihm geworden.

Sachliche Begründung: Die 12 Jahre, in denen ich Philosophie doziert habe, haben ausgereicht, um mir klarzumachen, daß man bis in die Probleme moderner Wissenschaftstheorie, Gesellschaftstheorie und Anthropologie hinein über den Sinn der verwendeten Begriffe nicht ins klare kommen kann, wenn man ihre Herleitung aus den Sachproblemen der griechischen Philosophie nicht präsent hat. Die Sachprobleme der griechischen Philosophie spiegeln sich in den sprachlichen Prägungen der klassischen Philosophie Griechenlands, diese schöpfen aus der durchreflektierten Fülle griechischen Sprachgebrauchs und setzen sich insbesondere, vielfach umdeutend oder in gewissem Gegensatz, mit der einzigen großen Stilisierung der griechischen Sprache auseinander, die den Anfängen der Philosophie und der Lyrik vorausliegt, eben mit dem frühgriechischen Epos. Die von Ihnen eingeleitete lexikalische Arbeit an diesem Epos bereitet also philologisch den Boden auf, aus dem sich schließlich der ganze Baum des abendländischen Denkens genährt hat.

Von der Verknappung der Forschungsmittel bleibt fast nichts unberührt. Das weiß ich von vielen Seiten her. In die Verteilungsentscheidungen der DFG habe ich keinen Einblick, und ich kann mich nicht in sie einmischen. Mir läge nur daran, daß diejenigen, die diese Entscheidungen zu treffen haben, sie im Bewußtsein der Gesichtspunkte treffen, die ich soeben erläutert habe.

Herzliche Grüße
Ihr CFWeizsäcker

An Edward Teller

30. April 1976

Lieber Edward,

herzlichen Dank für die Rücksendung meines Aufsatzes mit Deinen Notizen. Vielleicht kommt dieser Brief von mir an und hat noch einmal die mehrfach besprochene gute Wirkung, daß Du vor dem Gespräch darüber schlafen kannst.

Es gibt dreierlei Themen für unser Gespräch:
1) Geschichtsphilosophie;
2) allgemeine Beurteilung der gegenwärtigen Lage;
3) spezielle Probleme der Rüstungsentwicklung.

Über Geschichtsphilosophie rede ich zwar gerne mit Dir, auch wenn wir uns jetzt sehen werden, aber ich würde zu diesem

Zweck nicht für drei Tage nach Kalifornien fliegen, denn es ist evident, daß wir uns nicht einigen werden. Das ist aber auch gar nicht nötig. Du hast Deine ungarischen Ansichten über Mongolen und Russen schon zu lange, als daß ich Dich davon abbringen könnte. Ich kenne diese Ansichten schon zu lange, als daß Du jetzt eine Chance hättest, mich noch davon zu überzeugen. Man kann sich aber trotzdem im geschichtsphilosophischen Feld durch weitere Gespräche immer besser orientieren.

Zum 2. Punkt besteht in einer entscheidenden Frage zwischen Dir und mir eine Einigkeit, die uns von vielen anderen Leuten unterscheidet und die ein Hauptgrund dafür ist, außer der alten Freundschaft, daß ich gerade mit Dir sprechen möchte. Ich formuliere sie in zwei Thesen:

A. Die Sowjetunion ist heute die gefährlichste imperialistische Macht.

B. Falls die Sowjetunion einen Weltkrieg ohne zu große eigene Verluste gewinnen könnte, ist es leicht möglich, daß sie ihn anfängt.

Das, was ich von Dir wissen möchte, betrifft aber den 3. Punkt. Ich gliedere die Fragen, die sich mir natürlicherweise aufdrängen, wie folgt auf:

a) Könnte die Sowjetunion heute schon einen solchen Weltkrieg gewinnen?

b) Wenn nein, wird sie es in absehbarer Zeit können?

c) Wenn a) oder b) ja, warum?

d) Kann man etwas dagegen tun?

e) Was ist die Prognose, wenn aus irgendwelchen Gründen nichts Effektives dagegen getan wird?

Du hast in den letzten Jahren gesprächsweise mehrfach dunkle, aber drohende Andeutungen in der Richtung a) oder b) gemacht. Auf die Rückfrage nach Details hast Du auf Deine Geheimhaltungspflicht verwiesen. Diese Pflicht respektiere ich selbstverständlich. Wenn Du aber willst, daß meine Äußerungen nicht so sind, daß sie Deinen Absichten, z. B. in Deutschland, entgegenwirken, so mußt Du Argumente vorbringen, die mich überzeugen und die ich womöglich auch verwenden kann, sei es in Privatgesprächen, sei es öffentlich. Die Leute in meinem Land, die sich in dieser Sache für Experten halten, sind in diesem Punkt meist ganz anderer Ansicht als Du. Nach Publikationen zu urteilen, ist das in Amerika auch nicht viel anders. Ich bin in diesem Punkte durchaus bereit zu glauben, daß Du recht hast, denn für die entgegengesetzte Meinung gibt es so sehr starke psychologische Gründe, die man auf englisch wishful thinking nennt. Aber eine solche Vermutung ist etwas ganz anderes als ein gutes Argument. Ich reise zu Dir, um Argumente zu lernen; Deine Stimmung kenne ich seit langem. Vielleicht kannst Du Dir überlegen, welche Argumente Du für aussprechbar hältst.

Herzlich
Dein Carl Friedrich

AN HANS BLUMENBERG

4. Mai 1976

Lieber Herr Blumenberg,

für Ihr Buch über die Genesis der Kopernikanischen Welt hätte ich Ihnen längst danken sollen und wollen. Aber wenn ein Buch wie dieses auf eine Lebensweise wie meine gegenwärtige trifft, so entsteht ein Problem. Wo man es aufschlägt, ist es eine faszinierende Lektüre. Ich sage mir dann: das muß ich als Ganzes von vorne bis hinten lesen und dann Herrn Blumenberg etwas Vernünftiges dazu sagen! Zur Ausführung dieses guten Vorsatzes bin ich dann aber, da ich selbst gerade über das ganz andersartige Thema der Kriegsverhütung ein Buch schreibe und zur Meinungsbildung hierüber zwischen den Kontinenten herumreise, bis jetzt nicht gekommen. Das lange Schweigen wird unhöflich, und so sage ich Ihnen zunächst einmal einen Dank ohne sachliche Reaktion. Ich hoffe aber, diese, wenn die jetzige Schreibarbeit fertig ist, doch noch nachholen zu können. Ich möchte gerne herausbringen, ob meine Meinungen irgendwo als ein Faden in dem historischen Teppich zu finden sind, den Sie weben.

Die besten Grüße
Ihr CFWeizsäcker

An Johannes Hanselmann

26. August 1977

Sehr verehrter Herr Bischof,

Ihr Brief vom 11. August kam erst gestern in meine Hand, als ich von den Ferien zurückkam, und Ihre Sekretärin, die ich alsbald anrief, sagte mir, daß Sie jetzt in den Ferien sind. Sie meinte, Ihnen sei mit einer schriftlichen Äußerung gedient.

Technisch gesehen ist die Neutronenbombe eine Wasserstoffbombe mit stark reduzierter Wärme- und Druckwirkung, deren Energie zu einem großen Teil in ausgesandte nukleare Teilchen, eben in Neutronen, ausgesandt wird. Ich bin leider über die Einzelheiten im jetzigen Augenblick noch nicht so gut informiert, wie ich in einem Monat zu sein hoffe, da ich in der Zwischenzeit eine Reihe von Militärexperten sehen werde. Ich gebe daher das Folgende mit dem Vorbehalt, daß noch eine Präzisierung dazukommen kann. Jedenfalls ist die Absicht bei der Konstruktion, die Schadenswirkung der Wasserstoffbombe einzuschränken. Die bisherige Wasserstoffbombe wird in einem Umkreis weniger Kilometer alles Material zerstören und alles Leben vernichten, aber außerdem auch noch darüber hinaus eine ganze Großstadt durch die Druckwelle und die Hitzewelle physisch zerstören können sowie radioaktiven Niederschlag in einem weiten Gebiet zurücklassen. Die Tendenz zur Schadenbegrenzung und Einschränkung der Wirkung auf ein genau angebbares Ziel ist in der neuen Waffenentwicklung, zumal der amerikanischen, immer stärker geworden. Die Neutronenbombe würde, soweit ich sehe, die lokal zerstörende Wirkung in einem Umkreis von nicht mehr als 1 Kilometer für Material und Menschen genauso haben wie die Wasserstoffbombe, sie würde in einem etwas größeren Umkreis Menschen noch eine sofort oder in wenigen Tagen tödliche Dosis von Neutronenstrahlen zufügen, würde aber die große zerstörende Flächenwirkung der Wasserstoffbombe vermeiden. Die populäre Formel, die in der Presse Aufsehen erregt hat, die Bombe vernichte nur Leben, aber keine materiellen Güter, ist also ungenau und irreführend. Sie vernichtet nur nicht zusätzlich zu der beabsichtigten lokalen Wirkung auch noch die Wohn- und Arbeitsstätten in einem großen Gebiet.

Wenn man die Wirkung der Bombe so schildert, ist nicht unmittelbar zu erkennen, warum sich gerade gegen diese Waffe so besonders starker Widerstand regt. Die Sache ist im übrigen nicht neu, sondern man hat diese Möglichkeit in Expertenkreisen und auch in der amerikanischen Öffentlichkeit schon vor 20 Jahren ausführlich diskutiert. Man ist damals zu dem Schluß gekommen, daß die Waffe keinem sinnvollen strategischen Zweck dienen und vermutlich zur Destabilisierung des durch Abschreckung gesicherten Friedens beitragen würde. So hat man damals beschlossen, sie nicht zu bauen. Mir ist nicht ganz klar, warum man heute den Vorschlag wiederaufgegriffen hat. Ich kann nicht ganz ausschließen, daß ein Teil des Zwecks dieses erneuten Vorschlags darin liegt, in den bevorstehenden Verhandlungen mit den Russen ein Tauschobjekt zur Verfügung zu haben, also eine Sache, auf die man verzichten kann, wenn die Russen dafür auf etwas anderes verzichten. Freilich ist gerade im letzten Jahrzehnt die Tendenz zur präzisen Beschränkung der Waffenwirkungen sehr gesteigert worden, und man hat darüber auch technisch viel hinzugelernt. Dies mag ein weiterer Grund dafür gewesen sein, den Plan wieder hervorzuholen.

Ich vermute, daß ich mich nach ausführlichen Gesprächen mit besseren Sachkennern der Meinung anschließen werde, die diese Waffe eher für eine Erhöhung der Gefahr halten. Die Gefahr würde dann darin bestehen, daß man sich zum Einsatz einer Waffe mit so beschränkter Wirkung leichter entschließen wird als zum Einsatz der ganz großen Waffen. Doch kann ich hier den genauen Stellenwert der Neutronenbombe noch nicht angeben, da es ja auf der Fissionsbasis ohnehin kleinere Waffen in großer Zahl gibt.

Sie sehen, Herr Bischof, daß meine persönliche Reaktion auf diese Waffe nicht besonders positiv, aber auch nicht besonders erregt ist. Journalisten gegenüber habe ich mich bisher geweigert, Aussagen über die Neutronenbombe überhaupt zu machen, mit der Begründung, daß ich mich noch besser informieren muß. Ich kann auf der anderen Seite die öffentliche Erregung insofern gut verstehen, als dieser Vorschlag viele Menschen, die sich schon daran gewöhnt hatten, die bestehende Gefahr eines Atomkriegs zu vergessen, von neuem an die Wirklichkeit erinnert hat. Mit dieser Wirklichkeit wird man freilich nicht dadurch fertig, daß man die eine neue Entwicklung, die Anlaß des Erwachens war, verhindert und meint, dann sei alles in Ordnung. Das käme mir ein wenig so vor, wie wenn man auf das Rasseln des Weckers am Morgen dadurch reagieren würde, daß man den Wecker aus dem Fenster wirft und weiterschläft.

Offenbar bekommen Sie eine Reihe von Anfragen, warum die Kirche sich nicht zur Neutronenbombe äußere. Mein persönliches Empfinden ist, daß die Kirche gut daran tut, nicht all denjenigen Dingen auch noch etwas zu sagen, die im Augenblick Schlagzeilen machen, sondern eher den wichtigeren Fragen nachzugehen, die in den Schlagzeilen in einer sich selbst nicht verstehenden Weise verzerrt zum Ausdruck kommen.

Im Monat September werde ich nicht mehr als etwa zwei Tage in Starnberg und sonst an verschiedenen Stellen unterwegs sein. Man kennt aber hier im Institut meine jeweiligen Adressen. Ab Anfang Oktober bin ich wieder hier und stehe selbstverständlich jederzeit zu Ihrer Verfügung.

Mit meinen besten Grüßen
bin ich Ihr
CFWeizsäcker

AN ADOLF BUTENANDT

14. November 1977

Lieber Herr Butenandt,

am Donnerstag abend vergangener Woche war ich eineinhalb Stunden in der Ständigen Vertretung der Bundesrepublik bei der DDR, um mit Staatssekretär Gaus auf dessen Wunsch ausführlich über die Leopoldina im besonderen und über mögliche Beziehungen im naturwissenschaftlichen Feld zur DDR im allgemeinen zu sprechen. Er fragte mich, mit wem er über diese Dinge für ihn informative Gespräche führen könne, und ich habe ihm vorgeschlagen, sich einmal an Sie zu wenden. Ich habe ferner die Herren Lüst und Maier-Leibnitz genannt. Ich fand das Gespräch mit Gaus sehr fruchtbar und möchte deshalb jetzt nur meiner Pflicht nachkommen, Sie darauf hinzuweisen, daß er sich vermutlich an Sie wenden wird, und hinzufügen, daß ich annehme, auch Ihnen werde das Gespräch fruchtbar erscheinen. Ich vermute, daß er erst im Januar für ein Gespräch mit Ihnen Zeit haben wird.

Herzliche Grüße
Ihr CFWeizsäcker

AN HOIMAR V. DITFURTH

26. Januar 1978

Sehr geehrter Herr von Ditfurth,

in der Tat habe ich einmal für eine Fernsehsendung zu einem Geburtstag des Astrologen Thomas Ring einen Beitrag von 10 Minuten gegeben. Ich vermute, daß es der Saarländische Rundfunk war. Wenn Sie von dort den Text meiner Äußerung bekommen können, so werden Sie authentisch informiert sein.
    Ich sage Ihnen jetzt nur im Grundzug, was ich über diese Sa-

che immer sage, wenn man mich danach fragt. Ich habe vor etwa 35 Jahren unter Anleitung von Thomas Ring, den ich persönlich immer sehr hoch geachtet habe, die Technik des Horoskopstellens gelernt, natürlich nicht die für mich triviale mathematische Seite, sondern die Deutungsseite. Ich war dazu motiviert, weil ich von tiefem Mißtrauen beseelt war gegenüber dem herrschenden Vorurteil der Naturwissenschaftler, eine Sache, die sie sich nicht erklären können, solle schon deshalb falsch sein. Ich wollte am Beispiel der Astrologie zusehen, ob sich dies nicht gut naturwissenschaftlich, d. h. empirisch, aufklären läßt. Der Eindruck, den ich anhand von etwa 60 von mir ausgearbeiteten Horoskopen gewann, war, empirisch müsse an dieser Sache etwas dran sein. Diesen Eindruck habe ich auch heute noch. Ich verbinde ihn aber mit drei Reserven: Die erste und schwächste ist, daß ich mir als Physiker auch heute noch nicht das geringste dabei denken kann. Das ist die schwächste Reserve, denn warum soll ich alles, was wahr ist, zu denken vermögen. Die zweite ist, daß ich den Aufwand, der für einen echt statistischen Beweis nötig wäre, abschätzen gelernt habe und schlicht nicht willens war, so viele Jahre Arbeitszeit, wie mich das kosten würde, in diese für mich doch etwas periphere Sache zu investieren. Der dritte und stärkste Einwand ist, daß ich kaum jemals gesehen habe, daß die ernsthafte Beschäftigung mit Astrologie einem Menschen, der sie betrieb, nicht geschadet hätte. Dieses Argument ist völlig unabhängig davon, ob die Astrologie richtig ist oder nicht. Es hat damit zu tun, daß meinem Empfinden nach der Astrolog dem lieben Gott in die Karten gucken möchte. Ich habe das vage Empfinden, daß der liebe Gott lieber mit Leuten Karten spielt, die ihm nicht in die Karten gucken. Jedenfalls habe ich für meine eigene Person diese Beschäftigung eines Tages aufgegeben, fast ohne es zu merken. Ich wage nicht, anderen Leuten Vorschriften zu machen, aber ich verhehle Ihnen nicht meine Eindrücke.

Mit vielen Grüßen
bin ich Ihr
CFWeizsäcker

An Jürgen Habermas

27. Januar 1978

Lieber Herr Habermas,

es ist ja ganz leicht für mich, Sie am Telephon oder von Angesicht zu Angesicht zu sprechen, und die feierliche Form der Briefe wählen wir allenfalls zu den fragwürdigen Daten runder Geburtstage. Ich möchte mich jetzt doch einmal der feierlichen Form bedienen, um Ihnen für Ihre Rede über Scholem zu danken. Es ist sehr geheimnisvoll und klingt selbst beinahe kabbalistisch, daß es eines 80jährigen Juden und einer rund 800 Jahre alten, Ihnen sowenig wie mir im Urtext zugänglichen, verschlüsselten Sprache bedarf, damit die essentielle Gemeinsamkeit Ihres und meines Anliegens ausgesprochen wird. Wären Sie nicht so beschaffen, daß Sie eben eine solche Rede spontan halten können, so wäre ich allem Vermuten nach nicht auf die Idee gekommen, Sie zu fragen, ob Sie mit mir zusammen das wunderliche Unternehmen eines gegenwartsbezogenen Instituts wagen wollten.

Die Dinge der Mystik haben Zeit. Deshalb eilt es mir nicht mit dem Gespräch, das irgendwann an Ihre Auslegung des Zimzum noch anzuschließen wäre. Sie schreiben mich den Platonikern zu und stimmen einer scharfen Abgrenzung der Lehre des Zimzum von der neuplatonischen Emanationslehre zu. Vermutlich waren die Emanationstheoretiker soziologisch gesehen Aristokraten, die Zimzumtheoretiker aber die noch viel vornehmere Elite der Ausgeschlossenen. Ich sage nur, daß ich den Punkt wahrnehme und daß dazu noch etwas zu sagen übrigbleibt.

Also herzlichen Dank!
CFWeizsäcker

An Emil Staiger

3. Februar 1978

Lieber Herr Staiger,

unsere freundlichen Bonner Betreuer verweisen mich auf Ihren bevorstehenden 70. Geburtstag. Nun ist das mit Geburtstagsgratulationen so eine merkwürdige Sache. Man hat einen Menschen sehr gerne, fühlt sich in seiner Gegenwart elementar wohl, hat viel von ihm gelernt, gibt viel auf sein Urteil, tauscht mit ihm quer über einen Abendessenstisch Bruchstücke eines aus der Erinnerung zu rekonstruierenden Goethegedichts aus und findet das schöner und beinahe ernsthafter als die seriöse Beschäftigung mit den sogenannten Problemen der Welt – und dann soll man das anläßlich eines Kalenderdatums in eine wohlgesetzte Rede bringen, dann verschlägt es einem die Sprache. Dann wählt man die bekannte literarische Figur des Schreibens darüber, warum man nicht schreiben kann, und so kommt die Äußerung zustande.

Ausdrücklich danken möchte ich Ihnen für den Brief, den Sie mir zu meinem Gartenbuch geschrieben haben. Es ist natürlich das Schmeichelhafteste für einen Autor, wenn ihm ein Fachmann sagt, das, was er im Bereich der Kompetenz dieses Fachmanns gesagt habe, sei interessant zu lesen. Ich gebe zu, daß mir gerade die Kapitel über die Angst und über das Schöne, zu denen ich vielleicht noch das über den Tod hinzufügen darf, ungefähr das Wichtigste an dem ganzen Buch waren. Was mich besonders gefreut hat, ist aber, daß Sie bereit sind, meiner Zeitdiagnose, wenngleich hypothetisch, einige Schritte weit zu folgen. Der Unterschied zwischen Ihnen und mir in der Wahrnehmung der heutigen Entwicklung ist mir natürlich nicht entgangen. Ich glaube alle Gründe Ihrer Wahrnehmungsweise in mir nachvollziehen zu können und hatte doch das Gefühl, ich könnte Ihnen vielleicht sogar noch etwas Hilfe leisten, wenn ich das, was ich anders wahrnehme, im Gespräch mit Ihnen so ausdrückte, daß es mit Ihrer Wahrnehmungsweise harmonisiert ist. Ich habe das aber dann nie im Ernst versucht, eigentlich vor allem, weil wir uns unter dem Drang unserer jeweiligen Pflichten doch zu selten begegnet sind. Nun freut es mich besonders, wenn Sie aus meinem Buch auch so etwas wie eine persönliche Anrede an Sie heraushören. Vielleicht können wir durchaus dann doch auch ein Fortspinnen im mündlichen Gespräch entstehen lassen.

Nach Bonn zur großen Kapitelsitzung kann ich 1978 nicht kommen, wohl aber nach Augsburg zu der privateren und insofern für uns selbst ja meist ergiebigeren im Herbst.

Ich nehme das Geburtstagsthema noch einmal auf. Den Übergang ins 8. Lebensjahrzehnt habe ich selbst noch nicht erlebt und wage nicht, zu sagen, wie man sich dabei fühlt. Bisher empfinde ich, daß man mit dem Altwerden die Chance hat, noch deutlicher derjenige zu werden, der man immer war. Diese Erfahrung wünsche ich Ihnen und dazu das elementare Gut ungetrübter Gesundheit und eines guten Ergehens der Ihrigen.

CFWeizsäcker

An Yohanan Meroz

7. November 1978

Sehr geehrter Herr Botschafter,

fast jedesmal, wenn ich in Bonn bin, fällt mein Blick auf Ihre Residenz, gegenüber dem Haus meines Bruders. Mein Bruder und seine Frau haben mir viel von dem freundschaftlichen Kontakt erzählt, in dem Sie miteinander stehen, und es würde mich sehr freuen, wenn ich Ihnen auch einmal persönlich begegnen dürfte.

Im Augenblick aber muß ich die Frage beantworten, die Sie mir in Ihrem Brief vom 14. 9. gestellt haben, auch dies wäre mir natürlich lieber in der Form eines Gesprächs, in dem man Fragen und Antworten austauschen kann. Ich erläutere nur das Anliegen, das hinter meinen Formulierungen steht.

Eine der Absichten meines Vortrags war es, den durch den Terror verschreckten Bürgern unseres Landes einen Weg zu bahnen zum Verständnis der Ursachen des Terrors. Es ist wohl eine allgemeinmenschliche Erfahrung, daß wir die Versöhnung mit unseren Gegnern nicht erreichen, solange wir den Grund der Feindschaft nur bei ihnen suchen. Deshalb bin ich bei der Frage, wer mit Gewalttat angefangen hat, immer sehr vorsichtig, damit ich nicht einseitig die Schuld nur einem Partner zuschiebe, solange dafür nicht unwidersprechliche Beweise vorliegen. Ich habe nahe Freunde in Israel, während der Lauf meines Lebens mich, ohne daß ich genau wüßte warum, niemals in sehr nahe Beziehungen zu Angehörigen der arabischen Länder gebracht hat. Eine Ausnahme bildet nur ein ägyptischer Doktorand, den ich vor 15 Jahren hatte und der mit seiner eigenen Regierung damals sehr unzufrieden war. Wenn ich die Vorgänge, die zumal um die Zeit der Gründung des Staates Israel stattgefunden haben, aus dem, was ich von meinen Freunden gehört habe, zu rekonstruieren suche, so sehe ich, daß man auf israelischer Seite das begründete Empfinden hatte, sich gegen lebensbedrohende Gewalt wehren zu müssen. Ich kann aber nicht dem Eindruck entgehen, daß dabei auch von israelischer Seite aus gerade in jenen frühen Zeiten wenigstens einige Gruppen mit denjenigen Mitteln der Gewalt gearbeitet haben, die man eben Terror nennt. Sie werden verstehen, Herr Botschafter, daß ich nicht in einem Brief Vorwürfe gegen Individuen erheben möchte, sondern das lieber einem Gespräch überlasse. Jedenfalls war aber dieser mein Eindruck stark genug, um mich bei der Abwägung meiner Formulierungen zu eben derjenigen Wortwahl zu veranlassen, die nun tatsächlich dasteht. Ich werde dankbar sein, wenn ich unwidersprechlich erfahren könnte, daß ich hiermit einem historischen Irrtum zum Opfer gefallen wäre. Andererseits hoffe ich, daß niemand mich so verstehen kann, als hätte ich mit dieser Formulierung gegen Israel Partei nehmen wollen.

> Ich bin mir verbindlichen Empfehlungen
> Ihr sehr ergebener
> CFWeizsäcker-

AN ERHARD EPPLER

22. November 1978

Lieber Herr Eppler,

heute möchte ich Sie fragen, ob Sie einmal Zeit und Lust hätten zu einem nicht allzu lange dauernden Gespräch mit Angehörigen der Gruppe, die sich in meinem Institut seit langem mit Problemen der Entwicklungsländer befaßt. Ohne Zweifel ist Ihnen das Buch »Die neue internationale Arbeitsteilung« bekannt, das die drei Autoren Fröbel/Heinrichs/Kreye vor 1½ Jahren publiziert haben. Das Buch hat, wie es natürlich ist, einige Kontroversen ausgelöst. Ich habe selbst an ein paar Gesprächen teilgenommen, die die Autoren mit ihren Kritikern geführt haben, und habe gesehen, daß man dabei, soweit man genug Zeit hatte, in die Einzelheiten zu gehen, weitgehend Einigung erzielt hat. Ich selbst glaube, der Gruppe wesentliche Belehrung zu verdanken.

Im Sommer 1980 werde ich emeritiert, und die Max-Planck-Gesellschaft macht auch mit Recht schon lange Zeit vorher einen Plan für die Zukunft. Der Vorschlag der dafür eingesetzten Kommission ist noch nicht durch die Entscheidungsgremien hindurchgegangen, aber ich zweifle nicht, daß er in der Substanz akzeptiert werden wird. Der Inhalt ist insoweit kein Geheimnis mehr, als er in der Presse schon erörtert worden ist. Es wird vorgeschlagen, das Institut in Max-Planck-Institut für Sozialwissenschaften umzubenennen und als meinen Nachfolger Herrn Dahrendorf zu berufen. Nach den Regeln der MPG ist der scheidende Direktor an dem Entscheidungsprozeß über seine Nachfolge nicht beteiligt, sondern wird nur von den zuständigen Instanzen angehört. Ich habe diese Regel immer richtig gefunden und akzeptiere sie daher auch in meinem eigenen Fall. Ich werde Herrn Dahrendorf als Nachfolger gerne begrüßen und glaube, daß er eine Chance hat, mit Habermas und anderen, noch zu Berufenden, zusammen ein gutes Institut aufzubauen.

Diesem neuen Entwurf fallen aber einige der Arbeiten zum

Opfer, die unter meiner Ägide gemacht worden sind. So wird insbesondere die Arbeit über die Ökonomie der Entwicklungsländer, von der ich eingangs sprach, voraussichtlich nicht im hiesigen Institut weitergeführt werden. Ich hoffe aber sehr, daß sie entweder in der MPG oder außerhalb fortgeführt werden kann. Die Angehörigen der Gruppe haben mir gegenüber den Gedanken geäußert, mit Ihnen, Herr Eppler, einmal über ihre Zukunft zu sprechen. Man will von Ihnen natürlich keine direkte Hilfe, man hofft aber von Ihnen verständnisvollen Rat und etwaige Weiterempfehlung. Ich glaube, Sie täten etwas Gutes, wenn Sie die Herren einmal empfangen würden. Ich glaube ferner, daß die MPG einen gut ausgedachten Vorschlag für die Zukunft dieser Arbeiten gerne unterstützen würde, wenn auch die institutionellen Möglichkeiten in ihrem eigenen Rahmen beschränkt sind.

Ich schicke diesen Brief so ab und erlaube mir gleichzeitig, der Gruppe zu empfehlen, daß sie sich von Ihrem Büro direkt eine Antwort geben läßt.

Mit herzlichen Grüßen
bin ich stets Ihr
CFWeizsäcker

An Bruno Kreisky

6. Februar 1979

Sehr geehrter Herr Bundeskanzler,

Sie tragen mir eine große Ehre an. Gleichwohl möchte ich Sie bitten, den Vorsitz des naturwissenschaftlichen Beirats der Gesellschaft für Energiewesen nicht übernehmen zu müssen. In weniger als 1 1/2 Jahren werde ich emeritiert, und ich habe mir vorgenommen, dann völlig frei zu sein für meine im Drang der politikbezogenen Arbeiten immer zu kurz gekommenen eigentlichen Anliegen im philosophisch-physikalischen Bereich. Soweit es in meiner Macht steht, werde ich deshalb keine Ehrenämter mehr übernehmen und diejenigen, die ich jetzt ausübe, abgeben. Ich werde gewiß ein waches Interesse für die gesellschaftlichen Implikationen der Naturwissenschaft und allgemeiner für das Feld der Politik behalten, aber ohne institutionelle Verpflichtung. Sie, verehrter Herr Bundeskanzler, werden diese meine Reaktion gewiß verstehen und mir meine Absage nicht verübeln.

Mit verehrungsvollen Grüßen
Ihr CFWeizsäcker

An Franz Kardinal König

6. März 1979

Eminenz,

mit Kummer muß ich feststellen, daß es mir im Februar nicht gelungen ist, die von Ihnen in Ihrem Brief vom 2. Januar erbetenen Reflexionen zu dem Münchner Symposium niederzuschreiben. Ich hatte es fest vor, aber ich bin aufgefordert worden, Ende März einer Anhörung von Experten durch die niedersächsische Landesregierung über das geplante nukleare Entsorgungszentrum Gorleben vorzusitzen, und die Beschäftigung mit 25 kg Akten zu dieser Sache hat mir die für schönere und wohl auch wichtigere Themen reservierte Arbeitszeit geraubt. Ich weiß nicht, was der späteste Zeitpunkt ist, zu dem Sie meine Äußerung noch brauchen könnten. Ich sehe jedenfalls keine Möglichkeit, früher als in der zweiten Aprilhälfte zu diesen Arbeiten zurückzukehren.

Mit dem Ausdruck der Verehrung
bin ich stets Ihr
CFWeizsäcker

An Helmut Gollwitzer

21. März 1979

Lieber Herr Gollwitzer,

Ihr Brief hat mich natürlich sehr gefreut. Wir nehmen jetzt, da wir alt sind, anscheinend zum ersten Mal das Thema der Verwandtschaft und des Unterschieds unserer Haltungen wirklich auf, so daß man es nicht immer wieder erlebt, sondern versucht, es sich klarzumachen. Ich will das jetzt nicht brieflich weiterspinnen, aber eigentlich nur, weil ich unter einem gewissen Zeitdruck stehe, der zwar habituell ist, aber gegenwärtig vor allem mit dem Thema zu tun hat, um dessentwillen Sie in Ihrem Brief in die Ihnen zustehende Rolle radikaler Entschiedenheit zurückfallen. Herr Albrecht hat mich genötigt, seinem Gorleben-Hearing vorzusitzen, und das absorbiert meine Zeit.

Ich möchte nur wenigstens anmerken, worüber ich, wenn wir es zustande bringen sollten, schriftlich oder mündlich würde weiterreden wollen. Mein Geburtstagsbrief an Sie, den ich nun noch einmal durchgelesen habe, erweist sich bei dieser Lektüre dann doch auch als eine Stilisierung, wenngleich mit guter Absicht. Der Unterschied zwischen Ihnen und mir erscheint dort etwas mehr, als ich es in Wirklichkeit in diesen Jahrzehnten empfunden habe, wie der Unterschied zwischen dem Entschiedenen und demjenigen, der mit der Entscheidung zögert. Aber das ist eben zum Teil eine Stilisierung. An einer Reihe von Stellen war ich und bin ich allerdings entschieden, und zwar anders als Sie. Mir hat nur niemals daran gelegen, diesen Gegensatz auszuspielen, weil ich überhaupt finde, daß Freundschaft vielleicht nirgends so wichtig ist wie dort, wo man in den objektiven Entscheidungen auf entgegengesetzter Seite steht. Aber ich möchte deshalb meine von den Ihren abweichenden Meinungen nicht verbergen; das wäre eigentlich ein Mangel an Achtung.

Dies zeigt sich bei dem konkreten Punkt, den Sie in der zweiten Hälfte Ihres Briefes ansprechen. Was Sie dort über die Kernenergie sagen, finde ich wirklich ganz falsch. Ich werde jetzt in dem Gorleben-Hearing gerne noch einmal die Rolle des neutralen Gesprächsleiters übernehmen, denn von vielen der Fragen, die dort verhandelt werden sollen, verstehe ich selbst viel zuwenig und kann nur hoffen zu lernen. Aber natürlich gilt, wenn man sich mit einer Sache lange beschäftigt hat, nicht mehr die Neutralität der Bereitschaft, auch Meinungen, die von der eigenen abweichen, immer wieder anzuhören und ernsthaft zu diskutieren. Meine Vermutung ist, daß bei der naheliegenden Alternative der Kohle die Folgelasten schlimmer sein werden als bei der Kernenergie. Wieder etwas stilisiert gesagt: Wenn in der Menschheit überhaupt diejenige Vernunft des Umgangs mit der Technik durchsetzbar ist, ohne die es keine technische Kultur geben kann, dann wird man auch mit der Kernenergie leben können. Anderenfalls aber ist die moderne Welt überhaupt zum Selbstmord verurteilt. Daß sich die berechtigte Angst vor der Zukunft gerade auf die Kernenergie konzentriert hat, ist psychologisch verständlich, aber die Entschiedenheit fordert, zu sagen, daß dies nicht deshalb schon wahr ist, weil es psychologisch verständlich ist. Kurz, das, was ich Deutlichkeit nenne, also Unterschiede abwägen, ist eine moralische Forderung. Was Sie hierzu sagen, kann man nur sagen, wenn man aus anderen Vorentscheidungen heraus bereits entschlossen ist, das, was die eine Seite in diesem Meinungsstreit sagt, zu glauben und der anderen Seite prinzipiell zu mißtrauen.

Ich will das jetzt nicht vertiefen, ich fühle mich nur Ihnen gegenüber schuldig, meine wahre Meinung zu sagen.

Mit den herzlichsten Grüßen
Ihr CFWeizsäcker

An Henry Kissinger

1. Mai 1979

Dear Henry –

erlauben Sie mir, daß ich Ihnen auf deutsch schreibe. Es geht mir etwas leichter in die Feder. Ich schicke Ihnen ein Exemplar dieses Briefs nach Singapore, eines nach Washington.

Es tut mir ganz außerordentlich leid, daß ich Ihnen nun schon zum dritten Mal habe eine Absage geben müssen, zum zweiten Mal aus Gesundheitsgründen. So frisch ich mich im ganzen fühle, macht doch das Alter sich bemerkbar. Vor einem Jahr war es eine Bruchoperation, diesmal eine plötzlich und sehr schmerzhaft aufgetretene »Peri-Arthrose« der linken Schulter, die mir Nachtreisen im Flugzeug unerträglich gemacht hätte. Die Ärzte behandeln das Symptom mit Erfolg, aber es dauert wohl noch einige Wochen. Und die tiefere Ursache liegt eben im Alterungsprozeß. Ich habe ja die darwinistische Theorie, daß Spezies, deren Individuen nicht zu alt werden, eine bessere Evolutionschance haben, und daß daher das Altern ebenso genetisch vorprogrammiert ist wie das Wachstum und die Erzeugung von Nachkommenschaft; da ich diese beiden Funktionen erfolgreich durchlebt habe, darf ich mich über das Altern nicht beschweren.

Falls unser Kreis sich auch weiterhin treffen wird, würde mir, von meinem subjektiven Empfinden aus, sehr viel daran liegen, daß ich künftig doch wieder teilnehmen könnte. Für die Zeit nach meiner Emeritierung, die in einem Jahr stattfinden wird (Juni 1980), habe ich mir vorgenommen, wenigstens ein Jahr lang keinerlei Verpflichtungen zu übernehmen, um die im Amt des Institutsdirektors stets zu sehr eingeschränkte Arbeits- und Besinnungsruhe zu haben. Ich kündige praktisch alle meine Ehrenämter auf – »einmal im Leben ein freier Mann sein«. Aber wenn unser Kreis dann noch besteht und bereit ist, mich trotz so häufigen Fehlens noch als sein Mitglied anzusehen, so würde ich sehr gerne die so gewonnene freie Zeit dazu benützen, an seinen Treffen künftig regelmäßig teilzunehmen.

Ich möchte Ihnen in diesem Brief wenigstens andeuten, welche Themen ich, hätte ich in Singapore teilnehmen können, gerne aufgebracht hätte. Es mag freilich sein, daß wenigstens ein Teil davon fast besser für ein persönliches Gespräch mit Ihnen geeignet wäre. Abgesehen von der Möglichkeit weiterer Zusammenkünfte unseres Kreises bemerke ich, daß ich voraussichtlich im Januar 1980 zwei Wochen in Washington im Woodrow Wilson-Institut (Dr. Billington) sein werde. Ich hatte das schon für den Januar 1979 vor, mußte es dann aber absagen, weil ich in die deutsche Reaktorpolitik noch einmal tief hineingezogen worden bin; ein Hearing über das geplante nukleare Entsorgungszentrum in Gorleben, eine hierzulande leidenschaftlich umstrittene Sache.

Ein Thema, zu dem ich in Singapore in der Tat gerne ein kleines Referat gehalten hätte, ist die internationale langfristige Energiepolitik. Von der kurz- und mittelfristigen Energiepolitik, speziell Öl-Sicherung und Öl-Ersparnis, verstehen viele andere Leute mehr als ich. Aber Energiepolitik, zumal in den kapitalintensiven Formen, zu denen die Kernenergie gehört, ist so langfristig zu planen wie Forstwirtschaft. Es hätte mich gefreut, dem Kreise hierzu einiges vortragen zu können.

Tief beunruhigt bin ich über unser altes gemeinsames Thema der Waffenentwicklung und Kriegsverhütung. Etwa 1968 ist meine vorher zwischen Hoffnung und Besorgnis polarisierende Einstellung zu diesem Problem eindeutig auf die pessimistische Seite hin umgeschlagen. Ich konnte in arms control nur noch eine Verzögerung des Unglücks sehen, nicht mehr einen Ansatz zur grundsätzlichen Lösung des Problems. Wir haben uns in jenem Jahr etwa im April in Cambridge, Mass., gesehen. Ich gründete gerade mein Institut, und Sie brachten mich mit allerhand interessanten Leuten zusammen. Ich weiß nicht, wie offen ich damals meinen fundamentalen Pessimismus ausgesprochen habe; er war mir noch zu neu, und ich mochte selbst nicht an ihn glauben. Dann begann Ihr großer Einsatz in der Weltpolitik. Ich gestehe, daß dies für mich die letzte aufflammende Hoffnung auf eine friedliche Lösung des Problems war. Heute sehe ich zwei Anlässe, an einer solchen Lösung zu zweifeln: die fortdauernde russische Rüstung und die ständige Vermehrung der Optionen für begrenzte Kriege, auch im nuklearen Bereich. Über die russische Rüstung habe ich einen Artikel für die ZEIT geschrieben, den ich Ihnen schicke, wenn er erschienen ist. Über beide Themen hatte ich unlängst eindrucksvolle Gespräche mit den Generalen Haig und Schmückle.

Mein Wunsch für entspanntes, langes Gespräch mit Ihnen zielt nicht darauf, einen Katalog zweckmäßiger politischer Maßnahmen zu entwerfen und zu seiner Durchsetzung beizutragen. Das könnte allenfalls eine spätere Konsequenz eines Gesprächs sein. Ich habe den Eindruck, daß manche meiner amerikanischen Gesprächspartner mich als einen Kanal für Vorschläge und Beurteilungen empfinden, der in der deutschen Politik, einschließlich des heutigen Kanzlers, gehört wird. Es ist wahr, daß man mir bei den – nicht häufigen – Gesprächen zuhört. Aber dabei spielt wohl die Hauptrolle, daß ich keinen Ehrgeiz habe, bestimmte Ansichten oder Interessen durchzusetzen, sondern eher distanziert das Pro und Contra erwäge. Ich weiß wenige Menschen, mit denen ich so gerne das Pro und Contra der künftigen Weltpolitik erwägen würde, wie mit Ihnen.

Wenn ein Exemplar dieses Briefs Sie noch in Singapore erreicht, so bitte ich Sie, den Kreis sehr von mir zu grüßen und mich bei unserem Gastgeber zu entschuldigen. Ich weiß nicht, was das Schicksal unseres persischen Freundes ist.

Mit herzlichen Grüßen bin ich
Ihr CFWeizsäcker

An Iring Fetscher

7. Mai 1979

Lieber Herr Fetscher,

rasch einen Dank für Ihre so freundliche Besprechung meiner literarischen Produkte. Verständnis und behutsame Kritik sind ja ermutigende Hilfen.

Ihre Bemerkung, daß der widerstrebende Konformismus

der alten Oberschicht gegenüber Hitler auch den ökonomischen Interessen dieser Schicht entsprach, ist zweifellos richtig. Es ist charakteristisch für die Jugend einer solchen Schicht, jedenfalls soweit ich sie damals von innen kennengelernt habe, daß sie sich das gar nicht bewußt klarmachte. Unbewußtheit des eigenen ökonomischen Interesses ist ja wohl ein häufiges Phänomen, zumal als Basis politischer Begeisterung. Im übrigen hat mich selbst, in mehr für mein Lebensalter als meine soziale Schicht charakteristischer Weise, Hitlers revolutionärer Ton sehr viel stärker beeindruckt als der nationale. Das habe ich in der Selbstdarstellung wohl nicht deutlich zum Ausdruck gebracht. Eine Andeutung in dieser Richtung habe ich in meinem Vortrag über Dietrich Bonhoeffer gemacht (Garten, S. 467). Einen nachträglichen Versuch, das Phänomen Hitler zu verstehen, habe ich 1974 in meiner Rede zum 20. Juli gemacht. Vielleicht darf ich Ihnen das Bändchen »Fragen zur Weltpolitik«, in dem er abgedruckt ist, gleichzeitig zusenden. Ich will Sie nicht zu weiterer Lektüre nötigen, aber Ihre Reaktion auf diese Analyse wäre mir in der Tat interessant.

Mit herzlichen Grüßen
Ihr CFWeizsäcker

AN WILLY BRANDT*

20. Mai 1979

Sehr geehrter Herr Brandt!

Als erstes möchte ich Ihnen und der Partei, in deren Namen Sie sprechen, herzlich für das Vertrauen danken, das Sie mir durch die Bitte erwiesen haben, zur Kandidatur für das Amt des Bundespräsidenten zur Verfügung zu stehen. Da ich weiß, wie

---

* Ein im wesentlichen gleichlautender Brief ging an den Vorsitzenden der Freien Demokratischen Partei, Bundesaußenminister Hans-Dietrich Genscher.

schwer es sein wird, dieses Amt zu führen, empfinde ich das Vertrauen sehr stark. Nach Ablauf der erbetenen zwei Tage Bedenkzeit bitte ich Sie nun gleichwohl, für die jetzt anstehende Wahl von meiner Nominierung abzusehen.

Im folgenden erlaube ich mir, Ihnen meine Gründe darzulegen. Diese Darlegung ist zugleich für die Fraktion und für die Öffentlichkeit bestimmt. Ich gehe davon aus, daß Sie den Brief der Presse bekanntgeben werden. Einen im wesentlichen gleichlautenden Brief schreibe ich an Herrn Genscher. Ferner gebe ich eine kurze Zusammenfassung des Briefs direkt an die Presse.

Die Fraktionen der Regierungskoalition haben sich entschlossen, die Präsidentschaftskandidatur einer Person anzutragen, die kein Berufspolitiker ist und keiner Partei angehört. Grundsätzlich, von meiner Person abgesehen, finde ich eine solche Wahl mit dem Geist des Grundgesetzes im Einklang. Etwas zu anspruchsvoll sagt man, der Bundespräsident solle über den Parteien stehen. Ich würde lieber sagen: Der Bundespräsident soll sein Urteil unabhängig von den Meinungen und Interessen der Parteien bilden. Seine Entscheidungsbefugnisse sind gering, sein Einfluß auf interne und öffentliche Meinungsbildung kann groß sein. Er soll diesen Einfluß stets für die gemeinsame Suche nach vernünftigen Lösungen einsetzen. In vielen Fällen wird er zur Überwindung von Interessenkonflikten durch Kompromisse beitragen müssen, in anderen Fällen wird er die Aufgabe haben, intern oder auch öffentlich auf Tatsachen hinzuweisen, die bei keiner Partei populär sind. Er wird, wenn so große Ausdrücke erlaubt sind, den Einzelnen an seinen Ort in der Nation, die Nation an ihren Ort in der Welt erinnern müssen. Beispiele bisheriger Bundespräsidenten zeigen, daß Parteipolitiker fähig gewesen sind, diese Rolle zu übernehmen. Aber die Befähigung dazu braucht nicht auf diesen Personenkreis beschränkt zu sein. Es kann Situationen geben, in denen die Menschen in unserem Lande mit gutem Grund darauf hoffen, daß die Parteien nicht einen der ihren in dieses Amt wählen.

Komme ich nun zu meiner Person, so steht es mir nicht an, zu entscheiden, ob ich für eine solche Aufgabe fähig wäre. Angestrebt habe ich das Amt nicht. Ich möchte vielmehr in diesem Brief eine Hemmung nennen, die ich Ihnen im persönlichen Gespräch schon erläutert habe. Ich bin Wissenschaftler. Die Arbeit, die mich mein Leben lang beschäftigt hat, ist die philosophische Durchdringung der Naturwissenschaft. Ich glaube, daß auch diese Arbeit etwas mit den Lebensproblemen unserer Zeit zu tun hat, und ich fühle mich verpflichtet, sie nach meinen Kräften zu Ende zu führen. Nachdem ich wenigstens zehn Arbeitsjahre für das wissenschaftliche Studium politischer Probleme aufgewendet habe, war es meine Absicht, die nun kommenden letzten Jahre meines Arbeitslebens ausschließlich dieser meiner ursprünglichen Aufgabe zu widmen. Ich war entschlossen, weiterhin keinerlei Pflichten im politischen oder halbpolitischen Bereich mehr wahrzunehmen, die mich hiervon ablenken würden. Ich habe sehr gezweifelt, ob ich das Recht hätte, diese Absicht einer Bewerbung um das Amt des Bundespräsidenten zum Opfer zu bringen. In der Selbstprüfung der jüngstvergangenen Tage bin ich aber zu dem Schluß gekommen, daß ich dazu bereit sein muß. Dafür habe ich einen einzigen Grund, den ich Ihnen und der Öffentlichkeit unverhohlen aussprechen muß. Ich erwarte für die achtziger Jahre schwere Krisen der Welt und daher unserer Nation. Der Forderung, dieses Wissen in das Amt des Bundespräsidenten einzubringen, dürfte ich mich nicht verweigern.

Daher wäre ich jetzt oder in einer künftigen Wahl bereit, dieses Amt zu übernehmen, wenn es mir von einer Mehrheit der Wahlberechtigten offen angetragen würde. Sie werden verstehen, verehrter Herr Brandt, daß mir die Amtsführung leichter würde, wenn dieser Antrag gemeinsam von allen Parteien käme. Aber ich kenne die Realitäten des politischen Geschehens genug, um zu wissen, daß er vermutlich nur von einer Mehrheit kommen könnte, und es war immer die Pflicht des gewählten Bundespräsidenten, das Amt auch im Interesse derer zu führen, die ihn nicht gewählt haben.

Die Situation, die ich bei dieser Bereitschaft voraussetze, besteht aber bei der Wahl am kommenden Mittwoch nicht. Die Koalitionsparteien konnten mir nur den kurzfristigen Eintritt in eine Zähl- oder Kampfkandidatur antragen, deren Chancen, eine Mehrheit zu gewinnen, gering sind. Vor einer Abstimmungsniederlage würde ich mich nicht scheuen. Ich muß aber wünschen, daß das überparteiliche Motiv meiner grundsätzlichen Bereitschaft der Öffentlichkeit klar bleibt. Sie wissen, Herr Brandt, daß ich die Politik der sozial-liberalen Koalition seit der Zeit, als Sie Kanzler waren, in wesentlichen Sachfragen öffentlich unterstützt habe. Gleichwohl darf ich keinen Anlaß zu dem Eindruck geben, ich kandidierte, um der Koalition aus einer Verlegenheit zu helfen. Ich werde nur kandidieren, wenn ich die aufrichtige Absicht habe, nach Möglichkeit die Wahl zu gewinnen, um dann das Amt überparteilich zu führen. Diese Absicht müßte unter den gegebenen Umständen den Wunsch einschließen, daß mindestens vierzehn Abgeordnete der Opposition das ihrer Partei gegebene Wort in der geheimen Abstimmung brechen. Dies wünsche ich nicht, auch wenn ich den Konfrontationskurs in dieser Wahl, auf den sich die Opposition geeinigt hat, im nationalen Interesse bedaure. Meinem Empfinden entspricht es, mich unter diesen Umständen nicht um das Amt des Bundespräsidenten zu bewerben. Ich stehe in dieser Wahl nicht zur Verfügung.

Es tut mir sehr leid, lieber Herr Brandt, auf diese Weise Ihren Wunsch enttäuschen zu müssen. Doch hoffe ich, daß Sie meine Beweggründe verstehen.

Mit meinen besten Grüßen
bin ich stets Ihr
CFWeizsäcker

AN WILLY BRANDT

15. November 1979

Lieber Herr Brandt,

auf meinen Absagebrief im Mai haben Sie mir mit einem sehr freundlichen Brief geantwortet. Da ich Ihnen mit der Absage ja doch etwas sehr Unangenehmes zugemutet hatte, habe ich mich über Ihren Brief ganz besonders gefreut. Nun benütze ich die Gelegenheit der Übersendung meines Büchleins »Diagnosen zur Aktualität«, in dem ich meinen Brief an Sie noch einmal abgedruckt habe, um Ihnen auch noch einen ausdrücklichen Dank für Ihre damalige Reaktion zu sagen. Sie waren damals so freundlich, die Schuld am Mißlingen des Planes, mich zum Präsidenten zu machen, zwischen Ihnen und mir aufzuteilen. Ich kann aber in Ihrem Verhalten in dieser Angelegenheit keinen Fehler erkennen. Sie waren durch die Rücksicht auf Scheel so lange gebunden, daß Ihnen nicht mehr zeitlicher Spielraum blieb. Andererseits halte ich für sicher, daß ich, hätte ich mich als Kandidat zur Verfügung gestellt, nicht gewählt worden wäre. Das mir erkennbare Interesse der Unionswahlmänner, die sehr große Blamage von ihrer Partei abzuhalten, hätte sie bei der Stange gehalten. So blieb mir nur die Frage, ob ich durch eine Kandidatur oder durch den Verzicht auf die Kandidatur besser zum Ausdruck bringe, was meine Auffassung von diesem Amt ist. Ich habe letzteres gewählt und bin dankbar, wenn mein Motiv verstanden wird.

Dies liegt nun schon weit zurück. Gegenwärtig beschäftigen mich die Rüstungsprobleme der NATO. Ich äußere mich dazu diese Woche in der ZEIT. Der Aufsatz über Moskaus Rüstung in meinem neuen Bändchen bezeichnet den einen Hintergrund der Besorgnis. Im jetzigen Augenblick bin ich über die amerikanische Reaktion besorgt, die uns landgestützte, im dichtbesiedelten Europa gefährdete Raketen aufnötigen will, eine Gefährdung, die man auf amerikanischem Boden nicht zu akzeptieren bereit ist. Außer dem selbstverständlichen Versuch einer echten Abrüstungsverhandlung gibt es militärisch gefahrlosere Wege, wie z. B. seegestützte Raketen oder eine große Zahl konventioneller cruise-missiles.

    Mit meinen besten Grüßen und Wünschen
        bin ich stets Ihr
        CFWeizsäcker

An Helmut Schelsky

8. Januar 1980

Lieber Herr Schelsky,

wenn auch Ihre und meine Urteile über die Welt wohl niemals gleichlautend waren und sich in den letzten 10 Jahren eher stärker auseinanderentwickelt haben, möchte ich doch gelegentliche Anlässe zum Meinungsaustausch über eine grundsätzliche oder eine faktische Frage nicht ungenützt vorübergehen lassen. Ich habe mit Interesse Ihren Aufsatz über Bürger-Prinz gelesen, und daran knüpfe ich eine faktische Frage an. Mit Verwunderung lese ich auf Seite 207 folgenden Satz: »Dafür gibt es aktuelle Beispiele: Ein Philosoph und Soziologe wie Jürgen Habermas hat seinen geistigen Kampf um die ›Autonomie der Person‹, gestützt auf den Vorrang moralischer Urteile, inzwischen abgebrochen zugunsten einer sozialistischen Umweltveränderungspolitik.« Ich bin verwundert, daß ich nun doch seit 9 Jahren mit Habermas im selben Institut zusammenlebe und von der von Ihnen beschriebenen Veränderung gar nichts wahrgenommen habe. Ich persönlich interessiere mich für Umweltpolitik, für Weltveränderung, vor allem im außenpolitischen Bereich, beides aber nicht auf sozialistischer Basis. Habermas war immer ein Sozialist und ist es heute noch und war früher wie heute überzeugt, daß genau dies die gesellschaftlichen Bedingungen für die Autonomie der Person, gestützt auf den Vorrang moralischer Urteile, bezeichne. Er hat sich weder früher noch heute gescheut, seine politischen Meinungen öffentlich auszusprechen. Seine wissenschaftliche Entwicklung geht eindeutig in die Richtung auf eine aktuellen politischen Fragen abgewandte, sorgfältige, empirische und philosophische Durchdringung der personalen Basis gesellschaftlicher Kommunikation. Auf welche Recherchen über die Tätigkeit von Habermas stützen Sie Ihr von dem meinen so diametral abweichendes Urteil?

Mit herzlichen Grüßen
Ihr CFWeizsäcker

An Wolfgang Harich

19. Juni 1980

Lieber Herr Harich,

vielen Dank für Ihren Brief vom 21. Mai. Noch immer im Betrieb, komme ich nur zu einer kurzen Antwort. An einer Aktion zur Beschaffung oder Herabsetzung der 5%-Grenze werde ich mich nicht beteiligen. Zur Erläuterung könnte ich mich auf das einfache Argument beziehen, daß eine solche Aktion keine Chance hat. Für Chancenloses würde ich mich nur einsetzen, wenn ich die Sache so lebenswichtig fände, daß mir selbst der Effekt eines gescheiterten Versuchs lieber wäre, als der Verzicht auf den Versuch. Tatsächlich aber habe ich auch gar nicht den Wunsch, an der 5%-Grenze etwas zu ändern. In erster Linie finde ich Änderungen des Wahlsystems zum Zweck der Erreichung bestimmter politischer Ziele eo ipso vom Übel. Fängt dies einmal an, so weiß man nicht, wo es endet. Man soll sich in einem Verfassungsstaat politisch im Rahmen der Verfassung durchsetzen oder eben scheitern. Denn wer heute seinen Erfolg der Änderung der Verfassung oder auch nur, wie in diesem Fall, einer seit langem geltenden gesetzlichen Vorschrift verdanken möchte, kann morgen schon in der Lage sein, sich nur durch Berufung auf Verfassungen und Gesetze gegen Willkür schützen zu können. Außerdem empfinde ich trotz der Überstabilität, die die Bundesrepublik psychisch gefährdet, die Instabilität parlamentarischer Systeme ohne eine solche Schutzklausel weiterhin ein abschreckendes Beispiel.

Eine kleine Bemerkung zu einer freundlichen Wendung auf der letzten Seite Ihres Briefs möchte ich doch nicht unterdrücken. Vielleicht sind Christen manchmal ein bißchen fähiger zur Verständigung als Linke, nicht weil das Christentum älter ist, sondern weil es wahrer ist. Aber das ist ein weites Feld.

Herzliche Grüße
Ihr CFWeizsäcker

An Willy Brandt

9. Juli 1980

Lieber Herr Brandt,

im März haben Sie mir freundlicherweise den Bericht der von Ihnen geleiteten Nord-Süd-Kommission übersandt und mich um eine Stellungnahme dazu gebeten. Leider konnte ich in den zunächst darauf folgenden Monaten in dieser Hinsicht nichts tun, weil ich durch die aktuellen ost-westlichen Fragen und durch die Auflösung meines Instituts völlig in Anspruch genommen war. Neulich war Ihre Anwesenheit bei der deutsch-amerikanischen Konferenz der Friedrich-Ebert-Stiftung angekündigt, und ich hätte diese Gelegenheit gerne wahrgenommen, um Sie nach der bisherigen Resonanz Ihres Berichts und den Aussichten für die Zukunft, die Sie sehen, zu fragen. Leider konnten Sie dann nicht kommen.

Inzwischen hat die Arbeitsgruppe über Entwicklung und Unterentwicklung, die in meinem Institut seit 10 Jahren arbeitet, ein Kolloquium abgehalten, dessen Teilnehmerliste ich Ihnen zusende. Dieses Kolloquium ist eines aus einer Kette von Kolloquien, die etwa derselbe Kreis seit Jahren an verschiedenen Stellen der Welt veranstaltet hat. Die Themen, die dort behandelt werden, berühren sich aufs engste mit den Themen Ihres Berichts. Ein Vormittag des Kolloquiums war ausschließlich der Besprechung Ihres Berichts gewidmet. Prof. André Gunder Frank, der ein paar Jahre, nachdem er Chile hatte verlassen müssen, bei uns in Starnberg gearbeitet hat und jetzt in Norwich in England ist, gab ein ausführliches Referat, das ich Ihnen ebenfalls beilege. Ich könnte mir denken, daß dieses Referat für Sie interessant ist. Es ist, wie bei Frank stets erwartet werden kann, in manchen Punkten kritisch, aber es nimmt ebenso wie Ihr Bericht die Interessen der Entwicklungsländer zum Ausgangspunkt und sieht ebenso klar wie Ihr Bericht die Gefahren für die ganze Welt, wenn diesen Interessen nicht genügt werden kann.

Ich gestehe, daß ich für die ärmere Bevölkerung in den Ländern der dritten Welt heute nur eine fortschreitende Verschlechterung ihrer Lage vorhersehen kann. Ich halte für möglich, daß von dieser Seite eines Tages sogar die akute Gefährdung des Weltfriedens ihren Ausgang nehmen könnte. Ihnen sage ich damit nichts Neues.

Vielleicht darf ich ein persönliches Wort über meine Lage hinzufügen. Ich bin soeben in den Ruhestand getreten, und mein persönliches Wohlbefinden reagiert darauf sehr positiv. Ich bin jetzt frei, zu meiner eigentlichen wissenschaftlichen Arbeit noch einmal zurückzukehren. Gewünscht hätte ich, daß die hier begonnenen Arbeiten hätten weitergeführt werden können. Den gegenteiligen Beschluß der Max-Planck-Gesellschaft, die mir 10 Jahre ungestörte Arbeit ermöglicht hat, respektiere ich natürlich. Es bekümmert mich (so habe ich es neulich am Fernsehen gesagt), daß sich nicht jetzt sechs andere Institutionen darum reißen, die Arbeit ihrerseits fortzuführen. So ist insbesondere die Weiterarbeit der Gruppe über Entwicklung und Unterentwicklung (Fröbel, Heinrichs, Kreye) noch nicht gesichert.

Unabhängig hiervon möchte ich hinzufügen, daß die drei genannten Herren selbstverständlich Ihnen jederzeit zur Verfügung stünden, wenn Sie über die wissenschaftliche Reaktion auf Ihren Bericht noch nähere Informationen würden haben wollen.

Mit meinen besten Grüßen und Wünschen
bin ich Ihr
CFWeizsäcker

An Victor Weisskopf

13. Januar 1981

Lieber Viki,

im Augenblick nur zwei Terminsachen.
1. Um Dich zu sehen, komme ich natürlich auch nach Heidelberg. Ich wäre übrigens vermutlich ohnehin zu der Feier für Gentner gereist.
2. Der Termin der päpstlichen Akademie bringt mich in eine wahrscheinlich unüberwindbare Schwierigkeit. Seit einem halten Jahr liegt fest, daß ich genau vom 28. September bis 2. Oktober in Heidelberg im Institut von Georg Picht an seiner alljährlichen philosophischen Tagung teilnehmen muß. Ich habe diese Tagung vor 20 Jahren mitgegründet, und es ist für mich kaum möglich, sie zu schwänzen. Das Äußerste wäre, daß ich in Heidelberg einen Tag früher abreiste und in Rom gerade zum Schluß noch dabei wäre. Ob das aber vernünftig ist, weiß ich nicht. Ich werde vorsichtshalber Picht fragen, ob er seinen Termin noch verschieben kann, halte das aber für eminent unwahrscheinlich. Ebenso kannst Du wahrscheinlich Chagas fragen. Übrigens trifft sich der Pour le mérite vom 26. bis 28. September in Lindau (bzw. Bad Schachen). Da meine Mutter in Lindau lebt, komme ich mit Sicherheit, soweit menschliche Dinge sicher sind. Es wäre schön, Dich dort zu sehen, und vielleicht würde es Dir sogar Freude machen, meine Mutter für eine halbe Stunde in ihrem alten Bauernhaus zu besuchen.

Noch eine Bemerkung zu Rom. Polnische Freunde aus Krakau, darunter der Philosoph und Theolog Tischner, den andere polnische Freunde als den heimlichen König von Südpolen bezeichnet haben und den angeblich Wojtyla als seinen Nachfolger zum Kardinal machen wollte, was dieser aber ablehnte, versichern mir seit einem Jahr, sie würden mich zu einer philosophischen Gesprächsrunde in den päpstlichen Sommerferien in Castell Gandolfo bringen. Die Runde hat im Jahr 1980 schon einmal stattgefunden, aber der Papst zog vor, dabei nur mit den Polen zusammenzusein, ein verständlicher Wunsch. Tischner sagte mir, als ich ihn im Herbst 1980 bei Picht wiedersah, der Plan bestehe weiterhin, mich für den Sommer 1981 einzuladen. Die Thematik erinnert mich sehr an diejenige der päpstlichen Akademie. Ich nehme an, daß diese persönliche Runde beim Papst vertraulich behandelt wird, aber vielleicht ist es nützlich, daß Du davon weißt. Mir wäre es natürlich gerade angesichts dieses Interesses des Papsts auch daran gelegen, an der Akademietagung teilzunehmen, nur hat eben Picht hier ein sehr viel älteres Recht und übrigens, wie ich vermute, auch die sachlich noch wichtigere Tagung.

Unsere sachlichen Fragen bespreche ich lieber mündlich. Vielen Dank für deine Kritik an meiner Rede. Man muß jemanden haben, der einem so etwas sagt. Herbert York hat die politisch relevanten Partien dieser Rede ins Englische übersetzen lassen. Getrennt von dem komplizierten Anfang sind sie vielleicht lesbarer, und ich denke, Du kannst die Übersetzung leicht von ihm bekommen.

Herzlich
Dein Carl Friedrich

An Edward Teller

10. März 1981

Lieber Edward,

soeben war Elisabeth Heisenberg bei mir. Wir haben über manche Fragen gesprochen, und bei dieser Gelegenheit zeigte sie mir Deinen Brief an sie. Sie wird Dir selbst antworten, aber ich habe ihr versprochen, aufgrund meiner direkteren Erinnerung auch meinerseits Dir ein Wort dazu zu schreiben.

Ich finde es, wenn man so kolloquial reden darf, schrecklich nett von Dir, daß Du Dich um die Achtung vor unserem gemeinsamen Lehrer Heisenberg so aktiv mühst. Ich habe Elisabeth Heisenberg zu ihrem Buch sehr ermutigt. Es ist ein vollkommen aufrichtiges und spontanes Buch, und sie sagt Sachen, die eigentlich nur seine Frau so überzeugend versichern kann. Denn erstens weiß sie wirklich Bescheid, zweitens braucht sie nicht sich selbst zu verteidigen, und drittens hat sie eben diejenige Spontaneität der Äußerung, welche Männer, auch nahe Freunde, gar nicht so leicht aufbringen.

Nun war sie etwas beunruhigt über den Gedanken, die Bänder, auf denen man unsere Gespräche in Farm Hall ohne unser Wissen aufgenommen hat, könnten veröffentlicht werden. Ich muß gestehen, daß ich Ihr Empfinden in dieser Sache teile. Natürlich weiß ich auch nicht, was auf diesen Bändern steht, und meine Erinnerung an die Gespräche von 1945 bezieht sich erstens nur auf diejenigen, an denen ich selbst teilgenommen habe, und ist zweitens naturgemäß ein wenig verblaßt. Ich mache aber zunächst die allgemeine Bemerkung, daß ich die englische Regel, derart persönliche Dokumente erst nach drei Generationen zu veröffentlichen, einen weisen Ausdruck von Lebenserfahrung finde. Ich habe jetzt verhältnismäßig häufig mit jungen Historikern zu tun, welche Dokumente aus einer Vergangenheit lesen, die ich selbst noch miterlebt habe. Dabei erschrecke ich immer über die Unfähigkeit dieser Historiker, sich in den Äußerungsstil und die Denkformen früherer Generationen einzufühlen. Oft kann ich ein groteskes Mißverständnis mit einem einzigen Satz aufklären, aber manchmal glaubt der betreffende Historiker dann auch nur, jetzt hätte ich eben gelogen. Merkwürdigerweise ist es leichter, Texte vernünftig zu lesen, die hundert oder mehr Jahre alt sind. Denn da handelt es sich um Probleme, in denen der heutige Historiker nicht mehr engagiert ist. Das, was uns hindert, die nahe Vergangenheit zu verstehen, ist ja meist unsere eigene Leidenschaft. Ich denke, auch Du hast Erfahrungen darüber, wie Leute, die politisch anders denken als Du, Dir, wie man sagt, Deine eigenen Worte im Munde herumdrehen.

Dies ist eine Äußerung allgemeiner Natur. Nun kommt die Frage, was man aus diesen Bändern wirklich entnehmen wird. Elisabeth hatte einmal ein Gespräch mit jemandem, der die Bänder gehört hat. Sie erinnerte sich aber nicht genau, wer es war. Dieser sagte ihr ungefähr, politisch sei wohl nicht allzu Verfängliches darin, aber persönlich eher Deprimierendes. Das kann ich mir nach meiner Erinnerung lebhaft vorstellen. Man lebt ja in einer solchen Haft, selbst wenn man gut ernährt und höflich behandelt wird, doch immer in der psychischen Gefahr das »Lagerkollers«. Das ist wohl verständlich, wenn man bedenkt, daß wir etwa vier Monate lang ohne jede Nachricht von unseren Familien waren und ihnen auch nicht schreiben konnten. Ich gebe Dir ein paar Beispiele harmloser Art.

Ich wohnte mit meinem guten Freund Wirtz im selben Zimmer, und wir haben uns über grundsätzliche Fragen in den sechs Monaten in Farm Hall meines Erachtens niemals gestritten. Gleichwohl haben wir uns zweimal so fürchterlich miteinander verzankt, daß wir 24 Stunden kein Wort miteinander redeten. Der eine Anlaß war die Frage, ob ein bestimmter der mitinhaftierten Kollegen beim täglichen Faustballspiel nicht nur auch sonst sehr häufig (worüber wir einig waren), sondern auch bei einem bestimmten Ball an diesem Morgen betrogen habe. Das andere war darüber, ob vier honneurs beim Bridge sans atout mit 150 oder mit 200 Punkten bewertet wird. Du siehst daraus den seelischen Zustand.

Denk Dir nun dieselben Nervenreaktionen angewandt auf die Frage, wie wir zur damals jüngsten politischen Vergangenheit unseres Landes stehen oder auf die Nachricht im Radio, es sei soeben auf Hiroshima eine Atombombe abgeworfen worden. Ich vermute, daß man ein weiser Mensch sein muß, um das, was in solchen Fällen gesagt wird, richtig zu beurteilen. Ich gebe vielleicht noch ein Beispiel. Ich habe selbst in einer ungeheuer schmerzhaften Gewissensprüfung in den ersten Tagen unserer Haft, noch in Frankreich, mir klargemacht, daß ich mich moralisch für alles, was die Nazis getan haben, mitschuldig fühle, obwohl ich der Partei nicht angehört habe und einige meiner nächsten Freunde aktive Mitglieder des Widerstands gegen Hitler waren. Eigentümlicherweise hat genau der Durchbruch dieses Bewußtseins der Mitschuld mir das innere Verhältnis zur ganzen Nazizeit sehr erleichtert. Wenn ich nicht meine, ich müsse mich von einer kollektiven Schuld reinwaschen, sondern ich müsse sie auf mich nehmen, so bin ich befreit von der unablässigen Versuchung, im Interesse meiner eigenen weißen Weste zu lügen. Das schließt natürlich nicht aus, daß ich über sachlich falsche Vorwürfe, wie sie dann z. B. Goudsmit erhoben hat, gekränkt war und es notwendig fand, zu widersprechen. Aber diese meine Grundhaltung könnte ich auf die mit mir zusammen Inhaftierten nur unvollkommen übertragen. Hahn und Laue fühlten sich zu unschuldig, als daß sie so etwas hätten verstehen können, und einige andere hatten überhaupt etwas primitivere Moralvorstellungen und hörten aus dem, was ich sagte, nur einen Vorwurf heraus, den sie glaubten, ablehnen zu müssen. Heisenberg verstand mich natürlich in diesem Punkt sehr gut, obwohl auch er persönlich wieder ein bißchen anders reagierte. Wenn man sich nun vorstellt, daß auf einem Band irgendwelche Ausschnitte aus Gesprächen über solche Themen aufgenommen sind, so frage ich mich wiederum, wie weise ein Leser sein muß, um zu kapieren, worum es dabei geht.

Ich folgere also: Eine Veröffentlichung dieser Bänder würde eine Debatte neu beleben, in der jeder seine vorgefaßte Meinung durch Zitate aus den Bändern wiederum bestätigt finden würde. Diejenigen, die damals miteinander geredet haben, sind zum größeren Teil tot, und soweit sie noch leben, würde es ihnen schwer sein, durch Kommentare diesen verwirrenden Eindruck aufzuklären. Deshalb vermute ich, daß es besser ist, wenn die Bänder noch ein paar Jahrzehnte da bleiben, wo sie jetzt sind.

Es kann gut sein, daß Du gute Gründe hast, die Sache anders zu sehen. In diesem Fall würde ich gerne mit Dir mündlich darüber reden. Ich hoffe ohnehin, daß wir uns bald wieder einmal sehen.

Herzliche Grüße
stets Dein Carl Friedrich

An Enrico di Rovasenda

13. April 1981

Sehr geehrter Pater Enrico Rovasenda,

haben Sie vielen Dank für Ihren freundlichen Brief vom 19. März. Es freut mich, daß meine Kölner Rede Ihnen gefallen hat. Sie schlagen mir freundlicherweise vor, ich möchte diese Rede dem Heiligen Vater direkt übersenden. Nun hat mir der Herr Kardinal Höffner mitgeteilt, die Rede sei von ihm aus dem Heiligen Vater bereits übersandt worden. Es käme mir etwas übereifrig vor, wenn ich sie daraufhin noch einmal direkt an den Heiligen Vater senden würde. Vielleicht haben Sie die Möglichkeit, festzustellen, ob er die Rede erhalten hat. Sollte das nicht geschehen sein, so werde ich sie ihm sehr gerne schicken.

Mit dem Ausdruck meiner vorzüglichen Hochachtung
Ihr sehr ergebener
CFWeizsäcker

An Agehananda Bharati

30. April 1981

Lieber Swami Agehananda Bharati,

ich hoffe, daß mein handschriftliches Briefchen schon bei Ihnen ist, wenn dieser Brief und die dazugehörigen Drucksachen Sie erreichen. Ich wiederhole jetzt nur, daß ich Ihr Buch gelesen habe, so als sei es nur für mich geschrieben. Ich wiederhole auch, daß ich mir nun aufs entschiedenste wünsche, mit Ihnen persönlich zusammenzutreffen. Vom 10. bis 13. September bin ich auf einer Militaristen-Tagung in Williamsburg, Virginia, und mache danach nur sehr kurz Station in Washington oder Boston. Am 21. November bin ich an der University of Alberta, Kanada, und daran anschließend voraussichtlich kurz in Kalifornien und danach einige Tage in Boston. Mit letzterem Besuch könnte ich wohl einen Abstecher nach Syracuse verbinden. Ich war dort nur einmal, lange vor Ihnen, im Frühjahr 1950. Daran anschließend hatte ich damals einen schönen, ruhigen Sonntag in Skaneateles bei einem Tierarzt. Sollten Sie aber in der Zwischenzeit einmal in Deutschland oder Österreich sein, so wären Sie natürlich als Gast in meinem Haus willkommen. Ich bin vorwiegend hier in Starnberg, habe aber ein Sommerhaus auf der Alm in Osttirol.

Ein paar Worte zu Ihrem Buch. Gegen Kriegsende waren wir einmal geographisch nicht weit voneinander entfernt. Als Sie mit der indischen Legion durch Sigmaringen zogen, saß ich in Hechingen an der Kernenergie. Die unglückliche Wlassowarmee trat auch in unseren Gesichtskreis. Hinreißend ist Ihre Schilderung des Abschieds von Wien mit dem Terzett der drei Damen. Von den indischen Kapiteln geht mir völlig mühelos das über die Pilgerschaft ein. So hätte ich auch leben mögen, aber dazu hätte ich Hindi und Sanskrit lernen müssen wie Sie. Statt dessen habe ich nun Quantentheorie gelernt. Über die Inhalte werden wir mündlich reden müssen. Jedenfalls habe ich aber auch in Ihrem Aufsatz über die Hindu-Renaissance meine Empfindungen in verblüffender Weise bestätigt gefunden, nur daß ich sie mangels tieferer Sachkenntnisse nicht vernünftig artikulieren konnte. Daß der von mir spontan gewählte Meister Ramana Maharishi in Ihrer Schilderung der Hindu-Renaissance praktisch als einziger gut wegkommt, empfand ich als Bestätigung meines Gefühls.

Ich deute den Punkt, in dem ich, abgesehen von dem Unermeßlichen, was ich gerne von Ihnen lernen würde, den kritischen Dialog mit Ihnen weiterführen möchte, jetzt nur an. Sie haben intellektuell und emotional etwas Außerordentliches geleistet, indem Sie die zwei Elemente, die Sie Humanismus und Mystik nennen, trotz des historischen Streits der meisten ihrer Vertreter, fast bruchlos zusammenfügen. Ich sehe jetzt, da ich Sie ausführlich gelesen habe, sehr viel besser als zuvor, was damit geleistet ist, und kann daher denjenigen Ihrer Äußerungen, mit denen ich nach wie vor nicht übereinstimmen kann, besser gerecht werden. Meine Schwierigkeit ist zunächst philosophisch. In der vor 20 Jahren geschriebenen Autobiographie benützen Sie eine Denkfigur, der gegenüber Sie zu meiner Genugtuung auf der letzten Seite des jetzt geschriebenen Epilogs eine Weiterentwicklung andeuten. In der alten Version schlagen Sie vor, unter Berufung auf Russell und den logischen Empirismus, den Begriff der Wahrheit auf beweisbare Fakten zu beschränken. Ich finde, gerade als Naturwissenschaftler, die Philosophie, auf welche Sie sich damit beziehen, unzureichend. Es ist außerordentlich schwer, dem hier intendierten Begriff der Wahrheit einen strengen Sinn zu geben. Sie sind dann andererseits genötigt, Ihre zentralen Erfahrungen vom Wahrheitsbegriff völlig loszulösen. Das bietet eine große Hilfe in der Auseinandersetzung mit dem von Ihnen aus so umfassender Kenntnis belegten Faktum, daß die Meinungen der Religionen einander unablässig widersprechen. Wenn Sie positiv sagen wollen, was da dann doch vorliegt, so bieten sich Ihnen ästhetische Kategorien an. Gegen diese habe ich gar nichts einzuwenden. Ich habe mir nur selbst eine Sprache zurechtgelegt, in der ich unbefangen von der Wahrheit des Schönen und von der Vernunft der Affekte spreche. Dann muß man nur sehen, daß das beweisbare Wahre nur eine kleine, freilich sehr folgenreiche Nische im großen Garten der Wahrheit ausfüllt. Ihr Epilog deutet an, daß Fragestellungen wie die von Chomsky Ihnen in diesem Problem weitergeholfen haben. Das kann ich gut verstehen. Ich möchte nur glauben, daß man auf diesem Weg schließlich zum Verständnis der klassischen, zumal platonischen Philosophie kommen kann, der Russell und Popper aus höchst verständlichen antiautoritären Affekten heraus so wenig gerecht werden konnten.

Ich schicke Ihnen nun einen Haufen Papier. Ausdrücklich möchte ich dazu sagen, daß ich es Ihnen nicht im geringsten übelnehmen würde, wenn Sie nichts davon läsen. Das Gespräch vollzieht sich im Gespräch und nicht im Bücherlesen, es sei denn, darüber walte eine besondere Gunst der Stunde, wie es mir mit Ihrem Buch gegangen ist. Aber ich sage wenigstens hier, wo auf diesen vielen Druckseiten Sie am schnellsten dasjenige finden würde, was zu unserem Gespräch beitragen könnte. Ich schicke Ihnen vor allem mein Buch »Der Garten des

Menschlichen«. Die Selbstdarstellung am Schluß ist vielleicht eine persönliche Visitenkarte. Das sachliche Problem wird auf den ersten sechs Seiten des Buchs (Einleitung) skizziert: Wie kann man vom Menschen reden, wenn man Religion, Naturwissenschaft und Gesellschaftskritik gleich ernst nimmt. Nach meinem Gefühl vielleicht der tiefste Brunnen in diesem Garten ist der Aufsatz über den Tod (I,9); ein Pavillon darüber der Vortrag über das Schöne (I,8). Letzterer hat mit der Wahrheit des Schönen zu tun. Vielleicht darf ich noch auf den Aufsatz über die Seligpreisungen verweisen (IV,5). Ich glaube dort philologisch plausibel gemacht zu haben, daß der Arme im Geiste der ersten Seligkeit nicht der Unbedarfte, sondern der Sannyasi ist. Schließlich vielleicht noch das Subjekt in der Physik (II,1, ein wenig Inana) und ein Liebesgedicht (III,2, vielleicht ein wenig Shakta). Ferner schicke ich zwei leichtfertige Aufsätze über Meditation, die Ihrer sachverständigen Kritik harren, und ein Buch »Deutlichkeit«, aus dem in einem dieser Aufsätze zitiert wird. Aber, wie gesagt, nichts braucht gelesen zu werden.

Ihr CFWeizsäcker

An Helmut Schmidt

22. Juni 1981

Lieber Herr Schmidt,

in Ihren für alle Teilnehmer sehr eindrucksvollen Darlegungen in der Friedrich-Ebert-Stiftung am 20. Juni haben Sie, fast nebenher, gesagt, die erstaunlichsten Leute bei uns brächten heute, vielleicht ohne es selbst zu wissen, die Argumente der sowjetischen Propaganda vor. Ich bin mir nicht ganz sicher, ob Sie damit vielleicht auch eines meiner Argumente in der ZEIT (22. Mai) gemeint haben. Wäre das der Fall, so wäre ich Ihnen für einen Wink dankbar, denn ich habe nicht den Wunsch, Ihre Aufgabe durch vermeidbare Fehler zu erschweren. Zu Ihrer Information sende ich Ihnen eine nachträgliche Niederschrift meiner Diskussionsbemerkungen auf jener Tagung.

Im Prinzip halte ich mich, seit ich im »Ruhestand« bin, von allen öffentlichen Äußerungen zurück, um endlich zu meiner eigentlichen, philosophischen Arbeit zu kommen. Ich lasse jedoch im September eine Auswahl meiner politischen Äußerungen seit 1957 erscheinen, mit ein paar neuen Beiträgen. Aus diesen hat die ZEIT einen Vorabdruck gebracht. Und ich halte mich durch Tagungsbesuch und Gespräche auf dem laufenden. Im September gehe ich anläßlich der IISS-Tagung kurz nach USA. Ich muß in Gesprächen meine Meinung vertreten, aber ich bin dankbar für Hinweise zur Verhütung politischen Schadens.

Unverändert
Ihr CFWeizsäcker

An Hanns Engelhardt

24. Juni 1981

Sehr geehrter Herr Dr. Engelhardt,

Ihr Brief enthält eine bedankenswerte Anregung. Freilich gestehe ich, daß ich selbst von großen Kongressen unter dem Zeichen hoher Ideale nicht allzuviel erhoffe. Im Durchschnitt fallen die politischen Entscheidungen im Kräfteparallelogramm der Partikularinteressen und der Meinungsbildung der Experten. Dann kommt ab und zu eine Bewegung ins Volk, wie die soeben so stark anwachsende Friedensbewegung, deren Ursprung geheimnisvoll bleibt, deren Echtheit aber unzweifelhaft ist. Ich gebe zu, daß, wenn die Bewegung so wie z. B. soeben auf dem Evangelischen Kirchentag zumal die kirchliche Jugend ergreift, die Kirchenoberen Anlaß haben, ihr zu einer vernünftigen und wirksamen Selbstdeutung und Äußerung zu verhelfen. Das ist oft schwer genug, da die Oberen sehr häufig die Gemütslage der Jungen nicht verstehen.

Sollte in der Katholischen Kirche die verwandte Bewegung größeren Umfang nehmen, so könnte das für den Papst Anlaß sein, sein eigenes Charisma und die instrumentellen Mittel der Kirche in diese Waagschale zu werfen. Ich gestehe aber, daß ich selbst dazu voraussichtlich keine Initiative ergreifen werde. Ich bin Prostestant, wenngleich, soferne ich mich richtig kenne, ohne jeden antikatholischen Affekt, aber ich denke, eine Initiative dieser Art würde besser aus der Mitte der Katholischen Kirche kommen.

Mit meinen besten Grüßen
bin ich Ihr
CFWeizsäcker

AN KÖNIGIN SOFIA VON SPANIEN

3. Juli 1981

Eure Majestät,

Ihr Brief war mir eine große Freude, schon in Erinnerung an die schönen Tage, die meine Frau und ich in Tatoi verbringen konnten, als Sie noch im Elternhaus waren. Ich habe den Artikel über Ihre von mir so verehrte Frau Mutter, kaum war die Todesnachricht gekommen, in einem Zug niedergeschrieben, fast mehr um mich selbst mit dieser Nachricht zu versöhnen, als um andere zu belehren. Dann habe ich ihn doch zwei Zeitungen angeboten, die ihn unter dem Druck der herrschenden Vorurteile ablehnten, und zu meiner großen Freude hat die Frankfurter Allgemeine Zeitung ihn dann angenommen. Als ich vor einem Jahr einen Tag in Madrid war und den Prado besuchte, sah ich Sie und den König zur Eröffnung einiger neuer Säle in das Museum gehen. Ich hätte mich gerne bei Ihnen gemeldet, aber die Abschirmung war mit Recht rigoros, und so habe ich darauf verzichtet. Nur grüße ich Sie aus der Ferne

als Ihr in Verehrung ergebener
Carl Friedrich v. Weizsäcker

An Ernst-Otto Czempiel

20. Juli 1981

Lieber Herr Czempiel,

Ihren Aufsatz über Macht habe ich soeben bekommen und hatte nur Zeit, ihn rasch zu überfliegen. Ich reagiere aber sofort, weil ich in ein paar Tagen für längere Zeit verreise. Sehr interessant und, wie ich zu meiner Schande gestehen muß, mir neu ist die Definition von Karl Deutsch, Macht sei die Fähigkeit, sich nicht anpassen zu müssen. Das ist eine schöne Basis für den unerläßlichen Ratschlag, Macht in ein interdependentes System vernünftig einzubetten. Mein eigener Versuch zu diesem Thema (»Wege in der Gefahr«, Kapitel 7) entwickelt freilich die Vermutung, daß Macht, auch wenn sie sich selbst rein defensiv interpretiert, fast notwendigerweise expansiv wird. In dieser Mentalität scheinen mir die dauerhaften Imperien gewachsen zu sein. Dies hängt vordergründig mit demjenigen Kalkül zusammen, dem auch das Wettrüsten entspringt, daß nämlich im Machtkonflikt jeder Partner sich erst sicher fühlt, wenn er stärker ist als die anderen. In der Tiefe mag dabei mitspielen, daß eben die Expansion gleichsam die am wenigsten schmerzhafte Art der Anpassung ist. Wer sich wirklich nicht anpassen muß, lernt ja auch nichts, und man sieht immer wieder in der Geschichte, wie steril gesicherte Mächte sind.

Das sind nur ein paar Einfälle. Vielleicht können wir gelegentlich darüber weiterreden.

Herzliche Grüße
Ihr CFWeizsäcker

AN STEPHAN HERMLIN

11. November 1981

Sehr geehrter Herr Hermlin,

ein Brief von Ihnen, datiert vom 22. September, ist durch die Hand meines Kollegen Max Steenbeck erst vor wenigen Tagen zu mir gelangt. Herr Steenbeck war krank und konnte mir den Brief offenbar nicht früher übermitteln. Ich habe aus der Presse den Eindruck, daß die von Ihnen initiierte Zusammenkunft inzwischen stattgefunden hat oder bald stattfinden wird. Ich werde nicht kommen können, möchte aber doch den falschen Eindruck vermeiden, als hätte ich absichtlich nicht geantwortet.

Ich halte den Gedanken, daß Bürger der beiden deutschen Staaten miteinander über die auch für unser Volk bedrohliche Lage in der Welt sprechen, für richtig. Freilich können solche Gespräche meiner Kenntnis menschlichen Verhaltens nach nur dann fruchtbar sein, wenn sie mit persönlichem Kontakt beginnen, indem man einander Dinge sagen kann, die in der Öffentlichkeit normalerweise nicht ausgesprochen werden. Ich meine hier gar nicht irgendwelche moralischen Vorwürfe an irgendeine Adresse; meinem Empfinden nach fallen moralische Vorwürfe, zumal wenn sie öffentlich ausgesprochen werden, fast stets mit einem gewissen Recht auf denjenigen zurück, der sie ausspricht. Es handelt sich viel eher darum, im Gespräch zu ergründen, wieweit man die ursächlichen Zusammenhänge des Geschehens ähnlich beurteilt. Ich habe mich nur selten an kollektiven öffentlichen Äußerungen beteiligt. Einige davon haben eine gewisse Wirkung geübt. Aber ich weiß, was die Vorbedingung dieser Wirkung war: ein durch Monate fortgeführter persönlicher, mündlicher, sehr intensiver Gedankenaustausch. Alles, was nicht so vorbereitet wird, pflegt nur das Gewissen derer, die sich äußern, mit einem Scheintrost zu beschwichtigen. Sie meinen, sie hätten mit ihrer Äußerung etwas getan, und haben in Wirklichkeit nichts getan.

Ich wäre daher, auch wenn ich zu dem von Ihnen vorgeschlagenen Termin frei gewesen wäre, nicht zu einer Zusammenkunft gekommen, deren offenkundiger Zweck eine notgedrungen unzureichend vorbereitete öffentliche Äußerung gewesen wäre. Ich möchte nur deutlich machen, daß diese Abstinenz weder der Meinung entstammt, das Problem sei nicht wichtig genug, noch dem Wunsche, mich nicht öffentlich über die Grenze, die heute unser Land teilt, zu unterhalten. Der Wunsch ist nur, daß so etwas, wenn es geschieht, gut genug gemacht wird.

Ich sollte vielleicht die Bemerkung über meine persönliche Situation hinzufügen, daß ich mich seit mehr als einem Jahr von öffentlichen Äußerungen zu Tagesereignissen vollkommen zurückgehalten habe; dies, weil ich jetzt die letzte Chance in meinem Leben sehe, gewisse Arbeiten zu Ende zu führen. Mein Wunsch ist, diese Haltung noch für längere Zeit fortführen zu können. Aber das ist ein privater Wunsch.

Eine Kopie dieses Briefes geht an Herrn Steenbeck.

Ich bin mit den besten Wünschen
Ihr CFWeizsäcker

AN DOUGLAS STEERE

11. März 1982

Lieber Douglas,

über Deinen Brief vom 21. 1. habe ich mich sehr gefreut. Gundi und ich waren in der Tat im November in Kanada und den Vereinigten Staaten, aber es war wieder einmal eine Reise mit knappen Terminen, und wir sind an der Ostküste nicht südlicher als New York gelangt. In New York ist jetzt für uns ein Magnet: unser Sohn Ernst Ulrich, der fünf Jahre lang Universitätspräsident in Kassel war und jetzt in der Zentrale der Vereinten Nationen bei UNDC sitzt als Direktor für Forschung im Dienst der Entwicklung. Ich weiß nicht, ob Du ihn persönlich kennst. Sollte ein Kontakt aus irgendwelchen Gründen sinnvoll sein, so verspreche ich Dir, daß Du Dich mit ihm ganz besonders gut verstehen würdest.

Deine Betrachtungen über die Mentalität in der Sowjetunion finde ich vollkommen richtig. In allen Kontakten mit offiziellen Russen, die ich habe (und diese haben sich durch dortige Initiative im letzten Jahr gehäuft), schimmert als Hauptmotiv die Angst durch. Natürlich verstehen sie nicht gut genug, daß ihre Rüstung, die vielleicht auch weitgehend durch Angst erklärbar ist, den Rest der Welt gegen sie eint und damit die Einkreisung erzeugt, gegen welche sie sich dann mit mehr Rüstung schützen müssen. Im kaiserlichen Deutschland vor 1914 gab es ein ähnliches Syndrom. Ich finde Schmidts Politik, insbesondere auch in der polnischen Angelegenheit, genau das, was ein westeuropäischer führender Politiker heute tun kann und soll. Ich schicke Dir mit gesonderter Post einen Vortrag, den ich neulich in der Evangelischen Akademie Tutzing in einer nichtöffentlichen Tagung gehalten habe, an der russischerseits das Zentralkomitee-Mitglied Samjatin, amerikanischerseits der Direktor im State Department Richard Burt teilnahm. Du siehst daraus, wie ich selbst heute rede.

Wahrscheinlich habt Ihr noch nicht gehört, daß Georg Picht vor zwei Wochen einen Schlaganfall gehabt hat. Er war eine lange Reihe von Tagen, soweit man das erkennen kann, bewußtlos, beginnt nun aber wieder Zeichen von Kontakt zu geben. Edith hat mich gebeten, in dieser Phase nicht zu ihm zu kommen, weil sie glaubt, daß es ihn zu sehr anstrengen könnte. Ich vermute, daß sie recht hat. Er hatte nach sehr viel anderweitiger Arbeit gerade begonnen, das eigentliche philosophische Buch zu schreiben, das er seit langem vorhatte. Das sind geheimnisvolle, um nicht zu sagen unheimliche Zusammenhänge.

Soweit ich jetzt übersehen kann, werde ich frühestens in der zweiten Hälfte November wieder nach Amerika kommen. Ich bin sehr fleißig an meiner Arbeit, für die ich nun endlich Zeit habe. Ich weiß nicht, ob Ihr im Sommer nach Europa kommt. Wir sind bis etwa Mitte Juli mit allerhand Unterbrechungen in Starnberg. Nachher längere Zeit in unserem Haus in Osttirol.

Sonst würde ich versuchen, bei der Reise im kommenden Winter doch einen Besuch in Haverford möglich zu machen.

Dir und Dorothy alle guten Wünsche
Dein Carl Friedrich

AN FRITZ STERN

24. März 1982

Lieber Herr Stern,

nun ist Ihr Buch zusammen mit Ihrer Besprechung des Craigschen Buchs angekommen. Noch bevor ich für eine gründlichere Lektüre die Zeit gefunden habe, würde ich gerne eine erste Reaktion geben.

Das Thema, über das wir in Tutzing zu reden begonnen haben, beschäftigt mich, vielleicht sollte ich sogar sagen, es regt mich auf. Um noch einmal die Ausgangsfrage in Erinnerung zu rufen: Ich habe wahrscheinlich schon seit der Gründung der Bundesrepublik die Sorgen sowohl von deutschen Freunden wie vor allem von unseren Nachbarn westlich und östlich des Landes, daß ein neues Aufflammen des deutschen Nationalismus zu befürchten sei, für irrig gehalten. Ich halte sie auch jetzt für irrig. Man kann niemandem verübeln, wenn er von dieser Sorge umgetrieben wird, aber historisch gesehen ist meinem Gefühl nach der deutsche Nationalismus ein sehr viel schwächeres Phänomen als die nationale Identität von Engländern, Franzosen, Schweizern, Amerikanern oder Polen. Seine eruptive Gestalt in den 75 Jahren zwischen Bismarck und Hitler ist meinem Gefühl nach eher eine Überkompensation eines Mangels. Ich gebe zu, daß in diesem Urteil auch eine subjektive Komponente ist: Ich selbst habe keine große Affinität zu irgendeinem Nationalismus und kann mir schlecht vorstellen, daß das bei anderen Leuten anders sei. Aber genau diese Überlegung läßt mich wünschen, daß ich nicht einem Irrtum anheimfalle, weil ich vielleicht die Realitäten nicht sehen mag.

Nun fand ich Ihre Schlußbemerkung in Tutzing das einzig Relevante, das ich zu diesem Thema seit langem gehört habe. Der Zusammenhang des Kulturpessimismus mit dem Aufkommen derjenigen Ideologie, die sich schließlich die Nazis angeeignet haben, ist offensichtlich. Ihre Besorgnis, die Friedensbewegung könne denselben Fehler auf der politischen Linken machen, den die Nazis auf der politischen Rechten gedeutet haben, bezeichnet einen meiner Gründe der Skepsis gegenüber dieser Bewegung deutlicher, als ich ihn selbst vorher verstanden hatte.

Nun muß aber zuerst ein allgemein europäisches Phänomen vom deutschen Phänomen unterschieden werden. Mir war Ihre Schilderung der amerikanischen Anti-Nuklearbewegung gerade wegen ihrer spezifisch amerikanischen Züge so interessant. Inzwischen werden Sie den Text meiner Tutzinger Rede erhalten haben. Dort habe ich nur von dem europäischen Problem gesprochen, nicht vom deutschen. Daß die Europäer von Lissabon bis Bukarest, von Dublin bis Helsinki in die gegenseitige Zerfleischung der beiden Kandidaten für Welthegemonie nicht hineingezogen werden möchten, ist ein Instinkt der Selbsterhaltung. Die Schwierigkeit für die Europäer ist nur, daß ihr Kontinent das natürliche Schlachtfeld für die erste Phase des dritten Weltkriegs ist. Also können sie sich nicht in die Ecke ducken, sondern müssen versuchen, aktive Friedenspolitik zu machen. Aktive Friedenspolitik aber setzt unter den gegebenen Umständen die Stabilität der Bündnisse voraus. Ich persönlich habe schon den Tagen der Kontroverse zwischen Adenauer und Heinemann den deutschen oder europäischen Neutralismus für eine völlig irreale Wunschvorstellung gehalten.

Vor dem Hintergrund dieser europäischen Situation muß man dann aber wünschen, daß die Deutschen sich nicht zu Extratouren motiviert fühlen. Nun springe ich aus der aktuellen Politik in den geistigen Hintergrund. Ich gestehe, daß die Thematik Ihres Buchs mich zunächst nach unserem Gespräch ein bißchen enttäuscht hat. Vielleicht habe ich auch hier eine zu subjektive Wahrnehmung. Aber ich erinnere mich sehr wohl, daß ich in meiner Jugend, in den 20er und 30er Jahren, bei allen drei Autoren: Lagarde, Langbehn und Möller van den Bruck, vergebliche Anläufe gemacht habe, durch Lektüre etwas mir Verständliches oder gar Interessantes herauszufinden. Bei allen dreien hatte ich nach einiger Zeit das Gefühl, ich könne wohl auch glücklich werden, ohne begriffen zu haben, was dieser Mann will. Nun legt Ihr Buch in überzeugender Weise dar, daß der Einfluß dieser Ideologie auf die innenpolitische Machtentwicklung in Deutschland von etwa 1900 bis 1933 groß gewesen ist. Es ist auch wahr, daß ich mich für die Ideologie der Nazis weder vor noch nach ihrer Machtergreifung habe interessieren können. Dabei war ich sehr in Versuchung, mich in irgendeiner Form nach 1933 jener Bewegung anzuschließen. Aber das hatte nicht das geringste mit den Meinungen dieser Leute zu tun, sondern nur mit einer elementaren Reaktion auf das, was Wilhelm Kütemeyer die Pseudoausgießung des Heiligen Geistes im Jahr 1933 genannt hat. Versuche ich nachträglich zu analysieren, was mich damals berührt hat und was nicht, so komme ich zu dem Schluß, daß, jedenfalls für meine Wahrnehmungsweise, die Meinungen der Nazis eine Torheit, das Auftauchen der Nazis aber ein Symptom eines Vorgangs war, den sie selbst nicht verstanden. Diesem Vorgang versuche ich nachzuspüren.

Hier kommt nun die unvollkommene Teilnahme der Deutschen an der Entwicklung der okzidentalen Neuzeit ins Licht. Das war es auch, was mich an Ihrer These sofort so interessiert hat. Die These heißt doch kurz gesagt so: Die Deutschen verfallen einem nationalen Irresein, wenn sie sich aus der westlichen Kulturentwicklung ausschließen, und das auch dann, wenn sie sehr gute Gründe zur Kritik dieser Kulturentwicklung vorzutragen haben. Hier wüßte ich nun gerne, ob wir beide eigentlich dasselbe meinen oder etwas Verschiedenes. Ich bin insofern vermutlich auch von der Atmosphäre geprägt, die meinem Empfinden nach von den drei Helden Ihres Buchs inadäquat dargestellt wird, als ich von Kindheit an voller Beunruhigung über die Ambivalenz der westlichen Neuzeit war. Als Kind hat man dafür keine so gelehrte Terminologie. Aber das Empfinden, als ich vierjährig im ersten Weltkrieg die mir unsichtbare Front als die alles durchdringende Wirklichkeit spürte, war schon dasselbe, das mich bis heute begleitet. Daß die Deutschen unrecht haben, wenn sie sich aus der neuzeitlichen Entwicklung ausschließen wollen, liegt auf der Hand; gleichwohl können sie als ihre Kritiker etwas Richtiges wissen.

Dieser lange Brief soll eigentlich nur von unserem tatsächlichen Gespräch auf die Frage überleiten, der wir vielleicht noch einmal nachgehen könnten. Ich schicke Ihnen mit gesonderter Post eine Rede über den deutschen Titanismus, die ich vor ein paar Jahren gehalten habe (S. 22–34 des Bändchens »50 Jahre Carl Hanser Verlag«). Natürlich brauchen Sie mir nicht schriftlich zu antworten. Wir werden schon noch Gelegenheit zu weiterem Gespräch finden. Falls Sie etwas schreiben wollen, mache ich die selbstverständliche Bemerkung, daß Sie mir englisch schreiben dürfen, da Sie vermutlich keine Sekretärin haben, der Sie deutsch diktieren können. Aber, wie gesagt, ich kann auch das mündliche Gespräch sehr gut abwarten.

Herzliche Grüße
Ihr CFWeizsäcker

An Helmut Schmidt

25. März 1982

Lieber Herr Schmidt,

Ihr zustimmender Brief hat mich besonders gefreut, da er so spontan kam. Ich wünschte, daß meine Äußerung, die jetzt in der ZEIT gedruckt wird, Ihrer Politik ein bißchen Hilfe gäbe. An sich halte ich mich ja heute von allen öffentlichen Äußerungen völlig zurück, um zu arbeiten. Aber dem Treffen in Tutzing habe ich mich nicht versagen können.

Mit meinen besten Grüßen
Ihr CFWeizsäcker

AN JOACHIM ILLIES

1. April 1982

Lieber Herr Illies,

haben Sie herzlichen Dank für Ihren Brief. Ihre Frage betreffend die Lukas-Stelle spricht einen Einwand aus, den ich mir selbst bei der Formulierung meines Textes gemacht habe. Da aber der Text knapp sein mußte, habe ich darüber geschwiegen. Hier meine Reaktion:

Die Stelle stammt aus dem Bericht über das letzte gemeinsame Essen von Jesus mit seinen Jüngern. Kurz nachher wird die Szene geschildert, in der in der parallelen Schilderung von Matthäus der Satz steht: »Stecke dein Schwert in die Scheide, denn wer zum Schwert greift, soll durch das Schwert umkommen.« Dieser Satz ist bei Lukas ausgelassen, obwohl ich annehmen muß, daß der Verfasser des Lukas-Evangeliums den Matthäus-Text gekannt hat. Bei Markus ist die Szene ohne jede Reaktion von Jesus faktisch geschildert. Dies zunächst der Textbefund.

Ebenfalls die Kürze meiner Bemerkungen in einem Referat, das aktuell politischen Problemen gewidmet war, hat mich gehindert zu sagen, daß ich in immer wachsendem Maße gelernt zu haben meine, man müsse die überlieferten Worte und Handlungen von Jesus im konkreten Lebenszusammenhang verstehen, aus dem sie stammen. Ich glaube, Jesus hätte sich sehr gewundert, wenn man ihm gesagt hätte, seine schlagend auf die jeweilige Situation bezogenen Äußerungen würden noch 2000 Jahre später als gesetzesförmige Vorschriften in Anspruch genommen. Ich selbst verdanke für das Verständnis des Textes der Bergpredigt, dessen Wahrheit mir seit meiner Kindheit unwidersprechlich war, ohne daß ich ihn mit meinem realen Leben hätte harmonisieren können, Entscheidendes zwei Informationen. Die erste ist, daß ich vor rund 10 Jahren den Text auf griechisch mit der Sorgfalt gelesen habe, die ich vorher bei der Interpretation griechischer Philosophen von den Philologen gelernt habe. Man lernt hier nicht zuerst fragen, was der

Text für uns bedeutet, sondern was der Verfasser gemeint haben kann. Die zweite Belehrung verdanke ich der Begegnung mit dem jüdischen Neutestamentler P. Lapide, der den Text ins Hebräische oder Aramäische zurückzuprojizieren vermag und ihn aus der Perspektive der realen jüdischen Situation von Jesus liest. Von Lapide wird hervorgehoben, daß Jesus Jude im besetzten Land, etwa vergleichbar der heutigen Situation Polens, war und zwischen den gleich unakzeptablen Alternativen der aktiven Kooperation mit den Römern und des terroristischen (»zelotischen«) Widerstands gegen die Römer stand. In diesem Licht erscheinen viele Äußerungen Jesu, zumal in der Bergpredigt, als schlichte pragmatische Vernunft. So durfte der römische Besatzungssoldat einen Juden nötigen, ihm sein Gepäck eine Meile weit zu tragen. Jesus sagt: »Dann geh' freiwillig noch eine Meile mit ihm« und impliziert die darin liegende Chance begegnender Versöhnung.

Aus der griechischen Lektüre sprang mir vor allem die Lebensform der Jünger entgegen, zu denen Jesus spricht. Sie leben nicht sehr viel anders als die ursprünglich indischen Bettelmönche. Bettelmönche, bis hin zu Franziskus von Assisi, haben nie Mühe gehabt, die Bergpredigt als reale Lebensanweisung zu verstehen.

Zu Menschen, die weder Juden noch Bettelmönche waren, hat Jesus wieder ganz anders gesprochen, z. B. zum römischen Hauptmann. Ich folgere, daß nicht die gesetzesförmige Übernahme irgendeiner Äußerung das ist, was wir vor allem von ihm zu lernen haben. So ist auch mein Satz zu lesen, er habe denen, die ihm folgen wollten, das Schwert verboten; das gilt zunächst einmal für seine Jünger. Daß er eine tiefere Einsicht ausdrückt als die Politik der Großmächte von damals bis heute, scheint mir evident. Aber die Einsicht führt zu Bewußtseinswandel und der Bewußtseinswandel zu Handlungen, die wieder nur in der Situation beurteilt werden können.

Vor diesem Hintergrund ist nun die Frage, was Ihre Lukas-Stelle meint. Meine Antwort ist: Das weiß ich nicht. Vielleicht kommt noch einmal ein Kenner der damaligen Geschichte, der mir die Stelle so aufschließt wie Lapide die mit dem freiwilligen Gehen der zweiten Meile, die mir auch jahrzehntelang rätselhaft war. Natürlich fällt mir die Stelle ein, die ich selbst zititert habe, er sei gekommen, nicht den Frieden zu bringen, sondern das Schwert. Aber dort ist das Schwert ja wohl ein Symbol, hier aber eine reale metallene Waffe. Ich muß die Sache in dieser Ungeklärtheit stehenlassen.

Herzliche Grüße
Ihr CFWeizsäcker

AN HELMUT SCHMIDT*

2. November 1982

Lieber Herr Schmidt!

Das Ende Ihrer Kanzlerschaft hat mich, wie so viele in unserem Land und der Welt, mit Trauer und Zorn erfüllt. Damals habe ich Ihnen nicht geschrieben. Es war berechenbar, wie viele Briefe Sie wenigstens bekommen würden, unlesbar viele. Auch war ich im Ausland, kannte die Details nicht und wollte keinen Unsinn schreiben.

Jetzt, zu Ihrem Verzicht auf eine erneute Kanzlerkandidatur, möchte ich ein Wort sagen. Ihr Entschluß scheint mir, wenn ich mir ein Urteil erlauben darf, völlig richtig. Durch unsere Gespräche 1977 und 1979 war ich auf ihn vorbereitet; auch damals hatte ich nicht gewagt, Ihrem Wunsch nach Begrenzung der Amtszeit zu widersprechen. Freilich hatten wir uns die Modalitäten anders gewünscht. Heute sprechen Sie von gesundheitlichen und politischen Gründen. Die gesundheitlichen Gründe muß jeder ohnehin akzeptieren. Ich halte den Verzicht aber auch aus rein politischen Gründen für richtig.

Die nicht so unschuldige SPD muß sich jetzt ohne die Reibung an Ihrer Unentbehrlichkeit besinnen, was sie will. Sie selbst treten nicht aus dem politischen Leben, aber aus der di-

---

* Dieser Brief war handschriftlich verfaßt.

rekten Verantwortung zurück. Sie haben Zeit, nachzudenken, zu schreiben. Ihren Rat wird nicht nur die Partei, sondern die Nation suchen, in denkbar großen Krisen vielleicht sogar Ihr Handeln in erneuter direkter Verantwortung. Ihr Rat wird stärker sein, wenn er nicht aus den Staubwirbeln des unvermeidlichen innenpolitischen Machtkampfs kommt.

H.-J. Vogel hat mich soeben, zu meiner Überraschung, gebeten, ihm zu gelegentlichem Rat zur Verfügung zu stehen. Ich wünsche mir heute nur die Arbeitsmuße, denn für die Arbeit habe ich noch ein großes Programm. Aber es schien mir unmöglich, mich seiner Bitte zu verweigern.

Ich hatte Sie ohnehin bitten wollen, einmal wieder mit Ihnen zu sprechen, wenn bei Ihnen mehr Ruhe eingetreten ist. Angesichts der Vogelschen Bitte steckt darin vielleicht auch eine sachliche Notwendigkeit – obwohl ich selbst mit Ihnen fast lieber nur entspannt geplaudert hätte.

Es kann voraussichtlich erst ab Januar 83 sein. Vom 20. November bis 20. Dezember bin ich in USA. Vielleicht geben Sie mir dann einen Wink.

Mit allen guten Wünschen, dankbar für alles, was Sie getan haben, bin ich

Ihr CFWeizsäcker

An Richard von Weizsäcker

18. November 1982

Lieber Richard,

herzlichen Dank für Deinen Brief. Sorgfältige Kritik ist immer hilfreich, zumal die Deine. Ich hatte gehofft, Dich in Boll zu sehen, höre nun aber, daß Du nicht kommst, und möchte meine Antwort nicht am Telephon geben.

Bei meiner binnen 36 Stunden zu fassenden Entscheidung gegenüber Vogel hatte ich nur zwei Hemmungen, 1. die Rücksicht auf meine Arbeit, 2. die Rücksicht auf Dich. Ich empfinde aus Deinem Brief, daß Dir meine Entscheidung in der Tat unangenehm ist, auch wenn Deine Argumente nur einen Schaden für mich und keinen für Dich formulieren. Es tut mir leid, Dir mit einer Aktion wie dieser in die Quere zu kommen.

Dein wesentliches Argument, daß ich mir die Türen zur jetzigen Regierung verschließe, war mir natürlich bewußt; es war Teil einer Güterabwägung. Nun muß ich sagen, daß mich nicht einmal die Regierung Schmidt in Fragen der sogenannten Sicherheitspolitik jemals um Rat gefragt hat. Beratungsfunktion hatte ich nur in der Energiepolitik. Über Sicherheitspolitik hat Schmidt manchmal mit mir geredet, war oft nicht meiner Meinung und hat mich von keiner Entscheidung vorweg informiert. Apel noch weniger, nur mit Sützle hatte ich einen guten Gesprächskontakt. Aus der jetzigen Regierung erwarte ich mir erst recht keine ernst gemeinten Anfragen. Vogel hingegen hat mich sofort in intensive Sachgespräche verwickelt, die ständig weitergehen. Wenn ich von den jahrzehntelangen Gesprächen mit Dir absehe, ist dies meine erste Erfahrung davon, daß ein Politiker mit mir ernstlich redet, d. h. so, wie man es tut, wenn man seine Entscheidungen erst formt. Das hat dann für mich doch die Priorität vor der früheren Rolle des verehrten Weisen, dessen Meinungen folgenlos blieben.

Die Selbstbeschreibung meiner Rolle findest Du in der anliegenden kurzen Erklärung. Daß Vogel mit meinem Namen Wahlpropaganda macht, war zunächst nicht, was ich gewünscht habe, war aber von ihm klar vorhergesagt und von mir akzeptiert.

Die Berichte über Kohls Äußerungen in Amerika erwecken mir den Eindruck, daß Kohl mich sehr viel dezidierter an die Seite von Vogel zwingt, als ich vorher erwartet hatte. Wenn er ankündigt, er wolle Neuwahlen, um ein Volksvotum für die Raketenstationierung zu bekommen, so ist dies in meinen Augen eine katastrophale außenpolitische Torheit. Ich hatte Vogel umgekehrt geraten, die Nachrüstung sowenig wie irgend möglich zum Wahlkampf zu machen. Kohls Ankündigung kann fast nur eine von zwei gleich unangenehmen Konsequenzen haben. Entweder (und das kommt mir jetzt eher als wahrscheinlich vor) bekommt die Union am 6. März keine absolute Mehrheit.

Dann haben die Russen das erhoffte Signal, daß sie für die Nicht-Stationierung nichts zu bezahlen brauchen. Oder die Union bekommt die Mehrheit; dann haben die amerikanischen Falken das erhoffte Signal, daß sie stationieren dürfen. Die Folge wird Blutvergießen in unserem eigenen Volk sein. Kohl hofft vielleicht auf die dritte Variante, durch einen Sieg in der Wahl die amerikanischen Verhandlungspositionen zu stärken, ohne sie zu verhärten. Das ist zu unwahrscheinlich, als daß man dafür solche Risiken laufen dürfte. Kissinger hat wieder einmal recht gehabt, als er Kohl fragte: »Warum wollen Sie denn eigentlich wählen lassen?«

Dein Carl Friedrich

Anlage:
Erklärung vor der Presse, Bonn, 16.11.1982

Ich gehöre keiner Partei an. Mit dem, was ich öffentlich zu sagen hatte, habe ich mich immer an alle demokratischen Parteien und alle Staatsbürger gewendet, soweit sie mich hören konnten und wollten. Ich bin deshalb auch heute kein Wahlkämpfer. Wenn aber ein führender Politiker unseres Landes mich in dem Fragenkreis, von dem unser aller Überleben abhängt, ausdrücklich und ernstlich um Beratung bittet, so stehe ich dafür zu seiner Verfügung. Herr Vogel hat mich gebeten; hier bin ich.

gez. C. F. v. Weizsäcker

AN HELMUT KOHL*

im Flugzeug, 26. November 1982

Sehr geehrter Herr Bundeskanzler!

Einige Eindrücke, die ich soeben bei einem kurzen Besuch in New York und Washington hatte, veranlassen mich, Ihnen zu schreiben. Bitte verzeihen Sie, daß ich nun um der raschen Ex-

---

* Dieser Brief war handschriftlich verfaßt.

pedition willen im Flugzeug, also handschriftlich und auf zufällig verfügbarem Papier schreibe.

Eine seit langem geplante wissenschaftliche Reise zur Universität von Texas habe ich benützt, um in New York und Washington ein paar alte politische Bekannte zu sehen, darunter Henry Kissinger, George Shultz und mehrere Beamte des Außenministeriums. Anlaß dafür war, daß mich H. J. Vogel vor vier Wochen zu meiner großen Überraschung gebeten hat, ihn in Fragen der Friedens- und Sicherheitspolitik zu beraten. Ich gehöre keiner politischen Partei an, weil ich von jeher meine Ansichten unabhängig von jedem Parteiinteresse aussprechen wollte. Wenn aber ein führender, von mir seit langem hochrespektierter Politiker wie Vogel mich um Beratung bittet, will und kann ich das nicht ablehnen. Ich werde ihm über meine amerikanischen Eindrücke berichten. Ich fühle mich aber frei, gleichzeitig auch Ihnen über einen Punkt zu berichten, der meines Erachtens von überparteilichem, nationalem Interesse ist. Natürlich werde ich Herrn Vogel mitteilen, daß ich Ihnen geschrieben habe.

Alle meine amerikanischen Gesprächspartner hatten Sorgen über die Rückwirkungen des deutschen Wahlkampfs auf die Verhandlungen über die Mittelstreckenraketen. Ich konnte ihnen nicht vorhersagen, was geschehen wird, aber ich habe ihnen gesagt, was meines Erachtens geschehen sollte. Meine eigene Position in diesen Tagen ist einfach. In den Verhandlungen bin ich für die Null-Lösung, nicht nur als Anfangsposition, sondern wenn möglich als Ergebnis. Sie wäre diplomatisch ein Durchbruch zu echten weiteren Abrüstungsgesprächen, militärisch eine reale Minderung der Schadenserwartung im Fall eines Kriegs und innenpolitisch die einzige Chance, eine hochgefährliche Polarisierung zu vermeiden. Der Wahlkampf aber enthält die Gefahr, diese Polarisierung vorzeitig zu erzeugen. Das würde den Russen, unabhängig davon, wie die Wahl ausgeht, den Eindruck vermitteln, daß die Stationierung sehr schwer durchsetzbar sein werde; damit wäre ihre Konzessionsbereitschaft entscheidend vermindert. Es war deshalb einer meiner ersten Ratschläge an Herrn Vogel, die Frage nicht von seiten der SPD zum Wahlkampfthema zu machen. Er zeigte dafür viel Verständnis, zweifelte aber an der Durchführbarkeit.

Wenn ich Ihre hier in Amerika getanen Äußerungen richtig verstehe, Herr Bundeskanzler, so sind Sie ebenso wie Ihr Vorgänger Helmut Schmidt, mit dem ich über die Frage öfters gesprochen habe, überzeugt, daß wir die Bereitschaft zur Stationierung vorweg fest erklären müssen, wenn bei den Verhandlungen ein Erfolg erzielt werden soll, und daß bei einem Scheitern der Verhandlungen auch wirklich stationiert werden wird. Ich glaube, daß Ihre bisherigen Äußerungen ein hinreichendes Signal an die Russen bezüglich der Haltung Ihrer Regierung bedeuten.

Ich wäre aber besorgt, wenn Ihre Äußerungen so interpretiert würden, daß Sie die Wahl zu einer Art Referendum über die Raketenstationierung machen wollten. Ich lasse beiseite, daß meiner Vermutung nach dieses Thema die Wahlchancen der CDU nicht verbessern würde; dies abzuschätzen ist nicht meine Aufgabe. Aber mein Rat zur Zurückhaltung an Vogel wäre dann unausführbar. Die SPD könnte dann nicht anders, als das Wahlkampfthema aufzunehmen. Die gemäßigten Stimmen von Schmidt und Vogel würden von weniger gemäßigten, zumal in der Wirkung auf das Ausland, übertönt. Wir würden den Russen und Amerikanern das Bild einer in dieser Lebensfrage zerrissenen Nation bieten, was unsere Position in einer schwierigen historischen Phase nur schwächen kann.

Ich glaube zu verstehen, Herr Bundeskanzler, daß Sie die Aufgabe, vor der Sie stehen, in Parallele sehen zu der Aufgabe Adenauers, als er das westliche Bündnis und die Wiederbewaffnung durchsetzte. Ich war damals ein entschiedener Befürworter der Adenauerschen westorientierten Außenpolitik; ich stehe heute wie damals zum westlichen Bündnis. Die Situation aber, vor der Sie stehen, ist m. E. in mehreren Punkten anders als die damalige. Adenauer traf zu Anfang auf den entschlossenen Widerstand der SPD; Sie aber würden, wenn ich richtig sehe, heute noch die Chance haben, das Thema wenigstens im Wahlkampf durch beiderseitige Zurückhaltung zu entschärfen. Ferner konnte Adenauer einen unpopulären Schritt wie die Wiederbewaffnung durchsetzen, weil ihn die Woge des Wirtschaftswunders emportrug; Sie aber haben bis zur Wahl einen Winter vor sich, der Ihrer Regierung wirtschaftlich nur Schwierigkeiten bringen kann. Schließlich bereitete sich damals die historische Phase der Sicherheit durch Abschreckung vor, während heute in allen Ländern der Welt (und, wie ich meine, zu Recht) der Zweifel an der Fortdauer dieser Sicherheit wächst.

Sie werden verstehen, verehrter Herr Bundeskanzler, daß ich es in dieser Lage für eine Angelegenheit des überparteilichen nationalen Interesses halte, die Nachrüstungsfrage soweit irgend möglich aus dem Wahlkampf herauszuhalten. Die Positionen beider großen Parteien sind klar ausgesprochen. Sie sind nicht identisch, aber vorerst noch vereinbar. Sie würden im Fall eines Erfolgs der Genfer Verhandlungen vereinbar bleiben; und die Verhandlungen würden durch jede scharfe Polarisierung zwischen den Parteien in dieser Frage erschwert. So werden Sie, wie ich hoffe, entschuldigen, daß ich mich nicht nur an Herrn Vogel, sondern, wenngleich ungebeten, mit dieser meiner Lagebeurteilung auch an Sie wende.

Erlauben Sie mir, Herr Bundeskanzler, den Ausdruck meiner vorzüglichen Hochachtung und meiner guten Wünsche

Ihr sehr ergebener
CFWeizsäcker

PS: Soeben lese ich den Bericht der New York Times über Ihre Bundestagsrede vom 25.11. Er ist zu kurz, um mir klarzumachen, ob mein Brief an Sie überholt ist; ich schicke ihn jedenfalls ab.

An Bruno Kreisky

2. März 1983

Sehr geehrter Herr Bundeskanzler,

heute schreibe ich Ihnen in einer Angelegenheit, die mir persönlich am Herzen liegt. Unter vorwiegender Initiative einiger polnischer Freunde von mir, insbesondere des Krakauer Professors Joseph Tischner und des Warschauer Dozenten Krzysztof Michalski, ist in Wien ein Institut gegründet worden, über welches die beiligenden Seiten Sie unterrichten. Abgesehen davon, daß mir dies als ein vernünftiger Weg erscheint, um den Polen ein wenig zur Hilfe zu kommen, ohne politisches Aufsehen zu erregen, scheint mir, daß die rein inhaltlichen Anliegen des Instituts der Förderung wert sind. Soweit ich erkennen kann, bedarf das Institut einer gewissen Unterstützung der österreichischen Regierung, und ich habe von mir aus Herrn Michalski, der mein hauptsächlicher Kontaktmann im Institut ist, angeboten, daß ich Ihnen, Herr Bundeskanzler, darüber diesen Brief schreibe. Herr Dr. Michalski befindet sich zur Zeit als visiting fellow im Churchill College in Cambridge, England. Er wäre sicherlich jederzeit bereit, zu einer Besprechung nach Wien zu kommen. Ich nehme an, daß er sich noch direkt an Sie wenden wird.

Ich erlaube mir, ohne Zusammenhang mit dem Inhalt dieses Briefes, den Text einiger Thesen beizulegen, die ich vor ein paar Wochen für Hans-Jochen Vogel geschrieben habe und die sich auf das Thema der Tagung beziehen, zu der Sie mich im November eingeladen hatten.

Mit dem Ausdruck meiner vorzüglichen Hochachtung
bin ich Ihr sehr ergebener
CFWeizsäcker

AN HENRY KISSINGER

4. März 1983

Dear Henry,

durch eine lang hingezogene Grippe, die mich noch etwas geschwächt hinterläßt, erlaube ich mir, zu der für mich etwas bequemeren Sprache zu greifen und Ihnen deutsch zu schreiben. Ich habe leider zwei Absagen geben müssen auf Einladungen, bei denen ich Sie getroffen hätte. Nach Tokio wäre ich sehr gerne gekommen, und ich habe es mündlich ja praktisch schon zugesagt. Ich habe aber in einigen Strapazen der letzten Monate die Grenzen dessen gemerkt, was ich mir in meinem jetzigen Alter zumuten kann, und mußte auf die Reise nach Tokio, die nur in aller Eile hätte stattfinden können, verzichten. Um so lieber wäre ich zu Ihrem 60. Geburtstag nach New York gekommen, wozu Guido Goldman eingeladen hat. Das kollidiert nun aber ganz unglücklich mit der Hochzeit des ältesten Sohnes meines Bruders, der mein Patenkind ist; dafür habe ich schon vor langem zugesagt.

Ich möchte aber doch den Wunsch äußern, Sie bei nächster Gelegenheit einmal wiederzusehen. Könnten Sie mich wissen lassen, wenn Sie einmal in Deutschland sind? Ich, meinerseits, werde mich mit Sicherheit melden, wenn ich wieder einmal nach Amerika komme. Dafür aber gibt es im Augenblick keinen Termin.

Ich schicke Ihnen einige Thesen zur Friedenspolitik, die ich als Diskussionsgrundlage für Hans-Jochen Vogel verfaßt und am 11. Februar in der ZEIT veröffentlicht habe. Ich kehre zu meinem alten Vorschlag zurück, doch noch die Mittelstreckenraketen auf See zu verlegen. Unabhängig von parlamentarischen Mehrheiten würde die Landstützung in Deutschland unerträgliche Vorgänge in der Bevölkerung erzeugen. Das kann man aber vermeiden, wenn man den Ausweg der Seestützung wählt.

Mit herzlichen Grüßen
Ihr CFWeizsäcker

An Klaus Michael Meyer-Abich

17. Mai 1983

Lieber Herr Meyer-Abich,

die Anekdote ist mir so überliefert: Als Max Delbrück in Köln das Institut für Genetik aufbaute (das wird um seinen 50. Geburtstag herum gewesen sein), sagte er in einem Gespräch über die Ordinarienherrschaft an der deutschen Universität: »Wenn ein Wissenschaftler 50 Jahre alt geworden ist und er versteht seine Schüler noch, dann hat er keine guten Schüler.« Wenn Sie in ein paar Jahren 50 werden, werden Sie sich also entscheiden müssen, welche unangenehme Feststellung Sie lieber treffen: daß Sie Ihre Schüler noch verstehen oder daß Sie sie nicht verstehen.

Herzliche Grüße
Ihr CFWeizsäcker

AN LEW KOPELEW

12. Juli 1983

Lieber Herr Kopelew,

ich muß Ihnen einen kurzen Bericht geben, ehe ich morgen in mein Haus in Österreich entschwinde, wo es aus wohlerwogenen Gründen kein Telephon gibt. Seit unserem letzten Telephongespräch habe ich noch mit einer Reihe von Menschen gesprochen und habe insbesondere, leider mit einiger Verzögerung, auch Herrn Paul erreicht. Herr Paul sagte mir, daß er die Einladung an Sacharow ohne Öffentlichkeit weiterverfolgt und auch mit Ihnen darüber in Kontakt geblieben ist. Der Bundeskanzler hatte zugesagt, bei seinem Besuch in Moskau auch diese Einladung zur Sprache zu bringen. Herr Paul hatte, als ich mit ihm telephonierte, noch keine Rückmeldung vom Bundeskanzleramt, aber er hatte einer Notiz in der FAZ entnommen, daß Herr Kohl die Sache in der Tat vorgebracht hat. Herr Paul ist bisher entschlossen, die Angelegenheit in derselben Form wie bisher weiterzuverfolgen, aber ebendarum keine öffentliche Äußerung zu tun. Ähnliche Reaktionen habe ich auch von mehreren anderen Gesprächspartnern bekommen, mit denen ich vor meinem Besuch bei Ihnen geredet hatte. Ich habe mich dann schließlich entschlossen, auch selbst im jetzigen Augenblick keinen öffentlichen Schritt zu tun.

Ich werde von Mitte Juli bis Mitte Oktober im wesentlichen von Starnberg abwesend sein. Mein Büro ist aber im Juli und August besetzt, so daß Nachricht an mich weitergegeben werden kann. Freilich habe ich während meiner Abwesenheit nicht die Möglichkeit, so etwas wie eine Unterschriftenaktion zu organisieren. In der Tat scheint mir, daß die Gemeinsamkeit des Planens und Handelns zwischen den Physikerkollegen von Sacharow in der Bundesrepublik wichtig ist, und insofern wäre wohl Herr Paul zunächst für Sie der hauptsächliche Kontaktmann.

Es wäre noch viel zu sagen, was aber eigentlich nur in einem mündlichen Gespräch möglich wäre. Ich hoffe auf eine Wiederholung unserer Begegnung. Inzwischen sende ich Ihnen und Ihrer Frau herzliche Grüße.

Ihr CFWeizsäcker

An Hans-Georg Gadamer

12. Juli 1983

Lieber Herr Gadamer,

haben Sie sehr herzlichen Dank für Ihren Brief vom 4. Juli. Das ist der Anfang eines Gesprächs, das wir seit rund 15 Jahren führen sollten, aber nie wirklich geführt haben. Es würde mich sehr freuen, wenn der gemeinsame Aufenthalt in Castelgandolfo dazu eine Chance böte. Im Augenblick mache ich nur einige Bemerkungen, um die Richtung meiner Antwort anzudeuten.

Ich sehe aus Ihrem Brief, daß Ihr Bild von Plato von dem meinen in der Tat in zentralen Punkten verschiedener ist, als ich vermutet hatte. Ich war, vermutlich nur infolge völlig unzureichender Beschäftigung mit der Sekundärliteratur, der Meinung, die fundamentale Rolle der Philosophie des Abstiegs bei Plato sei eine communis opinio der Gelehrten. Ich muß mich belehren lassen, wenn das ein Irrtum war, bin aber natürlich deshalb noch nicht bereit, die Meinung aufzugeben, diese Plato-Interpretation sei richtig. Ich knüpfe an Ihre zwei Sätze an: »Die Teilhabe des Einzelnen an der Idee ist eine platonische Selbstverständlichkeit und kein platonisches Problem. Das platonische Problem ist die Teilhabe der Ideen aneinander.« Ich habe das, seit ich angefangen habe, in den 60er Jahren Plato sehr sorgfältig zu lesen, etwas anders gesehen. Im propädeutischen Aufstieg ist die Formel von der Teilhabe ein Mittel, um dem Lernenden wenigstens eine Vorstellung davon zu vermitteln, wie die Sinnendinge mit den Ideen zusammenhängen könnten. Ich bin aber bald darauf ausgegangen, daß Plato die Kritiken an seinem Werk, die wir bei Aristoteles lesen, selbst gekannt und verstanden hat. Dann hat er gewußt, daß Teilhabe nur eine Metapher ist, hinter der sich das eigentliche Problem noch verbirgt. Ich stimme Ihrem 2. Satz, so wie er dasteht, ohne Vorbehalt zu. Dann aber habe ich keine andere platonische Lösung des Problems einer strengen Interpretation der Teilhabe finden können, als daß sich dasjenige, was im Aufstieg als Sinnending und insofern bekannt vorausgesetzt wird, in der strengen Philosophie selbst als Idee unter den zusammengehörigen Prinzipien der Vielheit und der Bewegung erweist. Die mathematische Physik des Timaios ist dann genau deshalb ein zentrales Stück der Ideenlehre, weil sie der Nachweis des Ideencharakters der sinnlichen Dinge ist. Ich muß dann die Vermutung wagen, daß für Plato (in diesem Punkt übrigens genau wie für den sonst soviel unbedeutenderen Descartes) der Unterschied zwischen Mathematik und Physik für die eigentliche Stufe philosophischer Erkenntnis verschwindet. Meine Kritik an Heidegger ist natürlich nicht, daß er die Bedeutung der Mathematik für die Grundlegung der Erfahrungswissenschaften nicht genug gewürdigt hat, sondern die Bedeutung der Mathematik als Paradigma, Teil und Gegenstand der Metaphysik.

Dies alles hatte ich mir schon zurechtgelegt, als ich Gaisers Buch in die Hand bekam. Ich fand hier eine Fülle philologischen Materials, das nach meinem Empfinden meine Vermutung bestätigte. Es störte mich nicht, daß die Tübinger Schule der Versuchung nicht hinreichend widerstanden hat, Plato mit einer unzureichenden modernen Philosophie zu interpretieren.

Dies mag ausreichen, um das, was ich in meinem Vortrag stillschweigend vorausgesetzt habe, explizit anzudeuten. Es würde mich sehr freuen, mit Ihnen darüber im Detail zu sprechen.

Herzliche Grüße
Ihr CFWeizsäcker

AN KLAUS SCHOLDER

7. September 1983

Lieber Herr Scholder,

vor kurzem kamen die »Protestantischen Profile« in mein Haus. In einem kurzen Aufenthalt zwischen zwei Abwesenheiten konnte ich nur ein paar Beiträge lesen, darunter Ihre Einleitung. Ich wurde daran erinnert, wie Sie mich vor einiger Zeit zur Mitarbeit, ich glaube über Kepler, gewinnen wollten und daß ich dazu nicht in der Lage war. Nun verlockt mich die Reaktion auf das Gelesene zu einer schriftlichen Äußerung, die mit keinem praktischen Zweck verbunden ist. Vielleicht nehmen Sie sie mit Nachsicht entgegen.

Die geschilderten Personen sind z. T. faszinierend, die Beiträge, soweit ich sie gelesen habe, alle gut und instruktiv. Gerade eine so gute Präsentation gibt mir Anlaß, über das Phänomen des Protestantismus noch einmal nachzudenken. Ich wähle als Beispiele Kepler, Paul Gerhardt und Bismarck.

Den Beiträgen über Kepler und Gerhardt ist gemeinsam, daß gerade diejenigen Aspekte ihres Lebens ausführlich erörtert werden, die in ihrer Ruhmesgeschichte eine geringe und, wo bekannt, sogar negative Rolle spielen, die aber mit ihrer protestantischen Frömmigkeit innig zusammenhängen. Es ist in beiden Fällen ein Verdienst der Autoren, den Leser gerade hierauf hinzuweisen. Das »protestantische Profil«, von dem Sie in der Einleitung sprechen, wird dadurch sehr deutlich. Bei Bismarck zeigt die glanzvolle Darstellung Stürmers, daß er ohne die protestantische Prägung und die religiöse Phase in der Zeit seiner Eheschließung nicht zu verstehen wäre, aber aus ihr sowenig wie aus irgendeinem anderen Einfluß zu erklären ist. Stürmer hat wohl recht, daß er der Revolution, die er bekämpfte, seine Identität und historische Größe verdankte.

Trete ich dann einen Schritt zurück, so muß ich aber doch feststellen, daß bei keinem der drei das, was ihn groß gemacht hat, das Protestantische war. Die gängigen Urteile haben darin, so oberflächlich sie sein mögen, eben doch ihre Wahrheit. Kepler war ein genialer Astronom und Mathematiker. Er hatte das bei Naturwissenschaftlern häufige religiöse Verhältnis zur Gesetzmäßigkeit der Natur. Seine Theologie der Naturwissenschaft ist christlicher Neuplatonismus, und ich empfinde das platonische Element darin stärker als das christliche. Etwas speziell Protestantisches kann ich in dem, was ihn groß gemacht hat, nicht finden. In der Theologie aber war er eben doch wohl ein schwäbischer Grübler und ein frommer Rationalist. Was ihn vom Abendmahl ausschloß war, daß er den geistigen Provinzialismus des protestantischen Dogmas auf höchst protestantische Weise mitzumachen verweigerte.

Bei Paul Gerhardt ist der Inhalt selbst christlich in unverkennbar protestantischer Färbung. Dies teile er mit manchen Dichtern von Kirchenliedern. Was ihn groß macht, ist die wunderbar einfache, aus dem Herzen dringende Sprachgewalt, wie es sie danach wohl erst wieder bei Goethe gegeben hat. Ich stelle die beiden gerade deshalb gerne nebeneinander, weil sich ihre Inhalte so gut wie gar nicht überschneiden. Goethe hat zu Eckermann gesagt, er habe viel geschrieben, aber es sei des Nachdenkens wert, daß darunter kein einziges Gedicht sei, das in ein christliches Gesangbuch aufgenommen werden könnte; Gerhardt aber hat sozusagen nur für das Gesangbuch geschrieben. Jeder von beiden hat Inhalte zur Sprache gebracht, die dem anderen fremd waren, und beide Inhalte stehen meinem Herzen nahe. Das Phänomen der großen Dichtung überschreitet eben die Grenzen, die unsere Inhalte uns endlichen Menschen ziehen.

Es ist ein großes Verdienst des Buchs, die Provinz des europäischen Geistes und die Provinz der christlichen Kirche in ihrer Eigenständigkeit noch einmal sichtbar zu machen, die eben durch den Namen Protestantismus gekennzeichnet ist. Der Eindruck des Provinziellen wird aber für mich gerade in einer so guten Darstellung fast unausweichlicher als zuvor.

Das sind Betrachtungen, zu denen die Lektüre mich veranlaßt hat. Vielleicht sind sie nicht das, was Sie haben erreichen wollen, aber ich wollte sie Ihnen doch nicht verbergen.

Mit herzlichen Grüßen
Ihr CFWeizsäcker

An Max Himmelheber

18. November 1983

Lieber Herr Himmelheber,

vielen Dank für Ihren neuen Brief.

In der Frage der Kriegsverhütung werden wir uns wohl gegenseitig nicht überzeugen. Ich bemerke nur, daß die Frage nicht ist, ob Sie oder ich ein freiwillig versklavtes Europa als verbündet mit der Sowjetunion sehen, sondern ob die USA es so ansehen. Da in der Sicht beider Weltmächte der Sinn einer solchen Unterwerfung darin besteht, die westeuropäische Industrie für die sowjetische Rüstung und Wirtschaft arbeiten zu lassen, wird man im Kriegsfall nicht zögern, diese Industrie zu zerstören. Und die gegenseitige Bedrohungsangst wird durch die Einschränkung auf die beiden Kontinentalmassen vermutlich nicht aufhören.

Ihre eigentliche Frage ist, ob ich mich zum Initianten einer Wissenschaftlererklärung über Naturzerstörung, vor allem über das Waldsterben machen will. Meine Antwort ist, daß ich das nicht will. Ich war ein geeigneter Initiator der Göttinger Erklärung, weil ich 45 Jahre alt war und den alten Herren, die das nie zustande gebracht hätten, die Arbeit abnahm. Wenn jetzt, 30 Jahre später, wieder so ein junger Mann käme, der das erfolgversprechend planen könnte, so halte ich für möglich, daß er trotz meiner Abneigung gegen Kollektivunterschriften meinen Namen dafür bekäme. Aber im ganzen halte ich die Methode des gemeinsamen Aufrufs heute für so abgebraucht, daß ich mir davon wenig verspreche. In den Rüstungsfragen, von denen ich mehr verstehe, unterschreibe ich so gut wie nie einen gemeinsamen Appell, um für das, was ich im eigenen Namen sagen will, mein Pulver trocken zu lassen. Vielleicht verstehen Sie diese Reaktion.

Mit herzlichen Grüßen
Ihr CFWeizsäcker

An Martin Heisenberg

18. Januar 1984

Lieber Martin,

Deine Reaktionen auf meine Überlegungen haben eine Eigenschaft, die ich, eingebildet wie ich offenbar geworden bin, gar nicht mehr oft zu beobachten meine. Sie führen etwas, was ich mir überlegt habe und wichtig finde, über das hinaus, was mir dazu eingefallen war. Gewiß helfen Dir die Fliegen dazu, aber ich habe das Gefühl, daß Du auch einen besseren Dialog mit den Fliegen pflegst als andere Leute.

Wir müssen über den Inhalt Deines Briefes mündlich reden, denn da ist zuviel hin und her zu fragen. Ich mache deshalb jetzt nur zwei Bemerkungen.

Daß nicht die Objekte das Primäre und die Handlungsmöglichkeiten das davon Abzuleitende sind, sondern eher umgekehrt, das ist auch für meine Überlegungen über die Physik ein grundlegender Gedanke. Das liegt ja nun in der Tat in der Linie dessen, was ich von Deinem Vater gelernt habe. Ich hätte a priori vermutet, daß man dies an den Fliegen noch besser sehen kann als an den Ansichten heutiger Europäer. Jedenfalls hätte ich darüber gerne ein kleines Privatkolleg.

Die Unterscheidung zwischen Bewußtsein und Bewußtwerden dürfte in der Tat fundamental sein und mit Obigem zusammenhängen. Das habe ich als Zwanzigjähriger noch nicht gesehen. Aber mein damaliger Text spricht unter dem Titel »Bewußtsein« tatsächlich von Handlungen. Ich nenne das Bewußtsein einen unbewußten »Akt« und schildere ständig die Vorgänge des Bewußtwerdens. Gerade deshalb wäre aber nun auch ein Privatkolleg über Orientiertheit notwendig.

Übrigens ist das Wort Bewußtsein ja sehr vieldeutig. In einem Sinn mag es schon mit dem Gehirn gegeben sein, in einem anderen Sinn vielleicht ein soziales Phänomen sein, das sich schließlich beim Menschen in der Sprache darstellt. Ein weites Feld.

Euch allen die besten Wünsche
Carl Friedrich

An Gerd Schmückle

30. April 1984

Lieber Herr Schmückle,

vor Ostern habe ich auf einer kleinen Urlaubsreise eine Woche lang keine Zeitung angesehen und keine Nachrichten gehört. Als ich dann die Zeitungen wieder sah, sagte ich zu meiner Frau: »Ich merke gar nicht, daß ich weggewesen bin. Nichts Neues scheint mir entgangen zu sein.« Dann blätterte ich aber doch die Zeitungen durch und fand die Widerlegung meiner leichtsinnigen Behauptung in Ihrem Artikel in der FAZ vom 16. April. Ich hätte bedauert, nachträglich erfahren zu müssen, daß er mir entgangen wäre. Ich finde es höchst dankenswert, daß Sie in einer behutsamen Weise sich dagegen wenden, eine Sache, über die man nur wenig nachgedacht hat, vorweg zu verurteilen. Wie Sie wissen, bin ich von jeher zutiefst skeptisch gegen den Erfolg von Abrüstungsverhandlungen und nehme deshalb den Versuch, durch geeignete Rüstungsformen die Gefahren zu vermindern, sehr ernst.

Ihre vorsichtige Formulierung fordert mich in der konkreten Sache nicht zum Widerspruch heraus. Gleichwohl habe ich auch nicht über mich gebracht, den Thesen von Teller oder Reagan in diesem Punkte zuzustimmen. Ich sage Ihnen nichts Neues, wenn ich 4 skeptische Fragen nenne.

1. Ist die Raketenabwehr im Weltraum technisch durchführbar?
2. Ist sie wünschenswert, wenn sie den Erfolg hat, die Abschreckung durch garantierte nukleare Zerstörung aufzuheben?
3. Enthält sie nicht die Gefahr der Abkoppelung Europas von Amerika?
4. Könnte nicht der Übergang vom jetzigen System zu ihr die gefährlichste Zeitspanne werden?

Zu 1: Die Antwort auf diese Frage weiß ich nicht. Unter meinen amerikanischen Bekannten sind auch solche zum Teil sehr skeptisch, die der Politik Reagans nahestehen.

Zu 2: Dieses Bedenken muß sorgfältig überlegt werden, aber da ich der vollen Zuverlässigkeit der großen Abschreckung nie getraut habe und in ihr immer eine Art immanenten Wahnsinns empfunden habe, könnte ich mich in diesem Punkt von Teller überzeugen lassen. Die Russen denken in solchen Fragen ja wie Teller und nicht wie die Arms-control-Schule.

Zu 3: Dieser Einwand macht mir persönlich nicht sehr viele Sorgen, muß aber besprochen werden.

Zu 4: Das ist für mich eine wirkliche Sorge.

Es würde mich freuen, einmal wieder mit Ihnen über verwandte Fragen zu sprechen.

Herzliche Grüße
Ihr CFWeizsäcker

AN KONSTANTIN U. TSCHERNENKO

11. Mai 1984

Sehr geehrter Herr Generalsekretär,

Anfang März dieses Jahres hatte ich die Ehre, als Mitglied der Delegation von Dr. Hans-Jochen Vogel Ihr Gast zu sein. Dies ermutigt mich, Ihnen eine Bitte noch einmal zu unterbreiten, die ich schon Ihrem Vorgänger im Amt, Herrn Generalsekretär Jurij Andropow, vorgelegt hatte.

Am 27. Januar 1984 habe ich an Herrn Andropow einen Brief gerichtet, der zugleich im Namen dreier Kollegen geschrieben war: Prof. Dr. Heinz Maier-Leibnitz, Kanzler des Ordens Pour le mérite für Wissenschaften und Künste; Prof. Dr. Wolfgang Paul, Präsident der Alexander von Humboldt-Stiftung; Prof. Dr. Harry Lehmann, ordentlicher Professor für theoretische Physik der Universität Hamburg.

Wir baten damals Herrn Andropow, unserem hochverehrten Kollegen Andrej Sacharow zu erlauben, daß er der Einladung der deutschen Wissenschaftler in der Bundesrepublik Deutschland folgen kann, die er vor etwa einem Jahr erhalten hat. Ich lege Ihnen eine Kopie des Briefes bei. Ich erlaube mir heute, im Interesse der guten Beziehungen unserer Länder in einer Zeit der Spannung, diese Bitte zu wiederholen. Es ist uns bewußt, daß Herr Sacharow vor Jahren an der Konstruktion wichtiger Waffen teilgenommen hat. Wir glauben jedoch, daß bei der raschen Entwicklung der Technik die Kenntnisse, die er aus jener Zeit besitzt, keinen hinreichenden Grund bieten können, ihm heute diesen Kontakt mit seinen Kollegen zu versagen.

Wir lesen in der Zeitung, daß die Gesundheit von Herrn Sacharow und seiner Frau sehr gefährdet ist. Wir würden es bereits als einen Akt der Verständigung empfinden, wenn den beiden erlaubt würde, gemeinsam die Pflege in einem Krankenhaus in Moskau, wo man sie kennt, genießen zu dürfen.

Mit dem Ausdruck meiner vorzüglichen Hochachtung bin ich, Herr Generalsekretär, Ihr sehr ergebener

CFWeizsäcker

An Konrad Lorenz

11. Mai 1984

Lieber Herr Lorenz,

statt eines vernünftigen Briefs über den »Abbau des Menschlichen« bekommen Sie heute von mir eher einen Beleg für den Abbau des Menschlichen. Ein Amerikaner ungarischer Herkunft, Peter Toma, Leiter eines Instituts für Sprachübersetzungscomputer, hat mich vor einiger Zeit besucht, um mir zu sagen, daß er in Neuseeland eine internationale Universität gründen will, als eine Art Arche Noah, da er für die Nordhalbkugel eine schlechte Prognose hat. Der Mann ist aktiv und intelligent und er könnte ja recht haben. Also habe ich versucht, ihm da und dort ein paar Wege zu ebnen. Nun hat er den Wunsch, mit Ihnen zu sprechen. Da Sie wegen des Gänsebuchs keinen homo sapiens mehr ansehen wollen, sind Sie voll legitimiert, zu sagen, Sie seien nicht für ihn zu sprechen. Aber vielleicht kommt Ihnen die Sache sinnvoll vor, und dann will ich dem Gespräch nicht im Wege stehen. Er könnte am 3. oder 4. Juni in Wien sein. Da ich selbst herumreise, wäre ich Ihnen dankbar, wenn Sie eine Zusage an meine Sekretärin, Frau Ruth Grosse, unter dem obigen Briefkopf senden könnten. Ein Satz genügt. Wenn keine Zusage kommt, dann ist es eine Absage.

Herzliche Grüße
Ihr CFWeizsäcker

AN KLAUS SCHOLDER

9. November 1984

Lieber Herr Scholder,

nun habe ich Sie länger auf eine Antwort warten lassen, als zuvor Sie mich. Vielleicht sehen wir uns im nächsten Juni einmal in Tübingen. Am 12.6. habe ich dort einen Vortrag zu halten. Das Thema ist für eine weitere Behandlung im Gespräch wahrscheinlich besser geeignet als die schriftliche Form, zumal da ich im Grunde nicht eine These durchsetzen, sondern nur einen Eindruck wiedergeben wollte. Deshalb jetzt nur kurze Bemerkungen zu Ihren Antworten.

Daß in der nachtridentinischen Zeit der aufklärerische Impuls in den katholischen Machtbereichen nach und nach erwürgt wurde und in den protestantischen besser florierte, ist deutlich. Vermutlich hängt es damit zusammen, daß in katholischen Ländern die Modernität leichter laizistische und radikale Formen annahm als in protestantischen. Die Aufklärung mußte sich dort gegen eine Übermacht durchsetzen. Was ich bezweifelt habe, ist nur, daß die bessere Chance für Naturwissenschaft und Aufklärung ein originär protestantisches Motiv ist. Jedenfalls fand ich in der vortridentinischen Zeit die katholische Kirche weltoffener als die verschiedenen Versionen des Protestantismus. Ich meine, daß Erasmus wußte, warum er Katholik blieb. Freilich gerät man dann sofort in sehr komplizierte Distinktionen. Zwingli und Calvin haben eine elementare Beziehung zur Modernität, und ich leugne nicht, daß mir Luther einen viel tieferen Eindruck gemacht hat als diese beiden, die mir doch ein bißchen wie das Arrangement der christlichen Leidenschaft mit der modernen Rationalität vorkommen, eine Aufgabe, die auf katholischer Seite die Jesuiten übernahmen. Luther, der für mein Empfinden in eine ganz andere Tiefe vorstößt, ist aber doch wohl gerade nicht typisch modern, sondern etwas, was in solchen Alternativen überhaupt nicht ausgedrückt werden kann. Ich liebe die Naturwissenschaft und bewundere Luther, aber ich kann nicht finden, daß sie miteinander sehr viel zu tun hätten.

Lieber spinne ich das jetzt nicht weiter, sondern überlasse es einer mündlichen Fortsetzung.

Mit meinen besten Grüßen
Ihr CFWeizsäcker

An Richard von Weizsäcker

11. Januar 1985

Lieber Richard,

hier schicke ich Dir eine Ablichtung eines Briefs des geschäftsführenden Sekretärs des Nationalen Rats der Bahá'í in Deutschland. Ich wollte dich bitten, wenn Du es leisten kannst, den Wunsch des Herrn Berdjis zu erfüllen. Statt einer langen Erläuterung über die Bahá'í darf ich Dich vielleicht auf meinen Zeitungsartikel »Islam und Toleranz« verweisen, den ich 1979 geschrieben und dann in mein Buch »Der bedrohte Friede«, Seite 354–57, aufgenommen habe. Der damit beabsichtigte Appell an die iranische Regierung blieb selbstverständlich wirkungslos. Seite 356 ist aber eine ganz kurze Charakterisierung dieser Religion gegeben. Ich bin mit ihr in Berührung gekommen, weil ich ein paar Jahre lang einen persischen Mitarbeiter (Physiker) hatte, der Bahá'í war. Diese Leute sind nicht der Typ von Schwärmern, den es im Zusammenhang östlicher Religionsgemeinschaften vielfach gibt. Der Gründer im 19. Jahrhundert war in vielem, was er dachte, einfach ein aufgeklärter Mann, wenngleich seine Diktion blumenreich orientalisch ist. Seine Prognosen an Napoleon III. und Wilhelm I. sind immerhin verblüffend.

Darf ich die Gelegenheit benützen, um zu fragen, ob aus dem Brief eines inhaftierten türkischen Professors, den ich Dir vor etwa 1 1/2 Monaten geschickt habe, etwas herausgekommen ist; ich sollte da wohl irgendwie reagieren.

Bitte entschuldige die Belästigung. Im Falle der Bahá'í habe ich aber den Eindruck, etwas vorzuschlagen, was im Rahmen Deines Amtes liegen dürfte.

Mit Vergnügen nimmt man Euren Einzug in Eure neuen Räume wahr.

Dein Carl Friedrich

An Theodor Glaser

10. Juli 1985

Sehr geehrter Herr Oberkirchenrat,

haben Sie vielen Dank für Ihren Brief vom 8. 7., der mich gerade vor der Abreise in einen Ferienaufenthalt (der der ungestörten Arbeit dient) noch erreicht hat. Ich hatte an den Herrn Landesbischof in der Sache des Konzilsplans ja schon geschrieben. Ich bin sehr dankbar, zu hören, daß der Landeskirchenrat die Initiative positiv aufgenommen hat. Nach den verschiedenen Reaktionen, die ich inzwischen gehört habe, habe ich den Eindruck, daß diese bisher als Konzil des Friedens bezeichnete Zusammenkunft in der Tat zustande kommen wird.

Ein Wort zur Namengebung. Die Vokabel Konzil habe ich nicht eingeführt. Sie war mir vorgegeben, als ich eingeladen wurde, auf dem Kirchentag an einer Podiumsdiskussion zum Thema »Konzil des Friedens« teilzunehmen. Die Vorgeschichte dazu hat sich wohl zu einem erheblichen Teil im Weltkirchenrat, u. a. in Vancouver abgespielt. Mein Beitrag lag nur darin, daß ich den für Düsseldorf geplanten Aufruf nicht gut fand, weil er zu einseitig nur eine der Positionen vertrat, die auf einem solchen Konzil sich miteinander auseinandersetzen sollten, und daß ich deshalb einen knappen und neutralen Aufrufstext entworfen habe, der dann auch angenommen wurde. Ich habe mir natürlich die Mühe gemacht, schon vorher zu prüfen, ob ein solcher Vorschlag überhaupt Chancen haben würde, insbesondere bei der katholischen Kirche. Ich habe deshalb, schon ehe ich nach Düsseldorf ging, den Kardinal Höffner in Köln besucht und hatte ein einstündiges Gespräch mit ihm, in dem ich ihn für den Plan sehr offen fand. Er nannte mir sofort die Schwierigkeit, welche die katholische Kirche mit Wort »Konzil« vermutlich haben würde. Ich antwortete ihm, was ja wohl selbstverständlich ist, mir liege an der Sache und erst in zweiter Linie am Namen. Immerhin sagte ich ihm, daß ich das Wort Konzil deshalb gerne als Arbeitstitel übernommen habe, weil es die beabsichtigte Verbindlichkeit der Zusammenkunft am klarsten ausdrückt. Es gibt jedes Jahr Hunderte von Konferenzen, aber nicht einmal in jedem Jahrhundert ein Konzil.

Nach dem Kirchentag habe ich sofort einen Brief an den Papst geschrieben. Es fügt sich glücklich, daß ich Ende August an einer Sitzung des Beirats des Wiener Instituts für die Wissenschaften vom Menschen teilnehmen werde, die auf Einladung und im Beisein des Papstes in Castelgandolfo stattfinden soll. Vor zwei Jahren hat eine gleichartige Sitzung dort schon einmal stattgefunden, und der Papst hat mir damals eine persönliche Audienz für ein Gespräch über die Friedensfragen gewährt. Ich hoffe deshalb, daß es auch jetzt wieder zu einem solchen Gespräch kommen wird. Mein Eindruck ist, daß der Papst dem Gedanken offen gegenübersteht.

Ich habe in der Zwischenzeit mit einer Reihe sowohl katholischer wie lutherischer Angehöriger von Kirchenleitungen gesprochen. Die Reaktion der Katholiken war fast immer zu dem Plan sehr positiv, und ich habe zu meinem leichten Erstaunen festgestellt, daß die meisten von ihnen an dem Wort Konzil nichts auszusetzen hatten. Sie verstanden sehr gut, daß man damit Verbindlichkeit signalisiert, und ich fand dann, ich könne es die Sorge der Katholiken sein lassen, ob sie das Wort schließlich übernehmen, oder selber darum bitten, es durch ein anderes zu ersetzen.

Mit demselben leichten Erstaunen habe ich hingegen beobachtet, daß die Lutheraner sehr viel ängstlicher waren als die Katholiken; und zwar nicht, weil sie selbst es nicht Konzil nennen wollten, sondern weil sie offenbar Angst hatten, den Katholiken dieses Wort auch nur anzubieten. Ich gestehe, daß ich mich angesichts dieser Reaktion auf den alten Martin Luther besonnen habe, der die Gewohnheit hatte, das, was er meinte, auch dann zu sagen, wenn er auf Widerspruch gefaßt sein mußte. Ich würde also vorschlagen, daß wir das Wort Konzil so lange unbekümmert weiterverwenden, bis es entweder akzeptiert wird oder durch einen guten Gegenvorschlag ersetzt wird.

> Mit meinen besten Grüßen bin ich
> Ihr CFWeizsäcker

An Günther van Well

18. Januar 1986

Sehr geehrter Herr Botschafter,

darf ich Ihnen mit diesem Brief einen Besuch ankündigen, den ich Ende Februar/Anfang März in den Vereinigten Staaten machen möchte. Bei solchen Besuchen habe ich in früheren Jahren mich immer auf der Botschaft gemeldet, oft in der Zeit von Herrn v. Staden und das letzte Mal im November 1982 bei Herrn Hermes. Ich möchte Sie nur darüber unterrichten, was ich vorhabe. Vielleicht darf ich mich auch auf der Botschaft melden mit der Bitte um einige Informationen.

Der Termin der Reise wird bestimmt durch eine Einladung des Center for International Security and Strategic Studies der Mississippi State University zu einer Tagung über die internationalen Verflechtungen von SDI am 27. und 28. Februar in Jackson, Mississippi. Der Veranstalter, ein mir unbekannter Dr. Janos Radvanyi, hat sich für die Auswahl meines Namens als, wie mir scheint, einzigen Deutschen auf den Rat von Herrn Peter Mende berufen. Ich habe die Einladung angenommen, weil ich ohnehin Anfang März eine Reise nach Amerika machen wollte. Da meine Termine knapp sind, wäre es für mich bequem, von hier direkt, also wohl über New York, nach Mississippi zu fliegen. Soferne es aber ratsam erscheint, daß ich vor der Tagung einmal in Washington zu einem Informationsgespräch in die Botschaft käme, müßte ich versuchen, um einen Tag früher zu reisen, das würde bedeuten, daß ich am Dienstag, den 25. Februar in Washington ankäme und am 26., möglichst nachmittags, weiterreisen würde.

Der eigentliche Zweck meiner Reisen ist aber anderer Natur. Ich möchte, gemeinsam mit Prof. Wolfgang Huber von der theologischen Fakultät der Universität Heidelberg, an einer Reihe von Stellen, vorzugsweise wohl in Washington, Vertreter der Kirchen besuchen, um mit ihnen über den Gedanken eines Friedenskonzils zu sprechen. Herr Huber war der Präsident des Deutschen Evangelischen Kirchentags in Düsseldorf 1985, auf dem dieser Gedanke in Gestalt eines Aufrufs vorgebracht wurde. Als Gesprächspartner suche ich u. a. das Büro der katholischen Bischofskonferenz. Dort hatte ich im November 1982 ein sehr interessantes Gespräch mit Father Hehair, welches mir auf Hehairs Wunsch Herr Hermes vermittelt hatte. Es ging damals um die Vorbereitung des berühmt gewordenen Hirtenbriefs von 1983.

Ferner sollte ich mich wohl mit dem American Council of Churches in Verbindung setzen und wahrscheinlich auch im Lande noch einige führende Kirchenleute sehen. Die Planung dieser Dinge liegt im wesentlichen in der Hand von Herrn Huber, und ich wollte nur Ihnen den bisherigen Stand der Absichten zur Kenntnis bringen.

Ich habe ferner von meinem Studienfreund Edward Teller eine Einladung, die Hoover Institution in Kalifornien zu besuchen und dort ein Gespräch über die Rüstungsprobleme zu führen. Das habe ich noch nicht definitiv angenommen. Wenn ich es täte, wäre ich für ein kleines briefing von der Botschaft dankbar.

Schließlich würde ich gerne einige meiner physikalischen Kollegen besuchen, vorzugsweise in Princeton, vielleicht auch in Boston. Ich muß aber die ganze Reise spätestens am 11. März beendet haben.

Darf ich es bei dieser Ankündigung für heute bewenden lassen.

Mit ergebenen Empfehlungen bin ich
Ihr CFWeizsäcker

AN DAS NOBELPREIS-KOMITEE FÜR DEN FRIEDEN

13. Mai 1986

Sehr geehrte Damen und Herren,

in den vergangenen Jahren bin ich gelegentlich darauf hingewiesen worden, daß ich als Professor der Philosophie und der politischen Analyse berechtigt bin, Vorschläge für den Friedens-Nobelpreis zu machen oder offiziell zu unterstützen. Ich erlaube mir, heute einen kurzen unterstützenden Brief für einen solchen Vorschlag zu schreiben.

Es handelt sich um den Antrag, der, wie ich höre, Ihnen vorliegt, die Villa El Salvador im Stadtbereich von Lima (Peru) mit dem Friedenspreis auszuzeichnen. Ohne Zweifel sind Ihnen alle erforderlichen Unterlagen zugegangen. Ich beschränke mich deshalb auf einen Ausdruck meiner persönlichen Beobachtungen.

Ich war unlängst in Lima, um mit den Vertretern der dortigen Kirchen Gespräche über den Vorschlag eines Friedenskonzils der christlichen Kirchen zu führen. An einem freien Nachmittag führte man mich in die große neuangelegte Siedlung El Salvador. Es ist eine einheitliche politische Gemeinde von 300 000 Menschen, die unter anderen Umständen nur in Slums leben könnten. Jeder Familie, die zuzieht, wird ein Grundstück zugeteilt, auf dem sie mit eigener Handarbeit ein Haus errichten kann; meist entstehen zuerst Binsenhütten und dann gemauerte Häuser. Von den 28 Schulen der Siedlung sind 26 von den Bewohnern selbst gebaut, und der Schulbesuch der Kinder beträgt, für lateinamerikanische Verhältnisse ganz erstaunlich, 95%. Meinem Eindruck nach ist diese in knapp 15 Jahren entstandene Siedlung vorzugsweise das Werk ihres Alcalden (Bürgermeisters) Miguel Azcueta. Es entspricht aber dem Geist der Siedlung, nicht eine Person, sondern die ganze Gemeinschaft in ihrer Zusammenarbeit für eine solche Ehrung vorzuschlagen. Die Schaffung einer solchen Wohngemeinschaft beweist, daß auch unter den Verhältnissen lateinamerikanischer Armut wohlgeordnete und lebensfähige Wohn- und Lebensgemeinschaften geschaffen werden können, und der Gedanke hat mir sofort eingeleuchtet, daß ein solches Beispiel durch die öffentliche Auszeichnung zum wirksamen Vorbild für andere gemacht werden sollte.

Mit dem Ausdruck meiner vorzüglichen Hochachtung
bin ich Ihr sehr ergebener
CFWeizsäcker

AN THEODOR SCHMIDT-KALER

19. Mai 1986

Sehr geehrter Herr Schmidt-Kaler,

leider kann ich Ihren Brief vom 15. April nicht in der Ausführlichkeit beantworten, um die Sie bitten. Ich bin durch meine Bemühungen um ein christliches Friedenskonzil, die allerhand Reisen und sehr viel eingehende Post mit sich bringen, über meine Kräfte hinaus beansprucht und muß es deshalb etwas kurz machen.

Ihre einleitende Bemerkung über das Gespräch zwischen Bohr und Heisenberg verstehe ich doch nicht ganz. Bohr hat natürlich verstanden, daß Heisenberg von Atomwaffen sprach. Er hat aber nach Heisenbergs Schilderung daraufhin so aufgeregt reagiert, daß Heisenberg überhaupt nicht mehr dazu kam, ihm das zu sagen, was er ihm wirklich sagen wollte, nämlich daß es seiner Meinung nach gut und möglich wäre, daß sich die Physiker der Welt darüber einigen würden, keine Atomwaffen zu machen. Es scheint ja doch, daß Bohr nachher gemeint hat, Heisenberg habe ihm nur sagen wollen, daß die Deutschen mit Eifer daran seien, und ich habe sogar die sonderbare Version gehört, Bohr habe gemeint, Heisenberg habe ihn zur Mitarbeit daran bereden wollen. Das ist dann doch das exakte Gegenteil dessen, was Heisenberg vermitteln wollte.

Ihre Frage nach dem »letztlich religiösen Antrieb« für Heisenbergs wissenschaftliche Erkenntnisse ist deshalb nicht ganz leicht zu beantworten, weil die Frage ist, was mit diesem Ausdruck gemeint ist. Ich würde sagen, daß Heisenbergs Erlebnisweise nicht wesentlich anders war als diejenige von Kepler, der seinerseits in den Formen seines christlichen Neuplatonismus direkt die Naturwissenschaft als Gottesdienst bezeichnete. Heisenberg war, wie Sie selbst sagen, außerordentlich zurückhaltend oder scheu, religiöse Ausdrücke zu gebrauchen. Ich glaube nicht, daß dies von Bohr beeinflußt war, sondern es war immer so bei ihm, und ich würde sagen, es ist ähnlich wie wenn z. B. Einstein immer vom »lieben Gott« redete oder von »dem Alten«. Man scheut sich, die abgebrauchten Vokabeln zu gebrauchen, einfach aus Respekt vor der Sache, von der da die Rede ist. Wer so bequem davon reden kann wie viele Leute in den Kirchen, bei dem besteht der Verdacht, daß er gar nicht weiß, wovon er redet.

Andererseits bedeutet dies natürlich auch, daß nicht etwa eine religiöse Ansicht oder Überzeugung der Ursprung der Heisenbergschen oder Keplerschen oder Einsteinschen Arbeiten war, sondern daß umgekehrt das Erlebnis der Erkenntnis, die man bei diesen Arbeiten gewinnt, einen, wenn man diesen Ausdruck gebrauchen darf, numinosen Charakter in sich selbst hatte. Diese Leute kamen vermutlich nicht durch die Religion zur Wissenschaft, sondern durch die Wissenschaft zu einer religiösen Erfahrung, die sie dann mit gutem Recht nicht in den gängigen Formen aussprachen. Ich würde dies auch von Bohr sagen. Ich erinnere mich, daß Bohr einmal in seinen späten Lebensjahren sagte, Dirac, der früher sich immer als Atheist bekannt hatte, sei, vielleicht unter dem Einfluß seiner Ehe, positiv religiös geworden. Bohr fügte dann hinzu: »Das finde ich doch sehr sonderbar. Daß die religiösen Gedanken etwas vom Tiefsten bezeichnen, das überhaupt existiert, ist doch selbstverständlich, aber es wundert mich, daß ein Mensch, der wissenschaftliche Bildung hat, sich vorstellt, man könne diesen Dingen dadurch gerecht werden, daß man die Form der positiven Religion annimmt.« Das Wort »Agnostiker« bezeichnet im Grunde auch gar nicht in klarer Weise irgendeine Haltung. Es kann ebensowohl heißen, daß man gegen diese Dinge gleichgültig ist, wie daß man sie so wichtig nimmt, daß man die

gängigen Arten, darüber zu reden, genau deshalb vermeidet. Schließlich weiß ich nicht so recht, was Sie mit der kulturhistorischen Auffassung meinen, die Heisenberg veranlaßt habe, in Deutschland zu bleiben. Ich würde sagen, das Elementare war, daß er seine Heimat liebte und daß er fand, er dürfe nicht davonlaufen. Er hat es mir gegenüber gern so ausgedrückt: »Nachdem Hitler seinen Krieg verloren haben wird, wird ein großer Teil der deutschen Tradition unglaubwürdig geworden sein, und wenn unser Volk dann eine Zukunft in guten Beziehungen zu den anderen Völkern haben will, dann muß es sich doch auf Dinge stützen können, die nicht in derselben Weise unglaubwürdig geworden sind, und dazu könnte die Wissenschaft gehören.« Also, es war nicht primär eine kulturhistorische Auffassung, sondern es war die Liebe zu seiner Heimat.
Mit meinen besten Grüßen bin ich
Ihr CFWeizsäcker

AN ARNOLD KRAMISH

14. Juni 1986

Dear Dr. Kramish,

gewiß darf ich Ihnen deutsch schreiben.

Zuerst bitte ich Sie, die einjährige Verzögerung meiner Antwort auf Ihre Fragen vom 9. Mai 1985 zu entschuldigen. Ich bin in den letzten zwölf Monaten über alle Erwartung in Anspruch genommen worden, weil der Deutsche Evangelische Kirchentag mich veranlaßt hat, Anfang Juni 1985 einen Aufruf zu einem Friedenskonzil der christlichen Kirchen zu formulieren. Infolge davon hat mein Leben die Form eines Wanderpredigerdaseins für diese Sache angenommen, zuerst in Deutschland, dann auch in Nord- und Südamerika, in Rom und Genf und anderswo. Dazu bekam ich mehr Post, als ich beantworten konnte. Ich hoffe, es ist für Ihre Fragen doch noch nicht zu spät.

Ich beginne mit den einzelnen Fragen, bei denen ich freilich vielfach die Antwort selbst nicht weiß, sei es weil ich sie nie wußte, sei es weil ich das Ereignis vergessen habe. Ich habe damals nicht Tagebuch geführt (das war wegen der Gestapo zu gefährlich), und für das Gedächtnis ist es nun, 45 Jahre später, lange her. Vielleicht versuche ich am Ende noch eine Gesamtbetrachtung. Freilich habe ich auch meinen Brief an Sie vom 27. 6. 1983 nicht zur Hand, von dem Sie in Ihrem Brief sprechen, und bitte um Entschuldigung, falls ich mich jetzt wiederholen sollte. Ich numeriere Ihre Fragen.

1. Ich war meiner Erinnerung nach 1941 zweimal in Kopenhagen, wohl etwa März und September. Das zweitemal war es wohl das Treffen vor Bohr und Heisenberg. Übrigens gibt es jemanden, der alle diese Daten so genau weiß, wie sie überhaupt bekannt sind: Dr. Rechenberg vom Werner Heisenberg-Institut in München, Föhringer Ring 6. Ich hatte mit Heisenberg alsbald nach Hitlers Einmarsch in Dänemark, April 1940, besprochen, es sei unsere Pflicht, uns um Bohrs Wohl zu kümmern. Wir hörten dann, ihm und dem Institut sei nichts zugestoßen. Und es war schwer für uns, einen Anlaß zu finden, der uns erlaubte, bei unseren Behörden eine Reise nach Dänemark zu beantragen.

Ich wurde dann (wenn ich mich richtig erinnere!) von der deutschen Gesandtschaft im Zusammenhang mit einer Gruppe, die so etwas wie deutsche Kulturpropaganda in Dänemark trieb, zu einem Vortrag nach Kopenhagen eingeladen und fuhr dazu im Frühjahr 1941 dorthin. Dabei wurde dann die Möglichkeit eines zweiten Besuches, mit Heisenberg, vorgeklärt. Ich denke, ich habe beim erstenmal einen Besuch bei Bohr gemacht. Ich meine, daß ich beim zweitenmal einen Vortrag auf dänisch über astrophysikalisch-kosmologische Fragen gehalten habe, und wie ich mich zu erinnern meine, in Bohrs Institut. Aber all dies steht unter dem Schatten undeutlicher Erinnerung. Beim ersten Besuch hatte ich ein Gespräch mit einer kleinen Gruppe dänischer Nationalsozialisten, die sich als Mitorganisatoren dieser deutschen Kulturpropaganda vorstellten. Von dieser Gruppierung hatte ich, meiner Erinnerung nach, beim Empfang der Einladung nicht gewußt. Sie erwiesen sich als anscheinend idealistische Leute, die sich mir gegenüber sehr darüber beklagten, leider in Dänemark, wo die innenpolitische Struktur fortdauerte, ohne jeden Einfluß zu sein. Ich verhielt mich ihnen gegenüber äußerst diplomatisch. Ich durfte meine Absicht, zu sehen, ob Bohr Hilfe brauchte, nicht dadurch gefährden, daß ich diese Leute vor den Kopf stieß; andererseits war klar, daß von ihnen keine Hilfe in dieser Sache zu erwarten war. Eine der vielen absurden Begegnungen, zwischen denen man sich damals durchlavierte. Ich habe von den Leuten nie mehr etwas gehört.

2. An andere Teilnehmer erinnere ich mich nicht. Sie fragen u. a. nach Norwegen. Ob Wergeland herübergekommen ist? Ich weiß es nicht mehr. Eher glaube ich nicht; Dänemark und Norwegen wurden von den Deutschen strikt getrennt gehalten. In Norwegen regierte Quisling, Dänemark aber hatte noch eine wenig veränderte Struktur; es war wohl erst später, daß ein deutscher Reichskommissar (Dr. Best) eingesetzt wurde.

3. Heisenberg sprach zu zweit mit Bohr bei einem Spaziergang auf der Langen Linie. Für ein so wichtiges Gespräch vermied man die Innenräume, wegen der Gefahr von Abhörgeräten. Direkt nach dem Gespräch kam Heisenberg zu mir und sagte: »Ich fürchte, es war ein völliger Fehlschlag. Ich habe langsam angefangen, zum Thema zu kommen. Ich dachte, er würde sofort kapieren, daß ich von der Frage von Atomwaffen sprach. Er brauchte aber lang. Als er verstanden hatte, daß ich die Bombe wirklich für möglich halte, wurde er so aufgeregt, daß er alles, was ich wirklich hatte sagen wollen, überhaupt nicht mehr hörte.«

Heisenberg wollte ja wirklich sagen, die Physiker der Welt sollten versuchen, gemeinsam sich vorzunehmen, daß sie in keinem Lande Atomwaffen machen. Jedenfalls wollte er sehen, ob Bohr für einen solchen Gedanken offen war. Wie Bohr das Gespräch wirklich verstanden hat, weiß ich nicht. Heisenberg hatte das Gefühl, Bohr habe nur geglaubt, Heisenberg wolle ihm gegenüber wenigstens fair sein und ihm sagen, daß wir an der Bombe arbeiteten. Erst vor kurzem habe ich eine Version gehört, die mir selbst nie als möglich eingefallen war: Bohr habe gemeint, Heisenberg habe ihn zur Mitarbeit am deutschen Projekt gewinnen wollen. Dieser Gedanke wäre mir damals so verrückt erschienen, daß ich in der Tat nie auf seine bloße Möglichkeit verfallen bin.

Eine andere denkbare Auffassung Bohrs war, daß er meinte, Heisenberg wolle ihn gleichsam ausspionieren, um zu erfahren, was man in Amerika oder England über die Möglichkeit der Bombe wisse oder tue. Dieser Eindruck konnte wohl entstehen. Denn Heisenberg mußte bei seiner Absicht natürlich zunächst erfahren, was Bohr wirklich wußte, erstens von der physikalischen Möglichkeit der Bombe an sich, zweitens von Arbeiten in den westlichen Ländern. Nur war diese Kenntnis nicht das Ziel, sondern als eine Vorbereitung des Gesprächs über Heisenbergs wirkliches Anliegen nötig.

Nachträglich kann ich mir denken, daß Bohr in Wirklichkeit viel mehr wußte und nur sehr zurückhaltend gegen Heisenberg war, und daß Heisenberg Bohrs Reaktion ebenso mißverstanden hat wie Bohr die seine. Nachträglich, d. h. heute, finde ich, daß Heisenberg einen Fehler gemacht hat, indem er so behutsam zu sprechen anfing. Er hätte wohl sofort sagen müssen: »Lieber Niels Bohr, ich werde dir jetzt etwas sagen, was mich das Leben kostet, wenn die falschen Leute es erfahren. Wir arbeiten an Atomwaffen. Es wäre lebenswichtig für die Menschheit, uns mit unseren Kollegen im Westen zu verständigen, beiderseits so zu arbeiten, daß die Bombe nicht entsteht. Hältst du eine solche Verständigung für möglich?« So hat er, aus Vorsicht, nicht geredet. Er hoffte auf Bohrs Verständnis. Er sah wohl nicht, daß Bohr ihm schon mißtraute.

Ich habe 1950 Bohr zum erstenmal wiedergetroffen, in Princeton. Ich versuchte, nachträglich mit ihm über diesen Vorgang zu reden. Bohr sagte aber sofort: »Ach, reden wir doch nicht darüber. Ich habe doch volles Verständnis dafür, daß im Krieg jeder als erste Priorität die Loyalität gegen sein eigenes Land hat. Heisenberg weiß doch, daß ich so denke.« Er war darin, wie ich ihn kannte, emotional so gefangen, daß ich keine Hoffnung sah, weiterzureden. Hätte ich das gesagt, was ich gerade oben erzählt habe, so hätte Bohr doch nur gedacht: »Der arme Weizsäcker, jetzt fängt er an, die phantastischsten Lügen zu erzählen. Davor habe ich ihn doch durch die Verweigerung des Gesprächs gerade behüten wollen.« Es gibt Mißverständnisse, die sind so tief, daß daran selbst eine Freundschaft wie die von Bohr und Heisenberg zerbrechen kann. Das sind die Tragödien des Lebens.

Wem Heisenberg, außer mir, von dem Gespräch erzählt hat, weiß ich nicht mehr. Wohl sicher Wirtz.

4. Jensen ging wohl auf eigenen Antrieb zu Bohr. Jensen erzählte mit kurz nachher, er habe Bohr nichts klarmachen können. Also scheint es, daß Heisenberg oder ich Jensen schon vorher informiert hatten. Aber der Kontakt zwischen uns und Jensen war nicht sehr tiefgehend. Obwohl Jensen, wenn ich mich richtig erinnere, formal Parteimitglied war, war er ein entschlossener Gegner der Nazis, und er mißtraute wohl ein wenig unseren Motiven, obwohl wir (Heisenberg, Wirtz, ich) der Partei nicht angehörten.

5. Über Bothes Reise weiß ich nichts. Ich könnte mir denken, daß Jensen mit ihm gereist ist. Das würde Heisenbergs und meinen Besuch auf Anfang September 1941 datieren.

6. Natürlich wußte Heisenberg die ungefähren Zahlen so gut wie jeder Physiker. Im Detail haben wir in der Tat über die Bombe nicht nachgedacht. Den Unterschied von Reaktor und Bombe hatte Heisenberg im Winter 39/40 klar verstanden; einen Reaktor wollten wir sehr gerne bauen; die Bombe erschien uns, je weiter unsere Arbeiten fortschritten, desto weiter entfernt von jeder baldigen Realisierungsmöglichkeit; das war uns eher ein Trost als irgend etwas anderes; also dachten wir über ihre Details nicht nach.

7. Natürlich wußte jeder Physiker, daß die nötige Uranmenge für eine Bombe etwa so groß war wie eine Ananas.

Milchs Erinnerung ist mir unverständlich. Ich selbst war bei der Konferenz im Juni 1942 nicht dabei; jedenfalls ist das meine Erinnerung. Wofür Heisenberg 10 000 oder 60 000 Mark angefordert haben könnte, weiß ich nicht. Wir erhielten während des ganzen Kriegs im ganzen Uranprojekt (zusätzlich zu den ohnehin laufenden Institutsetats) meiner Kenntnis nach 8 Millionen Mark. Daß man damit keine Bombe machen konnte, war damals schon sonnenklar. Wir kamen nie auf die Idee, in Amerika könne man (während des Kriegs, den zu gewinnen doch so große Anstrengungen in real existierenden Waffentypen forderte!) das Tausendfache unserer eigenen Ausgaben, nämlich 2 Milliarden Dollar, für ein so ungewisses Projekt wie die Atombombe ausgeben. Deshalb Heisenbergs anfänglicher Unglaube, als er 1945 von Hiroshima hörte. Wenn wir eine Fehlschätzung begangen haben, dann, daß wir vielleicht nicht einmal geglaubt hätten, man würde es selbst für 2 Milliarden Dollar = 8 Milliarden Mark so schnell schaffen, also bis 1945. Die 10 000 oder 60 000 Mark könnten allenfalls für eine theoretische Vorstudie gemeint gewesen sein.

8. Sie haben völlig recht. An reale Bomben haben wir nicht gedacht, je länger je weniger. Nur etwa bis 1941 hielten wir sie für allenfalls erreichbar. Unser ganzes moralisches Problem lag nur in der Frühzeit.

9. Sie haben recht. Ich habe von Eka-Re, als 93, gesprochen. Hätte man mir gesagt, das Element 93 würde sich durch β-Zerfall in 94 umwandeln, so hätte ich wohl geantwortet: »Ach ja, das ist sehr wohl möglich.« Es kann gut sein, daß Houtermans das genauer überlegt hat. Er hat mit mir damals von seinem Gedanken gesprochen, und ich habe ihm gesagt, daß ich ihn auch gehabt hatte.

10. Natürlich haben wir auch den Plutonium-Weg zur Bombe nicht verfolgt. Auch das wäre ein viel zu großes Projekt gewesen; wir hätten ja zuerst einen Reaktor haben müssen. Hierfür hätten wir mindestens das schwere Wasser haben müssen, das in Norwegen zerstört wurde. Man denkt nicht im Detail über Dinge nach, die so weit jenseits aller erkennbarer Reichweite liegen.

11. Die Frage kann ich aus meiner Erinnerung nicht beantworten.

12. Das ist richtig. Die »Maschine«, d. h. der Reaktor, war unser einziges real verfolgtes Ziel. Daß man für die Bombe U^{235} brauchen würde, war klar. Aber man hütete sich, solche Überlegungen unnötig auch noch dem Papier anzuvertrauen. Plötzlich hätte jemand im Heereswaffenamt oder anderswo auf die Idee kommen können, nun schnell eine Bombe von uns zu fordern. Das hätte uns nur Ungelegenheiten gemacht, zu erklären, warum dafür keine Chance war.

13. Wir haben in der Internierung zeitweise Scherzverse geschrieben. Z. B. nach dem klassischen Muster:
Das Fräulein spielt Klaviersonaten
und Onkel Fritz spielt Sans-Atout,
der Junge spielt mit Bleisoldaten,
mit meinem Herzen spielst nur du,
schrieb Harteck;
Es wechselt die Partei der Kluge,
am Waldrand wechseln Hirsch und Kuh,
die Themen wechseln in der Fuge,
in meinem Herzen wechselst du!
Er war damals ein lebenslustiger Junggeselle.

Es ist klar, daß dieser ganze Brief unsere tiefere Motivation stillschweigend voraussetzt, um die, seit Goudsmits völlig falscher Darstellung dieser Motive, der eigentliche Streit geht. Heute bin ich ans Ende meiner für den Brief verfügbaren Zeit gekommen und verzichte auf eine Darstellung. Denn die würde noch einmal so lang. Eine Schwierigkeit ist, aus der Erinnerung wahrhaftig zu sein, auch wenn man den ehrlichen Wunsch danach hat. Und die wirklichen Ergebnisse und Motive erscheinen denen, die sie nicht miterlebt haben, meist so unwahrscheinlich, daß man gerade, wenn man ehrlich redet, in den Verdacht kommt, ein Lügner zu sein. Ich bin mit meinem damaligen Verhalten nachträglich überhaupt nicht zufrieden. Aber meine Selbstkritik ist von dem, was Goudsmit und andere gesagt haben, so verschieden, daß eine Verständigung kaum möglich scheint. Unbegreiflich freilich bleibt mir Goudsmits Irrtum, Heisenberg habe nicht verstanden, was eine Bombe ist. Heisenberg hatte nicht verstanden, daß sie so früh wie 1945 schon möglich sein würde. Ich auch nicht. Allerdings, 1939 wußte man noch nicht, wie schwierig sie ist. Damals hatten wir Angst vor ihrer nahen Möglichkeit. Deshalb ist Heisenberg 1941 zu Bohr gegangen. Aber 1941 war unsere reale Angst, sie könne bald möglich sein, schon viel geringer. 1945 waren wir dann von ihr völlig überrascht.

Warum wir 1939 die Arbeit gewollt haben, das ist die moralisch-politisch wichtige Frage. Darüber ein andermal.

Mit meinen besten Grüßen bin ich
Ihr CFWeizsäcker

AN FRIEDRICH EDDING

4. August 1986

Lieber Herr Edding,

Ihrem Diskussionsbeitrag stimme ich in dem Punkte gerne zu, den Sie auf Seite 3 formulieren: »Die Friedensbewegungen sollten nicht primär Abrüstung verlangen, sondern Kooperation der Supermächte mit anderen Mächten in einer Exekutivorganisation.« Ich bin immer der Meinung gewesen, daß nicht der Friede die Folge der Abrüstung, sondern die Abrüstung die Folge des Friedens ist. Freilich bin ich sehr skeptisch gegenüber der gemeinsamen Handlungswilligkeit der Supermächte, denn in Wirklichkeit ist die eigentliche Gefahr ja gerade die undämpfbare Hegemoniekonkurrenz zwischen beiden. Der ideologische Gegensatz ist, wenn ich richtig sehe, eher die Art, wie jede der beiden Mächte sie sich selbst psychisch erträglich macht.

Mit herzlichen Grüßen
Ihr CFWeizsäcker

AN DOUGLAS STEERE

7. Januar 1987

Lieber Douglas,

hab herzlichen Dank für Deinen Brief vom 12. Dezember. Ich war Ende November/Anfang Dezember in den Vereinigten Staaten und hatte mir sehr gewünscht, bei Euch hereinzuschauen. Es wurde dann aber ein sehr volles Programm von anderen Dingen, und ich habe es nicht geschafft. So schreibe ich im Augenblick nur einen Brief, hoffend, daß es bei einer anderen Gelegenheit besser gelingen möge.

Es freut mich, daß Stephen Cary Dir meine Grüße ausgerichtet hat. Im ganzen bin ich in bezug auf die Sache, die ich jetzt verfolge und die wahrscheinlich Konvokation heißen wird, jetzt recht optimistisch. Ich war in Assisi dabei, und insbesondere das gemeinsame lange Friedensgebet der Christen in der Kathedrale San Rufino war für alle, die dabei waren, ein großes und wichtiges Erlebnis. Es war, wie nachher der Kardinal Etchegaray mir nach meinem Gefühl sehr richtig sagte, noch bedeutender als die mehr öffentliche gemeinsame Darstellung aller Religionen, war aber auf der anderen Seite so nur möglich, weil alle die anderen rundherum auch da waren. Ich war danach noch drei Tage in Rom und habe mit einer Reihe von Leuten im Vatikan geredet. Sie waren alle sehr glücklich darüber, daß Assisi so wohl gelungen gewesen sei, und empfanden, man müsse nun mehr tun. Ähnliches wurde dann auch laut auf der Konsultation in Glion, die der Weltrat der Kirchen einberufen hatte. Nun soll das Zentralkomitee des Weltrats Mitte Januar einen Entschluß darüber fassen, was getan werden wird; ich vermute, daß man eine Konvokation for Justice, Peace and Integrity of Creation für das Jahr 1990 beschließen wird. Ich sage zwar dazu, daß wir die Geduld des lieben Gottes etwas sehr auf die Probe stellen, indem wir bis 1990 zu warten beschließen, aber immerhin ist das wohl besser, als wenn man gar nichts beschlösse, und man wird in der Vorbereitungszeit auch noch manches tun. Ich hoffe, daß die katholische Kirche sich beteiligen wird. Sie muß selbst freilich die Form finden, die ihr dafür geeignet scheint.

Du fragst nach Reden von mir. Ich war der Meinung, ich hätte Dir mein kleines Büchlein »Die Zeit drängt« geschickt. Aber ich bin nicht ganz sicher, ob es geschehen ist, und schicke es lieber jetzt noch einmal für Dich und Dorothy. Ich schreibe aber keine Widmung hinein, denn wenn Ihr es schon habt, dann sollt Ihr die Möglichkeit haben, es ohne Bedenken anderen Leuten weiterzuschenken. Eine englische Ausgabe wird, wie ich hoffe, im nächsten halben Jahr herauskommen. Dort habe ich ungefähr zusammengefaßt, woran mir gegenwärtig am meisten liegt.

Landrum Bolling hat mir geschrieben, es ist bisher nicht geglückt, daß wir zusammengekommen wären. Ich habe aber Deinen Brief, in dem Du ihn mir schon vor etwa einem halben

Jahr empfahlst, bekommen, und ich kenne seinen Namen auch unabhängig davon gut. Ich hoffe sehr, daß man zusammenfinden wird.

Jetzt bin ich, wie ich gestehen muß, von den vielerlei Reisen, die ich gemacht habe, etwas müde. Ich hoffe jetzt, mein philosophisches Buch »Zeit und Wissen« noch abzuschließen, von dem ein erheblicher Teil schon vorliegt. Diese theoretischen Erwägungen, ebenso wie die Physik, an der ich immer weiter arbeite, sind natürlich im sichtbaren Bereich zunächst von sehr viel geringeren Folgen als eine etwaige große Versammlung der Christen oder aller Religionen. Andererseits habe ich das Gefühl, ich sollte gerade diese theoretischen Arbeiten noch zu einem gewissen Ziel führen, denn das ist etwas, was vielleicht meinen eigenen Begabungen entspricht und was ich wohl wirklich tun sollte.

Im Augenblick habe ich keine neuen Pläne für die Vereinigten Staaten früher als November 87. Ich habe dann eine Einladung für eine Woche an die Cornell University und will im Zusammenhang damit natürlich dann auch eine Reihe anderer Stellen besuchen. Dabei wird, so hoffe ich, Gundi mit mir kommen. Ihr geht es erstaunlich gut. Sie ist aktiv in ihrem Beruf als Großmutter in der Familie, die sich ständig ausweitet. Vor knapp drei Monaten ist unser 16. Enkelkind geboren worden, eine Tochter Maria unseres Sohnes Ernst-Ulrich und seiner Frau Christine.

Dir und Dorothy schicken wir unsere besten Grüße und Wünsche

Dein Carl Friedrich u. Gundi

An Peter Brandt

4. März 1987

Sehr geehrter Herr Dr. Brandt,

Ihnen und Ihren beiden Kollegen danke ich sehr für Ihren Brief vom 19. 2. Die guten Beziehungen zwischen der Bundesrepublik Deutschland und der Deutschen Demokratischen Republik liegen mir, wie Sie ohne Zweifel wahrgenommen haben, sehr am Herzen. Ich bin seit nun bald 30 Jahren Mitglied der Naturforscher Akademie Leopoldina in Halle und versäume keine der Tagungen, die dort stattfinden, sofern meine Lebensumstände das überhaupt zulassen. So reise ich auch in diesem Jahr wieder nach Halle, werde außerdem vermutlich am Evangelischen Kirchentag in Ostberlin und am Katholikentag in Dresden als Gast teilnehmen. Mein Besuch in der Ständigen Vertretung der Bundesrepublik bei Herrn Bräutigam ist ja neulich auch in die Presse gekommen.

Bitte verstehen Sie, daß ich gleichwohl mich auf die Gründung, mit der Sie sich gegenwärtig beschäftigen, nicht näher einlassen kann. Ich habe mir seit langem zur Regel gemacht, mich an Vereinigungen und Organisationen nur dann zu beteiligen, wenn ich die Zeit und Kraft habe, darin aktiv zu sein und das, was dort getan wird, in dem mir möglichen Rahmen selbst mitzubestimmen. Ich komme immer wieder sonst in eine mißliche Lage, wenn ich Dinge mit meinem Namen decke, die ich gar nicht gut kenne. Ich bin aber andererseits gegenwärtig durch zwei sehr verschiedene Verpflichtungen – einmal durch mein Eintreten für eine Christliche Friedensversammlung in der Welt, andererseits durch die Absicht, ein letztes philosophisches Buch noch zu Ende zu führen, ehe mir die Kräfte dafür versagen – so in Anspruch genommen, daß ich die aktive Beteiligung an Ihrem Unternehmen, die notwendig wäre, schlechterdings nicht werde leisten können. Ich bitte Sie zu verstehen, daß ich unter diesen Umständen mich dann besser gar nicht beteilige. Bitte entschuldigen Sie mich.

Mit freundlichen Grüßen
Ihr CFWeizsäcker

AN WALTER EUCHNER
18. Mai 1987

Sehr geehrter Herr Euchner,

haben Sie vielen Dank für Ihren Brief und den beigelegten Vortrag. Ich möchte versuchen, einige Ihrer Fragen zu beantworten.

Zunächst ist zu sagen, daß ich der allgemeinen Linie Ihrer Argumentation, ich würde beinahe sagen selbstverständlich folge. Jedenfalls habe ich selbst in der Zeit nach der Göttinger Erklärung immer versucht, so zu handeln, wie Sie selbst es beschreiben – also so, wie Sie es mit dem Wort »politisches Denken« zu bezeichnen suchen. Andererseits war mein Passus in der Rede für die Studentenschaft, den sie zustimmend zitieren, nicht so gemeint.

Ich hatte mich in der Zeit seit 1945 schon recht ausführlich mit den Problemen der Kriegsverhütung im Atomzeitalter beschäftigt. Ich war z. B. Mitglied einer Kommission des Ökumenischen Rats, die sich mit diesen Fragen in der zweiten Hälfte der fünfziger Jahre befaßte und die schon tagte, ehe die Göttinger Erklärung zustande kam. Ich würde also nicht von mir sagen, daß ich das politische Denken erst durch eine Betroffenheit über den Vorwurf seines Fehlens angefangen hätte. Politisches Denken habe ich im Grunde von meinem Vater gelernt. Ich hatte mich auch in behutsamer Weise immer wieder zu den Fragen geäußert. Dabei sah ich freilich, daß diese Art behutsamen Argumentierens im Grunde keinen Hund hinter dem Ofen vorlockt.

Dann kam die Auseinandersetzung mit Strauß und Adenauer. Der Beraterkreis des Atomministeriums, der sich seinerzeit im November 1956 in Heisenbergs Wohnung in Göttingen traf, als Strauß Verteidigungsminister geworden war, war wohl zur größten Verblüffung aller Beteiligten völlig einig, daß wir die offenkundige Tendenz von Strauß, diese Waffen zu bekommen, alle miteinander für falsch hielten. Wir waren deshalb erstaunt, weil einige von uns zweifellos CDU-Wähler waren und vermutlich kein einziger reiner Pazifist in diesem Kreis war. Unter den Unterzeichnern der Göttinger Erklärung war dann Straßmann ein solcher. Den haben wir aber erst nachträglich gebeten, denn er gehörte diesem Beraterkreis nicht an. Wir waren der Meinung, eine solch einmütige Ansicht müßten wir Strauß mitteilen, und zwar so früh wie möglich, weil wir fürchten mußten, sonst von ihm zur Mitarbeit aufgefordert zu werden und dann den Vorwurf zu bekommen, wir hätten es ihm ja vorher sagen müssen, wenn wir das nicht wollten.

Das Gespräch, das am 29. Januar 57 dann stattfand, wird von Ihnen im ganzen so geschildert, wie ich es in Erinnerung habe. Ich habe in dem, was ich habe drucken lassen, nicht das ungeheure Gebrüll zu imitieren versucht, mit dem er es einleitete. Vielleicht habe ich ebendeshalb auch nicht klar genug zum Ausdruck gebracht, daß wir von der Überlegenheit seiner Sachkenntnis im Dateil wirklich beeindruckt waren. Während ich in der Tat vorher mich sorgfältig um politisches Denken gekümmert hatte, sah ich jetzt, daß ich auch die Details der Technik und der Strategie der Atomwaffen sehr viel besser studieren mußte, als ich es bisher getan hatte. Was uns eigentlich zum Stillschweigen nach dem Gespräch veranlaßte, ist in Ihrem Aufsatz S. 2 und 3 noch nicht ganz genau wiedergegeben. Wir hatten in der Tat vermutet, er wünsche deutsche Atomwaffen, er hat uns aber völlig klar gemacht, daß er europäische Atomwaffen wünsche. Es war nun aber nicht die Zusicherung, daß er keine nationalen Atomwaffen anstrebt, die uns zum Schweigen veranlaßt hat, sondern nur die Tatsache, daß die Argumentation, die in unserem ursprünglichen Brief stand, eben nicht seine eigene Position traf, und daß wir infolgedessen mit einer Veröffentlichung dieses Briefs keinen Erfolg gehabt hätten. Ich darf aber vielleicht doch ein Detail aus der Anfangsphase des Gesprächs wörtlich zitieren. Strauß begann ungefähr so: »Meine Herren, Sie haben mir da einen Brief geschickt. Wissen Sie auch, was ein Büroangestellter meines Ministeriums von den Russen für diesen Brief bekommt? 100 000 Mark bekommt er für diesen Brief.« Dieses in einer Tonstärke, die man wirklich eigentlich auch, wenn man die Geschichte erzählt, nicht nachmachen könnte. Darauf antwortete Hahn: »Ach, Herr Minister, beruhigen Sie sich. Wir wollten den Brief sowieso veröffentlichen.«

Sie können sich vorstellen, wie es danach weiterging. Aber das Argument von Strauß, die Amerikaner würden Europa verlassen, die Europäer brauchten eine eigene Atomrüstung, die stark genug sei, die Sowjetunion abzuschrecken, war eines, das wir sorgfältig durchdenken mußten.

Dann kam die Äußerung von Adenauer über die taktischen Atomwaffen. Sie haben sicher recht, daß er diese Sache wirklich geglaubt hat. Meine Reaktion war, da ich immer danach fieberte, eine öffentliche Erklärung abgeben zu können: »Dies ist unsere Chance.« Ich zeigte die Zeitungsmeldung Walter Gerlach, der zufällig an jenem Tage auf irgendeiner Tagung neben mir am Frühstückstisch saß, und die Reaktion war, wie ich erwartet hatte, übermäßig zornig, und es war mir klar, daß wir binnen drei Tagen die Erklärung haben würden.

Wenn Sie fragen, was mich damals ermutigt hat, solche Schritte zu unternehmen, dann war es in der Tat genau die Überzeugung, die ich in der Rede an die Studenten zum Ausdruck gebracht habe: »Es gibt Dinge, die nicht zum Gegenstand politischen Kalküls gemacht werden dürfen.« Meine Grundstimmung war, im Grunde hat Gandhi recht.

Unser Rüstungssystem läuft auf dasselbe hinaus, worauf Rüstung in der Weltgeschichte immer hinausgelaufen ist, nämlich auf Krieg. Meine größte Schwierigkeit war, als ich erkennen mußte, daß ich Gandhi nicht einmal öffentlich nennen durfte, wenn ich wollte, daß jemand, der politische Entscheidungsgewalt hatte, mir auch nur zuhörte. Ich habe mich dann schließlich auf meinen politischen Instinkt besonnen – eine Eigenschaft, die man freilich in der Selbstbeurteilung niemals sauber von der angenehmen Eigenschaft des Konformismus unterscheiden kann. Ich habe mir gesagt, ich muß jetzt Dinge vorschlagen, die eine in unserem Lande demokratisch gewählte Regierung ausführen kann. So studierte ich dann die damals ganz neuen Gedanken der Abschreckung durch gegenseitige Verletzlichkeit und fand, sie seien zwar ganz sicher nicht die Lösung auf die Dauer, aber unter den gegebenen Umständen noch die intelligenteste Erfindung. Sie in meinen Artikeln unter dem Titel »Mit der Bombe leben« im Jahre 58 in der ZEIT zu veröffentlichen, hat aber von mir eigentlich mehr Mut verlangt, nämlich gegenüber meinen bisherigen Freunden auf dem linken Flügel, als die Göttinger Erklärung gegenüber Leuten wie Adenauer.

Dabei ist noch eine Bemerkung über Adenauer zu machen. Ich habe das auch in meinem Rückblick in dem Buch »Der bedrohte Friede« ein wenig geschildert. Adenauer glaubte in der Tat an das, was er sagte. Er glaubte, daß man keine Vorleistung machen solle, denn Abrüstung werde notwendigerweise eintreten, weil sie für das Überleben der Menschheit nötig sei, und man dürfe in Abrüstungsverhandlungen nicht hineingehen, indem man ein Faustpfand schon vor der Zeit aus der Hand gibt. Ich war der umgekehrten Meinung. Ich war ziemlich fest überzeugt, daß die Abrüstung nicht stattfinden wird oder vielmehr daß sie, wenn sie stattfindet, nur als Folge eines vollkommen gesicherten Friedens stattfinden wird. Infolgedessen war ich überzeugt, daß man diejenigen Waffen, die man sich jetzt zulegt, nachher haben wird und sich überlegen muß, ob man sie wirklich will. Die Fronten zwischen Adenauer und mir liefen also fast umgekehrt, als das Publikum sie sah. Ich habe auch später die Politik, die zur Abrüstung führen sollte, immer nur mit großer Skepsis – wenngleich schmerzlicher Skepsis – betrachtet. Es ist ja denkbar, daß wir in diesem Jahr zum erstenmal in der Weltgeschichte eine Vereinbarung über eine größere Abrüstung von Waffen bekommen, die man bisher für wichtig gehalten hat. Und auch da habe ich das Gefühl, es wird nur in dem Umfang dazu kommen, als im Grunde beide Seiten wissen, daß sie nicht wichtig sind.

Ein anderes Motiv, das für mich bei der Göttinger Erklärung eine große Rolle spielte, kommt – wenn ich richtig gelesen habe – bei Ihnen nicht vor.

Wir waren sehr beunruhigt über die weitere Verbreitung der Atomwaffen in der Welt. Wir waren, obwohl de Gaulle noch nicht wieder an der Macht war, gut genug informiert, daß die Franzosen nationale Atomwaffen anstrebten, und wir mußten uns ausdenken, welche Nationen im Rest der Welt Atomwaffen gerne würden haben wollen. Es schien uns notwendig, öffentlich dagegen aufzutreten. Es war aber unmöglich, dagegen aufzutreten, wenn wir nicht vorher klar gesagt hatten, daß wir nationale Atomwaffen für unser eigenes Land nicht wünschten. Sonst wären wir der üblichen Kritik der Nichtunterzeichner des Nichtverbreitungsvertrags anheimgefallen, daß diejenigen, die die Waffen schon haben und damit schon Menschen umgebracht haben, sich für die einzigen halten, die moralisch qualifiziert seien, sie weiterhin zu haben.

Zu S. 9. Ich habe sehr sorgfältig das Wort Gewissen vermieden. Insbesondere war ich niemals der Meinung, diejenigen, die anderer Ansicht seien als ich, könnten sich nicht auf ihr Gewissen berufen. Berufung auf das Gewissen ist lediglich eine Wiederholung davon, daß man eine bestimmte Ansicht hat. Wir haben vielmehr versucht, die Ansicht, die wir haben, auch moralisch klar zu kennzeichnen.

Das sind also ein paar Bemerkungen.

Mit meinen besten Grüßen bin ich
Ihr CFWeizsäcker

An Hans-Jochen Vogel

20. Mai 1987

Lieber Herr Vogel,

bitte verzeihen Sie, daß ich mit meiner Antwort wieder etwas spät komme. Ich bin gegenwärtig mehr als vielleicht in den Zeiten meiner vollen Berufstätigkeit beschäftigt und war jetzt insbesondere in Paris in Angelegenheiten des Themas, das öffentlich noch unter dem Namen »Friedenskonzil« läuft. Der Name, den ich tatsächlich jetzt anwende, heißt ja »Weltversammlung« oder »Konvokation der Christen für Gerechtigkeit, Frieden und Bewahrung der Schöpfung«. Dieses Thema habe ich vor zwei Jahren vom Evangelischen Kirchentag in Düsseldorf übernommen, und seitdem läßt es mich nicht mehr los. Ich bin in einer großen Anzahl von Ländern außerhalb Deutschlands deshalb schon gewesen. Dinge, die man hier nicht so wahrnimmt, die mich aber ganz absorbieren.

Bitte entschuldigen Sie diese Einleitung, die aber auch etwas mit meiner Antwort auf Ihre Anfrage zu tun hat. Ich habe meinen Terminkalender überprüft und bin zu dem Schluß gekommen, daß ich nicht imstande sein werde, auf den Parteitag der SPD zu kommen, und muß Sie bitten, meine Absage zu entschuldigen.

Ich möchte Ihnen aber, lieber Herr Vogel, auch offen sagen, warum es mir lieber ist, nicht in dieser Funktion aufzutreten. Ich habe mir sehr früh nach dem Kriegsende vorgenommen, keiner Partei beizutreten. Dieser Vorsatz hatte die präzise politische Absicht, daß die Positionen, die ich in der Politik vertreten würde, nicht unter den Verdacht geraten sollten, im Interesse einer Partei geäußert zu sein. Über eine solche Entscheidung kann man verschiedener Meinung sein, jedenfalls habe ich sie getroffen. Als Sie mich dann im Jahre 82 besuchten, um Ihre Bitte um Beteiligung an Ihrem Beraterkreis im Rahmen der Bundestagswahl vorzubringen, habe ich um Bedenkzeit gebeten, und zwar praktisch ausschließlich, weil ich mich fragte, ob dies mit meiner früheren Entscheidung vereinbar sei oder nicht. Ich habe mich dann entschlossen, es zu tun, und bedaure es gar nicht. Ich bin jetzt aber im Zusammenhang mit der Angelegenheit des Friedenskonzils von neuem in einer Lage, in der es – soweit ich sehen kann – für die Wirkung, die ich zu erreichen hoffe, lebenswichtig ist, daß ich die von den Parteien abgesetzte Position auch für die Öffentlichkeit sichtbar einhalte. Die Weise, in der ich in dem Entwurf für das Programm des Parteitags nach Ihnen alleine an der Spitze des Programms stehe, das für genaue Leser gemildert ist durch die Aufforderung, Kritik zu üben, würde mich in den Augen aller derer, die dieses Detail nicht vorrangig beachten, aus meiner neutralen Haltung von neuem herausführen. Es ist ja offensichtlich, daß eine gewisse Propagandawirkung meines Namens bei dieser Programmgestaltung beabsichtigt wird. Ich hätte mich davor nicht gescheut, da ich im Prinzip, wie Sie sehr wohl wissen, die Position der SPD in diesen politischen Fragen bejahe, und da ich mich nicht scheuen würde, Kritik auch wirklich zu üben, aber unter den gegebenen Umständen möchte ich jede mögliche Unklarheit an dieser Stelle für den Augenblick vermeiden.

Sollte einmal das Friedenskonzil wirklich zustande kommen und sollte ich danach überhaupt noch zu Handlungen im politischen Bereich von meinem Alter her fähig sein, so würde ich das ganz gewiß von neuem überdenken. Dies jedenfalls wollte ich Ihrer freundschaftlichen Erwägung mit anheimgeben.

Mit herzlichen Grüßen und guten Wünschen bin ich
Ihr CFWeizsäcker

AN HELLMUT GLUBRECHT

26. Mai 1987

Lieber Herr Glubrecht,

haben Sie herzlichen Dank für Ihren Brief vom 22. 5. Ich bin im Begriff, nach Amerika zu reisen, und werde auch in den kommenden Wochen vorwiegend nicht zu Hause sein, deshalb antworte ich Ihnen rasch und etwas kurz.

Ihr Brief an Kohl hat natürlich meine volle Zustimmung. Ich selbst habe mich zu der sog. Doppelten Null-Lösung bisher nicht öffentlich geäußert. Ich habe immer eine gewisse Zurückhaltung darin, mich zu denjenigen Fragen zu äußern, in denen im Augenblick der größte Streit herrscht. Ich äußere mich im allgemeinen lieber, ehe die Leute gemerkt haben, daß man sich darüber streiten kann. Das ist eine instinktive Verhaltensweise, die vielleicht nicht zu billigen ist. Ich habe aber mit ziemlich vielen Leuten intern darüber gesprochen, so im März mit einer Reihe von interessanten Gesprächspartnern in Moskau, bei denen ich den Eindruck gewann, daß sie sich ernstlich bemühen, herauszubringen, was diejenigen Lösungen sind, mit denen sie am ehesten eine Zustimmung im Westen finden können. Ferner rede ich natürlich häufig mit meinem Bruder über die Sache. Schließlich war ich unlängst in Paris, hatte freilich den Eindruck, daß man in Paris die Absichten einer Einigung der Russen und der Amerikaner über nukleare Abrüstung mit dem tiefsten Mißtrauen betrachtet. Dies gilt offenbar nicht von Mitterrand, aber von einer Reihe von Leuten, die der jetzigen Regierung nahestehen. Sie fürchten, daß schließlich eine gemeinsame Front der Russen und der Amerikaner sie zum Verzicht auf die französische force de frappe nötigen würde, und empfinden, daß diese force de frappe die einzige Rettung der Freiheit und Unabhängigkeit Frankreichs sei. In solchen Gesprächen ist es wohl besonders wichtig, persönlich und sorgfältig zu argumentieren und nicht mit der Öffentlichkeit zu drohen.

Meine hauptsächliche Beschäftigung in diesen politischen Feldern ist gegenwärtig der Einsatz für die christliche Weltversammlung, über die ich auch wieder auf dem Frankfurter Kirchentag sprechen werde. Ich glaube, daß ich in den letzten 2 Jahren in mindestens 15 verschiedenen Ländern gewesen bin, um Gespräche hierüber zu führen. Mein kleines Büchlein »Die Zeit drängt« ist vielleicht in Ihrer Hand, sonst schicke ich Ihnen gerne ein Exemplar.

Daneben aber geht meine physikalisch-philosophische Arbeit weiter. Ich hoffe, im nächsten Jahr noch mein schon länger angekündigtes, mehr philosophisches Buch über die Grundlagenfragen der Mathematik, Logik und Naturwissenschaft unter dem Titel »Zeit und Wissen« zu veröffentlichen. Ferner arbeite ich mit meinem Mitarbeiter, Thomas Görnitz, zusammen fleißig über die Grundlagen der Quantentheorie, und wir werden einige Arbeiten darüber publizieren. Auch über das, was ich die Theorie der Uralternativen genannt habe.

Jetzt kommt aber erst das, warum ich Ihnen vor allem schreibe. Das ist Ihre neue Arbeit über Solarenergie. Ich habe mich vor etwa 1½ Jahren von Bölkow bereden lassen, die Hoffnung auf die Solarenergie zu setzen. Ich habe mich in dieser Richtung auch öffentlich geäußert. Inzwischen habe ich aber von einer ganzen Reihe von Kollegen große Skepsis gegenüber den Hoffnungen von Bölkow gehört, und es wäre mir wichtig, so genau wie möglich darüber informiert zu sein. Vielleicht können wir gelegentlich einmal darüber sprechen, oder Sie haben irgendwelche hinreichend kurzen und daher für mich neben meinen vielen Beschäftigungen lesbaren Unterlagen, die Sie mir dazu schicken könnten.

Herzliche Grüße
Ihr CFWeizsäcker

AN JOHANNES FISCHER

11. Juni 1987

Sehr geehrter Herr Fischer,

da ich viel unterwegs war, komme ich etwas verspätet dazu, auf Ihren Brief vom 12. 5. zu antworten. Ich würde gerne Ihre Fragen ausführlich auch schriftlich beantworten. Wir können aber sicher, wenn Sie es möchten, auch einmal darüber mündlich sprechen. Vielleicht ist aber die schriftliche Antwort zunächst ganz nützlich.

Das Problem unserer Beziehung zu Max von Laue möchte ich zuletzt behandeln. Ich habe über dieses Problem bisher niemals öffentlich irgend etwas gesagt, sondern nur mit nächsten Freunden darüber geredet. Vielleicht wird es jetzt notwendig, darüber etwas zu sagen. Aber noch immer scheue ich die öffentliche Äußerung. Im Grunde habe ich das Gefühl, daß es sich hier von seiten Laues schlicht um eine Unfähigkeit handelte, andere Menschen zu verstehen – aber doch eine sehr begreifliche.

Ich stelle Ihnen zur Information zu mein Interview mit dem Stern in der langen Fassung, das Herr Jaenecke, der der Gesprächspartner war, demnächst in dieser Fassung publizieren will. Früher gab es nur eine kürzere. Ferner schicke ich Ihnen auch noch Kopien, die ich schon an Herrn Messerschmidt geschickt habe, von einem Briefwechsel mit Herrn Kramish und eine Aufzeichnung, die ich gemacht habe über Gespräche, die ich im März 87 mit Herrn Feinberg in Moskau hatte. Letztere waren für mich besonders aufschlußreich. Nun zu den Fragen auf Seite 2 Ihres Briefs.

1. Wie die Vortragsveranstaltung vom 4. Juni 1942 zustande gekommen ist, weiß ich nicht. Ich selbst habe – soweit meine Erinnerung reicht – weder an einer Geheimkonferenz 1942 noch an der Vortragsveranstaltung im Juni 1942 teilgenommen. Ich war meinem äußeren Range nach ja nichts weiter als Assistent und unter den Wissenschaftlern wohl einer der jüngsten. Ob Dr. Vögler sich mit dem Uranverein abgesprochen hatte,

weiß ich nicht. Wenn ja, dann wäre dies vermutlich mit Heisenberg geschehen. Ich hatte aber selbst in der Tat Kontakte zu Wehrmacht-Dienststellen. Ich kam im September 1939 für einen Tag nach Berlin. Ich war damals an sich eingezogen und in Küstrin. Mein Bruder Heinrich war aber in Polen gefallen, und ich bekam Urlaub, um zu seinem Begräbnis, das bei Stuttgart stattfand, zu gehen. Auf dem Hin- oder Rückweg habe ich dann in Berlin eine Reihe von Besuchen gemacht.

Einerseits war ich bei meinem Institutsdirektor, dem Holländer Peter Debye, der mir – wenn ich recht unterrichtet bin – damals sagte, er habe Schritte unternommen, um mich aus dem Militär wieder herauszuholen wegen wichtiger wissenschaftlicher Arbeiten. Ich hatte damals aber den entschiedenen Wunsch, man möge über das Problem der technischen Anwendung der Uranspaltung arbeiten. Ich habe über die Motive dieses Wunsches Herrn Jaenecke in dem Interview ein wenig erzählt. Natürlich könnte man das ausführlicher tun und sorgfältiger, als es in einem Interview geschieht, in dem man von den Fragen sozusagen überfallen wird. Aber im Prinzip habe ich versucht, Jaenecke gegenüber jedenfalls völlig aufrichtig zu sein. Ich erfuhr nun, daß der Reichsforschungsrat (wenn das die richtige Bezeichnung ist) unter der Leitung von Abraham Esau diese Arbeiten in Gang setzen wollte, und bin zu Esau hingegangen. Esau kannte mich flüchtig von früheren Begegnungen. Er war Professor in Jena – zumindest war er es gewesen – zu einer Zeit, in der ich bei Heisenberg Assistent in Leipzig war. Esau war in unseren Kreisen nicht sehr angesehen. Er war wohl ein nicht ganz schlechter Physiker, und er war ein Nazi, und man erzählte wenigstens eine witzige Geschichte über ihn, daß ihm von Parteigenossen gesagt wurde, er solle doch seinen jüdischen Namen ändern – er war nämlich Mennonitenabkömmling –, und er darauf geantwortet habe: »Soll ich mich vielleicht Siegfried Deutsch nennen?« Aber ich habe ihn nicht gut gekannt und habe nie nahe Kontakte mit ihm gehabt. Esau war, als ich zu ihm kam, aufs äußerste erregt und sagte: »Diese wichtige Aufgabe wird mir und dem Reichsforschungsrat nunmehr weggenommen vom Heereswaffenamt, und wenn Sie, Herr von Weizsäcker, da etwas machen wollen, da kann ich Ihnen überhaupt nicht helfen, sondern damit müssen Sie zum Heereswaffenamt gehen.« Daraufhin ging ich zum Heereswaffenamt, und der Mann, der die Sache dort in der Hand hatte, war Professor Schumann, Professor für – wenn ich mich recht erinnere – physikalische Akustik in Berlin an der Universität, auch ein einigermaßen prominenter Nazi und, wie wir etwas ironisch zu sagen pflegten, Professor für Trompetenblasen. Er hat anscheinend auch Marschmusik komponiert. Schumann also plante soeben die Zusammenfassung aller dafür geeigneten deutschen Physiker in dem Institut, in dem ich war – bei Debye. Ich habe Schumann damals gesagt, es sei sinnlos, alle diese Leute von ihrem Institut, wo sie eigentlich arbeiten und wo sie ihre ganzen Apparate und Unterlagen haben, in ein ihnen fremdes Institut zu verschieben. Man solle sie doch an der Sache dort arbeiten lassen, wo sie sind; ich sei aber jedenfalls bereit und willens, an diesem Problem zu arbeiten. Dann war mein kurzer Urlaub zu Ende. Ich wurde aber etwa 14 Tage später u. k. gestellt. Ob dies die Anforderung von Debye war oder eine Anforderung, die von Schumann ausging, habe ich nicht erfahren. Dann gab es Verhandlungen mit Debye, an denen ich, als junger Mann, ganz unbeteiligt war. Ich wurde weder vom Heereswaffenamt noch von Schumann ins Vertrauen gezogen. De facto aber ging es darum, daß man Debye mitteilte, er könne Direktor seines Instituts nur dann bleiben, wenn er bereit sei, deutscher Staatsangehöriger zu werden und dadurch fähig werde, Geheimnisträger zu sein. Debye lehnte das ab und lehnte auch ab, von sich aus von der Leitung des Instituts zurückzutreten. Schließlich fand man – wohl u. a. durch Vermittlung von Dr. Telschow von der Kaiser-Wilhelm-Gesellschaft, damals Generalsekretär – den Weg, daß Debye nach Amerika ging, das damals ja noch neutral war, um in Amerika eine Einladung, die er dorthin bekommen hatte – ich glaube, an die Cornell-Universität, an der er später auch war –, wahrzunehmen. Er wurde vom Institut beurlaubt. Das Institut wurde dann in eine Art Abhängigkeit vom Heereswaffenamt gebracht, in dem als stellvertretender Institutsdirektor eingesetzt wurde Dr. Kurt Diebner, von dem ja in verschiedenen Berichten die Rede ist. Diebner war, soweit ich sehen konnte, ebenfalls ein nicht ganz schlechter Physiker. Er hatte aber wohl an der Universität für sich keine Chance gesehen, und im ganzen war er ein Opportunist. Ich würde sagen, daß er im Grunde kein schlechter Mensch war, sondern ein kühler und nüchterner Opportunist. Ich erinnere mich, daß er viel später, als der Krieg sich seinem Ende zuneigte, zu Karl Wirtz sagte: »Wirtz, an Heisenberg müssen wir uns halten. Mit dem kriegen wir jede Kurve, die westliche und die kommunistische.« Das war so ungefähr die Denkweise von Diebner. Mit Schumann habe ich – wenn ich mich recht erinnere – später nur noch einmal gesprochen in einer Angelegenheit, die ich jetzt nicht ausführen will, aus der auch nichts geworden ist. Dann ist einige Zeit später die Sache, wenn ich mich richtig besinne, doch wieder vom Heereswaffenamt losgelöst worden und dem Reichsforschungsrat übertragen worden. Dabei kam sie in Wirklichkeit unter die Leitung von Gerlach, der den Titel bekam: Der Beauftragte des Reichsmarschalls für Kernphysik. Mit Gerlach konnten wir im Unterschied zu seinen Vorgängern vollkommen unbefangen und offen reden. Scherzhaft nannten wir ihn manchmal den »Reichsmarschall für Kernphysik«. Gerlach war, was man damals wohl einen national denkenden Mann nennt. Er hatte wohl seine Wurzeln in der Jugendbewegung. Er war – soviel ich weiß – nicht Mitglied der NSDAP und hatte in der Tat zum eigentlichen Naziwesen auch innerlich gar keine Beziehung.

Von den Verbindungen Manfred von Ardennes zu Minister Ohnesorge wußte ich. Ich habe damals mit Ardenne gesprochen. Wir haben allerdings – soweit ich mich erinnern kann – inhaltlich keine Resultate ausgetauscht. Aber wiederum wenn meine Erinnerung nicht trügt, so ist Houtermans, der in Rußland war, dort in Stalinschen Gefängnissen saß und im Winter 40/41 bei einem Gefangenenaustausch wieder nach Deutschland kam, durch unsere Vermittlung zu Ardenne gekommen und hat dann bei Ardenne gearbeitet. Ardenne selbst hat mir vor wenigen Wochen eine Kopie der Arbeit zugesandt, die Houtermans damals geschrieben hat über die Kernspaltung bei Plutonium. Ich würde aber denken, daß meine Kontakte mit Ardenne auf etwa zwei Gespräche beschränkt waren. Ardenne suchte, wenn ich mich recht erinnere, den Kontakt zu uns. Wir aber hatten nicht sehr viel Lust dazu. Er hatte bei uns eigentlich keinen sehr guten Ruf.

Mit Peenemünde habe ich jedenfalls niemals irgendwelche Beziehungen gehabt. Es kann gut sein, daß höhergestellte Leute im Uranverein dorthin irgendeine Verbindung hatten; aber eher kommt es mir unwahrscheinlich vor. Ich war über die Raketenforschung nicht unterrichtet. Ich habe Wernher von Braun erst später in Amerika kennengelernt.

Über die Folgen jener Besprechung von Heisenberg mit Speer und Milch habe ich in meinem Brief an Kramish und an einigen anderen Stellen in den Texten, die ich Ihnen übersende, wohl schon so viel gesagt, als ich darüber überhaupt weiß.

Nun zu unserem Verhältnis zu Laue. Ich sagte vorhin, daß ich darüber in der Öffentlichkeit völlig geschwiegen habe. Die Beziehung war von beiden Seiten her distanziert, und in solchen distanzierten Beziehungen kann man ja wahrscheinlich von jeder Seite nur ihre subjektive Wahrnehmung erwarten, und schließlich muß ein Dritter sich selbst ein Bild davon machen. Ich gebe also meine subjektive Wahrnehmung.

Laue war ein mathematisch und in gewissem Sinne logisch wirklich begabter Physiker. Seinen Nobelpreis hat er mit einem einzigen genialen Einfall verdient, nämlich der Idee, daß man die Wellennatur der Röntgenstrahlung dadurch feststellen könne, daß man sie beugen läßt an Kristallen, von denen man damals gerade überzeugt worden war, daß sie regelmäßige glitterartige Anordnungen von Atomen sind. Es ist allerdings dazu zu sagen, daß Laue im Grunde in diesem Gebiet niemals gearbeitet hat, während Sommerfeld es tat. Laue war aber – ich glaube, als Privatdozent oder Extraordinarius – z. Zt. dieses seines Einfalls in München, wo Sommerfeld den Lehrstuhl für Theoretische Physik hatte, und es würde mich nicht wundern, wenn eine genaue Analyse der Ereignisse herausbrächte, daß eigentlich die Idee aus den Gedanken von Sommerfeld mit einer gewissen Logik folgte, daß aber Laue derjenige war, der vermutlich nach Gesprächen mit Sommerfeld den Einfall in seiner Schärfe gehabt und dann mit der ihm eigenen sofortigen Entschlossenheit und Unbekümmertheit verkündet hat. Seine eigentlichen wissenschaftlichen Leistungen lagen im wesentlichen im Bereich der Relativitätstheorie. Er wurde dann ja auch nach Berlin berufen und war mit Einstein zeitlebens befreundet. Dazu trug zweifellos bei, daß die beiden auch in ihren politischen Ansichten einander nahestanden. Einstein war im ganzen auch politisch von einer Unmittelbarkeit des Urteils, die Leuten, welche anders dachten als er, manchmal kindlich vorkam, die man aber auch genial nennen kann. Genial war Laue nicht. Laue war in der Wissenschaft ein großes Talent. Die Quantentheorie, die dann aufkam – und zwar vor allen Dingen von Bohr und seiner Schule –, hat Laue im Grunde nie innerlich mitvollzogen. Und so war schon rein wissenschaftlich zwischen Laue und uns jungen Quantentheoretikern kein rechtes Gespräch möglich. Die Interpretation der Quantentheorie, die von Bohr und Heisenberg stammte, hat Laue niemals glauben mögen.

Nun kommen gewisse menschliche Probleme. Er war – so würde ich sagen – wahrscheinlich ein grundgütiger Mensch, aber andererseits von einer ihm selbst völlig unbewußten, unbefangenen und etwas plötzlichen Egozentrik. Es gibt wohl hundert Anekdoten über sein erratisches Verhalten. Z. B. erzählte mir einmal Gerlach, um mich zu trösten, weil ich über irgendeine absurde Handlung von Laue in unserer gemeinsamen Gefangenschaft mich aufgeregt hatte, die folgende Geschichte:

Gerlach war zusammen mit etwa zehn anderen Personen im Hause Laue eingeladen, und zwar war es schon im Krieg und Lebensmittel waren knapp. Es war Frau von Laue gelungen, Erdbeeren aufzutreiben, und diese sollten zum Nachtisch gegeben werden. Zufällig kam das nicht sehr große Gefäß voller Erdbeeren beim Herumgeben um den Tisch zunächst zu Herrn von Laue. Laue sagte begeistert: »Ah, Erdbeeren!«, schüttete sich die sämtlichen Erdbeeren auf seinen Teller und stellte das Gefäß weg – überhaupt nicht wahrnehmend, daß die anderen Gäste dadurch keine Erdbeeren bekamen. Das alles war gar nicht böswillig. Es war eigentlich im täglichen Umgang immer eher etwas komisch. Aber man fand, Laue ist in gewissen elementaren Dingen einfach nicht so ganz zurechnungsfähig. Er hatte auch höchst merkwürdige Fehlwahrnehmungen der Verhaltensweisen der anderen Menschen. Z. B. hat er mir selbst einmal in tiefem Ernst erzählt, leider sei sein Verhältnis zu Sommerfeld von einem bestimmten Augenblick an gestört gewesen und habe sich nie wiederherstellen lassen. Er habe nämlich einmal bei Sommerfeld angerufen, und Sommerfeld, der eine etwas hohe Stimme hatte, sei ans Telephon gekommen. Er, Laue, habe ihn aber für Frau Sommerfeld gehalten und so angeredet. Dieses habe ihm Sommerfeld sein ganzes Leben lang nie verziehen. Ich habe mit Sommerfeld nie über Laue geredet. Aber da ich Sommerfeld kannte, der ein kluger Mensch und ein sehr guter Lehrer war, und da ich Laues eigentümliches Verhalten kannte, würde ich sagen, Sommerfeld hat gegenüber Laue immer eine gewisse Distanz bewahrt. Laue hat diese sehr deutlich gespürt, und da er sich selbst überhaupt nicht kannte, mußte er sie sich erklären durch eine überzogene Beurteilung eines Vorfalls, von dem ich annehmen möchte, daß Sommerfeld nicht einmal gekränkt war, sondern vielleicht mit einem gewissen Schmunzeln davon erzählt haben könnte.

Politisch würde ich Laue einen bürgerlichen Liberalen, etwas links von der Mitte, nennen. Er war darin sehr konstant. Er hat die Nazis von Anfang an zutiefst mißbilligt. Er war deshalb ein für Einstein immer vertrauenswürdiger Partner. Er war auch mit Otto Hahn befreundet, der politisch ungefähr ebenso dachte. Eine Motivation wie die meine, die ich in meinem Interview mit Jaenecke versucht habe zu beschreiben, mußte seiner Phantasie vollkommen fernliegen, und ich habe das selbstverständlich gespürt, und ich habe mit Laue so gut wie nie einen Ton darüber gesprochen, was mich wirklich antrieb. Die Erklärung, daß man den Krieg überdauern wollte und dafür das Institut schützen mußte durch Arbeiten, die als kriegswichtig deklariert waren, gab man ihm natürlich. Sie war ja auch zutreffend, und sie war insbesondere bei Heisenberg wohl auch genau die richtige Erklärung. Zu dem Institut, dessen stellvertretender Direktor er war, als ich in das Institut eintrat, ist er im Grunde nie in irgendeine nähere Beziehung gekommen. Er war – wohl in Verbindung mit seiner Freundschaft mit Einstein – zweiter Direktor des Kaiser-Wilhelm-Instituts für Physik, dessen Direktor Einstein war, das aber nur auf dem Papier existierte. Als dann Einstein emigriert war, beschloß die

Kaiser-Wilhelm-Gesellschaft wiederum ein paar Jahre später, dieses Institut endlich zu einem wirklichen Institut auszubauen und seine Leitung Debye anzubieten, von dem ich vorhin gesprochen habe. Debye nahm diesen Auftrag auch gerne an, und ich kam später an das Institut, weil Debye mich schon von Leipzig her kannte. Nun war Laue als zweiter Direktor oder stellvertretender Direktor schon in den Akten, und ich nehme an, daß dies der Grund dafür gewesen ist, daß man ihm diese Position gewährt hat. Er hatte an sich eine Professur an der Berliner Universität. Er hat dort z. B. immer das physikalische Kolloquium geleitet in den Zeiten, als ich in Berlin war. Debye aber hat, sowenig wie wir andern, sich jemals veranlaßt empfunden, Laue um Rat zu fragen, sondern hat seine eigenen Entscheidungen getroffen. Im Unterschied zu Laue war Debye ein weltläufiger und gewandter Mann. Als dann die Kriegsarbeiten begannen und Debye nicht mehr da war, gelang es mir und Wirtz in einer gemeinsamen Aktion, Heisenberg an das Institut zu bringen. Wir mußten dazu Diebner ein wenig übertölpeln. Ich ging zu Diebner, nachdem ich mit Wirtz über die Sache gesprochen hatte (die Idee kam eigentlich von Wirtz), und sagte ihm, es wäre doch sehr gut, wenn wir mit Heisenberg einen festen Beratungsvertrag abschließen würden, daß er jede Woche ein paar Tage bei uns im Institut sei. Er war ja de facto damals noch Professor in Leipzig. Diebner rechnete nicht weit genug und fand dies einen guten Vorschlag, auf den er sich einließ. Nach einem Jahr aber war das geschehen, was vor allem Wirtz von Anfang an vorausgesehen hatte: Heisenberg war wissenschaftlich de facto der einzige Leiter des Instituts, einfach weil er allen anderen überlegen war. Und nun ging ich zu den Direktoren der Nachbarinstitute, zu Hahn, zu Wettstein und zu Butenandt, um ihnen den Gedanken nahezubringen, man möge doch Heisenberg nunmehr zum Direktor am Institut machen. Wir nannten es *am* Institut und nicht des Instituts, weil Debyes Anspruch auf Rückkehr gewahrt werden sollte. Dies geschah dann in den Leitungsgremien der Kaiser-Wilhelm-Gesellschaft, zu denen ich keinen direkten Zugang hatte. Tatsächlich war die Leitung der Arbeiten eben schon sehr früh bei Heisenberg, und Heisenberg, Wirtz und ich bildeten ein

Trio, das die Entscheidungen innerhalb des Instituts weitgehend unter sich ausmachte. Wir haben nun wiederum Laue niemals in unser Vertrauen gezogen, sondern Laue war eben da, und wir fanden, Laue habe es ganz gut, daß das Institut doch seine Bedürfnisse befriedige. Wirtz war sogar formal Assistent bei Laue. Aber es kam uns nicht in den Sinn, daß man Laue über irgendeine wichtige Entscheidung befragen oder informieren müsse, außer wenn dies formal notwendig war; denn wir mußten immer fürchten, daß er irgendeine etwas leichtsinnige Handlung begehen würde. Wie Laue selbst diesen Zustand empfunden hat, kann man ja eben aus seinen späten brieflichen Äußerungen entnehmen. Dies wundert mich überhaupt nicht.

Darin, daß die Empfindungen aller Beteiligten untereinander verschieden waren, hat Laue in seinen Briefen natürlich völlig recht. Es hat eben gerade nicht eine durchaus einheitliche Gruppe gegeben. Nur Heisenberg, Wirtz und ich waren jedenfalls in allem, was wir konkret zu tun beschlossen, in dem Sinne einig, daß wir es stets sorgfältig miteinander vorbesprochen haben. Die Unterschiede in der Motivation spielten für unsere Zusammenarbeit praktisch keine Rolle. Was tatsächlich nach der Nachricht von Hiroshima gesprochen worden ist, kann ich aus dem Gedächtnis nicht mehr mit Sicherheit wiedergeben. Ich habe darüber in den anderen Texten, die ich Ihnen zusende, ja schon einiges gesagt, und darüber hinaus weiß ich nicht mehr allzuviel. Ich möchte immerhin sagen, daß vermutlich Gerlach wirklich tief enttäuscht war, daß die Arbeiten, die er sehr interessant fand, nunmehr durch den amerikanischen Erfolg eigentlich zu einer Nichtigkeit degradiert worden waren – die Arbeiten, die faktisch zu einem Reaktor hätten führen sollen. Ich möchte auch glauben, daß Gerlach unter der Tatsache der deutschen Niederlage in einer Weise litt, die eben mit seinem ausgeprägten Nationalempfinden zu tun hatte. Ich möchte über die Meinungen der anderen in Farm Hall damals Versammelten jetzt weiter keine Hypothesen aufstellen. Wenn einmal die Bänder, die man damals unmoralischerweise von unseren Gesprächen aufgenommen hat, öffentlich vorliegen werden, so wird man ja sehr viel besser wissen, was wir wirklich gesagt haben. Ich möchte annehmen, daß ich in der Tat nach einiger Zeit in dem Gespräch eine gewisse Wortführung übernommen habe. Allerdings ist meine Erinnerung etwa anders als die von Laue. Zunächst, als die Nachricht vom Stattfinden des Bombenabwurfs ganz neu war, bilde ich mir ein, praktisch völlig geschwiegen zu haben. Zunächst einmal glaube ich, daß damals Heisenberg mehr geredet hat und vielleicht auch Gerlach, und zwar, daß Heisenberg insbesondere zunächst überhaupt nicht daran glauben mochte, daß dieses eine wirkliche Atombombe sei. Das ist für die Beurteilung von Heisenbergs eigenen Meinungen vielleicht von einer gewissen Wichtigkeit, ist aber ein anderes Thema. In einem späteren Gespräch, als man sich dann überzeugt hatte, daß die Nachricht von der Atombombe richtig war, habe ich vielleicht eher dann die Wortführung übernommen. Meiner Erinnerung nach sagte ich mir damals: Nun, wir sollten doch nicht so überrascht sein, daß die Amerikaner die Sache geschafft haben, daß wir sie aber nicht gemacht haben, weil es doch für die Amerikaner relativ plausible Motive gab, sie zu wollen, während für uns eigentlich ein starkes Motiv nicht vorhanden war. Es kann sein, daß Laue nicht falsch beobachtet hat, wenn er fand, daß die etwas heterogenen Reaktionen der Beteiligten sich auf diese von mir angebotene Form leicht einigen konnten. Es war aber primär im Grunde nicht eine Absicht, eine Sprachregelung zu finden, sondern ich versuchte, das zu sagen, was meiner eigenen Erinnerung nach das Richtige war, und natürlich war für die ganze Gruppe am Ende erwünscht, eine einheitliche Formulierung zu haben. Ich würde vermuten, daß Hahn vor allem darüber entsetzt war, daß die westlichen Mächte, auf deren Sieg er so dringend gehofft hatte, nun auf einmal das getan hatten, was er am meisten fürchtete; er hat mir eben in der Tat im Oktober 1939 mit großer Erregung gesagt, zwar sei er durchaus bereit, meinem Ratschlag zu folgen und sich an den Uranarbeiten zu beteiligen, weil er so sein Institut durch den Krieg retten könne, aber wenn – wörtlich – »durch meine Arbeiten Hitler eine Atombombe bekommt, dann bringe ich mich um«. Vor diesem Hintergrund war das, was er doch nur als ein Verbrechen empfinden konnte, ausgeübt von denen, auf die er seine Hoffnung gesetzt hatte, wohl ein sehr tiefer Schock für ihn. Anders möchte ich annehmen, daß Gerlach einfach unter dem Gedanken litt, daß die Deutschen in dieser Sache so weit zurückgeblieben waren gegenüber dem, was ihre Kriegsgegner getan hatten. Und so mag bei jedem das Motiv wieder ein bißchen anders gewesen sein. Aber im Grunde finde ich, daß die Beobachtung, die man von außen machen konnte, wie sie z. B. in meinem Gespräch mit Feinberg an den Tag kam, die Umstände richtig darstellte. Was auch immer man denken mochte, keiner von uns hat mit Leidenschaft Atombomben zu machen versucht, sondern wir machten, soviel wir eben meinten, daß wir können würden, und wir waren bis zum Tag von Hiroshima der naiven Meinung, man würde später sagen, daß wir im Krieg doch einer Uranmaschine, die Wärme erzeugte, so nah gekommen seien. Das sei doch eine ganz beachtliche Leistung.

Vielleicht noch eine kleine harmlose und heitere Gesichte über die Weise, wie wir Laue sahen: Laue erzählte sehr gerne Witze. Das geschah dann so, daß er einen ungeheuer langen Anlauf nahm. Man mußte eine ganz lange Vorgeschichte anhören, und je näher die Pointe rückte, desto langsamer, desto zögernder wurden seine Worte. Dann aber, kurz ehe die Pointe kam, brach er in ein tiefes schallendes Gelächter aus, in dem die Pointe praktisch nicht mehr zu hören war. Auch dies – meinem Gefühl nach – ein Beispiel dessen, was ich vorhin eine ihm selbst völlig unbekannte oder unbewußte Egozentrik genannt habe, und eine ziemlich geringe Fähigkeit, sich klarzumachen, wie andere Menschen auf ihn reagierten.

Aber ich soll vielleicht an dieser Stelle abschließen.

Mit meinen besten Grüßen bin ich
Ihr CFWeizsäcker

An Jürgen Habermas

17. Juli 1987

Lieber Herr Habermas,

haben Sie Dank für den herzlichen Ton Ihres Glückwunschbriefs zu meinem Geburtstag. Der Zufall hat ja gewollt, daß wir Ihre Frau inzwischen getroffen haben, und Sie hat Ihnen gewiß davon erzählt. Das Treffen der ehemaligen Starnberger, Anfang Juli, fand ich dann eine sehr geglückte Sache. Wenn ich meine eigenen Gefühle rückblickend ausdrücken soll, so würde ich sagen, die Schwäche unseres Instituts in den siebziger Jahren war – neben manchem anderen, was man vielleicht noch feststellen könnte –, daß wir der Bewußtseinsentwicklung zu weit voraus waren und daß wir selbst nicht ganz die intellektuellen Mittel hatten, um das, was wir im Unterschied zum bestehenden öffentlichen Bewußtsein sowohl in Politik wie in Wissenschaft sagen wollten, auszudrücken.

Dabei muß ich sagen, daß für mich in der Erinnerung an jene Jahre gerade die Gespräche oder auch manchmal schriftlichen oder nicht-verbalen Auseinandersetzungen mit Ihnen fast das Fruchtbarste gewesen sind. Ich glaube, ich habe schon gewußt, was ich tat, als ich Sie nach Starnberg verlockte. Ob es für Sie gut war, ist eine andere Frage. Natürlich hatte ich auch einen kleinen taktischen Gesichtspunkt dabei. Ich wollte gerne den militanten Linken, die ich ans Institut geholt hatte, einen wohlausgewiesenen linken Direktor servieren, der sie endlich zu law and order nötigen würde. Und das haben Sie ja auch aufs vollkommenste getan. Aber wirklich interessant war mir immer der geistige Austausch mit Ihnen, denn – wenn ich es so ausdrücken darf – wir waren und sind so verschieden, daß ich von Ihnen immer wieder Gedanken hörte, die mir spontan überhaupt nicht eingefallen wären. Und das ist ja doch wohl die größte Bereicherung, die man im Gespräch bekommen kann. Dafür möchte ich Ihnen auch nachträglich noch einmal herzlich danken. Und nun alles Gute weiterhin in Frankfurt!

Carl Friedrich Weizsäcker

An Erich Honecker

17. Juli 1987

Sehr geehrter Herr Staatsratsvorsitzender,

mit den guten Wünschen für den Erfolg meiner Arbeit, die Sie mir aus Anlaß meines 75. Geburtstags ausgesprochen haben, haben Sie mir Grund zu Freude und Hoffnung gegeben.

Wir Atomphysiker in allen Nationen der Erde waren die ersten, die schon 1939, nach der überraschenden Entdeckung der Kernspaltung durch Otto Hahn, realisierten, daß nunmehr nukleare Waffen möglich werden würden. Mehrere von uns haben schon damals eingesehen, daß bei der bestehenden Struktur der Menschheit, in der Mächte, die das Recht zur Kriegführung wie eh und je in Anspruch nehmen und die sich gegenseitig mißtrauen, der Bau solcher Waffen praktisch nicht würde verhindert werden können. Dies drängte unsere Gedanken notwendigerweise in der Richtung, auf die Dauer die Überwindung der Institution des Kriegs als die einzige Lösung zu sehen. Dieser Meinung war ich schon 1939, und ich habe sie auch heute noch. Sie hat mich nicht nur zu öffentlichen Äußerungen veranlaßt, sondern auch dazu, die letzten zehn Jahre meines Berufslebens intensiven Studien der Voraussetzungen für eine friedliche Entwicklung zu widmen.

Es ist ein hoffnungsvolles Zeichen, daß heute vielleicht zum ersten Mal mit Aussicht auf Erfolg über Abrüstung verhandelt wird. Dabei ist die Abrüstung der Kernwaffen nur das sichtbarste Zeichen eines Prozesses, dessen Substanz vor allem darin liegt, daß es den Mächten gelingt, sich in einem politischen Dialog der gemeinsamen Lösung der gemeinsamen Lebensfragen zu widmen.

Mit dem Ausdruck meiner vorzüglichen Hochachtung bin ich

Ihr sehr ergebener
Carl Friedrich Weizsäcker

An Reimar Lüst

17. Juli 1987

Lieber Herr Lüst,

haben Sie herzlichen Dank für Ihren Geburtstagsbrief. Natürlich kehre auch ich gern in der Erinnerung zurück in die Zeit, die nun schon etwa 40 Jahre zurückliegt. Unsere kleine Gruppe in der Göttinger Dachkammer war doch eine schöne Sache. Daß ich daran schuld bin, daß Sie in die Astrophysik gegangen sind, ist mir klar, und natürlich habe ich mich gefragt, ob das dann der richtige Vorschlag war. Aber Sie haben ja das, was mich selbst interessierte, dann so stark mit eigenem Interesse aufgenommen und in neue Richtungen gelenkt, in die ich vielfach gar nicht mehr folgen konnte, daß ich kein schlechtes Gewissen dabei habe. Auch Ihre heutige Arbeit ist ja in der Kontinuität dessen, was wir damals begonnen haben.

Sie erwähnen, aufrichtig, auch den leisen Schatten, der auf unsere Beziehung durch die Schließung des Starnberger Instituts gefallen ist. Es gibt eben Situationen, in denen man sachlich verschiedener Meinung ist und verschiedener Meinung bleibt. Zur Selbstkritik mahnt mich die Beobachtung, daß auch solche Max-Planck-Direktoren, die prinzipiell es eine sehr gute Sitte fanden, daß man auch Institute schließt, gleichwohl dieses niemals auf ihr eigenes Institut angewandt haben. Man bleibt eben subjektiv. Anläßlich meines jetzigen Geburtstags haben einige frühere Starnberger Mitarbeiter eine Zusammenkunft der alten Starnberger gemacht und haben jeweils sachlich vorgetragen, was sie inzwischen tun und denken. Dabei habe ich den Eindruck gewonnen, daß wir wahrscheinlich in Starnberg in den siebziger Jahren den Fehler gemacht haben, der Bewußtseinsentwicklung der Wissenschaft und der Politik zu weit voraus zu sein – so weit, daß wir die intellektuellen Mittel, um das, was wir meines Erachtens völlig richtig gefühlt und gewollt haben, verständlich auszudrücken, nicht besaßen. Dadurch entstand dann eine Zustimmung der einen Partei und eine Mißbilligung von der anderen Partei, und alle beide – Zustimmung und Mißbilligung – trafen eigentlich nicht das, worum es ging. Vielleicht kommt aber einmal diejenige Entwicklung, in die das, was wir gewollt haben, etwas besser hineinpaßt.

Mit herzlichen Grüßen bin ich
Ihr CFWeizsäcker

AN CHRISTIAN DEUBNER

17. Dezember 1987

Lieber Herr Deubner,

herzlichen Dank für Ihren Brief vom 16. Oktober, den ich etwas verspätet beantworte, weil ich inzwischen eine Weltreise gemacht habe, zum erstenmal richtig im Kreis um den Globus herum von Frankfurt über Indien hinweg nach Neuseeland; von Neuseeland über Nordamerika wieder zurück. Inzwischen habe ich sehr viel Post vorgefunden und habe Schwierigkeiten, sie zu beantworten. Jedenfalls aber hat es mich sehr gefreut, ihn nunmehr vorzufinden.

Die Neuerscheinungen über Heidegger sind mir nicht entgangen. Ich habe sie allerdings selbst nicht gelesen und habe auch nicht vor, sie zu lesen. Ich bin gegenwärtig so sehr mit anderen Dingen beschäftigt, daß ich die Kraft dazu nicht habe. Ich darf Sie aber vielleicht darauf hinweisen, daß in der Neuen Zürcher Zeitung vom 28.11.87 Artikel erschienen sind über neue Bücher über Heidegger, von denen mir insbesondere der von Dr. Ruprecht Paqué, einem ehemaligen Schüler von mir, sehr interessant war. Vielleicht mögen Sie sich das ansehen. Aber selbst reagieren will ich jedenfalls nicht.

Es hat mich gefreut, von Ihnen zu hören, daß Kardinal Lustiger sich für den Fortgang des Weltversammlungsprojekts interessiert hat. Leider bin auch ich mir über die Reaktionen von Rom nicht völlig im klaren. Der Vatikan ist ja durch den Weltrat der Kirchen ausdrücklich eingeladen worden, daß die katholische Kirche sich einladend an der Weltversammlung beteiligen solle. Nach Gesprächen, die ich im Vatikan gehabt habe, hatte ich den Eindruck, man werde im Herbst diesen Jahres eine Antwort bekommen. Bisher ist aber noch keine eingetroffen. Ich kann diese Zurückhaltung selbst nicht genau interpretieren. Falls der Kardinal Lustiger an der Sache wirklich interessiert ist, und falls Sie ihn einmal zufällig wieder treffen sollten, könnten Sie ihm ruhig sagen, daß auch ich froh wäre, wenn Rom nunmehr eine definitive Antwort geben würde. Vielleicht unternimmt er eine kleine Anfrage in Rom, die zu machen für ihn leichter ist als für mich.

Mit freundlichen Grüßen bin ich
Ihr CFWeizsäcker

An Volker Weidemann

27. Januar 1988

Lieber Herr Weidemann,

das Zitat, das Sie mir schicken, ist zweifellos echt. Ich kann mich allerdings nicht erinnern, ob ich es irgendwo habe drucken lassen oder ob es aus einem Brief entnommen ist. In meinen publizierten Büchern steht es meines Erachtens nicht, sondern es klingt wie eine Antwort auf eine Anfrage.

Ich möchte es aber ein wenig erläutern. Als ich als junger Physiker bei Heisenberg arbeitete, hatte ich das Gefühl, daß die Naturwissenschaftler einige Dinge automatisch glauben und andere Dinge automatisch nicht glauben, ohne sie empirisch geprüft zu haben. Da ich aber fand, daß eine Verwerfung doch wohl auch empirisch überprüft werden sollte, wenn sie wenigstens überprüfbar wäre, dachte ich, an irgendeiner Stelle werde ich mich diesen sogenannten okkulten Dingen einmal ein bißchen empirisch widmen. Ich muß dazusagen, daß für mich die Verliebtheit ins Okkulte, soweit ich mich selbst kenne, nicht besteht, sondern daß ich vollkommen glücklich wäre, wenn das alles Unsinn wäre. Ich habe dann aber, da ich mich mit Astronomie befaßt hatte und mit den Berechnungen der Horoskope keine Schwierigkeiten hatte, dieses Fach ausgewählt, z. B. lieber als Alchemie, da ich von Chemie selbst viel zuwenig verstehe, und habe mir dann einen Kurs geben lassen von einem ziemlich bekannt gewordenen Astrologen namens Thomas Ring, und habe selbst wohl etwa 60 Horoskope ausgearbeitet. Mein Eindruck von der Sache war ungefähr der, der in diesem Text gesagt ist. Ich finde es relativ schwierig, nachdem ich mich mit diesen Figuren näher befaßt habe, zu meinen, daß nichts empirisch daran sei. Meinem Eindruck nach sind die empirischen Bestätigungen stärker, als daß ich geneigt wäre, sie für zufällig zu halten. Das gilt weniger in statistischen Untersuchungen, denn die Statistiken werden immer so kompliziert, daß man ohne ganz ungeheure Zahlenmengen zu gar nichts kommt, und dann weiß man auch nie, ob man die relevanten Fragen gestellt hat oder nicht. Ich hatte einmal einen Mitarbeiter, den Sie auch kennen, Sebastian von Hörner, der von Prof. Bender in Freiburg durch meine Vermittlung gebeten wurde, ihm in der Auswertung von Statistiken ein paar Wochen zu helfen. Hörner ging hin mit einem starken positiven Interesse an Astrologie, kam zurück und sagte mir, »ich bin geheilt; wenn das Statistik sein soll, dann kann man beliebige Dinge mit Statistiken beweisen«. Mein Eindruck war viel eher, daß gute, sensible Leute, die Astrologie treiben, imstande sind, mit einer Art von Gestaltwahrnehmung etwas über die betreffenden Personen zu sagen, was mich denn doch verblüfft, zumal in Fällen, in denen ich sicher zu wissen meine, daß der Betreffende denjenigen, über den er redet, nicht gekannt hat und gar nicht wußte, wer es war. Thomas Ring übrigens sagte mir in diesem Zusammenhang, eine der Hauptfehlerquellen bei der Überprüfung der Astrologie sei die denkbare Möglichkeit von Telepathie, die eine andere Information an den Astrologen gäbe als die, die er zu verarbeiten meint. So kompliziert sind solche empirischen Untersuchungen eben.

Ich habe dann aber eines Tages entdeckt, daß ich schon ein paar Jahre lang kein Horoskop mehr angesehen habe, und der Grund dafür lag in zwei Dingen. Einerseits hatte ich das Gefühl, wenn ich diese Sache empirisch wirklich überprüfen würde, würde ich nicht mehr Physik, sondern empirische Astrologie machen, und das war mir dann einfach die Anstrengung nicht wert. Andererseits hatte ich den Eindruck, daß alle die Leute, die versuchen, auf Horoskope zu trauen, sich dadurch nur ins Unglück reiten. Infolgedessen schien es mir gesünder, dem lieben Gott nicht in die Karten gucken zu wollen, sondern mit den direkten Wahrnehmungen, die man besitzt, an die Fragen heranzugehen.

Im übrigen habe ich auch heute keinerlei Vorstellung als Physiker, wie diese Wirkung zustande kommen soll. Ich muß nur sagen, daß der holistische Charakter der Quantentheorie solche Zusammenhänge im Prinzip nicht ausschließt. Klüger als das bin ich nicht, und vielleicht bleibe ich bei diesem begrenzten Wissen.

Mit meinen besten Grüßen bin ich
Ihr CFWeizsäcker

An Gunver Clements-Höck

1. März 1988

Sehr geehrte Frau Clements-Höck,

da Sie mir Ihren zornigen Brief an die Wiederaufbereitungsanlage Wackersdorf in Kopie geschickt haben, möchten Sie vermutlich von mir auch eine Reaktion hören. Meine Reaktion ist zuerst, daß meines Erachtens die Verteufelung des Gegners niemals dazu beiträgt, die Probleme zu lösen. Ich fürchte, daß Ihr Brief genau wegen der Empörung, die aus ihm spricht, zwar zeigt, daß Sie wirklich beunruhigt sind, aber sehr wenig dazu nützen kann, die Probleme zu lösen.

Ich bin selbst Kernphysiker und erinnere mich ganz genau, daß, als wir erkannten, daß Atomwaffen möglich werden, wir der Meinung waren, jetzt gehe die Menschheit in die größte für sie mögliche Krise hinein, von der nicht sicher ist, daß sie überlebt wird, daß aber diese Krise jedenfalls nur überlebt werden kann, wenn die Institution des Kriegs überwunden wird; denn daß die Atomwaffe nicht gebaut werden würde, konnte man nicht annehmen. Andererseits waren Otto Hahn und auch wir Jüngeren sehr glücklich zu denken, daß wir nunmehr wenigstens durch die Reaktoren der Menschheit eine Energiequelle liefern könnten, die im Gegensatz zu den fossilen Brennstoffen völlig umweltfreundlich wäre und die auch sehr viel länger dauern würde – jedenfalls wenn man sie mit Brütern betreibt, und das heißt natürlich mit der Erzeugung von Plutonium, das dann auch wiederaufbereitet werden muß. Nach und nach ist uns dann klargeworden, daß hier doch große Probleme vorliegen. Ich gestehe aber, daß meine wirkliche Sorge nur die eine ist, daß kerntechnische Anlagen, insbesondere also auch Wiederaufbereitungsanlagen, nicht hinreichend sicher sind gegen Kriegseinwirkungen und dann die Gefahren eines Kriegs noch einmal sehr erhöhen würden. Im übrigen habe ich mich bisher nicht überzeugen können, daß die Vermeidung von Unfällen nicht möglich sein sollte, und hätte ohne die Gefahr des Kriegs wohl keine Sorge – jedenfalls keine sehr große Sorge – in Verbindung mit einer weiteren Ausführung der Kerntechnik. Die Gefahr des Kriegs ist aber nicht behoben, und deshalb bin ich in der Tat nach und nach zu der Meinung gekommen, daß die Menschheit für die Kernenergie – jedenfalls bisher – noch nicht reif ist und daß man insbesondere die großen Anhäufungen von Radioaktivität, die in Wiederaufbereitungsanlagen liegen, vermeiden sollte. Im übrigen ist eine Wiederaufbereitungsanlage im gegenwärtigen Stand der Kerntechnik auch in der Tat noch gar nicht nötig. Die Argumente, die in der Annonce der Wiederaufbereitungsanlage stehen, finde ich schwach. Die Verminderung des radioaktiven Materials auf die Hälfte erleichtert das Problem der Entsorgung nur unerheblich. Ich muß also einen Teil Ihrer Kritiken sehr wohl zugeben, muß aber auf der anderen Seite sagen, daß die bloße zornige Kritik an diesem Vorhaben nicht viel wert ist, wenn sie nicht verbunden ist mit einem Vorschlag, was man denn tun soll. Denn daß wir von den fossilen Brennstoffen loskommen müssen, scheint mir absolut sicher. Dies scheint mir im Grunde viel evidenter, als daß man von der Kernenergie loskommen muß. Wieweit die Sonnenenergie, wieweit Energieersparnis und eine mehr asketische Weltkultur dazu beitragen kann, das sind die großen Fragen, um die man sich aktiv kümmern muß. Ich würde also vorschlagen, daß Sie versuchen, jede Untersuchung über Alternativen – soweit Sie irgend können – zu fördern, und sei es auch nur durch öffentliche Forderung, aber daß Sie sich in dem Ton, den Sie gegenüber anderen Menschen annehmen, welche etwas tun, was ich selbst noch vor nicht sehr langer Zeit für etwas vom Wichtigsten zum Wohl der Menschheit gehalten habe, ein wenig mäßigen. Ich glaube, Sie würden dann Ihren Mitmenschen sehr viel besser gefallen. Mütter sind ja auch dann gegenüber Ihren Kindern am besten, wenn sie nicht den Kindern rechts und links Ohrfeigen geben, weil die Kinder etwas tun, was man ihnen lieber ausreden sollte.

Mit freundlichen Grüßen
Ihr CFWeizsäcker

An Martina Wille

1. März 1988

Liebe Martina,

Peter Bamm ist mir noch aus der Zeit, als er in der DAZ vor dem Krieg schrieb, sehr gut in Erinnerung. Die Frage, die Du im Anschluß an seine Behauptung stellst, ist eine sehr interessante Frage, leider eine, von der ich behaupten möchte, daß heute niemand die Antwort darauf weiß. Die Überlegung, die er anstellt, ist in der Tat von Physikern, insbesondere natürlich von Astrophysikern, verschiedentlich durchdacht worden. Er bezieht sich hier auf Überlegungen, die er offenbar damals schon gelesen hat. Ich selbst habe die Literatur über diese Dinge nicht ernstlich verfolgt und wußte nicht, daß man schon vor 1962 an solche Sachen gedacht hat; aber es ist gar nicht unplausibel.

Es gibt zunächst Leute, die dasselbe meinen, was Bamm hier ausdrückt, daß nämlich die Bedingungen für die Entstehung organischen Lebens im Kosmos so außerordentlich kompliziert sind, daß man annehmen muß, es wäre nach Regeln der Wahrscheinlichkeit vielleicht überhaupt nicht dazu gekommen. Daraus kann man die Folgerung ziehen, die er zieht, daß in diesem Falle man wohl eine planvolle Anlage des Kosmos annehmen müßte, die auf das Leben hingezielt hat. Eine konkrete Gestalt dieser Überlegung heute ist, daß man sagt, es hätte die chemischen Verbindungen, auf denen das Leben beruht, nicht geben können, wenn gewisse Naturkonstanten, z. B. diejenige, die die Stärke der elektrischen Wechselwirkung bestimmt, die sog. Feinstrukturkonstante, andere Zahlenwerte hätten, als sie sie wirklich haben. Statt der Annahme einer zweckmäßigen Anlage der Welt eigens mit solchen Werten der Konstanten, die zur Entstehung des Lebens geeignet sind, kann man dann aber auch die Annahme machen – auch das sagen einige heutige Autoren –, es gäbe eben unendlich viele verschiedene Welten, in deren jeder die Konstanten andere Werte haben, und nur in derjenigen Welt, in der die Konstanten die für das Leben notwendigen Werte haben, sei Leben entstanden, sei infolgedessen auch eine Menschheit entstanden, die über solche Probleme überhaupt nachdenken kann, und daher fänden wir uns nun zu unserer unberechtigten Überraschung genau in einer Welt mit diesen Konstanten vor. Das nennen die Leute dann das anthropische Prinzip.

Ich gestehe, daß ich selbst eine viel banalere Ansicht für wahrscheinlicher halte. Es ist sehr häufig so, daß ungelöste Probleme – solange sie eben nicht verstanden sind – so aussehen, als seien sie unlösbar, während in dem Augenblick, in dem die Lösung gefunden ist, alles ganz einfach und verständlich ist. Ich habe deshalb den Eindruck, daß die Tatsache, daß wir die wirkliche Entstehung des Lebens natürlich noch gar nicht sehr gut begreifen, dazu führt, daß die Leute meinen, sie sei unter den Annahmen, die wir machen, überhaupt nicht zu erklären. Das liegt aber nicht daran, daß sie an sich nicht zu erklären ist, sondern daß wir die falschen Annahmen machen. D. h., ich neige in dieser Sache eher dazu abzuwarten, was noch eines Tages rauskommen wird, was ich selbst wahrscheinlich nicht erleben werde, aber spätere Leute werden sich vielleicht wundern, daß wir uns über diese Sache so sehr den Kopf zerbrochen haben. Das ist also meine banale Ansicht.

Nur zur metaphysischen oder theologischen Bedeutung des ganzen Gedankens. Ich finde, das ist ziemlich ähnlich, wie es seinerzeit die Debatte über die Entstehung des Planetensystems war. Johannes Kepler, den ich wohl unter allen Physikern der Neuzeit am meisten liebe, hat die Gesetze der Planetenbewegung gefunden und war darüber schlechthin glücklich. Er war überzeugt, damit einen höchsten Gottesdienst geleistet zu haben, indem er Gottes Schöpfungsgedanken in ihrer einfachen Form erkannt und nachgedacht hat. Dann kam Isaac Newton und erklärte auch noch die drei Keplerschen Gesetze durch die Grundgesetze der Mechanik zusammen mit dem Gravitationsgesetz. Dieses faßte er nun auf im Sinne der damals entstehenden aufklärerischen Gesinnung, daß er nunmehr eben das Funktionieren des Systems ohne Einwirkung eines göttlichen Willens mechanisch begreifen könne. Andererseits aber konnte er die Entstehung des Systems mit seinen Prinzipien sich nicht klarmachen. Er konnte sich nur klarmachen, daß, wenn es einmal entstanden ist, es funktioniert. Infolgedessen ließ er zu, daß Zeitgenossen von ihm sagten, er habe hier einen neuen Gottesbeweis gefunden, nämlich daß man einen intelligenten Schöpfer – eine Art Ingenieurgott – braucht, um die Welt entstehen zu lassen, die dann danach wie eine Maschine abläuft. Immanuel Kant war der erste, der eine Theorie der Entstehung nach mechanischen Gesetzen für das Planetensystem angab, die wir auch heute noch im Prinzip für ziemlich richtig halten. Die Theorie, die ich im Jahre 1943 für die Entstehung des Planetensystems aufgestellt habe, ist – wie ich erst später merkte – mit der Kantschen sehr eng verwandt. Meine Theorie ist nun auch noch nicht die endgültige, aber die jungen Astrophysiker sagen mir, man halte sie doch für ziemlich gut. Nun hat Laplace dann Kants Gedanken neu aufgenommen und noch etwas anders formuliert (übrigens, wie mir heute scheint, weniger gut, als Kant es getan hat); und als er dieses sein System der Welt als Buch dem Kaiser Napoleon überreichte, fragte ihn dieser: »Und wo ist in Ihrem System noch Platz für Gott?«, und darauf antwortete er: »Sire, diese Hypothese hatte ich nicht nötig.«

Ich finde aber, daß Kant, der seine Hypothese als junger 31jähriger Mann veröffentlicht hat, schon eine sehr viel bessere Antwort gegeben hat als Laplace. Im Vorwort zu seinem Buch »Allgemeine Naturgeschichte und Theorie des Himmels« sagt er nämlich: »Man könnte mir den Vorwurf machen, daß ich hiermit dem Schöpfungsglauben Abbruch tue, daß ich« – so drückte er es aus – »Epikur wieder mitten im Christentume auferstehen lasse. Gegen diesen Vorwurf fühle ich mich aber geschützt, denn es scheint mir, höher als ein Gott, der zuerst Naturgesetze schuf und sie dann durchbrechen mußte, um auch eine Welt zu schaffen, wäre ein Gott zu bewundern, der Naturgesetze so geschaffen hat, daß nach ihnen die Welt mit Notwendigkeit entstehen mußte.« Das ist natürlich im Sinne von Leibniz gedacht, der für den jungen Kant noch der maßgebende Philosoph war. Er ist im Grunde auch die Wiederaufnahme des Gedankens von Kepler, und wenn man es in der Philosophiegeschichte zurückverfolgt, so ist es wohl eigentlich Platonismus.

Da ich selbst auch etwa so denke, habe ich nicht das Bedürfnis, aus den Schwierigkeiten, die wir haben, die Entstehung des Lebens physikalisch zu begreifen, eine Art Gottesbeweis herzuleiten, sondern würde denken, wenn wir die Entstehung des Lebens gemäß der Physik verstanden hätten, so hätten wir vermutlich einen besseren Gottesdienst geleistet, als wenn wir behaupteten, daß man das nicht verstehen kann. Aber das sind subjektive Ansichten, und ich kann sehr wohl jemanden achten, der anders darüber denkt. Soviel für heute.

Herzliche Grüße Dir und Fritz. Gundi und Resi werden Euch ja bald besuchen; aber ich hoffe, daß Du diesen Brief schon vorher bekommst.

Dein Carl Friedrich

AN HANS FRIEDENSOHN

2. März 1988

L. H.

es ist eigentlich unverzeihlich, daß ich auf unser Gespräch mit Hause Becker nie mehr Dir geschrieben habe und auch jetzt mit der Antwort auf Deinen Brief vom Dezember 2 Monate habe vergehen lassen. Letzteres ließe sich erklären, wenn ich Dir vorführen würde, was ich in dieser Zeit zu tun hatte. Ich war – ich darf es beinahe sagen – völlig überfordert. Ich habe aber Deinen Brief meinem Bruder geschickt, und er hat mir geantwortet. Ich zitiere Dir aus seinem Antwortbrief an mich wörtlich ein paar Sätze:

»Einerseits gibt mir mein Amt Gelegenheit, im Sinne der Ziele von Friedensohn, die ich nicht näher kenne, aber wohl teile, zu wirken, zum Beispiel bei Gesprächen mit Peres, Rabin, in dieser Woche mit Mubarak und in zehn Tagen mit König Hussein. Andererseits lehrt die Erfahrung dieser Gespräche immer wieder, daß ihr Hebel für die Ziele viel zu kurz ist. Dies ist eine nüchterne und quälende Erkenntnis.«

Er meinte ferner, er würde sicher gerne mit Dir über diese Sachfragen sprechen, wenn Du bei uns einmal im Lande wärest, und eben dasselbe würde ich natürlich gerne tun. Aber im Augenblick muß ich mich hier auf diesen Brief beschränken.

Daß ich nach unserem Gespräch bei Becker mich nicht wieder gemeldet haben, kam nicht daher, daß ich darüber nicht nachgedacht hätte, aber im Grunde war ich ratlos. Ich kann mich jetzt an die Einzelheiten des Gesprächs nicht mehr erinnern und weiß nur, daß ich nachher das Gefühl hatte, Du wolltest etwas, was ich im Grunde nicht gut verstehe, denn wenn ich es verstünde, so hätte ich dazu ja sagen können: Ja, das will ich tun, oder: Nein, das kann ich nicht tun. Ich war darüber unsicher und bin es noch. Meinem Bruder gibt sein Amt Gelegenheit zu vertraulichen Gesprächen mit führenden Leuten, und das ist wahrscheinlich das Beste und Nützlichste, was er da tun kann. Wie begrenzt die Wirkung ist, siehst Du ja aus seinen eigenen Worten. Du scheinst aber in Deinem Brief daran zu denken, daß wir etwas Öffentliches tun sollen, und da weiß ich nicht recht, wie das aussehen müßte, damit es wirkungsvoll wäre. Ich möchte Dir in meinem jetzigen Brief deshalb mein Problem in einer gewissen Breite schildern und beginne nicht von den Fragen Deines Landes, sondern ich beginne, indem ich Dir ein wenig schildere, was ich selbst getan habe. Vieles davon weißt Du, anderes wiederum weißt Du vielleicht nicht oder nicht so genau.

Zunächst einmal bin ich ja Physiker. Ich habe die Physik auch nie verlassen – nicht, als ich einen philosophischen Lehrstuhl annahm und auch nicht, als ich 1970 ein Institut gründete, das man kurz ein Institut für politische Analyse nennen könnte. Seit 1980 bin ich im Ruhestand, und ich habe mich gefragt, was ich wohl in diesem Ruhestand tun sollte. Eine innere Stimme sagte mir vollkommen eindeutig: Bringe deine Physik zum Ziel. Ich habe das versucht, so gut ich konnte, und habe im Jahr 1985 ein dickes Buch unter dem Titel »Aufbau der Physik« veröffentlicht. Ein zweites, dazugehöriges, mehr philosophisches Buch unter dem Titel »Zeit und Wissen« ist zur Hälfte fertig, und ich habe mir jetzt vorgenommen, es im Jahre 88 abzuschließen. In der Tat weiß ich nicht, ob ich später dazu noch die Kraft haben würde. Dies ist etwas, das ich – wie mir scheint – wirklich kann und das ich deshalb tun sollte.

Etwas anderes ist es, daß ich mich außerdem um politische Probleme gekümmert habe. Die Analysen meines Instituts bezogen sich auf drei wichtige Fragenkreise. Einmal Außenpolitik und Friedenserhaltung und Friedensschaffung – wie man eher sagen müßte. Zweitens die ökonomischen und sozialen Probleme des Südens. Drittens die Umweltfragen. In allen drei Bereichen habe ich mir eine, wenngleich begrenzte, Kompetenz verschafft, so daß ich mir zutraue, darüber öffentlich etwas zu sagen.

Nun ist im Jahr 1985 etwas für mich Überraschendes dazugekommen. Ich wurde eingeladen vom Deutschen Evangelischen Kirchentag, ich möchte dort auf einem Podium sitzen und mitdiskutieren über den Gedanken eines Aufrufs zu einem christlichen Konzil des Friedens. Ich habe das getan, habe selbst den Text des Aufrufs formuliert, der schließlich angenommen wurde, und auf einmal war ich in der öffentlichen Meinung unseres Landes der Erfinder dieser Idee. Das war ich in Wirklichkeit nicht. Aber ich habe mich damit innerlich in der Tat identifiziert. Ich glaube nicht, daß ich Dir das Büchlein geschickt habe, das ich über diese Frage geschrieben habe, ich sende es Dir deshalb jetzt zu. Es trägt den Titel »Die Zeit drängt«. Ferner lasse ich Dir zugehen ein neues Buch von mir unter dem Titel »Bewußtseinswandel«, das Mitte März erscheinen soll. Dort habe ich die allgemeinen Fragen, die mit Frieden, sozialen Ungleichheiten und Umweltproblemen zu tun haben, behandelt. Auf die Probleme Deines Landes und seiner Nachbarn bin ich dort aber nicht eingegangen. Der Grund für diese Zurückhaltung ist, daß ich Eure Probleme nicht aus eigener Anschauung kenne, daß ich mir nicht – bisher jedenfalls – zutraue, wirkliche Lösungen vorzuschlagen, und daß meines Erachtens öffentliche Äußerungen, die offenkundig ohne wirkliche Sachkenntnis gemacht sind, nichts nützen, sondern vielleicht sogar eher schaden.

Die Frage ist nun, warum ich Eure Probleme nicht gut kenne. Ich schicke Dir eine Ablichtung eines kleines Textes, den ich einmal im Jahre 1972 über Euer Problem geschrieben habe. Ich weiß nicht, ob Du den vielleicht schon hast. Damals hat eine Gruppe von Quäkern ein Gutachten gemacht, das als kleines Buch erschienen ist, englisch unter dem Titel »Search for Peace in the Middle East«. Es kam dann auch noch in Deutschland heraus im Christian Kaiser Verlag unter dem Titel »Frieden für Nahost«. Ich war gebeten worden, dazu ein Vorwort zu schreiben, und das ist der Text von 4 knappen Seiten, den ich Dir schicke. Das war noch vor dem Krieg von 1973, und Du siehst aus meinem dortigen Text, daß ich die herannahende Krise sehr wohl spürte.

Übrigens eine Bemerkung. Die anderen Bücher, die ich Dir schicke, brauchst Du natürlich überhaupt nicht zu lesen. Nur für den Fall, daß Du wissen möchtest, was ich tue, könntest Du hineinsehen. Hingegen die 4 Seiten dieses Vorworts kannst Du natürlich lesen. Das ist ja nicht lang.

Vielleicht kannst Du mir schreiben oder, wenn es Dir möglich wäre, einmal hierherzureisen, auch mündlich sagen, ob Du findest, daß ich wenigstens in den Grundzügen die Schwierigkeit Eures Problems bezeichnet habe. Meine Erfahrung mit politischen Problemen geht in der Richtung, daß man im Grunde mit abstrakten Äußerungen davon, was das Richtige wäre, sehr wenig erreicht. Man muß mit vielen Menschen gesprochen haben. Man muß wissen, was die Motive sind. Man muß wissen, was die Haupthemmnisse sind. Man muß versuchen, diesen Hemmnissen irgendeinen Ausweg zu zeigen. Und erst, wenn man da alles sorgfältig vorbereitet hat, ist es sinnvoll, sich öffentlich zu äußern. Nun bin ich in der Tat nie in Eurem Lande gewesen. Das hatte in den vergangenen Jahrzehnten u. a. einen Grund, von dem ich nicht weiß, ob ich ihn Dir früher erzählt habe.

Ich bin ja Schüler von Heisenberg und habe auch während des Kriegs mit Heisenberg zusammengearbeitet. In meinem Buch »Bewußtseinswandel«, das ich Dir schicke, findest Du im 6. Kapitel ein paar Berichte über diese Arbeit. Es handelte sich dabei um eine Arbeit zur Uranspaltung, also um die Möglichkeit, eventuell auch Atombomben zu entwickeln. Du wirst dort sehen, was ich darüber gedacht habe. Ich finde nachträglich nicht, daß ich es richtig gemacht habe; aber ich finde immerhin, daß ich mir dabei etwas vorgestellt habe. Nun sind amerikanische Physiker, unter denen ja viele jüdische Emigranten sind, in der Mehrzahl auf Heisenberg sehr böse. Sie meinen, er sei leidenschaftlicher Nazi gewesen und habe außerdem nicht den Mut gehabt, sich nachher dazu zu bekennen, sondern habe es geleugnet. Du findest aus meiner Darstellung – und ich glaube, niemand hat ihn so gut gekannt wie ich in diesen Dingen –, daß das ein Irrtum ist, aber man kann das den amerikanischen Kollegen kaum ausreden. Heisenberg ist nie in Israel gewesen, und ich glaube, wenn er dort hingekommen wäre, so hätten einige der dortigen Kollegen ebenfalls gesagt: Diesen Menschen wollen wir nicht sehen. Ich war nun eng mit ihm verbunden. Außerdem war mein Vater ja in der Dir bekannten Situation, und man hat mir vorher – wenn einmal die Frage aufkam, ob ich Euch besuchen sollte – gesagt, ich möchte bitte vorsichtig sein, denn in der Tat könnte es leicht sein, daß auch ich auf scharfe Ablehnung stoßen würde. Dem wollte ich mich, wie Du verstehen wirst, nicht sehr gerne aussetzen. Die Folge davon ist aber, daß ich die Probleme Eures Landes zu jener Zeit vor einigen Jahrzehnten nicht wirklich habe studieren können, daß ich infolgedessen jetzt erst recht zuwenig gebildet bin über die Geschichte der Dinge und über deren Wirkung.

Martin Buber, den ich erst nach dem Krieg kennengelernt habe und mit dem ich sehr ausführlich geredet habe, erzählte mir, daß er in den Anfängen des Staates Israel, wohl eher noch vor seiner offiziellen Gründung, eine Arbeitsgemeinschaft von ein paar Juden und ein paar Arabern hatte, die sich genau über die Frage, wie das Zusammenleben der beiden Völker möglich sein werde, sorgfältig unterhielt. Dann – so erzählte er – sei einer von seinen arabischen Gesprächspartnern von einem arabischen Fanatiker ermordet worden, und zwar eben wegen dieser seiner Haltung. Danach sei ein anderer von diesen Gesprächspartnern zu ihm gekommen und habe ihn gefragt, was er denn meine, das man jetzt tun solle in dieser Gruppe. Buber sagte: »Ich habe ihm gesagt: Leider kann ich Ihnen nichts anderes sagen. Wenn Sie nicht auch ermordet werden wollen, so müssen Sie wahrscheinlich diese unsere Gespräche aufgeben. Mir tut das sehr leid, aber ich weiß keinen besseren Rat.« Diese Erzählung von Buber hat mir viel Eindruck gemacht, denn in der Tat habe ich das Gefühl, das damit eines der Probleme wirklich bezeichnet ist.

Andererseits habe ich natürlich in bezug auf die Politik, die Eure eigenen Regierungen gemacht haben, auch in vielen Punkten meine Zweifel. Ich glaube, wir haben in Berlin darüber, wenigstens andeutend, gesprochen. Ich sehe, daß – jedenfalls, wenn die Zeitungen die Sache richtig berichten – innerhalb Eurer jetzigen Regierung ein tiefgreifender Meinungsgegensatz darüber besteht, was man tun sollte. Ich gestehe, daß ich selbst von Anfang an Begin und die ihm folgenden Leute für ein positives Unglück für Euer Land gehalten habe. Ich mag mich darin täuschen; aber jedenfalls war mein Eindruck, daß die Politik, die er verfolgte, zu nichts anderem führen konnte, als eben zu den Ereignissen, die jetzt stattfinden. Deshalb kann ich mich wohl nicht gut öffentlich zu diesen Dingen äußern, wenn ich nicht eine Kritik dieser Art mit dazu aussprechen darf. Und ich fürchte, daß damit bereits die Möglichkeit, bei Eurer jetzigen Regierungszusammensetzung Eure Regierung im ganzen zu einer möglichen Versöhnung zu bringen, schon gescheitert wäre. Ich sehe mich also objektiv nicht imstande, etwas wirklich Nützliches zu tun. Aber vielleicht habe ich nur die Problemlage noch nicht richtig verstanden, und vielleicht gibt es etwas, was man gleichwohl tun könnte. Ich schildere Dir nur meine Schwierigkeiten. Vielleicht darf ich es für den Augenblick mit diesem Brief bewenden lassen. Aber ich bin natürlich sehr dankbar, wenn Du mir noch etwas Erläuterndes schreiben willst.

Mit herzlichen Grüßen und allen guten Wünschen bin ich
Dein C.F.

An Hans Heinrich

27. April 1988

Sehr geehrter Herr Dr. Heinrich,

soeben erhalte ich Ihrem Brief vom 24. April. Ich muß zunächst sagen, daß mir zumindesten nicht erinnerlich ist, daß ich eine Kopie Ihres Briefs an den Bundespräsidenten (der in der Tat mein Bruder ist) vom 18. Juni 87 erhalten hätte. Ob mein Bruder selbst den Brief von Ihnen damals bekommen hat, kann ich infolgedessen nicht beurteilen. Ich erlaube mir aber, ihm eine Kopie des Briefs an uns beide, den Sie mir beigelegt haben, zuzusenden mit einem Kommentar. Dazu sende ich Ihm auch eine Kopie des Briefs, den ich Ihnen soeben schreibe.

Ich muß Ihnen mit einer gewissen Ausführlichkeit antworten. Zunächst eine Bemerkung über den Grad meiner persönlichen Beteiligung an den Kernenergiedebatten. Ich habe während des 2. Weltkriegs in unserer damaligen Arbeitsgruppe an den ersten Plänen für den Bau eines Reaktors mitgewirkt. Danach habe ich mich aber an der Kerntechnik physikalisch nicht mehr beteiligt. Ich war nur eine Zeitlang in den fünfziger und wohl noch frühen sechziger Jahren Vorsitzender eines kleinen Beraterkreises des damaligen Atomministeriums, jetzigen Forschungsministeriums für Kernfusion, aber auch dies war mehr eine diplomatische Funktion, und außerdem ist es nicht das Thema, mit dem Sie gegenwärtig befaßt sind. Eine Reihe von Freunden und Schülern von mir sind aber dann ins Kernforschungszentrum übergesiedelt, und ich habe mit ihnen Kontakt gehabt. Wir waren damals der Überzeugung, durch die Kernenergie der Menschheit eine unerschöpfliche und praktisch völlig umweltfreundliche Energieform zur Verfügung stellen zu können. Wir sahen damals die Gefahren der fossilen Brennstoffe noch nicht mit der Deutlichkeit, mit der man sie heute aussprechen kann; aber jedenfalls sahen wir, daß die Abstützung unserer Energieversorgung auf fossile Brennstoffe so bald wie möglich aufhören müßte. Dies ist übrigens auch heute noch meine Meinung. Als ich dann 1970 das Max-Planck-Institut zur Erforschung der Lebensbedingungen der wissenschaftlich-technischen Welt in Starnberg gründete, hat man in dem Institut alsbald in einer Arbeitsgruppe die Umweltprobleme aufgenommen. 1974 wurde ich Vorsitzender des beratenden Ausschusses für Forschung und Technologie beim Forschungsministerium, der bis 1977 existierte. Damals habe ich das Ministerium sofort darauf aufmerksam gemacht, daß eine große Debatte über die Umweltverträglichkeit der Kernenergie und über die Gefahren der Proliferation von Kernwaffen in Verbindung mit der Verbreitung der Kernenergie über die Welt im Kommen war. Man hatte damals im Ministerium diese Frage meinem Eindruck nach noch nicht so sorgfältig ins Auge gefaßt, wie es nötig gewesen wäre. Danach habe ich ein paar auch öffentliche Äußerungen zu der Frage getan. Als der Ausschuß 1977 aufgelöst wurde, war ich aber erleichtert, mich nun mit diesem Energieproblem nicht weiter professionell beschäftigen zu müssen. Ich habe dann einer Bitte nachgegeben, den Vorsitz des Gorleben-Hearings 1979 zu übernehmen, und habe darüber auch noch einmal berichtet. Damit Sie über meine damaligen Äußerungen orientiert sind, sende ich Ihnen eine Kopie zu meines Vortrags in Bonn 1978 unter dem Titel

»Kernenergie« (abgedruckt in »Deutlichkeit«, München, Hanser 1979) und meines Aufsatzes »Die offene Zukunft der Kernenergie«, den ich nach dem Gorleben-Hearing geschrieben und in meinem Buch »Der bedrohte Friede« (München, Hanser 1981) abgedruckt habe. 1980 ging ich in den Ruhestand, und seitdem habe ich mich nicht mehr ausdrücklich mit Problemen der Kernenergie aktiv beschäftigt. Ich habe aber für das 1987, kurz vor dem Ereignis von Tschernobyl, in 1. Auflage erschienene Buch von Klaus Meyer-Abich und Bertram Schefold, »Grenzen der Atomwirtschaft«, ein Vorwort geschrieben und lege Ihnen eine Kopie auch dieses Vorworts bei. Dies sind drei veröffentlichte und daher ohne weiteres zitierbare Texte aus meiner Hand. Als 4. Text füge ich hinzu eine Kopie der Seiten 456–460 aus meinem soeben bei Hanser erschienenen Buch »Bewußtseinswandel«.

Sie sehen in diesen Texten, die Ihnen vielleicht ohnehin bekannt waren, eine zunehmende Distanzierung von der Kernenergie. In zwei Sätzen zusammengefaßt, steht meine heutige Ansicht auf Seite 459 des vierten dieser Texte: »Ich kann in der heutigen politischen Weltlage nicht zur Kernenergie als führender Energiequelle raten. Eine Menschheit, die das Friedensproblem nicht zu lösen vermag, ist für so anspruchsvolle Techniken, wie die Kernenergie, nicht reif.«

Sie sehen aus diesen Texten, daß mein einziges Motiv, mich von der Kernenergie zu distanzieren, die Gewalteinwirkung ist, also genau das, worauf Sie auch in Ihrem Brief von 1987 Bezug nehmen. Ich habe diesen Punkt schon 1975 intern und 1978 in jenem Vortrag hervorgehoben, und in meinem Vorwort zu Meyer-Abich und Schefold habe ich gesagt, daß meine Abwendung von dem Rat, die Kernenergie als hauptsächliche Energiequelle zu verwenden, ausschließlich darauf beruht, daß ich die Hoffnung verloren habe, man werde im Bau von Kernenergieanlagen die Sicherheitsvorkehrungen wirklich treffen, die notwendig sind, um sie gegen Gewalt zu schützen. Ich gestehe aber, daß ich diese späteren Äußerungen getan habe, ohne die konkrete Sachfrage der faktisch geplanten Sicherungsmaßnahmen hinreichend im Detail zu studieren. Ich bin jetzt in einem Alter, in dem ich die Arbeiten, die meiner wirklichen Sachkompetenz entsprechen, zu Ende führen muß. Auch bin ich durch die Angelegenheit einer Weltversammlung der Christen für Gerechtigkeit, Frieden und Bewahrung der Schöpfung jetzt sehr in Anspruch genommen, und ich habe daneben nicht die Kraft, die Schutzmaßnahmen mit derjenigen Sorgfalt zu studieren, die nötig wäre, wenn ich hier voll argumentativ mich einsetzen wollte.

Genau diese detaillierte Argumentation ist aber das, was Sie in Ihrem Anliegen brauchen. In der gegenwärtigen Weltsituation sind in der Tat terroristische Angriffe von der Art, wie Sie sie in Ihrem Brief schildern, diejenige Gefahr, die wir für die wahrscheinlichste ansehen werden. Ich will freilich nicht verhehlen, daß ich keineswegs sicher bin, daß – solange die Anlage von Wackersdorf besteht – kein regulärer Krieg in Europa mehr stattfinden wird. Wie will man das wissen? Die gegenwärtigen Verhandlungen der Weltmächte über einen Abbau der Nuklearwaffen könnten zum Erfolg führen. Es kann aber sein, daß dieser Erfolg dann weiterhin dazu führt, daß man einen konventionellen Krieg in Europa wiederum führen könnte, und wir wissen nicht, ob nicht politische Veränderungen eintreten werden, welche eine der Seiten motivieren würde, einen begrenzten konventionellen Krieg zu beginnen. Eine Anlage wie Wackersdorf müßte notwendigerweise auch gegen einen solchen Vorgang geschützt sein. Jedenfalls kann ich mir nicht vorstellen, daß ich – wenn ich an dem atomrechtlichen Verfahren beteiligt wäre – für etwas anderes plädieren könnte, als für die Unterlassung dieses Baus, soferne die Sicherheit gegen beide Sorten von Gefahren nicht gegeben ist. Schon in meinem Text von 1979 habe ich ganz besonders hervorgehoben, daß ich nur auf technisch inhärente Stabilität der Anlagen setze und überhaupt nicht auf den guten Willen der Menschen. Es ist also zu überprüfen, ob – soferne ein Angriff der von Ihnen skizzierten Art oder eine begrenzte Kriegshandlung, vielleicht auch mit noch einigen kleineren Atomwaffen, in Bayern stattfinden würde – die Anlage von Wackersdorf durch solche Angriffe technisch nicht zerstört werden könne. Mit Ihrem Einspruch in dem atomrechtlichen Verfahren haben Sie – wenn ich richtig sehe – die Verpflichtung übernommen, die technische

Möglichkeit einer solchen Zerstörung gemäß der gegenwärtigen Pläne für den Bau der Anlage plausibel zu machen. Wie ich oben sagte, habe ich mich mit diesen Plänen nicht mehr beschäftigt. Ich kenne die genaue Gestalt der Pläne nicht, und ich weiß nicht, welche Sicherheitsmaßnahmen vorgesehen sind. Ich darf aber doch darauf hinweisen, daß ich in meinen älteren Texten, insbesondere in dem von 1978, mit einer gewissen Ausführlichkeit und einer damals auch einigermaßen modernen Sachkenntnis besprochen habe, daß die bereits für Kernreaktoren, jedenfalls in unserem Lande, existierenden Sicherheitsmaßnahmen es sehr schwer machen, einen Reaktor wirklich zu zerstören. Die Betonhüllen und die ganze innere Struktur sind so, daß ich damals zu dem Schluß kam, weder eindringende Terroristen noch ein Fliegerangriff von außen würde eine solche Anlage leicht zerstören können; z. B. schien es nach sorgfältiger Nachfrage, daß die Zerstörung eines Reaktors so, daß sein Kern aufschmilzt, zwei sukzessive Nuklearwaffen, die auf ihn gezielt sind, verlangt. Die erste, um die Betonhülle zu zerstören, die zweite, um dann das Innere zum Aufschmelzen zu bringen. Wie sich das analoge Problem für Wackersdorf ausnehmen würde, kann ich nicht beurteilen, da ich – wie gesagt – mich mit den Details von Wackersdorf gar nicht beschäftigt habe. Ich gebe Ihnen nur spontan darin recht, daß die Existenz oder das Entstehen von Gruppen, deren ausdrückliche Absicht es ist, diese Anlage zu zerstören, sehr wohl vorausgesetzt werden darf.

Ich wäre bereit, das, was ich Ihnen in diesem Brief gesagt habe, auch öffentlich zu bekunden oder etwa in einer Vernehmung in einem atomrechtlichen Verfahren. Ich gestehe, daß ich über die Nötigung, das zu tun, nicht glücklich wäre, weil sie mich zwingen würde, noch einmal einen erheblichen Teil meiner Arbeitszeit auf diese Sache zu verwenden, und dadurch noch weiter erschweren würde, daß ich Dinge, in denen ich alleine kompetent bin, zu Ende führe, nur weil ich mich in einer Sache verwende, für die es andere kompetentere Kenner gibt.

Ich mache zum Schluß noch eine Bemerkung über Tschernobyl. Dieser Name kommt zu meiner Genugtuung in Ihrer Argumentation nicht vor. Sie finden in meinem Aufsatz von

1979 einen Passus, daß der damals neue Unfall von Harrisburg (Three Mile Island) nicht zu meinen Argumenten gehört. Auch Tschernobyl hat meine Ansicht über die Kernenergie faktisch kaum beeinflußt. Es hat lediglich mir klargemacht, daß heute ein sehr viel größerer öffentlicher Widerstand gegen Kernenergie zu erwarten ist als früher. Sie finden ein paar Passagen darüber in dem 4. der übersandten Texte. Tschernobyl war gerade nicht – wie es heute so gern gesagt wird – ein »Super-GAU«, sondern blieb hinter dem größten anzunehmenden Unfall weit zurück. In der Tat ist die Anzahl der Todesfälle, die Tschernobyl verursacht hat, meiner Vermutung nach weit geringer als die Anzahl der Todesfälle, die wir uns unablässig durch den Straßenverkehr erlauben. Aber ein geplanter Angriff auf eine Anlage wie Wackersdorf könnte meinem Gefühl nach sehr wohl das Hundert- bis Tausendfache des Schadens bedeuten, den Tschernobyl erzeugt hat. Aber um so etwas zu behaupten, muß man die Sicherheitsvorkehrungen, die geplant sind, genau kennen, und genau diese Kenntnis besitze ich heute nicht. Deshalb kann ich Ihnen zu dieser Frage keine hinreichende Antwort geben.

Ich würde Ihnen raten, sich mit Ihrer Frage direkt an die offiziell zuständigen Stellen zu wenden, z. B. an eines der Institute für Reaktorsicherheit. Die Frage müßte etwa so gefaßt sein: Setzt man voraus, daß eine Gruppe existiert, die die Zerstörung von Wackersdorf sich ausdrücklich zum Ziel setzt – und zwar so, daß die Radioaktivität entweichen kann –, läßt sich dann mit Gewißheit garantieren, daß diese Gruppe keinen Erfolg haben wird? Soweit ich die Angehörigen dieser Institutionen kenne, sind sie einer sachlichen Frage zugänglich. Wenn darauf die Antwort kommt, ein solch extremes Unternehmen brauche man doch nicht zu erwarten, so haben Sie Ihre Sache bereits gewonnen. Nur wenn die Antwort kommt, selbst eine wohlorganisierte Terrorgruppe wäre aus technischen Gründen nicht imstande, den von ihr angestrebten Erfolg zu erreichen, würde ich meinen, daß die atomrechtliche Genehmigung gegeben werden darf. Ich weiß sehr wohl, daß die für diese Dinge angestellten Wissenschaftler unter einem ständigen Druck stehen, zumal heute ja die öffentliche Stimmung leidenschaftlich gegen Kernenergie gerichtet ist, und sie dadurch auch eine gewisse moralische Pflicht fühlen, die Argumente, die für Kernenergie sprechen, wirklich zu verteidigen. Sollte aber etwa eine Antwort aus solchen Motiven heraus ausweichend sein, so würde ich doch glauben, daß der Antwort der ausweichende Charakter anzusehen ist. Nur eine massive Lüge in der Antwort könnte möglicherweise der stilistischen Wahrnehmung entgehen. Es wäre dann vielleicht notwendig – wenn man dieses fürchtet –, auch noch eine oder zwei andere Stellen zu fragen, die – wie jedermann weiß – gegen die Kernenergie motiviert sind; denn daß diese nicht präzise prüfen, ist mindestens so wahrscheinlich wie, daß ihre Gegner nicht die volle Wahrheit sagen, wahrscheinlich sogar mit viel größerer Exspektanz zu erwarten.

Ich hoffe, daß Sie mit dieser meiner Antwort etwas anfangen können. Mit freundlichen Grüßen und meinen besten Wünschen bin ich

Ihr CFWeizsäcker

AN GERHARD DETTE

17. Mai 1988

Sehr geehrter Herr Dette,

vielen Dank für Ihre ausdrückliche Bestätigung des Sigmund-Freud-Preises, den ich – wie im Antworttelegramm gesagt – mit Dank und Vergnügen annehme. Ich will gerne zur Preisverleihung kommen und die erbetenen 12 Minuten reden. Leider kollidiert dieser Termin mit einem Termin in Köln, den ich hypothetisch schon akzeptiert habe. Wenn sich die Kölner Pläne verwirklichen, wäre mein Wunsch, am Morgen des 15. Oktober in Köln anwesend zu sein und erst für den Nachmittag nach Darmstadt zu reisen. Das jetzige Kursbuch läßt die Kölner und die Darmstädter Tätigkeit als vereinbar erscheinen, wenn ich z. B. mir leisten dürfte, erst 14.52 Uhr in Darmstadt einzutreffen. Im Prinzip könnte ich auch noch einen früheren Zug planen, aber dann bekomme ich ein schlechtes Gewissen gegenüber meinem Kölner Gesprächspartner. Deshalb erlaube ich mir die Frage nach den genauen Uhrzeiten der Darmstädter Preisverleihung.

An sich hätte es mich interessiert, nach vielen Jahren einmal wieder auch an einer Arbeitssitzung der Akademie teilzunehmen. Ich fürchte aber, daß dies unter den gegebenen Terminbedingungen nicht möglich sein wird.

Mit freundlichen Grüßen
Ihr CFWeizsäcker

AN ALFRED TOEPFER

19. Juli 1988

Sehr geehrter Herr Toepfer,

es ist eine große Ehre, die mir die Stiftung F.V.S. mit der Verleihung des Hansischen Goethepreises antut. Ich empfinde das sehr stark.

Erlauben Sie mir eine ganz kleine zögernde Bemerkung. Gegenwärtig ist mein Name, wenn ich richtig sehe, etwas mehr als vorher, ins Licht der Öffentlichkeit gekommen. Im Jahre 1988 wurde mir der Leserpreis der Vereinigung der christlichen Verlage zugeteilt, und ich soll im Herbst den Sigmund-Freud-Preis der Deutschen Akademie für Sprache und Dichtung in Darmstadt für wissenschaftliche Literatur entgegennehmen. Es ist in beiden Fällen eine Sache, die mir am Herzen liegt, so auch mit dem Hansischen Goethepreis. Insofern wage ich nicht zu sagen, daß ich den Preis nicht annehmen möchte. Auf der anderen Seite fühle ich mich der Öffentlichkeit gegenüber fast ein bißchen peinlich berührt, als sei ich nun jemand, der nach Preisen jagt, und das ist gewiß nicht der Fall. Es ist eben sowohl die alte Beziehung zu Goethe wie die alte Beziehung zu Hamburg, die mir verbietet, Sie zu bitten, den Preis einem anderen zuzuwenden. Mit diesen zurückhaltenden Klauseln möchte ich also gerne den Preis annehmen. Sollte aber das Kuratorium von sich aus finden, man könnte in diesem Falle vielleicht einen anderen vorziehen oder man könnte es auf ein anderes Jahr hinausschieben, so würde mich das ganz gewiß in keiner Weise kränken.

Wenn ich davon ausgehe, es werde der Preis für das Jahr 1989 sein, so muß ich aber leider um eine Verschiebung des Termins bitten. Der Monat April 1989 ist in meinem Kalender schon mit zu vielen Pflichten ausgefüllt, und es würde mir schwerfallen, dann auch nach Hamburg zu kommen. Ich würde nämlich die Gelegenheit dann sehr gerne wahrnehmen, um etwa eine Woche in Hamburg zuzubringen, insbesondere um mit meinen physikalischen Kollegen bei DESY wissenschaftliche Gespräche weiterzuführen. Dazu wäre aber im April keine Zeit. Ebensowenig wäre Zeit im Mai. Hingegen wäre es für mich möglich in der zweiten Hälfte des Monats März, also etwa nach dem 13. März, oder dann wieder im Juni oder allenfalls in der ersten Hälfte Juli. Sonst müßte ich auf die zweite Jahreshälfte versuchen auszuweichen. Ich weiß nicht genau, wie die Gewohnheiten von Ihrer Seite her sind, und teile Ihnen nur diese meine eigenen Terminprobleme mit.

Mit meinen besten Grüßen und
nochmaligem Dank bin ich
Ihr CFWeizsäcker

An Katharina Mommsen

21. November 1988

Liebe Frau Mommsen,

zunächst wiederhole ich noch einmal den Ausdruck meiner Freude darüber, daß wir uns persönlich kennengelernt haben. Das haben wir uns ja beim Abschied in Darmstadt automatisch unisono gegenseitig gesagt. Ich hoffe natürlich auf erneute Begegnungen, aber auch ein wenig auf schriftliches Gespräch, soweit ich eben neben dem schrecklich vielen, was zu tun ist, dazu die Kraft finde.

Inzwischen ist vom Verlag Ihr Buch über Goethe und die arabische Welt zu mir gelangt. Dafür herzlichen Dank. Ich bilde mir ein, daß Goethe einmal, als Schopenhauer ihm sein Buch »Die Welt als Wille und Vorstellung« geschickt hatte, antwortete, er, Goethe, habe die glückliche Eigenschaft, daß er, wann immer er ein Buch aufschlage, alsbald auf etwas für ihn Wichtiges treffe, und dann nennt er irgendeine Seite aus Schopenhauers Buch und macht dazu eine Anmerkung und hat damit seiner Dankespflicht ja offenbar genügt. Ich fürchte, daß ich es etwas ähnlich mache. Ich habe gegenwärtig so viel zu tun, daß ich der Lust, das Buch sofort ganz durchzulesen, nicht ganz habe folgen können. Ich habe an zwei Stellen Seiten aufgeschlagen und hatte an beiden Stellen dann sofort Einfälle, die ich Ihnen ganz gern vorgelegt hätte.

Diese spontane Reaktion bei mir selbst überrascht mich nicht so sehr, denn mit dem West-östlichen Divan habe ich, wenn ich richtig rechne, jetzt schon mindestens sechzig Jahre in ständigem Kontakt gelebt. Ich fange an mit dem Gedicht Hegire, und zwar mit der Stelle:

Wie das Wort so wichtig dort war,
Weil es ein gesprochen Wort war.

Auf S. 84 Ihres Buchs finde ich zwei Interpretationen, die offenbar in der traditionellen Goethe-Deutung zur Wahl stehen: Das gesprochene Wort wird entweder als wichtig aufgefaßt, weil es ein Sprichwort sei, oder aber, weil es gesprochen sei im Gegensatz zum geschriebenen Wort. Ich habe alle diese Kommentatoren nicht gelesen. Meine spontane Reaktion war noch etwas anders, ich würde sie anknüpfen, was Sie auf S. 92 sagen, indem Sie auf die zweite Strophe des Gedichts Bezug nehmen: »Himmelslehr' in Erdesprachen«, wo Sie Moses Gesetzestafeln, Zoroasters Zend-Avesta und natürlich Mohammeds Koran zitieren. Ich hatte die Stelle ganz naiv sofort auf den Koran bezogen. Den Koran hat ja nach islamischer Lehre Gott dem Propheten Mohammed direkt in die Feder diktiert, oder wenn nicht in die Feder, dann ins Gedächtnis. Das heißt, der ganze Koran ist gesprochenes Wort, und zwar gesprochen von Gott.

Gott schreibt nicht, auch nach biblischer Tradition, sondern er hat schon die Welt durch sein Wort erschaffen, Gott spricht also. So war meine Assoziation. Nun sehe ich, daß die Kommentatoren, von denen Sie sprechen, die Stelle auf vorislamische Weisen des Redens beziehen, aber mein Eindruck ist doch, daß in der Abfolge des Goetheschen Gedichtes ohne Zweifel in der zweiten Strophe Bezug genommen ist auf die großen Religionen, insbesondere eben auf den Koran, und damit dann doch die nächste Strophe mit Recht auch in bezug darauf gelesen wird.

Vielleicht ist dieses Ganze keine so entscheidend wichtige Frage, und ich lasse mich gerne belehren. Ich wollte nur die Sache wenigstens zur Sprache bringen, weil ich in meinem Buch »Bewußtseinswandel« im Kapitel 4 im Abschnitt 4, Was war Religion? (II), versucht habe, die alttestamentliche Religion des Judentums durch das Zitat genau dieser Stelle von Goethe zu illustrieren. Die Theologie des alttestamentlichen Judentums, sage ich dort, ist nicht Spekulation, sondern Interpretation, sie ist Anerkennung des gesprochenen und geschriebenen Wortes. Dies im Gegensatz zu der griechischen Tradition, in der wir ja vielfach erzogen worden sind und die für Goethe in seinen jüngeren Jahren ja die entscheidende war. Übrigens: Ich weiß nicht, ob Sie dieses mein Buch »Bewußtseinswandel« haben, sonst lasse ich es Ihnen sehr gerne sofort schicken.

Die zweite Bemerkung bezieht sich auf das Blutrache-Gedicht und Ihre Überlegung darüber, S. 151 ff. Als ich S. 151 zufällig aufschlug, traf ich auf Ihre Bemerkung, daß Goethes Faszination durch jenes frühe arabische Gedicht immer erstaunlich bleiben werde angesichts seines, nämlich Goethes, friedlichen Charakters und seiner tiefen Abneigung gegen Krieg, wie er ihn erlebt hatte. Als ich diesen Satz sah, bemerkte ich, daß ich das Erstaunen in mir selbst nicht vorfand. Ich habe dann weitergelesen und sehe, daß Sie selbst eine Erklärung für Goethes Zuneigung zu einem Gedicht wie diesem geben, und ich habe an dieser Erklärung sicher nichts auszusetzen. Ich will aber doch meinen Mangel an Erstaunen ein wenig erläutern. Goethe war gewiß, zumal in seinen mittleren und späteren Jahren, weise genug, friedlich zu sein und den Krieg zu verabscheuen. Auf der anderen Seite hat er immerhin in dem Gespräch mit Luden, das wohl

1813 oder allenfalls 1814 war, noch deutlich gemacht, welche elementare Bewunderung er für Napoleon hatte. Das Buch Timur des Divans gibt ja davon Kunde. Und wenn ich mich an den jungen Goethe erinnere, dann sehe ich doch dort, etwa in Gestalten wie Prometheus oder eben Mahomet, die innere Identifikation des Dichters mit den Helden, die zwar nicht unmittelbar Kriegshelden sind, aber doch das Äußerste gewagt haben und, so wenigstens Prometheus, die Götter selbst herausgefordert haben.

Ich habe einmal im Jahre 1978 einen Vortrag gehalten unter dem Titel »Der deutsche Titanismus«. Ich habe ihn dann in meinem Buch »Wahrnehmung der Neuzeit« 1983 abgedruckt, das übrigens selbstverständlich ebenso wie das andere zu Ihrer Verfügung steht, wenn es nicht schon in Ihrer Hand ist. Dort habe ich auf S. 25 gesagt: »Goethe, der größte Deutsche aus der Zeit des deutschen Titanismus, gehört diesem Titanismus nicht an.« Als ich den Vortrag noch vor dem Abdruck im Buch meinem Freunde Georg Picht geschickt hatte, schrieb er mir einen sehr interessanten Brief, den ich dann in dem Buch anschließend an den Vortrag ebenfalls abgedruckt habe. Dort (im Buch S. 34) zieht Picht meine Distanzierung Goethes vom Titanismus in Zweifel. Er sagt: »Ins Bewußtsein getreten ist den Deutschen ihr Titanismus durch Goethes Prometheus.... War etwa der ›Olympier‹ eine kunstvoll stilisierte Maske des ›Titanen‹ – sozusagen sein letzter Triumph? Wenn ich den Faust richtig lese, ist diese Frage für Goethe bis zuletzt offengeblieben.« Ich weiß gar nicht, ob ich Picht in seiner Behauptung zustimme, aber jedenfalls war für mich die ungeheure Selbstbehauptung und Selbstbetonung jenes frühen arabischen Gedichts und Goethes elementare positive Reaktion darauf in gar keiner Weise überraschend, und das mag wohl damit zusammenhängen, daß auch meinem Empfinden nach der junge Goethe im alten Goethe als Elementarnatur ungebrochen weitergelebt hat.

Wiederum muß ich mich fragen, ob ich hiermit recht habe oder vielleicht völlig unrecht, aber ich wollte es Ihnen doch einmal vorlegen.

Für heute genug.

Herzliche Grüße
Ihr CFWeizsäcker

AN PETER SCHARF

28. November 1988

Sehr geehrter Herr Scharf,

Ihr Brief, den Sie mir nach dem Kirchentag von Erfurt geschrieben haben, liegt schon mehrere Monate bei mir, unbeantwortet. Das ist nicht böser Wille, ich bekomme sehr viel mehr Post, als ich hoffen kann, sorgfältig durchzulesen und zu beantworten. Deshalb auch an Sie nur wenige Sätze.

Die Teilung Deutschlands ist historisch wohl in der Tat eine Folge des Kalten Kriegs. Man darf sich aber nicht darüber täuschen, daß für unsere sämtlichen Nachbarn das geteilte Deutschland etwas Angenehmeres ist, als ein wiedervereinigtes Deutschland, von dem man eine Machtausübung fürchtet, die man nach dem, was man in diesem Jahrhundert erlebt hat, nicht wünschen kann. Daß die Deutschen wieder zusammenkommen sollen, ist für Deutsche selbstverständlich. Ich reise ja auch jedes Jahr in die DDR. Ich habe aber faktisch nicht die Hoffnung, daß eine staatliche Wiedervereinigung zu meinen Lebzeiten erfolgen wird, und ich glaube auch, daß sie im Interesse Deutschlands und im Interesse seiner Nachbarn nur dann sinnvoll sein kann, wenn sie geschieht als eine Folge dessen, was ich »Wiedervereinigung Europas« nennen möchte. Ich rechtfertige also die heutige Situation nicht, aber ich sage, welche Bedingungen nach meiner Meinung erfüllt sein müssen, wenn sie geändert werden soll.

Mit freundlichen Grüßen
CFWeizsäcker

An Max Himmelheber

2. März 1989

Lieber Herr Himmelheber,

ich habe ein sehr schlechtes Gewissen, weil ich auf Ihren Brief vom 29. September bisher nicht geantwortet habe. Daß die beiden anderen Herren nicht geantwortet haben, wundert mich nicht so sehr, denn der Brief kann keinem von beiden angenehm sein. Ich selbst kann als Entschuldigung nur anführen, daß ich in den letzten Monaten vollständig überfordert war. Ich bekomme inzwischen mehr Post pro Tag, als ich jemals in meinem Leben bekommen habe. Daneben kümmere ich mich um das Problem einer christlichen Friedensversammlung und versuche, was in meinem jetzigen Alter dringend geworden ist, noch Arbeiten zu beenden, von denen ich nicht weiß, ob ich sie sonst noch abschließen kann. Dabei habe ich mir angewöhnt, von der jeden Tag eingehenden Post diejenigen Stücke, die etwas länger sind, beiseite zu legen, um sie einmal später in Ruhe zu lesen, und da kommt es dann vor, daß dieses In-Ruhe-Lesen monatelang nicht eintritt. So ist es leider auch mit Ihrem Brief gegangen. Ihr Brief war zwar kurz, aber die beiliegenden Materialien wollte ich doch erst lesen, und dazu bin ich nicht gekommen. Nun mahnt mich mit Recht Ihr neuer Brief vom 17. Februar, und ich versuche, ein wenig zu antworten.

Zunächst das Material aus »Bild der Wissenschaft«. Den Aufsatz von Armin Hermann finde ich sehr kenntnisreich, und ich habe kaum etwas Kritisches dazu zu bemerken. Ich habe ihn nicht ganz so gründlich lesen können, wie ich gewünscht hätte, aber jedenfalls kommt mir das so vor. Dagegen ist die einleitende Bemerkung von Wolfram Huncke böswillig und sachlich falsch. Es ist keine Kunst zu behaupten: »Die Frage, ob die Deutschen während des Zweiten Weltkriegs eine Atombombe nicht bauen wollten oder nicht bauen konnten, ist nicht eindeutig geklärt.« Diese Frage ist in dieser Form falsch gestellt, denn es gibt nicht einfach die deutschen Physiker. Es gab einige, die sie mit Sicherheit nicht bauen wollten, es gab wohl auch einige wenige, die sie sehr gerne gebaut hätten, die Mehrzahl von ihnen war froh, als sie erkannte, daß wir sie nicht bauen konnten. Dies alles ist schon sehr oft öffentlich klar gesagt worden, aber man kann natürlich, wenn man Lust hat, eine komplizierte Situation nicht in ihrer Komplikation anzuschauen, behaupten, hier sei irgendeine Drückebergerei noch dabei. Jeder Versuch, das noch einmal klar zu sagen, wird bei jemandem wie Herrn Huncke vermutlich nur dieselbe Reaktion erwecken wie bisher, daß er eben sagt, es ist nicht geklärt, und dieses »Es ist nicht geklärt« bedeutet »Ich habe keine Lust, mich auf die Wahrheit einzulassen«.

Ein anderes Problem stellt Robert Jungk dar. Ich habe in meinem Brief an Sie aus Hamburg gesagt, was ich damals naiv glaubte, Jungk sei eine anima candida. Inzwischen habe ich aber den Eindruck, daß man besser sagen würde, er sei ein Fanatiker. Beides geht ja in gewisser Weise zusammen. Jungks selbstgerechte Verurteilung von Leuten wie Oppenheimer hat mich schon damals geärgert. Ich wollte nur auch in dieser Sache keinen unnötigen Zank anfangen und habe deshalb meine Kritik, zum Beispiel auch in meinem Brief im Jahre 1959 an Sie, relativ zurückhaltend formuliert. Inzwischen ist das eingetreten, was ich schon damals sah, daß nämlich viele amerikanische Physiker in der mir allerdings erst vor kurzem klar bekanntgewordenen Meinung, das Buch von Jungk sei geradezu im Auftrag von Heisenberg und mir geschrieben worden, nunmehr die evidenten Mängel dieses Buchs zum Anlaß nehmen, uns als Lügner anzusehen. Jungk hat uns also in der Tat in der Welt der Physiker ganz außerordentlich geschadet. Daß er uns so sehr schaden würde, habe ich damals noch nicht erwartet. Im übrigen ist es natürlich so, daß auch unter diesen Physikern einige sind, mit denen wir uns immer sehr gut verstanden haben und noch verstehen. Einer davon ist zum Beispiel mein Freund Victor Weißkopf. Aber gerade das, was einem im allgemeinen gar nicht erzählt wird, geht weiter als eine Art schleichender öffentlicher Meinung. Heisenberg ist davon wahrscheinlich noch etwas mehr angegriffen worden als ich, aber ich habe ja auch Heisenberg zu verteidigen, was, wie ich meine, objektiv fast leichter ist, als mich zu verteidigen. Jungks selbstgerechte moralische Verurteilung alles dessen, was er für falsch hält, haben wir dann auch unsererseits zu fühlen bekommen, als er sich in die Kampagne gegen die Kernreaktoren einmischte. Dann auf einmal, als er merkte, daß wir da nicht auf seiner Seite waren, war er uns gegenüber genauso grauenhaft selbstgerecht und böse, wie er es gegenüber den Amerikanern seit langem ist. Insofern war es für mich nicht sehr schwer, mich öffentlich von ihm abzusetzen. Es ist allerdings dazu zu sagen, daß die Süddeutsche Zeitung, in der eine mir unbegreifliche Sympathie für das blödsinnige Buch von Herrn Kramish vorliegt, selbst meinen Bericht über mein Gespräch mit Feinberg in einer Weise kommentierte, als sei dieser Bericht hier abgedruckt, nicht um Kramish zu kritisieren, sondern um Jungk zu kritisieren. Am Rande hatte ich auch etwas Kritisches über Jungk gesagt, aber das Eigentliche war ja eben doch die völlig fehlerhafte und voreingenommene Darstellung durch Kramish.

Ob meine Äußerung, es habe keine deutsche Verschwörung gegen den Bau der Atombombe gegeben, wie Sie in Ihrem Brief von 1959 an Jungk schreiben, ebensosehr nach der anderen Seite von der Wahrheit abweiche als seine Äußerung, es habe eine solche Verschwörung gegeben, wird schwer zu entscheiden sein. Ich selbst habe, wenn ich richtig sehe, hier nichts anderes gesagt, als was meine wirkliche Meinung ist. Es hat nicht eine Verschwörung gegeben, sondern es war so, wie ich es auch immer wieder geschildert habe und wie ich es auch Ihnen damals erzählt habe. In dem kleinen Kreis um Heisenberg, dem ich angehörte, war das moralische Motiv sehr wohl vorhanden. Es ist richtig, daß man sich ein wenig schlecht vorkommt, wenn man so etwas öffentlich sagt. Deshalb habe ich mich darin zurückgehalten. Aber auf der anderen Seite war dies nicht eine Verschwörung. Was es wirklich gegeben hat, war, daß es im Jahre 1942 bei einer Besprechung bei Speer (das ist diejenige, von der ich Ihnen wohl in Straßburg erzählt habe) eine Verabredung der teilnehmenden Wissenschaftler gab, wie sie sich äußern wollten. Diese Verabredung war damals deshalb leicht, weil wir in der Tat 1942 keinerlei Möglichkeit sahen, noch eine Atombombe zu erzeugen. Das war also eine zweckmäßige und, wie ich auch meine, moralisch gerechtfertigte Verabredung. Es war aber nicht eine von Anfang an durchgehaltene Verschwörung, die Bombe nicht zu machen. Gerade angesichts der schlechten Wirkung, die Jungks Buch bei unseren amerikanischen Kollegen gemacht hat, war es für mich notwendig zu versichern, daß es eine solche Verschwörung nicht gegeben hat. Wie uninformiert Herr Huncke ist, sieht man daran, daß er seinen Text mit der Behauptung beginnt, mit dieser Mitteilung hätte ich die deutschen Physiker, und zwar im Jahre 1988 in meinem damals erschienenen Buch, »überrascht«. In Wirklichkeit habe ich dasselbe schon in den fünfziger Jahren geschrieben. Aber Herr Huncke interessiert sich ja nicht für die Wirklichkeit.

Sie merken aus dem Ton meines Briefs, daß ich mich heute mehr über die Dinge ärgere als vor dreißig Jahren. Damals meinte ich, man könne mit ein wenig vernünftigen Äußerungen klarstellen, wie die Dinge waren. Heute sehe ich, daß, gerade da die meisten Zeitzeugen gar nicht mehr leben, wieder ganz abwegige Ansichten aufkommen, mit denen man sich von neuem auseinandersetzen muß, während man doch in Wirklichkeit seine Zeit darauf verwenden müßte, die gegenwärtigen Probleme der Welt anzufassen, die Gefahren nach Möglichkeit zu beheben, in denen sie schwebt. Daneben noch Zeit auf eine in Wirklichkeit längst geleistete Vergangenheitsbewältigung zu verwenden, kommt mir immer etwas mühsam vor, und das ist vielleicht auch einer der Gründe, warum ich Ihre an sich so lehrreichen und schönen Texte bisher nicht gelesen hatte.

Nun noch einiges zu dem Material von 1959, das Sie mir geschickt haben. Ich habe bei Ihrer Darstellung im Grunde gar keine Bedenken. Ich habe aus Ihrem Brief etwas verstanden, was nur eine Kleinigkeit ist. Ich war früher immer der Meinung, unser denkwürdiges Gespräch habe in Berlin stattgefunden, und Sie sagten mir, daß es in Straßburg war. Nun sehe ich, daß Sie selbst zitieren, daß wir uns in Berlin kurz vor dem Krieg einmal getroffen hatten, und dies ist in der Tat der äußere Rahmen, an den ich mich erinnere. Im übrigen war ich natürlich 1943, wie Sie richtig schreiben, in Straßburg.

In Ihrer historischen Darstellung wäre höchstens anzumerken, daß meiner Meinung nach die Entdeckung der möglichen Atombombe mit Plutonium unsere Auffassungen nicht allzusehr verändert hat. Denn auch einen Reaktor so zu bauen, daß man dann daraus die notwendigen großen Mengen von Plutonium ziehen würde, war ja sehr schwer. Aber all dies sind Kleinigkeiten, und im übrigen stimme ich mit Ihrer Betrachtung voll überein. Ich kann auch im Grunde alles, was ich Ihnen in meinem langen Brief vom 7. April 1959 gesagt habe, schlicht genauso auch noch als meine heutige Meinung bestätigen.

Ich würde es also in der Tat begrüßen, wenn Ihre Texte irgendwo abgedruckt werden könnten. Ich weiß nicht, ob »Bild der Wissenschaft« dazu bereit ist, und ich weiß nicht recht, wo es sonst untergebracht werden könnte. Natürlich würden Sie die Texte wohl in die »Scheidewege« bringen können. Das wäre dann jedenfalls zitierbar. Ich bin für Ihre so faire Unterstützung in dieser Sache jedenfalls sehr dankbar.

Bitte noch einmal, entschuldigen Sie bitte die lange Verzögerung meines Briefs und

herzliche Grüße
Ihr CFWeizsäcker

An Richard von Weizsäcker

13. März 1989

Lieber Richard,

hier leite ich eine Sache an Dich weiter, die mir wirklich vernünftig scheint. Ich weiß nicht, wieweit Du damals die Entstehung von Pugwash mitbeobachtet hast. Der eigentliche Initiator war in der Tat Joseph Rotblat. Ich nehme an, daß er es war, der Bertrand Russell zu dieser speziellen Handlungsweise bewogen hat. Ich selbst war bei der ersten Pugwash-Tagung im Jahre 1957 noch nicht anwesend, wohl aber bei der zweiten 1958 und seitdem noch an einer ganzen Reihe von ihnen. Ich würde sagen, daß in der Zeit des Kalten Krieges die Pugwash-Konferenzen eine der ganz wenigen Möglichkeiten einer inoffiziellen Diplomatie waren. Von sowjetischer Seite waren es naturgemäß lauter Leute, die man von oben her ausgesucht hatte, von westlicher Seite war es ein relativ freies Spektrum, das aber immer hinreichend viele Vertreter enthielt, die auch mit den eigenen Regierungen in sehr gutem Verhältnis standen. Wenn nun die Wissenschaftler miteinander etwas ausgedacht hatten, was man tun könnte, dann waren die Regierungen damit nicht kompromittiert. Sie konnten es, wenn sie wollten, desavouieren, sie konnten es auch geschehen lassen, und ich möchte glauben, daß manche Schritte, die dann schließlich zur Entspannung im Kalten Krieg geführt haben, in Wirklichkeit ihren Ursprung in der Pugwash-Bewegung hatten. Später, als dann die Regierungen der beiden Weltmächte wieder miteinander redeten, war Pugwash rein politisch nicht mehr so notwendig und insofern vielleicht nicht mehr so wichtig. Man hat dort aber immer wieder wichtige Themen aufgegriffen. Die Einschätzung der Wichtigkeit von Pugwash möchte ich unter anderem auch dadurch belegen, daß Henry Kissinger in den sechziger Jahren an Pugwash-Tagungen sehr gerne teilgenommen hat. Ich war bei mehreren von ihnen mit ihm zusammen. Das war, ehe er in Washington in Amt und Würden war, und es war für ihn eine Möglichkeit, offen und mit klarem Festhalten des westlichen Standpunkts mit sowjetischen Vertretern zu reden.

Du wirst sicher die Möglichkeiten haben, noch andere Informationen über diese Dinge einzuziehen als nur durch mich. Ich wollte Dir hier nur meinen eigenen Eindruck sagen. Herr Gottstein wird Dir natürlich gerne alles konkrete Material geben, aber vielleicht findest Du auch noch eine von uns unabhängige Informationsquelle, wenn Dir das wichtig ist.

Was man an Ehrung für Rotblat tun kann, wirst Du besser beurteilen können als ich, aber jedenfalls würde ich mich in der Tat sehr darüber freuen.

Noch eine spezielle Bemerkung: Als John Kennedy zum Präsidenten gewählt war, das war also wohl im Jahresende 1960, fand im Dezember eine Pugwash-Tagung in Moskau statt. Ich konnte damals leider nicht teilnehmen, aber Teilnehmer haben mir erzählt, wie es dort zuging. Dort war diejenige Mannschaft versammelt von amerikanischer Seite, die nachher Kennedy als Präsidenten beraten hat. Sie machten dort den Russen zum erstenmal die Vorstellung einer Abschreckung durch gegenseitige

Verletzlichkeit klar, in welcher die Russen bis dahin immer nur irgendeine undurchschaubare westliche Tücke gesehen hatten. Trotz des vielen, was heute zum Beispiel im sogenannten konziliaren Prozeß ständig gegen diese Abschreckungsdoktrin vorgebracht wird (ich selbst teile ja die Meinung, die Präsident Reagan im März 1983 ausgesprochen hat, daß sie sachlich nicht permanent zuverlässig und moralisch anfechtbar ist), möchte ich doch meinen, daß sie ganz wesentlich zur Möglichkeit einer Entspannungspolitik in jenen Jahren beigetragen hat.

Also vielleicht siehst Du irgend etwas, was hier getan werden kann.

Herzlich
Dein Carl Friedrich

AN GERHARD STOLTENBERG

16. Mai 1989

Sehr geehrter Herr Bundesminister, lieber Herr Stoltenberg,

es ist sehr freundlich von Ihnen, daß Sie mir wegen der Datenschutzangelegenheit einen persönlichen Brief geschrieben haben. In Erinnerung an unsere langjährige Zusammenarbeit im Forschungsministerium und im Senat der MPG danke ich Ihnen sehr dafür.

Als jene Meldungen im April aufkamen, wurde ich aus den Medien von vielen Seiten zu einer Äußerung aufgefordert. Ich habe das damals verweigert, weil ich über die Fakten nicht hinreichend unterrichtet war. In bezug auf meine Person haben mich die Meldungen im übrigen gar nicht beunruhigt. Ich bin nicht überrascht, wenn es in irgendwelchen Amtszimmern Daten über mich gibt, und die Kopie dieser Daten, die Sie mir jetzt geschickt haben, bestätigt die inhaltliche Harmlosigkeit.

Gleichwohl war schon damals mein Empfinden, daß der Datenschutzbeauftragte mit Recht an der Existenz dieser Datensammlung Anstoß genommen hat. Ich fühle mich darin bestätigt, wenn die heutige Zeitungsmeldung zutrifft, daß Daten über Personen gesammelt wurden, »die als kritisch gegenüber der Landesverteidigung eingeschätzt wurden«. Diese Formulierung unterscheidet nicht zwischen solchen Personen, die gegenüber dem Faktum einer Landesverteidigung kritisch sind, und solchen Personen, die Kritik an bestimmten Planungen im Rahmen der Landesverteidigung üben. Unabhängig von den speziellen Inhalten der Daten kann diese Kategorisierung dem Betroffenen nicht akzeptabel sein. Ich bin Ihnen daher um aller der Liste geführten Personen willen dankbar, daß Sie sich durch Vernichtung dieser Daten von diesem Verfahren distanzieren.

Mit den besten Grüßen
Ihr CFWeizsäcker

AN PETER DEGEN

25. September 1989

Sehr geehrter Herr Dr. Degen,

es tut mir leid, daß ich auf Ihren Brief vom 10. August verspätet antworte. Ich bekomme so unermeßlich viel Post, daß ich nicht weiß, wie ich mir beim Antworten helfen soll. So habe ich erst soeben Zeit gefunden, Ihren Entwurf einmal durchzulesen. Es wäre sicher interessant, mit Ihnen darüber einmal ein mündliches Gespräch zu führen. Schriftlich fehlt mir für eine adäquate Reaktion schlicht die Zeit. Freilich bin ich gegenwärtig so sehr beschäftigt, daß auch ein Termin für ein mündliches Gespräch möglicherweise nicht ganz leicht zu finden wäre, aber wenn Sie einmal in Deutschland sind, dürften Sie es gerne versuchen.

Deshalb jetzt nur eine ganz knappe Reaktion. Natürlich sind die philosophischen Meinungen der Physiker, die Sie zitieren, von großem Interesse. Es ist vielleicht auch nicht uninteressant, sie in dem geistesgeschichtlichen Zusammenhang zu studieren, den Sie nennen. Ich gestehe aber, daß mir bei der Lektüre Ihres

Textes die Sache ein wenig unheimlich wird. Zum Beispiel ist der tiefe Unterschied in der Philosophie zwischen Einstein und Bohr bei gleichzeitiger naher persönlicher Freundschaft ja ganz offenkundig nicht durch einen Generationsunterschied zu erklären. Die sechs Jahre, die zwischen den Geburtsdaten der beiden liegen, sind hierfür offenkundig belanglos. Außerdem stammte Einstein aus Deutschland, wo die Problematisierung der Modernität viel verbreiteter war als in Dänemark, woher Bohr stammt.

Ob der sogenannte Kulturprotestantismus für einen der von Ihnen Genannten wirklich von Bedeutung war, sei sie nun positiv oder negativ, wage ich ein wenig zu bezweifeln, vielleicht am ehesten für den ja in seiner Grundhaltung sehr konservativen Max Planck, der eben infolge seines konservativen Gemüts die Prägungen, in denen er erzogen worden ist, relativ deutlich widerspiegelt. Einstein hingegen war doch ein ganz individuelles Genie und ebenso war Bohr. Bohr war zwar nicht ganz so genial in der Physik, aber er hat die Probleme der Quantentheorie dann doch einfach viel besser verstanden. Bei Heisenberg, den ich am allerbesten gekannt habe, habe ich von irgendwelchen Einflüssen kulturprotestantischer Art eigentlich gar nichts gemerkt. Er stammte aus einem liberal-professoralen Elternhaus, seine tiefen geistigen Eindrücke waren sehr viel eher die platonische Philosophie oder die goethische Dichtung als der Kulturprotestantismus der Ära Harnack.

Sehr mit Recht heben sie die tiefen persönlichen Unterschiede hervor, die praktisch jeden einzelnen der von Ihnen Genannten von allen anderen ganz deutlich unterscheiden. Ich habe deshalb das Gefühl, daß eine wirklich fruchtbare Arbeit mehr eine ist, die die Personen genau studiert, und nicht so sehr eine, die sie in etwas allgemein gehaltene kulturelle Trends einordnet. Dazu kommt, daß die von Ihnen Genannten alle nur eine relativ begrenzte fachphilosophische Bildung hatten. Einstein hat einmal sehr mit Recht gesagt: »Man muß nicht darauf achten, was die Physiker sagen, sondern darauf, was sie tun.« In philosophischen Schriften über die moderne Physik findet man sehr häufig wörtliche Zitate, die untereinander ganz widersprechend sind, die aber alle genau wiedergeben, was die

Physiker irgendwann einmal geschrieben oder gesagt haben. Dies hängt eben mit einem Mangel einer gemeinsamen philosophischen Schulung der Naturwissenschaftler zusammen. Andererseits haben diese Leute vollkommen richtig gesehen, daß sie an die zentralen philosophischen Probleme gelangt waren und in gewisser Weise von diesen mehr verstanden als die gleichzeitig lebenden Philosophie-Professoren. Nur ist es eben schwierig, etwas, was man ahnt, was intellektuell außerordentlich schwer durchführbar ist, dann mit einer unzureichenden Vorbildung so auszudrücken, daß es wirklich zwingend wird.

Ein Interesse an Parapsychologie habe ich bei denen, die ich gut gekannt habe, überhaupt nicht wahrgenommen. Es mag sein, daß Pauli, zumal in seiner späteren Phase, in der er mit Jung verbunden war, in dieser Richtung einige Gedanken hatte, und Pauli war ja einer der gescheitesten Leute, die in unserem Jahrhundert gelebt haben. Selbst wenn man nicht genau seine Meinungen teilt, sind sie eigentlich immer hervorragend durchdacht. Ein anderer, der sich dafür interessierte, den Sie auch zitieren, war Jordan. Jordan aber, im Unterschied zu Pauli, hat eigentlich, soweit ich erkennen kann, wild phantasiert. Wir anderen haben deshalb auch die vielen Schriften von Jordan gar nicht ernst genommen, während er andererseits mathematisch ersten Ranges war.

Erlauben Sie mir, noch einen kleinen Eindruck zu formulieren, dem Sie sehr gerne widersprechen dürfen, wenn er falsch sein sollte. Es scheint mir, daß Sie eine geistesgeschichtliche Sympathie für die Schule haben, die Sie die realistische nennen. Es scheint mir, daß man auch dieses Ihr eigenes Verhalten geistesgeschichtlich einordnen kann. Die Vereinigten Staaten haben im Unterschied zu den europäischen Nationen die Katastrophen unseres Jahrhunderts, insbesondere die beiden Weltkriege, doch nur relativ peripher erfahren. In gewisser Weise kommt mir die amerikanische Mentalität ein wenig ähnlich vor wie die wilhelminische in Deutschland vor 1914. Man hat noch nicht erfahren, wie fürchterlich man mit dem Selbstvertrauen scheitern kann. Daher dann vielleicht die Sympathie für Ansichten, die von einem ähnlichen traditionellen konservativen Selbstvertrauen getragen sind. Aber, wie gesagt, ich habe den

Eindruck, daß die Meinungen der Physiker sehr viel besser verstanden werden können, wenn man sie als Reaktionen von sehr verschiedenartigen Individuen auf objektive Erkenntnisse versteht, als wenn man sie aus ihrer geistesgeschichtlichen Situation heraus primär erklären will. Diese geistesgeschichtliche Situation ist wichtig zum Verständnis, sie zu sehen trägt bei zu diesem Verständnis, aber das Zentrale ist sie meines Erachtens nicht.

Mit freundlichen Grüßen
Ihr CFWeizsäcker

An Helmut Schnelle

26. Oktober 1989

Lieber Herr Schnelle,

es ist immer höchst interessant, mit Ihnen zu reden, auch dort, wo wir nicht einig sind und vermutlich uneinig bleiben werden.

Ich beginne vielleicht zunächst mit der Frage, bei welchem Philosophen man sich zu Hause fühlt. Ich habe das gerne so formuliert, daß ich sagte, so wie in Platons Phaidros die Menschen jeweils hinter einem Gott hergehen, so gehen die guten Naturwissenschaftler meistens hinter einem Philosophen in dessen Gefolgschaft einher. Für die drei bedeutendsten Zeitgenossen in der Physik, die ich gekannt habe, schien mir klar, daß Einstein hinter Spinoza hergeht, Bohr hinter Kant und Heisenberg hinter Platon. Alle diese drei Philosophen stehen auch meinem Herzen nah. Vielleicht fühle ich mich selbst am heimatlichsten bei Platon. Sie sehen, daß Leibniz nicht unter den Philosophen ist, die ich hier zunächst nenne. Als wir vor einigen Jahren eine Leibniz-Tagung in der FEST machten, empfand ich von neuem, daß Leibniz vielleicht der intelligenteste Mensch war, der je gelebt hat. Gleichzeitig verstand ich auch von neuem, warum ich in der doch nur begrenzten Zeit, die ich auf das Studium von Philosophen verwenden konnte – wo man ja auch, um einen Philosophen wirklich zu verstehen, etwa drei Jahre ansetzen muß, drei Jahre intensiver Arbeit –, warum ich also bei meinen Bemühungen nie ernstlich versucht habe, Leibniz so gründlich zu studieren. Ich habe seinerzeit mit dem Studium von Descartes begonnen, weil ich ihn als den großen Gegner empfand, dessen Argumentationsweise ich genau verstehen mußte, um sagen zu können, warum ich ihr nicht folge. Dann habe ich mich, als ich professionell Philosophie zu dozieren hatte, zuerst eine Reihe von Jahren mit Kant abgegeben, dann mit Platon, dann mit Aristoteles. Der nächste wäre wohl Hegel gewesen und dann vielleicht Schelling, aber inzwischen waren die zwölf Jahre um, die ich Philosophie zu dozieren hatte. Unter den Zeitgenossen habe ich im wesentlichen mich mit Heidegger beschäftigt, den ich nicht nur gelesen, sondern auch persönlich ganz gut gekannt habe.

Was bedeutet dies nun inhaltlich? Zunächst eine Bemerkung über Spinoza. Ich habe einmal eine Vorlesung über Philosophie und Naturwissenschaft des 17. Jahrhunderts gehalten und in diesem Zusammenhang eine studentische Beschäftigung mit Spinoza gern wiederaufgenommen. Mein Empfinden war, daß Spinoza so wie Pascal einer der hochintelligenten Leute war, welche das Erbe von Descartes übernahmen und doch in zentralen Dingen mit Descartes uneinig bleiben mußten. Bei Pascal ist es der esprit de finesse, den er dem Rationalismus von Descartes gegenüberstellt. Darauf kann ich nachher noch einmal kommen. Bei Spinoza ist es, wenn ich richtig sehe, einfach die Wiederherstellung des klassischen Einheitsglaubens der Metaphysik, also zunächst von Parmenides, aber wenn man Platon und Aristoteles gut interpretiert, doch auch von diesen beiden. Auch Platon ist ja nur im Aufstieg scheinbar ein Dualist, im Abstieg leitet er alles von dem Einen her. Für Platon ist meine Seele ein Teil der Weltseele, und so empfinde ich eigentlich auch. Der Gegensatz von Einstein und Bohr war genau der Gegensatz zu Spinoza, das heißt der Metaphysik, und Kant, das heißt der Erkenntnislehre. Einstein wie Spinoza wollten wissen, was ist, Bohr wie Kant wollten wissen, was wir wissen können. Da ich nun dezidiert Schüler von Bohr und Heisenberg war, stand mir Kant näher als Spinoza. Die eigentliche Abweichung von der klassischen Metaphysik, die ich gar nicht vermeiden kann, liegt aber in der ganz anderen Rolle der Zeit. Ich bin durch die Physik auf die Wichtigkeit der Zeit aufmerksam geworden, beginnend mit der Unerklärlichkeit des zweiten Hauptsatzes der Thermodynamik, wenn man nicht den Unterschied der Zeitmodi schon zugrunde legt, und dann mit der Quantentheorie. Das ist ja in meinem Aufsatz über deskriptive zeitliche Logik beschrieben. Unter den Philosophen hat sich, wie mir scheint, doch als Folge der Geschichtswissenschaft, der Evolutionslehre und der Kosmogonie seit dem späten 18. Jahrhundert allmählich die Erkenntnis durchgesetzt, daß man die Zeit sehr viel mehr in die Mitte rücken muß. Man findet das zum Beispiel schon deutlich bei Schelling und Hegel. Man findet es mit einer neuen Emphase bei Nietzsche. In unserem Jahrhundert hat meinem Gefühl nach doch Heidegger dieses Problem am schärfsten durchdacht.

Wenn ich weiterhin die Entstehung meiner eigenen Empfindungen und Meinungen beschreiben darf, so bin ich in die Quantentheorie hineingekommen, weil ich vierzehnjährig Werner Heisenberg kennengelernt habe, der damals 25 Jahre alt war und der mir die noch nicht publizierte Unbestimmtheitsrelation in einem Taxi in Berlin erzählt hat. Mein Gefühl war: Dies ist die erste Hoffnung, die Unvereinbarkeit dessen, was wir vom Menschen wissen, mit dem, was wir von der Natur wissen, zu überwinden. Heute würde ich es vielleicht so ausdrücken: Das Zentrale, was wir vom Menschen wissen, ist nicht begrifflich, es ist eine unmittelbare Wahrnehmung. Pascal spricht in seinem esprit de finesse von dieser Art von Wahrnehmung, ohne daß man ihm in allen Einzelheiten seines Glaubens zu folgen braucht. Auch bei Goethe ist diese unmittelbare Wahrnehmung präsent. Wenn man weiß, was Goethe sehr wohl weiß, daß wir auch zur Natur eben ein solches Verhältnis der unmittelbaren Wahrnehmung haben, dann wird die Möglichkeit begrifflicher Erfassung der Wirklichkeit das eigentliche Rätsel. Dann werden alle die scheinbaren Selbstverständlichkeiten, wie zum Beispiel die Existenz getrennter Körper oder getrennter Bewußtseinsindividuen, erklärungsbedürftig. Das heißt, genau dasjenige wird zu einem erklärungsbedürftigen Rätsel, was für Leibniz die eigentliche Prämisse seines Philosophierens war.

Damit komme ich zu meiner Reaktion auf Leibniz. Ich habe ihn, wie schon gesagt, immer wenn ich ihm begegnete, sehr bewundert, aber ich weiß auch, daß ich nie in meinem Leben auch nur für einen Augenblick das Gefühl hatte, daß die Monadenlehre richtig sein kann. Sie erschien mir als eine Ontologisierung gewisser Bewußtseinsphänomene. Ich lebte ja doch schon seit meinen Studentenjahren in einem intensiven Kontakt auch mit Leuten, die Psychoanalyse kannten, und es war mir höchst plausibel, daß das Bewußtsein, um es vielleicht freudisch auszudrücken, nicht Herr im eigenen Hause ist. Es stellte sich dann natürlich das Problem der Rechtfertigung der unausweichlichen Moral, und für mich hat sich dies auch schon seit der Kindheit plausibel immer nur in der Gestalt der Religion, und zwar speziell der religiösen Erfahrung, gezeigt. Innerhalb der Religion war ich gegen Theologie eigentlich immer sehr skeptisch. Die Bergpredigt hat mich tiefer beeindruckt als irgendein anderer Text, den ich je gelesen habe, aber eigentlich schien mir der Kern der Religion in der mystischen Erfahrung zu liegen. Diese ist mit Platons Weltbild zu vereinbaren. Ob sie mit Leibniz zu vereinbaren wäre, weiß ich nicht, aber jedenfalls war die Intention, die Monaden voneinander und von Gott säuberlich zu unterscheiden, eigentlich das Gegenteil dessen, worum es in der unio mystica ging.

Es ist wohl kein Wunder, daß ich mit diesen Elementarvoraussetzungen die Quantentheorie genauso, wie ich sie in meinem kleinen Aufsatz beschrieben habe, begrüßt habe als den Weg heraus aus sonst unlösbaren Schwierigkeiten. Das alles ist aber noch Selbstbeschreibung, und wenn Sie sich selbst anders beschreiben, so haben sich damit zunächst nur zwei Individuen einander vorgestellt, und es ist noch kein Argument entstanden.

Nun zu Ihrem Argument. Meine Formulierung, daß die genähert getrennten Objekte und dann, wenn man eine monistische Ansicht hat, auch die genähert getrennten Bewußtseinsindividuen nur möglich sind, weil »der Raum beinahe leer ist«, so ist dies natürlich zunächst nur eine Kurzformel. Ich gebe Ihre Meinung zu, die ich in dem wörtlichen Zitat aus Ihrem kleinen Text noch einmal ausspreche: »Von dem Standpunkt aus, den ich einnehme, ist die Existenz wirklicher Individuen – jedenfalls die Existenz von Menschen – notwendig – sonst könnte es überhaupt keine Aussagen und keine Wissenschaft geben. Also kann das Faktum des nahezu leeren Raums kein zufälliges Faktum sein, sondern muß in einer Welt, in der eine Wissenschaft über die Welt existiert, notwendig sein.« Hier liegt nun meines Erachtens eine Zweideutigkeit in dem Begriff »notwendig«. Was Sie sagen, ist korrekt im Sinne logischer Notwendigkeit. Wenn es in der Welt Menschen gibt und die Menschen Wissenschaft mit sauber voneinander trennbaren Begriffen treiben, dann müssen in dieser Welt logischerweise Bedingungen existieren, unter denen einerseits Menschen überhaupt existieren können und unter denen andererseits diese Menschen etwas finden können, was sie begrifflich beschreiben können. Das ist logisch zwingend. Das ist aber kausal nicht notwendig, sondern das heißt nur, da wir schon wissen, daß es Menschen gibt, die Wissenschaft treiben, werden wir, soferne wir eine Theorie haben, die uns belehrt, daß Vorbedingung dafür ist, daß der Raum beinahe leer ist, folgern, daß der Raum eben offenbar beinahe leer ist. Innerhalb der Quantentheorie aber stellt sich die Frage nach der Notwendigkeit ganz anders. In der Tat wäre, wenn der Raum nicht beinahe leer wäre, keine Wissenschaft möglich, keine Begrifflichkeit, folglich auch nicht die Quantentheorie. Nun benütze ich gerne den Begriff der semantischen Konsistenz, das heißt ich betrachte eine Theorie, in diesem Fall die Quantentheorie, als mathematische Struktur, deren Semantik gegeben ist durch ein Vorverständnis, mit dem wir die zunächst mathematischen Begriffe interpretieren, die in der Theorie vorkommen, dann nenne ich die Theorie semantisch konsistent, wenn oder in dem Umfang, in dem ihre Anwendung auf ihre Objekte zeigt, daß genau die Bedingungen auch existieren müssen, die in der Semantik schon vorausgesetzt sind. Das ist dann eine Notwendigkeit als Folgerung aus der Theorie. Nun scheint es mir, daß ich so, wie ich die Quantentheorie aufbaue, diese Folgerung in der Tat ziehen kann. Das ist aber erst in der sogenannten Urtheorie möglich. Das, was ich Ure nenne, kann man auch nennen die Anzahl von bits der Informationen, die in der Welt, so wie wir sie heute zu beschreiben vermögen, verfügbar sind. Wenn ich diese Theorie durchführe, dann kann ich zeigen, daß jedes Teilchen wohl wenigstens etwa 10^{40} Ure für sich in Anspruch nimmt, während ich andererseits die Anzahl der Ure abschätze aus der Anzahl von Elementarvolumina in einem als geschlossen hypothetisch angenommenen Kosmos, und dann zeigt sich, daß in diesem Kosmos etwa 10^{120} Ure sein müssen, wenn ich als Elementarvolumen dasjenige des Nukleons nehme, aber nur 10^{80} Teilchen, und damit ist dann in der Tat die Welt, wie ich sage, beinahe leer. Das heißt, ich leiste in meiner Auffassung der Quantentheorie, soferne ich das alles richtig gemacht habe, den Nachweis der semantischen Konsistenz der Annahme, ohne welche die ganze Theorie nicht möglich wäre. Daß der Raum beinahe leer ist, ist dann in der Tat nach meiner Auffassung nicht zufällig. Dabei muß man das Wort zufällig als Gegenpol zum Wort notwendig wiederum entweder logisch oder im Sinne einer Konsequenz der Theorie unterscheiden.

Sie sehen, daß von dieser Auffassung aus natürlich bei mir gerade keinerlei Bedürfnis besteht, die Quantentheorie noch durch eine andere Theorie zu ergänzen, die all das wieder einführt, was losgeworden zu sein ihre eigentliche Leistung für mich ist.

Damit ist wohl der Unterschied Ihrer und meiner Grundauffassung gekennzeichnet. Ich würde in diesem Falle sagen, daß Sie in dem Gefolge von Einstein gehen, ich aber in dem Gefolge von Bohr, wobei Sie nur Einstein jetzt näher mit Leibniz verbinden als mit Spinoza und ich über Bohr außerdem sage, daß er zwar neuzeitlich gesehen im Gefolge von Kant marschiert, daß er mir aber immer vorgekommen ist wie eine Reinkarnation von Sokrates, ein Mann, der all die Dinge in Frage zieht, die die anderen Leute als selbstverständlich voraussetzen. Das hat mir immer sehr tief bei ihm imponiert, mehr als wohl bei irgendeinem anderen lebenden Menschen, den ich getroffen habe.

Nun können wir uns vielleicht einfach mit dieser Erklärung unserer individuellen Verschiedenheiten zufriedengeben. Aber wenn Sie meinen, daß man darüber noch weiter diskutieren kann, tue ich es mit großem Vergnügen.

Mit herzlichen Grüßen
Ihr CFWeizsäcker

AN HANS FRIEDENSOHN

20. Dezember 1989

L. H.

es war sehr gut, mit Dir zu sprechen. Inzwischen habe ich Gelegenheit gehabt, mit meinem Bruder zu sprechen, den ich wegen beiderseitiger Vielbeschäftigtheit leider seltener sehe, als wir beide gerne möchten. Ich habe ihm von unserem Gespräch erzählt, und er sagte, wenn Du einmal in Europa wärest, würde er sich sehr freuen, mit Dir zu reden. Du müßtest Dich dann nur bei ihm melden. Natürlich kann es sein, daß er dann durch konkrete Pflichten verhindert ist, aber im Prinzip täte er es gern. Die Adresse ist: Herrn Bundespräsident Dr. Richard von Weizsäcker, Villa Hammerschmidt, 5300 Bonn 1.

Gegenwärtig ist man in Deutschland natürlich vor allem mit den Vorgängen in der DDR beschäftigt. Es war eindrucksvoll, eine bisher unblutige Revolution mit anzusehen. Ich hoffe, daß daraus ein vernünftiger Zustand wird. Richard vergißt aber wegen dieser Beschäftigung keineswegs die anderen Dinge. Er vergißt die Probleme von Israel gewiß nicht.

Ich selbst bin in diesen Monaten etwas über meine Kraft in Anstrengung gewesen durch eine Anzahl verschiedener Pflichten. Hoffe jetzt auf ein paar ruhige Wochen, werde aber Anfang März zum Beispiel zu einer christlichen Weltversammlung nach Korea fahren, in der die Probleme der Welt besprochen werden sollen. Ob das dann nützlich ist oder nicht, wage ich jetzt noch nicht vorherzusagen, aber da ich einmal an der Initiative dafür teilgenommen habe, muß ich jetzt wohl auch noch weitermachen.

Dir und Deiner Frau, die wiederzusehen auch eine besondere Freude war, herzliche Grüße
Dein Carl Friedrich

An Helmut Schmidt

20. Dezember 1989

Lieber Herr Schmidt,

neulich bei meinem Bruder hatte meine Frau längere Gelegenheit, mit Ihnen zu reden. Ich war durch Kissinger und dann durch die Rußland-Experten absorbiert. Es tut mir leid, daß ich nicht Zeit gefunden habe, auch mit Ihnen länger zu sprechen.

Nun möchte ich Ihnen doch in einem kurzen Briefchen sagen, wie glücklich ich über Ihren Leitartikel zur Lage der Nation in der Nummer vom 15. Dezember war. Ich würde sagen: Dies sollte eine Regierungserklärung bei uns sein. Das wäre genau das richtige.

Für heute nur dies.

Herzliche Grüße
Ihr CFWeizsäcker

An Brigitte Gerstenmaier

22. Januar 1990

Liebe Frau Gerstenmaier,

es war eine große Freude für mich, von Ihnen einen Brief zu erhalten. Er hat mich noch einmal lebhaft an die Begegnungen und Gespräche mit Ihrem Mann erinnert, deren erstes nunmehr 52 Jahre zurückliegt.

Sie bitten mich aber um eine sachliche Leistung. Ich glaube, genau das, worum Sie mich bitten, werde ich nicht tun. Es ist in der Tat ja heute eine herrschende Meinung, der ich mich anschließe, daß man die Verbrennung fossiler Brennstoffe radikal reduzieren muß. Nicht ebenso überzeugt davon bin ich, daß dieses nur mit Hilfe der Kernenergie geschehen kann. Ich stehe über diese Fragen im lebhaften Gedankenaustausch, teils mit Naturwissenschaftlern, teils auch mit den Leuten, die sich auf politischer Seite mit der Frage befassen. Eine Verbindung beider Sachkenntnisse hat mein Sohn, Professor Ernst Ulrich von Weizsäcker, der Direktor des Instituts für europäische Umweltpolitik, Aloys-Schulte-Str. 6 in Bonn. Soweit mir Fachleute die Sache nach heute bester Kenntnis schildern, scheint die Ansicht wirklich zu sein, daß man die Reduktion der fossilen Verbrennung in den Industriestaaten auf ein Drittel in etwa zweieinhalb Jahrzehnten leisten könnte, ohne sogar dabei an denjenigen Vorteilen, die wir heute von dieser Verbrennung genießen, nennenswert einbüßen zu müssen, wenn man drei verschiedene Dinge gleichzeitig intensiv betreibt, deren Beitrag auf neun Teile verteilt werden kann nach dem Maßstab, daß sechs Teile des Beitrags allein durch bessere Energieausnützung, also energiesparende Techniken gegeben werden, zwei Teile durch erneuerbare Energiequellen, also insbesondere die Sonnenenergie, und ein Teil durch die Kernenergie. Das heißt, diese Expertenurteile halten die Kernenergie nicht zu diesem Zweck für unerläßlich.

Was ich jetzt gelegentlich öffentlich sage, was ich auch in jenem Interview gesagt habe, ist präzise meine Meinung: »Ich habe nicht den Affekt gegen die Kernenergie, den sehr viele haben, obwohl sie Gefahren enthält.« Diese Gefahren empfinde ich keineswegs als belanglos. Das eine ist, daß die Zerstörung von kerntechnischen Anlagen, insbesondere auch einer Wiederaufarbeitungsanlage, wie Wackersdorf es geworden wäre, im Kriegsfall oder überhaupt durch Gewalteinwirkung wohl schwer zu verhindern gewesen wäre und dann doch schreckliche Folgen hätte. Dies ist eine Sache, die mir schon vor mehr als zwanzig Jahren schlaflose Nächte gemacht hat. Ich bin auch dann zu der Folgerung gekommen, welche Sacharow gezogen hat, daß man dagegen die kerntechnischen Anlagen unter Erde bauen müßte. Ich habe nur gesehen, daß diejenigen, die die Kernenergie wirklich betreiben, dazu keineswegs bereit waren, und das hat mich dann zweifeln lassen, ob diese nicht neben diesen Gefahren, die sie offenkundig übersehen, auch noch andere Gefahren übersehen, die mir selbst nicht eingefallen sind. So habe ich mich zu einer gewissen Skepsis gegenüber den Befürwortern der Kernenergie entwickelt, obwohl ich die große Angst der Gegner der Kernenergie in dieser Form nicht teile.

Etwas anderes ist es, daß ich einen sehr alten Freund, der sein Leben lang an Kernenergie gearbeitet hat, vor einiger Zeit einmal nach diesen Dingen fragte, und er sagte: »Die Kernenergie wird dann eine Zukunft haben, wenn man wirklich rasch sofort beginnend das Problem der Endlagerung löst.« Dann fragte ich: »Ist es denn lösbar?« Dann sagte er: »Ich bin überzeugt, daß es lösbar ist.« Dann fragte ich: »Wie soll man es denn lösen?« Dann sagte er: »Ich bin jetzt zu alt, um das noch herauszubringen.« Wenn das eine korrekte Beschreibung durch einen Fachmann ist, dann ist auch hier das Problem jedenfalls nicht ganz einfach. Insofern ist es mir lieb, darauf hinzuweisen, daß Energieersparnis bei weitem das Wichtigste ist und daß sie einen Verzicht auf den Luxus, in dem wir leben, eigentlich sogar noch nicht einmal von uns verlangt, obwohl dieser Verzicht vielleicht heilsam wäre.

Sie werden verstehen, daß ich bei dieser Lagerung meiner Ansichten und angesichts des mich überfordernden Bündels von Pflichten, die ich schon übernommen habe, nicht die Absicht habe, nunmehr eine Vorlesungsreihe über Kernenergie zu halten. Ich werde mich aber in dem Sinne dessen, was ich in diesem Brief gesagt habe, dann auch noch stärker öffentlich äußern, wenn ich noch besser darüber informiert sein werde. Die Meinungsbildung unter den Fachleuten geht ja auch nicht ganz schnell.

Selbstverständlich dürfen Sie gerne diesen Brief auch Ihrem Sohn zeigen, so daß ich etwaige kritische Anfragen bekommen würde. Nur bitte ich ihn, von vorneherein zu verstehen, wenn sich das vielleicht hinauszieht, denn ich habe auch mehr Postempfang, als ich hoffen kann zu beantworten.

Mit meinen besten Wünschen und Grüßen bin ich
Ihr CFWeizsäcker

An Helmut Schnelle

28. Mai 1990

Lieber Herr Schnelle,

da ich sehr viel abwesend war, ist leider wieder sehr viel Post liegengeblieben. Im Augenblick möchte ich auf Ihren Brief vom Karfreitag nur in einer vorläufigen Weise eine Art von Antwort geben, eine Antwort, die sich noch nicht so unmittelbar auf das bezieht, worauf es Ihnen letztlich ankommt. Nur zur Erläuterung.

Es ist vielleicht am besten, wenn ich Ihnen den persönlichen Weg, den ich zur Auseinandersetzung mit der christlichen Theologie geführt worden bin, noch einmal andeute. Freilich habe ich im Grunde in dem Vortrag in Basel genau diesen Weg geschildert. Dort aber war wegen der Öffentlichkeit des Vortrags mein Auftrag, etwas zu sagen, was möglichst auch von den Zuhörern als verbindlich angesehen werden kann, und dadurch habe ich den persönlichen Charakter dieses Wegs nur etwas leise angedeutet. Will ich aber meine Reaktion Ihnen gegenüber verständlich machen, so bin ich wohl verständlicher, wenn ich mich so persönlich äußere.

Wie ich in dem Vortrag gesagt habe, hat es in der Kindheit zwei ganz entscheidende Erlebnisschritte gegeben. Der erste war im Alter von elf Jahren die Lektüre der Bergpredigt, die einen ungeheuren, nie wieder verschwundenen Schock bedeutete. Schock, weil sie offenkundig wahr ist und weil sie andererseits von uns allen nicht gelebt wird. Das zweite war im Alter von fünfzehn Jahren der totale und von vornherein als unwiderruflich erkannte Verlust des Kinderglaubens, d. h. von nun an konnte ich nur das im Bereich der Vielheit der Religionen und der nichtreligiösen Anschauungen wirklich akzeptieren, was ich aus meiner Erfahrung bestätigen oder zumindest als glaubwürdig ansehen konnte. Sie finden deshalb im dritten Teil des Vortrags über die Weltreligionen eigentlich das Beurteilungsmaterial auch für meine Einstellung zur christlichen Theologie. Insbesondere möchte ich darauf hinweisen, daß ich nicht nur rein äußerlich das jüdische und das indische Urteil über die christliche Christologie zitiert habe. Im Grunde fällt es mir ganz leicht, Jesus als den größten Rabbi anzusehen, und es fällt mir ebenso leicht, Jesus als eine der Inkarnationen Gottes anzusehen, hingegen die Ausschließlichkeit, die in der christlichen Trinitätslehre vorgetragen wird, ist etwas, was ich im Grunde nicht nachvollziehen kann, außer eben in der Form einer Liturgie. Ich habe das unheimliche Gefühl, daß die christliche Kirche sich gerade aus der Verbindlichkeit der Bergpredigt immer geflüchtet hat in eine Vergottung dessen, der diese Predigt gesprochen hat, womit klar wird, daß sie für ihn gilt, aber für uns arme Menschen natürlich nicht.

Ich habe dann als Erwachsener bis ungefähr zum 35. Lebensjahr begreiflicherweise zu dem, was die Katholiken Dogmatik und die Protestanten systematische Theologie nennen, gar kein Verhältnis gewinnen können. Was mir am Christentum überzeugend war, war, wenn Sie es so nennen wollen, die Ethik und die Mystik, aber gerade nicht die rationalisierende Theologie. Dann lernte ich in Gerhard von Rad und Walter Zimmerli zwei Theologen des Alten Testaments kennen, die mir dieses Buch als ein grandioses Geschichtsdokument aufschlossen, beide gläubige Christen. Damit begann ich einen Zugang zu finden zu der Art, wie man christliche Theologie wohl treiben kann, zunächst in aufgeklärter historischer Denkweise. Dies verband sich dann für mich selbstverständlich damit, daß ich als Naturwissenschaftler unseres Jahrhunderts ein elementar religiöses Erlebnis angesichts der Natur ständig habe, auch von der Kindheit an bereits, und die Frage war nur, wie dies zusammengehört. Das führt dann in die Philosophie. Der Teil meines Vortrags, der von Philosophie handelt, ist aber der unvollständigste. Dort hätte ich eigentlich einen ganz neuen Vortrag beginnen müssen, für den ich aber nicht reif bin und für den auch damals die Zeit nicht reichte. So kam ich nur auf einen einzigen philosophischen Punkt mit einer gewissen Ausführlichkeit, und das war, daß der mir unverständlichste Teil der christlichen Dogmatik, nämlich eben die Drei-Personen-Lehre, sich mir als verständlich zu enthüllen begann, als ich den Neuplatonismus kennenlernte. Von Plotin her habe ich einen Zugang dazu.

Das, wovon Sie, Herr Schnelle, reden, ist von dieser Art, an die christliche Theologie heranzukommen, aus gesehen im wesentlichen die Art, wie die Christen dieses große, aber eben ein bißchen problematische Geschenk der griechischen Philosophie benützt haben, um ihre zentralen Erfahrungen zu buchstabieren. An diesen zentralen Erfahrungen zu zweifeln, liegt mir vollkommen fern. Wenn Sie dann davon sprechen, was dies mit dem Personalen bis in die Logik hinein zu tun hat, dann sprechen Sie von einer der wichtigsten Fragen, die es gibt. Auf diese vermag ich mich aber im Augenblick einfach wegen der begrenzten Arbeitszeit, die ich soeben darauf verwenden kann, noch nicht gründlich einzulassen. Ich wollte nur sagen, woher meine Weise, diese Dinge zu sagen, kommt. Vielleicht darf das für den Augenblick genügen. Ich hoffe, in einiger Zeit, die wahrscheinlich wohl einige Monate betragen wird, dann noch einmal auf den eigentlichen Inhalt Ihres Briefes zurückzukommen.

Sehr herzliche Grüße
Ihr CFWeizsäcker

An Norbert Greinacher

22. Juni 1990

Lieber Herr Greinacher,

ich war eingeladen, einen ausführlichen Beitrag zu Ihrer Festschrift zu schreiben. Ich hätte das mit der größten Freude getan, sowohl wegen des hochinteressanten Themas, mit dem sich viele Gedanken von mir schon beschäftigt haben, wie auch andererseits, um Ihnen ein Zeichen des Danks zu geben. Genau meine intensive Beschäftigung mit den Fragen im Kontakt der Kirchen untereinander und mit den fremden Religionen hat mich aber gehindert, noch etwas zu verfassen. Die Herausgeber haben mir aber versichert, daß in der Festschrift auch ein kleiner Brief, wie dieser hier, stehen dürfe.

Ich benütze den Brief, um Ihnen noch einmal zu sagen, wie wichtig mir war, im Jahre 1986 im Rahmen des inzwischen weiterlaufenden konziliaren Prozesses mit Ihnen eine kleine Reise durch Südamerika zu machen. Ich wiederhole hier für die Leser der Festschrift etwas, was ich Ihnen damals sicher auch gesagt habe.

Im Jahre 1952 war ich mit meiner Frau in Brasilien, und man hatte mich eingeladen, dort ein Institut zu gründen und für immer dort zu bleiben. Ich habe diese Einladung damals ernst genommen. Die Situation in Mitteleuropa war völlig undurchsichtig, und die Frage war, ob ich nicht der Arbeit, die ich zu machen habe, und meinen Kindern einen besseren Dienst erweise, wenn ich in ein Land Südamerikas übergehe. Ich habe mich dann entschlossen, es nicht zu tun, sondern zu Hause zu bleiben, und ich glaube, daß dieser Entschluß richtig war. Aber ich habe mir damals unter anderem natürlich auch die Rolle der Kirche angesehen. Mein Empfinden war dann leider, daß die Kirche dort im Grunde belanglos sei. Nach meinem Eindruck gab sie den Armen den Trost einer kultischen Magie und den Reichen die Gewissensberuhigung, daß es sich beim Christentum um Innerlichkeit und Jenseits handelt. Beides war so angelegt, daß es die wirklich schlimmen Zustände bestehen ließ und nur Trost gewährte, sie zu ertragen. Als ich dann mit Ihnen 34 Jahre später wieder dorthin kam, war die Situation völlig verändert. Die Kirche war ein wirklicher sozialer Faktor geworden. Ich brauche Ihnen nicht zu sagen, woran es lag, ich sage kurz, was die Befreiungstheologie von sich selbst gesagt hat. Sie hat einerseits von der politischen Bewegung seriös gelernt, und sie hat, und das war das Wichtigste, im Neuen Testament noch einmal nachgelesen und festgestellt, daß Jesus zu den Armen gekommen ist. Es scheint mir, daß die Christen sofort wirklich wichtig werden auch in der menschlichen Gesellschaft, wenn sie einmal wieder nachlesen, was in dem Buch steht, das sie seit zweitausend Jahren überliefern. Für dieses erfolgreiche Nachlesen haben Sie so viel getan, und dafür schulden wir Ihnen alle Dank.

Herzliche Grüße
Ihr CFWeizsäcker

AN MARK WALKER

5. August 1990

Lieber Herr Walker,

dies ist die Fortsetzung des Briefs, der durch ein Versagen des Geräts unterbrochen wurde.

Es handelt sich nun um den zentralen Punkt unserer Meinungsdifferenz, nämlich um die Wahrhaftigkeit der Äußerungen von Heisenberg nach dem Krieg. Wie ich Ihnen schon im vorigen Stück des Briefs geschrieben habe, bin ich außerstande, die dazu notwendige Diskussion in der Ausführlichkeit zu führen, die geeignet sein könnte, jedes einzelne Ihrer Argumente zu überprüfen. Ich habe praktisch keine einzige der Äußerungen Heisenbergs nach dem Krieg, auf die Sie sich beziehen, in meiner Hand. Zu Hause habe ich sie nicht und auch nicht in meinem Büro, da ich meine älteren Akten schon vor längerer Zeit der Max-Planck-Gesellschaft zur Sammlung zur

Verfügung gestellt habe. Ich hatte nicht die Zeit und würde auch in den jetzt vorhersehbaren Monaten und wohl Jahren nicht die Kraft haben, diese Texte mir wieder zu besorgen und dann im einzelnen darauf einzugehen. Eine Einzelheit möchte ich aber nennen. Aus Ihrem Artikel in den »Vierteljahrsheften für Zeitgeschichte«, S. 56, habe ich entnommen, daß Heisenberg einen Artikel geschrieben habe (das ist schon S. 55 gesagt), und zwar in der Zeitschrift »Die Naturwissenschaften« als Antwort auf Goudsmit. Ich meine mich zu erinnern, daß Heisenberg einen solchen Artikel geschrieben hat. Ich habe dann in der Fußnote auf S. 56, welche auf S. 55 beginnt und die Nr. 20 trägt, ein Zitat gefunden: »Werner Heisenberg über die Arbeit zur technischen Ausnützung der Kernenergie in Deutschland, in: Die Naturwissenschaften, Bd. 33 (1946), S. 325–239«. Von der Sekretärin von Rechenberg habe ich mir diesen Artikel schicken lassen, ich habe ihn in der Hand. Ich habe aber in diesem Artikel keinerlei Bezugnahme auf Goudsmit gefunden und praktisch nichts von den Behauptungen, welche Ihrer Darstellung auf S. 56–58 nach Heisenberg dort aufgestellt habe. Es muß also in dem Zitat irgendein Irrtum unterlaufen sein, und ich bin jetzt, da ich mich in den Ferien befinde, nicht imstande festzustellen, welches der Artikel ist, auf den Sie sich wirklich bezogen haben. Dies nur zur Erläuterung meines technischen Problems.

Was ich wirklich tun kann, ist daher zunächst sehr viel eingeschränkter. Ich stelle zunächst eine grundsätzliche Behauptung auf: Meiner Erinnerung nach ist Heisenberg in allem, was er über die Fragen unserer Arbeit über Kernenergie im Krieg nach dem Krieg gesagt hat, aufrichtig gewesen. Das heißt nicht, daß ich überzeugt wäre, alles was er geschrieben hat, sei genau richtig gewesen. Es können ihm faktische Irrtümer unterlaufen sein, und seine Analyse der Zusammenhänge war manchmal, wie ich es schon in dem begonnenen Brief gesagt habe, vielleicht ein wenig naiv. Auch könnte es sein, daß ich bei genauer Analyse von Heisenbergs Texten bereit wäre zuzugeben, daß an der einen oder anderen Stelle das in einer Polemik verständliche Bedürfnis, sich selbst zu rechtfertigen, ihn zu Formulierungen gebracht habe, die ich selbst vielleicht damals schon nicht gebraucht hätte, oder die ich heute nicht gebrauchen würde. Ich war persönlich gerade in der Vermeidung der sog. Verschwörungsthese von Anfang an äußerst sorgfältig. Das heißt nicht, daß ich nicht der Meinung gewesen wäre, daß etwas in dieser These richtig war, ungefähr das, was Herr Himmelheber in seinem Antwortbrief an Sie sehr gut zum Ausdruck gebracht hat. Aber ich wußte auch, daß es äußerst gefährlich ist, eine solche Wahrheit etwas zu knapp auszusprechen, so daß man sie auch falsch deuten kann, worauf man dann mit Recht von Leuten, die die Sache genau studieren, kritisiert worden wäre, und diese dann vermutet hätten, man habe hier eine bewußte Lüge ausgesprochen. Auf dieser Schwierigkeit, genau die Wahrheit zu sagen, die ja kompliziert ist, und die auch von Person zu Person unter den Beteiligten jeweils etwas verschiedenen Handlungen entspricht, beruht, soweit ich sehen kann, das Problem der Verständigung über diese Probleme.

Ich präzisiere aber meine These in bezug auf das, was Sie, Herr Walker, darüber geschrieben haben, in folgendem Sinne: Ich habe in dem, was ich gelesen habe (was möglicherweise nicht ganz vollständig alles umfaßt, was Sie geschrieben und mir geschickt haben) nichts gefunden, nicht eine einzige Behauptung von Ihnen, die mich daran hätte irre machen können, daß Heisenberg in allem, was er dort gesagt hat, nach bestem Wissen und Vermögen aufrichtig geschrieben hat.

Ich kann dies natürlich nur an Beispielen belegen. Zu diesem Zweck will ich zuerst Ihren Brief vom 6. Juli an mich durchgehen und dann, wenn mir die Zeit reicht, noch die Seiten 56–58 Ihres Aufsatzes.

Im Brief vom 6. Juli sehe ich auf der ersten Seite zunächst eine Bemerkung, die nichts mit Heisenberg zu tun hat, die aber meinem Gefühl nach ein leises Mißverständnis auf Ihrer Seite zum Ausdruck bringt. Sie sagen dort, was ich annehme als Ursache der Schwierigkeit der Verständigung zwischen Ihnen und mir, bestehe darin, daß jüngere Historiker, die nicht persönlich den Nationalsozialismus erlebt haben »are incapable of reading between the lines of documents from this period«. Ich habe niemals geglaubt, daß solche Historiker dazu unfähig seien. Ich glaube auch nicht, daß ich das jemals gesagt habe, mit

Ausnahme davon, daß ich einmal eine persönliche Äußerung von Feinberg in einem mündlichen Gespräch zu mir im Brief an Sie zitiert habe, wo er allerdings, wie man das mündlich eben gelegentlich tut, etwas von dieser Art sagt. Ich habe Ihnen das dort nur zitiert, um zu sagen, wie ein Mensch empfindet, der nicht unter dem Nationalsozialismus, sondern unter Stalin analoge Erfahrungen gemacht hat. Meine eigene Meinung ist, daß Historiker, die etwas nicht miterlebt haben, sehr wohl imstande sein können, das Nichterlebte zu verstehen, aber daß hier zweifellos eine Schwierigkeit besteht. In bezug auf Ihre Person bewundere ich die Energie, mit der Sie versucht haben, diese Schwierigkeit zu überwinden. Sie haben mich aber nicht davon überzeugen können, daß Sie in jedem Punkt, in dem Sie glauben, Sie hätten die Schwierigkeit überwunden, dies auch schon geleistet haben. Eine solche Arbeit ist ja endlos, und immer wieder kommen bei Ihren Formulierungen, ich würde sagen, mehr in kleinen Adjektiven als in den ganz ausdrücklichen Behauptungen, Äußerungen vor, von denen ich sagen kann: So etwas kann man nur sagen, wenn man nicht dabeigewesen ist. Das heißt, ich bewundere Ihre Anstrengung zu verstehen, ich bewundere aber nicht ganz im selben Grade den Erfolg dieser Anstrengung.

Auf der 2. Seite Ihres Briefs in der 1. Zeile steht das entscheidende Wort »conspiracy«. Die korrekte deutsche Übersetzung ist wohl »Verschwörung«. Ich gebrauche jedenfalls, indem ich deutsch schreibe, nun dieses Wort. Nimmt man das Wort in seinem üblichen Sinn, so ist gar kein Zweifel daran möglich, daß es eine Verschwörung der deutschen Physiker, die Atombombe nicht zu machen, nicht gegeben hat. Zu einer Verschwörung gehört eine bewußte Absprache mit klaren Zielen. Eine solche bewußte Absprache hat es zwischen der Gesamtheit derer, die im sog. Uranverein zusammenarbeiteten, ohne jeden Zweifel nicht gegeben. Ich glaube auch nicht, daß irgendein Mensch das jemals behauptet hätte. Etwas anderes ist es, daß in kleineren Gruppen selbstverständlich ein Einverständnis bestand, und dieses Einverständnis war von Gruppe zu Gruppe verschieden. Hier handelt es sich insbesondere nun um die Gruppe um Heisenberg, die ich im Augenblick einschränken möchte auf genau drei Personen: Heisenberg, Wirtz und mich. Zwischen uns dreien gab es eine bewußte und verabredete Zusammenarbeit vom ersten Anfang an. Um es genau zu sagen: Ich selbst habe versucht, dafür zu sorgen, daß ich an den Uranarbeiten teilnehmen konnte. Dies hat, wie ich ja verschiedentlich gesagt habe, wenig zu tun gehabt mit technischem Interesse, sondern im wesentlichen mit einer irrigen Hoffnung, auf diesem Wege zu politischem Einfluß zu gelangen. Darüber nachher noch ein Wort. Mit Wirtz war ich seit einer Reihe von Jahren befreundet, wir sprachen miteinander darüber, wie dies durchzuführen sei, auch Wirtz wollte entschieden an den Dingen mitarbeiten, und wir verabredeten, daß wir dies nur tun könnten, wenn wir auch Heisenberg hineinziehen würden. Daraufhin fuhr ich zu Heisenberg, ich vermute im September 39, und sprach mit ihm und überzeugte ihn, daß er mitwirken wolle. Das Ziel der Zusammenarbeit war zunächst eindeutig herauszubringen, was man mit Uranspaltung technisch machen kann. Wir wollten sowohl die Frage eines Sprengstoffs, wie die Frage einer friedlichen Energienutzung durch eine Uranmaschine studieren. Heisenberg hat ja darüber dann schon im Winter 39/40 seinen ersten wichtigen Bericht geschrieben. Das hiermit verbundene Gewissensproblem war uns vom ersten Augenblick an voll bewußt. Das von Ihnen auf Seite 3, Absatz 2, Ihres Briefs zitierte Wort von Heisenberg an Robert Jungk scheint mir das Empfinden, das wir dabei hatten, ganz genau zu beschreiben, so wie es schon 1939 war: Wir fühlten die »instinktive menschliche Einstellung, ›Atombomben kann man doch als anständiger Mensch nicht machen ...‹«. Das heißt, wir befanden uns vom ersten Augenblick in einem tiefen moralischen Dilemma und waren uns dessen voll bewußt. Die Frage, die sich daraus ergibt, ist nun doppelter Natur, einerseits, warum haben wir dann überhaupt angefangen, andererseits, wie haben wir versucht, uns zu dem moralischen Dilemma zu verhalten.

Wenn ich frage, warum wir überhaupt angefangen haben, so muß ich unterscheiden zwischen dem Grund dafür, daß Physiker überhaupt damals so etwas anfingen, und den speziellen persönlichen Gründen, die wir selbst hatten. Allgemein darf man wohl sagen, daß die Physiker, die imstande waren, an solchen Dingen zu arbeiten, damals in einer ganzen Reihe von Ländern der Welt spontan bereit waren, die Arbeit zu machen. Hier liegt etwas wie die primitive Versuchung, die mit der Physik verbunden ist, wenn man etwas technisch aus der Physik machen kann, was vorher nicht möglich war, es dann auch zu wollen. In diesem Sinne habe ich selbst einmal gesagt: »Es führt ein schnurgerader Weg von Galilei bis zur Atombombe.« Es gibt Äußerungen von Oppenheimer, die genau diese Sicht der Dinge unterstreichen. Selbstverständlich waren auch wir als Physiker von diesen Motiven nicht frei. Wir waren ehrgeizige Männer und hätten uns gefreut, hier etwas besser zu machen als andere und es früher als andere herauszubringen und zum Erfolg zu führen.

Das moralische Dilemma haben, wie ich annehmen muß, auch die Physiker in den anderen Ländern, insbesondere also in Amerika, deutlich gefühlt. Es würde mich wundern, wenn irgendwo ein Physiker so unsensibel gewesen wäre, sich dieses Problem nicht vor Augen zu halten. Dann kommt die weitere Frage, warum man es dann trotzdem gemacht hat. Die ist nun zunächst wieder doppelt aufzuspalten, einmal nach der Nation, zweitens nach der Person. Es war für die amerikanischen Physiker, ebenso für die englischen, ebenso für die russischen und zunächst, ehe Frankreich erobert war, auch für die französischen ein höchst plausibles Motiv zu sagen, die Deutschen werden es ja machen, und dann müssen wir es unbedingt schneller machen als die Deutschen. Als dann schließlich Deutschland besiegt war und die Atombombe noch nicht gefallen war, hat sich dieselbe Motivation im Wettlauf zwischen Amerika und Rußland noch einmal wiederholt. Ich habe mich immer bemüht, gerade den amerikanischen Physikern gegenüber in dieser Hinsicht keinerlei Vorwürfe zu erheben. Dies war einer meiner Kritikpunkte an dem Buch von Robert Jungk. In Deutschland stellte sich diese Frage natürlich anders. Nun möchte ich annehmen, daß unter den deutschen Physikern einige waren, die durchaus, wenn ich es einmal so ausdrücken soll, hinreichend nationalistisch gesonnen waren, um zu wünschen, daß eine solche Waffe, wenn sie denn schon möglich ist, alsbald in deutscher Hand sein solle. Dies brauchte nicht unbedingt identisch zu sein mit dem nazistischen Welteroberungswunsch, es konnte auch den Wunsch enthalten, daß die Deutschen wenigstens nicht durch das Fehlen dieser Waffe den Krieg verlieren sollten, denn den Krieg zu verlieren war ein Wunsch, den man deshalb noch nicht zu haben brauchte, weil man nicht für Hitler war. In meinem Buch »Bewußtseinswandel«, S. 350, erzähle ich von einem Deutschen, Werner von Trott, der genau den Wunsch hatte, Deutschland möchte den Krieg verlieren, weil er überzeugt war, daß nur dies die Deutschen moralisch retten würde. Aber diesen Wunsch hatte auch ich damals nicht. Nur war es so, daß Werner von Trott mit Recht keinerlei Angst hatte, mir gegenüber diesen Gedanken zu äußern.

Ein anderes Motiv war, daß man sich relativ früh klarmachen konnte, eine Uranmaschine oder, wie man heute sagt, ein Reaktor werde leichter zu bauen sein als eine Bombe, jedenfalls früher fertiggestellt werden können. Da war nun der Gedanke, daß eine solche Maschine doch für die Lösung des Energieproblems der Menschheit und auch unserer Nation höchst wichtig sein würde. In dem Augenblick also, in dem man hoffen konnte, eine Atombombe würde jedenfalls aus den Arbeiten, die wir jetzt beginnen, in der Zeit, die man für die weitere Herrschaft Hitlers erwarten konnte, oder die man für die Dauer des Kriegs erwarten konnte, nicht herauskommen, wohl aber eine energieerzeugende Maschine, dies konnte in der Tat ein Motiv sein, die Arbeiten zu machen. Ich sage nicht, das irgendeines dieser Motive das einzige war, sondern ich sage, daß wir uns zwischen diesen Motiven einen Weg suchen mußten.

Damit kommt dann die weitere Frage zunächst, was die rein persönlichen Motive der Beteiligten waren. Da würde ich sagen, Heisenberg hatte wahrscheinlich persönlich den größten rein wissenschaftlichen Ehrgeiz. Er wollte immer sehr gerne die Dinge so gut können, wie man sie nur überhaupt können kann. In der Ebene der Rechtfertigung war Heisenbergs Motiv, wie ich auch öfters schon gesagt habe, daß er eine baldige Niederlage Hitlers, jedenfalls am Anfang des Kriegs, erwartete und daß er überzeugt war, die Wissenschaft müsse durch den Krieg gerettet werden, deshalb müßten sog. kriegswichtige Arbeiten verhindern, daß die Physiker an die Front gestellt und dort totgeschossen würden. Auch war er überzeugt, nach dem Kriege werde die Wissenschaft eine der wenigen Sachen sein, die für Deutschland wirklich Ansehen einbringen könnten und den internationalen Kontakt wiederherstellen, und auch deshalb war ihm die Bewahrung der Wissenschaft weiterhin wichtig. Meine eigenen Motive habe ich ja verschiedentlich geschildert und wiederhole das jetzt nicht.

Dann kommt die für das Wort Verschwörung entscheidende Frage, wie wir uns denn bei unserer Absprache, diese Dinge zu studieren, aus dem moralischen Problem zu retten suchten. Hier kann ich nun positiv sagen, daß zwischen uns dreien präzise besprochen wurde, wir wollten so weit wie irgend möglich kommen im eigenen Verständnis dieser Dinge, um dann selbst entscheiden zu können, was man weiterhin tun würde. Dies ist eine Verabredung, die auf einem ungewissen Weg wahrscheinlich öfters zwischen Menschen getroffen wird. Gleichzeitig würde ich nachträglich sagen, daß es leichtsinnig war, denn hätten wir verstanden, wie die technischen Möglichkeiten sind, so hätten wir nicht die Möglichkeit gehabt, dieses wirklich zu verbergen. Wir wären dann unweigerlich vor der Frage gestanden, ob wir nun die Bombe wirklich machen wollen, oder ob wir das möglicherweise mit dem eigenen Tod endende Opfer bringen wollten, den Bau zu verweigern. Ich selbst hatte die, wie ich heute weiß, völlig abwegige Vorstellung, ich könnte eventuell in einem solche Falle als einer, der unentbehrlich ist für einen solchen Bau, in direkten Kontakt mit Hitler kommen und könnte ihn dann zu einer Politik des wirklichen Friedens bewegen. Nachträglich sieht man, daß dies eine absurde Hoffnung war. Aber zu diesem Fehler muß ich mich bekennen, und das habe ich oft getan. Hierzu kam es aber nicht. Meine Überzeugung, daß die Atombombe in Wirklichkeit die Menschheit nötigen werde, die Institution des Kriegs zu überwinden, fand deshalb eine etwas bessere Hoffnung auf Anwendung, indem wir uns sagten, es könnte ja sein, daß die Physiker nunmehr in der ganzen Welt die Möglichkeit hätten, auf die Politik Einfluß zu nehmen, genau, weil sie von diesen Dingen etwas verstehen, und dazu müßten die Physiker zunächst zu einer ganz bewußten Zusammenarbeit veranlaßt werden. Diese Zusammenarbeit konnte die plausible Form haben, daß die Physiker gemeinsam verabredeten, keine Bombe zu machen, was in sich selbst natürlich noch nicht eine echte Ausübung von Macht in der Richtung auf Frieden war, aber doch ein Schritt in einer Richtung, die schließlich auch zum Frieden führen könnte. Das war dann bei mir das Motiv dafür, daß ich das Gespräch zwischen Heisenberg und Bohr so besonders zu fördern versucht habe. Ich verstehe nachträglich sehr gut, daß solche Motivationen Menschen, die nicht an den Vorgängen selbst beteiligt waren, sehr schwer zu erläutern sind. Seite 370 meines Buchs »Bewußtseinswandel« sage ich, wenn ich von Oppenheimer spreche, er habe meinem Empfinden nach ähnlich gefühlt wie auch ich: »daß er eine komplizierte persönliche Motivation Leuten erklären muß, von denen er weiß, daß sie glauben, er lügt, wenn er die Wahrheit sagt. Nur wenn er lügt, kann er so reden, daß sie sich einbilden, er sage die Wahrheit.« Sie sehen, daß ich hier nicht den Unterschied zwischen Angehörigen der deutschen Tradition und Amerikanern mache, sondern daß dies auch innerhalb Amerikas zweifellos eines der großen Probleme war und ist. Es ist ja ein Problem, das wahrscheinlich für alle wirklich schwierigen moralischen Entscheidungen in der Politik immer von neuem auftritt. Deshalb ja auch immer von neuem der Streit unter den Historikern, oder noch mehr unter den Journalisten und Politikern, über die wahren Motive.

All dies fasse ich nun eben in die Behauptung zusammen: Es gab keine Verschwörung, auch nicht in unserem kleinen Dreierkreis, mit Sicherheit die Bombe nicht zu machen. Es gab ebensowenig die Leidenschaft, die Bombe zu machen, und es gab schließlich auch nicht den Entschluß, auf dieses Dilemma dadurch zu reagieren, daß man an den Dingen nicht arbeitet. Einfacher als dies ist die Lage eben nicht.

All dies gilt aber nur für den Anfang des Kriegs. In dem Grade, in dem uns klar wurde, daß wir die Bombe gar nicht machen konnten, war dieses schwere Dilemma nicht mehr unser Anliegen, sondern jetzt war das Anliegen nur noch, wie man vernünftig die Arbeiten so fortführt, daß einerseits die Physiker vor dem Kriegsdienst gerettet wurden, daß andererseits nach Möglichkeit eine energieerzeugende Maschine entsteht, während die Sorge, es könnte damit gleichzeitig eine Bombe entstehen, solange der Krieg noch dauert, einfach nicht existierte.

Sie sehen, Herr Walker, daß ich mich im Grunde wiederhole. Ähnliches habe ich schon oft geschrieben und auch Ihnen schon geschrieben. Ich sage es aber jetzt, um zu sagen, daß ich in allen diesen Dingen, mit Ausnahme der individuellen Unterschiede, die ich ausdrücklich genannt habe, mit Heisenberg völlig einig war und immer geblieben bin. Deshalb ist nun zu überprüfen, ob das, was Heisenberg tatsächlich nach dem Krieg gesagt hat, mit dieser Motivationslage vereinbar ist oder nicht, und ich behaupte, es ist voll damit vereinbar. Nur war auch hier seine Schwierigkeit die, die ich vorhin anläßlich von Oppenheimer zitiert habe. Wenn er sich so einfach ausdrücken wollte, daß die Menschen einigermaßen glauben konnten, so sei es gewesen, so mußte er bereits eine Vereinfachung vornehmen, die nicht mehr ganz genau das ausdrückte, was alles gleichzeitig damals empfunden wurde oder auch getan worden ist. Versuchte man aber, diese Komplikation auszudrücken, so mußten die Leute das Empfinden haben, hier rede jemand um eine tiefe Schuld herum, die er nicht bekennen wolle. In diese Schwierigkeit kommt man eben, wenn man sich auf solche Sachen einläßt. Und, Herr Walker, Herr Heisenberg ist durch Ihre Unfähigkeit, dies rechtzeitig in seiner Subtilität zu sehen, zum Opfer von Vorwürfen Ihrerseits geworden, die er wirklich überhaupt nicht verdient. Alles, was Sie vollkommen zutreffend sagen über die objektiven Wirkungen und die objektive Rolle, die wir gespielt haben, wird erst ins richtige Licht gerückt, wenn Sie einmal fähig gewesen sind, die Motive von Heisenberg, soweit Ihnen das eben zugänglich ist, zu erkennen und anzuerkennen. Diese Motive waren so, daß das, was er nachher sagte, niemals eine Lüge war, sondern nur allenfalls diejenige Vereinfachung, die man ausspricht, wenn man überhaupt verstanden werden will. Erst wenn Sie dies verstanden haben werden, werden Sie der gute Historiker sein, der zu sein Sie fähig sind und der zu sein Sie wünschen, der Sie aber im Augenblick noch nicht sind.

Seite 2 Ihres Briefs steht dann ein Zitat aus einem Brief an Heisenberg an van der Waerden, den ich gar nicht gekannt habe. Dort sagt er, daß er offenbar mit Bohr über das Problem mehr explizit zu reden vermocht hat, als ich nach dem kurzen, was er mir unmittelbar nach dem Gespräch erzählt hatte, in Erinnerung hatte. Der Gedankenaustausch, den er hier schildert, ist fast genau derselbe, den ich mit Bohr dann in Princeton im Jahre 1950 hatte. Bohr hat sowohl offenbar gegenüber Heisenberg im Jahre 41 wie dann mir gegenüber 1950 dasselbe gesagt, daß nämlich der Physiker im Krieg selbstverständlich erst seinem Lande verpflichtet sei, und daß man deshalb keine Vorwürfe erheben dürfe. Bohr hat also weder 41 noch 50 verstanden, daß unser Anliegen natürlich überhaupt nicht war, demjenigen Vorwürfe zu machen, der seinem Lande zu dienen sucht, aber zu sagen, daß dies nicht ausreicht, sondern daß es sich jetzt darum handelt, der Menschheit zu dienen, und dazu eine gemeinsame Aktion notwendig ist, die möglicherweise jeden Physiker mit den Autoritäten seines Landes in einen Konflikt bringen kann. Bohr selbst hat ja, als er dann gegen Ende des Kriegs und nach dem Krieg versuchte, Churchill oder Roosevelt oder dann die Weltöffentlichkeit zu überzeugen von der Notwendigkeit einer internationalen Übereinstimmung über diese Fragen, damit nicht sehr viel Erfolg gehabt und allerhand Befremden bei den national denkenden Leuten ausgelöst. Bohr hatte damals völlig recht, nur hat er offenkundig nie verstanden, daß genau dies das war, was Heisenberg von ihm gewollt hatte. Heisenberg und ich haben diese Äußerungen von Bohr nach dem Kriege immer mit großer Sympathie betrachtet und sind öffentlich für sie eingetreten.

Seite 3 sagen Sie dann, daß die Verschwörungstheorie zwar vermutlich von Jungk erfunden worden ist, daß aber Heisenberg diese Theorie damals nicht wirklich bekämpft hat, sondern daß er sie in Jungks Bewußtsein sogar eher verstärkt hat. Das ist vermutlich nicht ganz unrichtig. Ich selbst habe ja unsere Reaktion, oder speziell meine Reaktion auf Jungks Buch, ebenfalls in meinem Buch »Bewußtseinswandel« und in meinen Äußerungen in der Süddeutschen Zeitung geschildert. Auch ich habe damals die Verschwörungstheorie von Jungk nicht mit der Entschiedenheit kritisiert, mit der ich sie vielleicht hätte kritisieren sollen. Wenn man denkt, daß wir vorher unter den vollkommen absurden Anwürfen von Goudsmit standen, war man eben dankbar, wenn einmal jemand kam, der sah, daß wir in Wirklichkeit die schlimmen Motive, die Goudsmit vorausgesetzt hatte, nicht gehabt hatten. Daß Jungk die tiefe Komplikation, in die man moralisch kommt, wenn man sich auf so etwas einläßt, nicht voll gesehen hat, war mir ganz klar, aber ich war längst daran gewöhnt, daß öffentliche Äußerungen über diese Dinge diesen Komplikationen fast nie gerecht werden, und war wenigstens für die Annäherung dankbar, die Jungk an die wahre historische Lage zuwege gebracht hatte. Erst später habe ich dann allmählich gemerkt, daß Jungks Motivation eine war, die von unserer nun doch ziemlich verschieden war. Jungk ist ein leidenschaftlich moralistischer Mann, und er konnte eigentlich sich nur vorstellen, daß er uns loben konnte, wenn wir auch so moralistisch gewesen wären, oder daß er uns verurteilen mußte, wenn wir es nicht waren. Zuerst wählte er, uns zu dieser Art von Moralismus hochzustilisieren, als sich dann aber herausstellte, daß wir in Dingen, die er für ebenso moralisch unerläßlich hielt, wie der Bekämpfung der Kernenergie, nicht seiner Meinung waren, hat er uns mit derselben Härte kritisiert, mit der er auch andere Leute ungerecht kritisiert hat. Jungk ist ein Mann, der meinem Gefühl nach meint, man könne die Genauigkeit in der Beurteilung von Tatsachen ersetzen durch moralisches Engagement. Ich halte, wenn ich ehrlich sein soll, dieses für eine der tiefen Gefahren des Moralismus, nämlich die Selbstgerechtigkeit, die eigentlich das Gegenteil von guter Moral ist. Aber so geschieht es ja sehr häufig mit menschlichen Tugenden, daß, wenn man sie isoliert, sie zum Gegenteil dessen werden, was sie sein wollen.

Seite 3 unten kommen Sie noch einmal darauf zurück, daß wir für Kulturpropaganda in Anspruch genommen wurden, und ich kann nur noch einmal wiederholen, daß wir das selbstverständlich wußten, daß es uns keine Freude machte, daß es aber als Mittel zum Zweck von uns akzeptiert wurde. In einem früheren Brief habe ich schon gesagt, daß ich bereit wäre, mir die Kritik anzuhören, wir hätten auch dies moralisch nicht gedurft. Darüber würde ich in Ruhe gerne mit Ihnen einmal persönlich sprechen. Aber ich gestehe doch, daß ich nachträglich vermutlich in diesem Punkte nicht anders handeln würde, als ich damals gehandelt habe, während ich meinen Irrtum in bezug auf den großen politischen Einfluß ja offen zugebe.

Seite 4 stellen Sie mir in diesem Zusammenhang eine persönliche Frage, die ich ganz leicht beantworten kann. Meine Hoffnung auf politischen Einfluß war die Hoffnung, Einfluß zu gewinnen auf die Grundsätze, nach denen Politik geführt wird, also persönlichen Einfluß auf Hitler. In Kopenhagen auf die deutsche Politik gegenüber den Dänen Einfluß zu nehmen war höchstens in dem Sinne meine Absicht, daß ich hoffte, mit Hilfe des deutschen Gesandten und von ein paar anderen wohlmeinenden Deutschen ein wenig dafür zu tun, daß die Dänen nicht so schlecht behandelt wurden, wie sie sonst behandelt worden wären. Das war eine Art normaler Bürgerpflicht, hatte aber mit dem politischen Ehrgeiz nicht das geringste zu tun.

Zu den Details, die Sie Seite 4 bis 5 über die Reaktion der Dänen auf Heisenbergs und mein Verhalten damals schildern, kann ich nicht Stellung nehmen, weil ich mich schlechterdings nicht daran erinnere. Es ist sehr wohl möglich, daß wir damals Taktfehler begangen haben. Auf der anderen Seite kam es mir im Augenblick nur darauf an, daß Sie unsere Motive sehen. Unsere Handlungen zu kritisieren ist dann vermutlich in einer Reihe von Fällen durchaus berechtigt.

Der Rest Ihres Briefs enthält dann die Statements, auf die ich schon im vorigen Teil des Briefs eingegangen bin.

Meine Äußerungen sind schon wieder zu lang geworden, und ich muß bald aufhören. Nur noch eine Bemerkung zu Seite 56 Ihres Aufsatzes aus den »Vierteljahrsheften für Zeitgeschichte«. Sie sagen dort als den zweiten der Fehler, die Sie Heisenbergs Darstellung zuschreiben: »Die Uranmaschine wurde von Heisenberg so dargestellt, als könne sie von den Kernsprengstoffen, die sie erzeugt, getrennt werden; dem Beitrag in den ›Naturwissenschaften‹ zufolge arbeiteten die deutschen Wissenschaftler nach 1942 lediglich an der ›friedlichen‹ Uranmaschine. Wie oben dargelegt, schließt aber die technologische Dualität der Kernspaltung jede Trennung zwischen friedlicher und kriegerischer Anwendung von vorneherein aus.« Ihr letzter Satz über den Ausschluß der technologischen Dualität der Kernspaltung zwischen friedlicher und kriegerischer Anwendung gehört zu jenen Sätzen, die ab und zu in Ihren Formulierungen vorkommen, welche, je nachdem, wie man sie interpretiert, evidentermaßen richtig oder sachlich völlig falsch sind. Es ist einerseits völlig klar, daß wegen der Produktion von Plutonium im Reaktor jeder Reaktor auch verwendet werden kann, um Waffen zu bauen, und daß dieses bei den Absichten des Heereswaffenamts eine Rolle gespielt hat, will ich gerne glauben. Etwas ganz anderes ist es, daß man sich politisch entschließen kann, das eine zu wollen und das andere nicht, auf diesem politischen Entschluß beruht z. B. die internationale Atombehörde in Wien. Wenn Ihr Satz wörtlich so zu verstehen wäre, wie Sie ihn dort interpretieren, müßten Sie sagen, daß die Gründung dieser Behörde eine reine Lüge war. Noch anders war die Situation, in der wir Physiker in der 2. Hälfte des Kriegs waren. Wir wußten, daß während des Kriegs eine Bombe nicht zustande kommen kann, wir hofften aber, noch während des Kriegs ein erstes Reaktormodell zustande zu bringen und damit dann für die Zeit nach dem Krieg eine unerschöpfliche und, wie wir damals hofften, vollkommen umweltfreundliche Energiequelle zur Verfügung zu stellen. Daß nach dem Krieg Deutschland keine Atombomben würde machen können, war, so wie der Krieg lief, schon ziemlich früh klar. Infolgedessen war dies nicht das Problem, das wir vor Augen hatten. Wir arbeiteten im Blick auf die wahrscheinliche Niederlage und hofften, unserem Lande, aber auch der Menschheit mit der friedlich nutzbaren Atomenergie etwas wirklich Hilfreiches zu liefern. Natürlich könnte man dann anfangen zu argumentieren, daß all dies wohl in Wirklichkeit nicht realistisch sei. Ich selbst habe in der Zeit nach dem Krieg, beginnend etwa mit der Göttinger Erklärung von 1957, eine sehr große Energie darauf verwendet, die Proliferation der Kernwaffen in der ganzen Welt in Zusammenarbeit mit Physikern und mit Politikern nach Möglichkeit zu verhindern, und es kann sein, daß diese ganzen Absichten vergebens waren, das heißt, daß wirklich die Kernenergie nur akzeptiert werden kann, wenn der Krieg von vorneherein aus politischen Gründen völlig ausgeschlossen ist. Dieses ist ein tiefes politisches Problem. Aber das ist etwas völlig anderes, als wenn Sie über Heisenberg so schreiben, als hätte Heisenberg wissen müssen, daß eine friedliche Nutzung der Kernenergie ohne gleichzeitig Bomben zu machen nicht möglich sei. Er konnte das nicht wissen, und in dieser Simplizität ist es auch schlicht nicht wahr.

Ich wäre bereit, zu allen anderen Dingen, die Sie über Heisenberg in ähnlicher Weise sagen, jedesmal zu sagen, warum Sie nur dann Heisenberg der Unaufrichtigkeit zeihen können, wenn Sie ihn so verstehen, wie es nicht gemeint war. Sie können sagen, daß das eine oder andere, was er sagte, Ihrem Urteil nach sachlich nicht zutrifft. Aber das ist nicht der Eindruck, den Ihr Aufsatz erzeugt, und auch nicht der Eindruck, den er erzeugen will. In diesem Punkte bin ich, lieber Herr Walker, aufs allerentschlossenste entgegengesetzter Meinung als Sie. Ihr Vorwurf enthält politisch und technisch richtige Elemente, Ihr Vorwurf ist aber moralisch gemeint, und gerade moralisch ist er völlig falsch. Wenn Sie dann sagen, er sei nicht moralisch gemeint, dann müssen Sie fast in jedem Satz, den Sie geschrieben haben, ein paar kleine Nuancen anders machen, sonst muß man Ihren Vorwurf moralisch verstehen.

Mit herzlichen Grüßen
Ihr CFWeizsäcker

AN EUGEN L. FEINBERG

17. Dezember 1990

Lieber Herr Feinberg,

nun habe ich Ihre russisch geschriebene Arbeit ins Deutsche übersetzen lassen und hoffe, daß bei Cern auch eine englische Übersetzung gemacht werden wird. Ich habe sie jetzt mit dem größten Interesse gelesen. Es wäre natürlich sehr viel dazu zu sagen, aber zunächst möchte ich nur sagen, daß Sie eine ganz außerordentliche Sorgfalt angewandt haben und daß Sie in der überwiegenden Mehrzahl der Fälle, soweit ich es beurteilen kann, die richtige Folgerung gezogen haben.

Was ich im einzelnen zu bemerken habe, ist wohl in unseren Gesprächen und in unserem Briefwechsel schon zur Sprache gekommen. Trotzdem möchte ich hier das eine oder andere noch einmal hervorheben.

Die Formel, die bei Ihnen immer wieder vorkommt, Heisenberg sei ein Nationalist gewesen, ist eine Formel, die ich persönlich nie benutzen würde. Er war ein Patriot. Ich weiß nicht ganz genau, ob dieselbe Unterscheidung in russischen Vokabeln gemacht wird. Im Deutschen würde ich es so auslegen: Ein Patriot ist ein Mensch, der seine Heimat liebt und der sich seinen Mitmenschen in der Heimat gegenüber besonders verpflichtet fühlt, der deshalb auch das Wohl seiner Nation natürlich als einen der wichtigen Werte betrachtet. Ein Nationalist hingegen ist in der normalen deutschen Sprechweise jemand, für den die eigene Nation der höchste aller Werte ist. Genau dies aber war für Heisenberg überhaupt nicht der Fall. Der Nachweis, daß er ein Nationalist gewesen sei, beschränkt sich im Grunde darauf, daß er darauf verzichtet hat auszuwandern, obwohl er es gekonnt hätte. Und dies in der Tat hatte damit zu tun, daß er überzeugt war, er müsse den Menschen seiner Heimat helfend beistehen und es wäre reiner Egoismus, wenn er, weil er die Möglichkeit hatte, sich aus diesen Schwierigkeiten entfernt hätte, während er die übrigen in den Schwierigkeiten zurückließ. Hierin ist also ein echtes moralisches Motiv, während Nationalismus ein Begriff ist, der im Grunde die Moral eben außer Kraft setzt, sowie es sich um das Interesse der eigenen Nation handelt, in gewissem Sinne also fast das Gegenteil. Ein wichtiger Punkt war, daß er mir gelegentlich sagte, wenn dieser Krieg zu Ende ist, dann werden die alten deutschen Werte zum großen Teil diskreditiert sein. Man wird dann nicht mehr mit den anderen Menschen in der Welt mit einem gesunden Empfinden von dem Wert der eigenen Nation verkehren können. Man wird aber den Deutschen helfen können, doch wieder in die anderen Nationen anerkannt hineinzufinden, durch eigene Werte, die weiterhin da sind. Zu diesen gehört die Wissenschaft. Deshalb muß ich dafür sorgen, daß nach dem Krieg die Wissenschaft wieder blüht. Ich kann aber meinen deutschen Landsleuten nicht zumuten, ihnen zu sagen, als es euch schlechtging, habe ich euch verlassen und war weg. Jetzt, wo es euch wieder bessergeht, komme ich wieder, und jetzt müßt ihr das tun, was ich euch vorschlage. Er war der Meinung, nur wer das Leiden mitgemacht hat, das jedem geschah, der damals in Deutschland blieb, wird nachher mit Recht von denen, die das Leiden auch mitgemacht haben, anerkannt werden.

Natürlich hebt dies nicht auf, daß Heisenberg in der Zeit, als der Krieg günstig für Deutschland zu stehen schien, hoffte, daß der Krieg nicht verloren wird, und daß er das auch wirklich meinte, was er offenbar Casimir gesagt hat, daß nämlich eine deutsche Herrschaft über Europa doch besser sei als eine kommunistische. Dies war ein Irrtum und ein Irrtum, dem viele von uns zeitenweise unterlegen sind, aber auch dazu braucht man nicht Nationalist zu sein.

Mit diesen Erwägungen sage ich Ihnen natürlich nichts Neues. Ein anderer Punkt, den ich in unserem Gespräch, wenn ich mich recht erinnere, in Moskau im Jahre '87 bereits genannt habe und den ich auch in meinen Aufzeichnungen in meinem Buch, welches ich Ihnen geschickt habe, hervorgehoben habe, betrifft einen Grund des Irrtums von Bohr darüber, was Heisenberg gewollt habe. Heisenberg und ich waren, ehe Heisenberg das Gespräch mit Bohr führte, beim deutschen Gesandten zu Gast. Dieser war ein Angehöriger des Kreises aus dem deutschen Auswärtigen Amt, dessen Mittelpunkt mein Vater war, und das waren Leute, die dezidiert keine Nazis waren, die aber auch das Empfinden hatten, das ich vorhin als patriotisch bezeichnet habe. Mit ihm sprachen wir darüber, wie man Bohr schützen könne gegen Eingriffe, z. B. von seiten der SS, und der deutsche Gesandte sagte, es wäre doch gut, wenn er Beziehung mit Bohr habe, Bohr aber vermeide diese Beziehung vollständig. Man müßte doch, so meinte er, Bohr in dessen eigenem Interesse plausibel machen, daß es gut für ihn wäre, diese Beziehung zu haben. Das hat dann Heisenberg offenbar versucht, Bohr zu sagen. Bohr andererseits konnte vermutlich gar nicht ahnen, daß es sich hier um einen Schutz gegen die Partei für ihn handeln sollte, und er hat dies vermutlich als Anlaß genommen zu meinen, Heisenberg wünsche eine nähere Beziehung von Bohr zum offiziellen Deutschland, damit Bohr mitarbeite an der Atombombe. Durch diese spezielle Verwechslung ist mir überhaupt erst verständlich geworden, wieso Bohr auf einen so wahnsinnigen Gedanken kommen konnte wie den, daß Heisenberg ihn zu einer Mitarbeit für Hitler habe bewegen wollen.

Noch eine Bemerkung zu Robert Jungk, auch darüber haben wir schon gesprochen. Ich habe auch eigentlich erst aus dem Gespräch mit Ihnen gelernt, daß offenbar im Kreis um Bohr und bei amerikanischen Physikern eine verbreitete Meinung war, das Buch von Jungk sei im Auftrag von Heisenberg oder vielleicht von Heisenberg und mir geschrieben worden. Dies würde in der Tat auf Heisenberg ein sehr schlechtes Licht werfen. Die Tatsache ist aber, daß Jungk mit Heisenberg ein- oder zweimal geredet hat, mit mir auch nicht häufiger, daß Heisenberg ihm dann einiges auch auf dessen Wunsch geschrieben hat, daß aber wir von der Absicht von Jungk, ein solches Buch zu schreiben, genauso überrascht waren wie andere Leute auch. Natürlich war es uns dann, als das Buch erschien, nicht unangenehm, daß hier einmal jemand nicht negativ, sondern positiv über uns schrieb, aber dieses Positive war genauso undifferenziert, wie es vorher das Negative gewesen war. Jungk selbst hat inzwischen seine damalige Meinung aufgegeben und sagt jetzt auch wieder ungefähr das Gegenteil, das ebenso undifferenziert ist. Daß es eine umfassende Verschwörung der deutschen Physiker gegeben habe, die Bombe nicht zu machen, ist natürlich Unsinn. Was Sie aus den Tonbändern von Farm Hall zitieren, zeigt das ja schon. Es ist aber wahr, daß zwischen Heisenberg, Wirtz und mir eine Absprache bestand, daß wir versuchen wollten, selbst herauszubringen, wie die Dinge sind, um dann zu entscheiden, ob wir versuchen werden, die Sache geheimzuhalten, oder was wir davon etwa der Regierung mitteilen würden. Ich habe nachträglich gefunden, daß wir sehr leichtsinnig waren, auch nur das zu tun, weil wir in Wirklichkeit unsere Ergebnisse nicht hätten geheimhalten können, aber jedenfalls gab es eine enge Absprache zwischen uns dreien, und es gab natürlich auch ein recht gutes Verständnis mit einigen anderen hierüber, z. B. mit Hahn.

Es gibt einen deutschen Ingenieur, heute etwa 85 Jahre alt, namens Max Himmelheber, 7292 Baiersbronn / Schwarzwald. Herr Himmelheber hat, als die Debatte über Heisenbergs Verhalten in den letzten Jahren in Deutschland durch ein Buch von Walker wieder etwas angeheizt worden ist, einen ausführlichen Leserbrief an die Frankfurter Allgemeine Zeitung geschrieben, den diese aber anscheinend nicht abgedruckt hat, in dem er versichert, daß er von mir während des Krieges erfahren hat, daß es eine Absprache gäbe, dafür zu sorgen, daß eine solche Bombe nicht gemacht wird. Mir war das interessant, weil ich mich zwar an den Besuch von Himmelheber, der damals einmal bei mir war, erinnere, aber nicht so genau erinnere, was ich gesagt habe. Offenbar war Himmelheber tief beunruhigt über die Möglichkeit der Atombombe, und ich habe ihm dann gleichsam zur Beruhigung das gesagt, was er nun erzählt. Ich bin überzeugt, daß er in dem, was er erzählt, die Wahrheit sagt, daß ich so gesprochen habe, d. h. die Meinung, es habe überhaupt keine Verabredung dieser Art gegeben, ist auch falsch, nur die Meinung, dies sei eine allgemeine Verschwörung aller deutscher Physiker gewesen, ist völliger Unsinn.

Noch eine andere Bemerkung. Wenn Sie von dem Gespräch mit Casimir sprechen, so kommt bei Ihnen zum Schluß die Formulierung vor: »... kommt man immer wieder zu dem Schluß, daß Heisenberg vollkommen unfähig war, einen Gesprächspartner zu verstehen, in diesem Falle eines das Hitlerregime hassenden Holländers«. Ich finde das eine etwas zu starke Formulierung. Heisenberg war in vielen Fällen sehr gut fähig, seine Partner zu verstehen. Er war an sich ein auf menschliche Kommunikation angelegter Mann. Er war nur naiv in der Meinung, daß die alte Freundschaft, die uns Physiker bis vor dem Krieg verbunden hatte, gestatten würde, Meinungen zu äußern und dagegen eventuell dann eben auch Gegenmeinungen zu hören, so wie früher, und er fühlte nicht, daß er Casimir in einem solchen Gespräch Dinge sagte, denen Casimir im Grunde, ohne sich selbst zu gefährden, nicht widersprechen mochte, und er eben dadurch nicht erfuhr, was Casimir wirklich dachte.

Die Entfremdung von zwei Menschenkreisen, die sich früher gekannt haben, dann aber durch mehrere Jahre durch die äußeren politischen Ereignisse keine Möglichkeit hatten, miteinander zu sprechen, hat ebendiese Art von Verständnisunfähigkeit erzeugt. Ich würde auch sagen, daß ein von mir so tief verehrter Mann wie Bohr eben nicht imstande gewesen ist zu verstehen, wie Heisenberg dachte.

Im höchsten Maße interessant ist alles, was Sie Ihrerseits zur russischen Geschichte erzählen. Diese Details weiß ich natürlich nicht, aber sie sind mir von vorneherein so einleuchtend.

In diesem Zusammenhang könnte Sie vielleicht noch eine Bemerkung interessieren über jenes Dokument aus fünf Punkten, das in der Diskussion mit, wie Sie es sagen, nationalsozialistischen Physikern verfaßt wurde. Auf dieses Dokument, an dessen Entstehung ich wesentlich mitgearbeitet habe, waren wir damals sehr stolz. Es war ja eine Zeitlang in der Tat eine herrschende Meinung im Rahmen der Partei, daß die ganze moderne Physik in Wirklichkeit als eine jüdische Physik zu verurteilen sei. Sie selbst sprechen davon, daß z. B. Sommerfeld Heisenberg nicht zum Nachfolger bekommen konnte aus diesen Gründen. Dann haben wir Angehörige eben jener nationalsozialistischen Gruppe veranlassen können, das Dokument zu unterschreiben, das Sie dort wörtlich zitieren, und von da an datierte in der Tat eine ruhigere Beurteilung dieser Dinge. Ich meine zu wissen, daß die rabiaten Anhänger von Lenard und Stark dieses Dokument als eine tiefe Niederlage dessen empfunden haben, was sie die deutsche Physik nannten. Deshalb sind gerade die »banalen Wahrheiten«, die Sie charakterisieren in den Punkten 1, 4 und 5, dasjenige gewesen, was anzuerkennen wir unsere Gegenseite genötigt haben, und wenn man es jetzt liest, sagt man, es war banal, wenn man es damals aber las, sagte man, endlich nach einer ganzen Reihe von Jahren wird hier die uns allen bekannte Wahrheit auch zugegeben.

Also im ganzen noch einmal herzlichen Dank für Ihr hochinteressantes Dokument und viele Grüße

Ihr CFWeizsäcker

An Eberhard Jäckel

1. März 1991

Lieber Herr Jäckel,

diesen Brief diktiere ich am Morgen des Tages, nachdem ich mit meiner Frau abends Sie in München gehört habe. Bis er Sie erreicht, wird wohl eine Woche vergehen, weil ich unterwegs sein werde und das Diktat zunächst einmal abgeschrieben, dann aber auch von mir unterschrieben werden muß.

Zunächst noch einmal herzlichsten Dank für Ihren Vortrag und für die Gespräche, die wir daran anschließend führen konnten. Es war, wie immer bei Ihnen, durch die sorgfältige Erhebung der Tatsachen höchst lehrreich. Das Problem, das Sie empfinden, wo denn eigentlich diese Vorgänge in eine Geschichte des Zweiten Weltkriegs eingebaut werden sollten, kann ich jetzt sehr gut verstehen. Ihre Antwort auf meine Frage, wie viele der Mitwirkenden wußten, daß es sich hier um eine totale Vernichtung der Juden von Europa faktisch handele, diese Ihre Antwort läßt mich doch vermuten, daß man sagen sollte, der eigentliche Grund dieses Vorgangs ist anders als in der Seele von Hitler gar nicht auffindbar. Selbst die größte Intensivierung des Antisemitismus hätte dazu nicht geführt. Außerdem ist mein eigener Eindruck, daß der Antisemitismus in Deutschland zwar seit dem 19. Jahrhundert vorhanden war, daß er zu- und wieder abgenommen hat, daß er aber nicht ein so spezifisch deutsches Phänomen ist, wie es nach den Ereignissen nun so vielfach vermutet wird. Ich erinnere mich nur an eine Kleinigkeit aus Amerika: Der Physiker James Franck, der aus Göttingen über Kopenhagen dann nach Amerika kam, sollte an einer der Universitäten der Ostküste, an der er einen Lehrstuhl bekam, nun auch eine Wohnung finden, und ehe er da war, suchten Freunde von ihm eine Wohnung und fanden eine sehr passende Wohnung, arbeiteten den Mietvertrag aus, und er sollte unterschrieben werden. Die Vermieterin sah an, wie ihr neuer Mieter heißen würde, und fragte: »Is the gentleman jewish?« Die Antwort war ja. Darauf war ihre Antwort: »Es tut mir sehr leid, dann kann ich ihn nicht nehmen.« Das war, was einem aus Deutschland nach Amerika, ins Land der Freiheit, geflohenen Juden dort zustoßen konnte. Wenn aber Hitler selbst der Träger der eigentlichen Ursache der Ermordung der Juden war, dann kann man sagen, daß die Ermordung der Juden nicht eine Folge und nicht ein Teil des Zweiten Weltkriegs war, sondern ebenso wie der Zweite Weltkrieg Folge einer beiden gemeinsamen Ursache, die ich zunächst in Ermangelung besserer Möglichkeiten in der Person Hitlers lokalisiere. Natürlich war außerdem nötig, daß es die etwa 10 000 Leute gab, die die Befehle ausführten, und daß die Millionen des deutschen Volks auf den Abtransport der Juden im großen und ganzen mindestens sehr gelassen reagierten.

Meine Frau und ich fuhren von München noch etwas über eine Stunde in unseren gegenwärtigen Aufenthaltsort in Bayrischzell und waren erst um Mitternacht da. In der darauffolgenden Nachtruhe träumte ich von der Heimfahrt, und zwar von der Heimfahrt als einem Ereignis, das irgendwie ständig untermischt war mit Unternehmungen, die ich machte, um meine eigene Mitschuld an diesen Ereignissen gegen die Juden zu ordnen. Die Mitschuld war mein Nichtwissen. Auch ich war im Mai 1945 völlig überrascht über das Ausmaß der Ereignisse, obwohl ich (was ich Ihnen wohl am Abend erzählt habe) schon im Jahre 1941 von der planmäßigen Erschießung von etwa 35 000 Juden in Kiew durch Freunde, die persönlich dort gewesen waren, erfahren hatte. Sowenig hatte auch meine Phantasie ausgereicht, mir das auszumalen, und genau das warf ich mir wohl mit Recht im Traum immer wieder vor.

Kommt man so auf die Frage nach Hitlers Motiven zurück, so ist eine Frage, ob die Motive, die er ausgesprochen hat, seine wirklichen Motive waren. Ich neige, wie Sie sicher an mir öfter wahrgenommen haben, dazu, fast niemals, auch nicht mir selbst gegenüber, zu glauben, daß die ausgesprochenen Argumente oder Motive die wahren seien, sondern daß dahinter entweder bewußte oder fast noch wirksamer unbewußte Motive stehen. Nur sind diese eben sehr schwer zu erforschen. In diesen Zusammenhang gehört, daß ich, wie ich Ihnen erzählt habe, gerade zusammengetroffen bin mit Versuchen, psychoanalytisch über den Hintergrund des Antisemitismus mit diesen Folgen etwas zu sagen. Sollte es Sie interessieren, so gebe ich Ihnen hier die Titel. Es handelt sich im wesentlichen um einen Aufsatz von Herrn Hermann Beland, »Überlegungen und Fragen zu den religiösen Wurzeln des Antisemitismus«. Ich habe ihn nur im Manuskript. Eine Fußnote sagt, es sei ein Vortrag, gehalten auf der Arbeitstagung der Deutschen Psychoanalytischen Vereinigung in Wiesbaden, November 1989. Ich habe unter dem Eindruck Ihres gestrigen Vortrags und unseres Gesprächs einen Brief an Herrn Beland, den ich persönlich nicht kenne, dem ich aber seit längerem schreiben wollte, nunmehr ebenfalls diktiert. Sollten Sie am Kontakt mit ihm interessiert sein, so gebe ich hier seine Adresse:

Hermann Beland
Weddingenweg 1
1000 Berlin 45

Ferner nenne ich eine interessante Studie von Ilse Grubrich-Simitis, »Freuds Moses-Studie als Tagtraum«, PSYCHE, 44. Jahrgang (1990), Heft 6, die sich auf dieselben Unterlagen bezieht, nämlich im wesentlichen Freuds letztes großes Buch, »Der Mann Moses und die monotheistische Religion«. Freuds These in jenem Buch ist im wesentlichen: Moses war ein vornehmer Ägypter, Anhänger der monotheistischen Religion des Pharao Amenophis IV (Echnaton). Da nach dem Tode von Echnaton die alten religiösen Verhältnisse in Ägypten wiederhergestellt wurden, beschloß Moses, ein Volk zu schaffen, das diese Religion annehmen würde und vertreten würde, und schuf zu diesem Zweck aus semitischen Sklaven der Ägypter das neue Volk der Juden. Auf dem Wege nach Kanaan aber haben die Juden in den Wirren, die es dabei gab, Moses erschlagen, und das Bewußtsein des Vatermords ist die Ursache des nicht zu dämpfenden jüdischen Schuldgefühls bis auf unsere Tage. Die Christen haben dann aber vermocht, indem sie dasselbe Schuldgefühl hatten, es zu externalisieren, es nämlich auf die Juden zu übertragen als die Mörder des neuen Vaters Jesus Christus, und dieses sieht Freud dann auch als den Grund des Antisemitismus in den europäischen Völkern.

Freud war ein genialer Wahrnehmer, zumal in seinen Krankengeschichten, er war aber zugleich ein großer Mythenbildner.

Dies ist ein typischer Freudscher Mythos. Ich bin selbstverständlich nicht verpflichtet zu glauben, daß es so war, wie Freud es ansah. Freud selbst hat der ersten Fassung seines Moses-Buchs den Untertitel gegeben »Ein historischer Roman«. Er wußte selbst, daß dies romanhaft war. Aber wie es bei begabten Leuten wie Freud vorkommt, ist die künstlerische Phantasie, die sie haben, dann doch ein Indikator von sehr wichtigen Phänomenen.

In der jüdischen Geschichte nun kommt in der Tat der Völkermord in gewissem Umfang wirklich vor, z. B. die Tötung praktisch aller Bürger von Jericho, Buch Josua 6, 21. Ein Freund von mir, mit dem ich auf der Schulbank saß, Hans Friedensohn, der 1931 als Zionist nach Palästina ging und heute dort noch lebt, also kein Hitler-Flüchtling, erzählte mir vor knapp zwei Jahren, als wir uns einmal wiedersahen, er habe jetzt auf seine alten Tage angefangen, die hebräische Bibel zu lesen, und fuhr fort: »Aber das ist ja ein entsetzliches Buch.« Es gibt also in der jüdischen Tradition etwas von solchen geplanten Gewalttaten gegen ganze Völkerschaften. Insofern ist es vielleicht nicht vollkommen überraschend, wenn umgekehrt auch von seiten der Gastvölker, unter denen die Juden wohnen, immer einmal wieder Ausrottung von Juden vorgenommen wird. Es ist wahr, daß das, was Hitler unternommen hat, von einer ganz anderen Dimension war als alles Frühere, insbesondere von einer strikten Planung, aber jedenfalls kann ich die ganzen Vorgänge mir gar nicht zurechtlegen, wenn ich nicht auf ihren Hintergrund in den tiefen religiösen Konflikten in den Seelen der Menschen schaue. Das hat mich eben veranlaßt, dann auch diese Psychoanalytiker ernster zu nehmen, als vielleicht ihre speziellen Ansichten verdienen. Man muß sich vermutlich auf Gott oder, wie Hitler zu sagen pflegte, auf die Vorsehung berufen können, um vor sich selbst zu rechtfertigen, daß man solche Dinge tut.

Dies ist natürlich eine ganz unvollständige Erläuterung. Ich wollte nur die Empfindungen, die ich bei der Sache hatte, noch einmal präzisieren.

Für heute nichts weiter als das. Nochmals herzlichen Dank und
                                      alle guten Wünsche
                                      Ihr CFWeizsäcker

AN HANS MAYER

4. Juli 1991

Sehr geehrter Herr Mayer,

sehr gerne erinnere ich mich an das Gespräch, das wir miteinander in Hamburg vor einer Reihe von Jahren gehabt haben anläßlich eines sogenannten Bergedorfer Gesprächs, in dem ich geredet habe. Die Diskussion darüber war mit der Mehrzahl der Teilnehmer nicht sehr fruchtbar, aber mit Ihnen kam sie mir äußerst fruchtbar vor. Ich beginne mit dieser Einleitung, um zu sagen, daß ich immer wieder das Gefühl habe, etwas zu versäumen, indem ich mit Ihnen nicht näher in Verbindung bin. Das liegt im wesentlichen an mir. Ich habe ständig viele Geschäfte und habe die Verbindung aktiv nicht gesucht.

Nun habe ich einen konkreten Anlaß, Ihnen zu schreiben, das ist Ihr Artikel in der Neuen Zürcher Zeitung vom 28. Juni dieses Jahres. Das ist übrigens zufällig mein Geburtstag, und so habe ich diesen Artikel als Geburtstagsgeschenk betrachtet. Ich finde alles, was Sie dort über Wilhelm Tell sagen, vollkommen einleuchtend, auch Ihre Kritik an der Kritik durch Max Frisch, den ich persönlich gekannt und sehr geschätzt habe, bei dem ich mir aber sehr gut vorstellen kann, daß sein Ärger über die Spießigkeit der Schweizer für ihn ein hinreichender Anlaß war, um auch den Tell nicht zu mögen.

Ich erlaube mir nun, Ihnen ein Büchlein zu senden, das ich vor etwa einem Jahr veröffentlicht habe. Selbstverständlich brauchen Sie nicht den Haufen von Inhalt zu lesen; ich darf Sie nur vielleicht darauf hinweisen, daß der Vortrag Nr. 3 »Deutschland: Schiller und Goethe« derjenige ist, der mir persönlich im Grunde am meisten Freude gemacht hat. Nächst diesem kommt dann der Vortrag »Theologie heute«. Aber mein Motiv im Augenblick ist, daß ich in jenem Vortrag über Schiller mit einer gewissen Ausführlichkeit geredet habe, mehr über die Balladen und über Wallenstein und am Ende auf S. 37 viel zu kurz über den Tell. Was Sie über Tell sagen, ist natürlich sehr viel klarer und wichtiger, als was ich dort sage. Immerhin wäre es mir nicht uninteressant, wie Sie auf die paar Seiten, die vor S. 37 kommen, mit dem, was ich dort über Schiller sage, reagieren würden, aber machen Sie sich keine Mühe, wenn es eine Mühe ist. Ich wollte Ihnen eigentlich im Moment nur den Dank für ein von Ihnen so nicht gekanntes Geburtstagsgeschenk aussprechen.

Mit meinen besten Grüßen bin ich
Ihr CFWeizsäcker

AN AUGUST EVERDING

16. Januar 1992

Sehr geehrter Herr Everding,

zwei Fragen Ihres Briefes vom 13.12.1991 habe ich noch nicht beantwortet, oder genauer drei, da einer Ihrer Sätze gleich zwei Fragen enthält.

Zunächst soll ich Sie meine Konditionen wissen lassen. Ich gestehe, daß ich, da sich dies ja wohl auf Finanzen bezieht, keine Wünsche habe, die über das hinausgehen, was Sie ohnehin jedem Ihrer Redner zukommen lassen wollen.

Dann fragen Sie nach einer Liste der Persönlichkeiten, die ich eingeladen haben möchte. Auch hier habe ich im Grunde keine speziellen Wünsche. Es wäre vielleicht schön, wenn die naturwissenschaftlichen und philosophischen Kollegen auf den Vortrag hingewiesen würden, der ja, wenn ich richtig verstehe, öffentlich zugänglich sein wird. Vielleicht wäre an zwei auswärts wohnende Personen zu denken: meine Schwester Adelheid Gräfin Eulenburg, 8990 Lindau-Reutin, Motzacher Weg 77, und Professor Martin Heisenberg, 8701 Schloß Reichenberg. Martin Heisenberg ist Sohn meines Lehrers Werner Heisenberg und Professor an der Universität Würzburg.

Schließlich die Frage nach einem Musikstück aus diesem Jahrhundert. Da muß ich nun gestehen, daß ein Satz, den mein Freund Georg Picht gelegentlich aussprach, auf mich zutrifft. Er sagte, man kann nicht in allen Dingen gleichzeitig modern sein. So gestehe ich, daß mir im Grunde die Musik unseres Jahrhunderts eher unzugänglich geblieben ist. Über Bartók bin ich wohl nicht hinausgekommen. Meine eigene spontane Liebe hat in jungen Jahren vielleicht am ehesten Bach gegolten, dann vorwiegend Beethoven, insbesondere zum Beispiel die letzten Quartette, und neigt sich in der letzten Zeit Mozart zu, aber dies alles ist ja nicht unser Jahrhundert, das wir hier feiern wollen. Bitte wählen Sie aus, wie es Ihnen recht erscheint.

Mit meinen besten Grüßen
Ihr CFWeizsäcker

An Werner Becker

13. März 1992

Sehr geehrter Herr Kollege Becker,

ich quittiere mit Dank den Empfang Ihres Rundbriefs an die Mitglieder der Allgemeinen Gesellschaft für Philosophie in Deutschland vom Februar. Diesem Brief liegt bei das Interview, das Sie über die Philosophie in den neuen Bundesländern gegeben haben. Dazu würde ich gerne ein paar Worte sagen.

Ich bin ja darüber beschämt, daß ich mich im Rahmen der Allgemeinen Gesellschaft für Philosophie in Deutschland fast nie gezeigt habe. Als ich 1957 als Physiker einen philosophischen Lehrstuhl übernahm, habe ich versucht, die philosophischen Kollegen wirklich kennenzulernen, aber ein Jahrzehnt war dafür nicht ganz ausreichend, und danach bin ich in andere formelle Pflichten übergegangen, welche machten, daß ich mich nicht mehr intensiv mit den Philosophen, die heute an den Universitäten lehren, unterhalten habe. Dieses ist ein Fehler, und ich bedaure ihn.

Ebenso habe ich natürlich die Philosophen in der DDR eher noch weniger gesehen. Gleichwohl muß ich sagen, daß ich von der DDR ein ziemlich deutliches Bild dadurch bekommen habe, daß ich etwa seit 1956 jedes Jahr oft mehrfach in der DDR war, eingeladen einerseits von der Leopoldina in Halle, deren Mitglied ich 1960 wurde, andererseits sonst von Physikern und außerdem insbesondere von der evangelischen Kirche, gelegentlich auch von der katholischen. Daraus habe ich nun doch ein recht deutliches Empfinden davon bekommen, wie die Menschen dort dachten und reagierten. Insbesondere habe ich den Eindruck, daß ich die Äußerungen, die Sie zu der Haltung an der DDR-Philosophie getan haben unter dem Titel der moralischen Angelegenheit, nicht ganz mitmachen kann. Die Wirklichkeit ist doch, daß man, wenn man die Leute gut kannte, bei ihnen ziemlich deutlich sehen konnte, wer nur sein Überleben sichert und im übrigen eine klare Meinung und auch Haltung hat und wer andererseits jemand ist, der eigentlich auf Erfolg aus ist. Die Leute, die dort die führenden Positionen innehatten und sich moralisch entsprechend problematisch verhielten, nannten wir, meine Frau und ich, im Gespräch gerne die »Würstchen«, d. h. sie waren nicht einmal charaktervoll genug, um wirklich böse zu sein, sondern sie kümmerten sich auf eine verächtliche Weise um ihr eigenes Interesse. Daneben gab es aber andere Leute, denen man vielleicht von außen nicht auf den ersten Blick ansah, daß sie völlig anders dachten. Kaum aber war man mit ihnen allein im Zimmer und hatte auch nur die Möglichkeit eines guten Austauschs des Gesichtsausdrucks, so verstand man, daß es da ganz anders war. Wenn diese Unterscheidung zwischen den Personen nicht gemacht wird, dann tut man den Leuten unrecht.

Ich habe von Philosophen in der DDR insbesonders eine Erfahrung gemacht, die nun nicht allzulang zurückliegt, ich nehme an, daß es ungefähr 1987 gewesen sein mag. Man hatte mich in Leipzig zum Ehrendoktor in der Naturwissenschaftlichen Fakultät gemacht. Ich hatte das gerne angenommen, denn ich fand, daß ich ebendiese Art von Kontakten pflegen sollte. Dazu ist übrigens zu bemerken, daß mein ursprünglicher Doktor, den ich in Leipzig gemacht habe, ein Doktor der Philosophie war, weil damals die Physik noch zur Philosophischen Fakultät gehörte. Ein Jahr später wurde ich dann von den Philosophen mit Unterstützung der Physiker zu einem anderthalbtägigen Rundgespräch eingeladen, und das Resultat dieses Gesprächs wurde dann auch in einem Band veröffentlicht, der

Ihnen vielleicht zugänglich ist. Im Augenblick kann ich ihn unter meinen Büchern nicht greifen und deshalb auch den genauen Titel nicht angeben. Dieses Gespräch war nun so, daß einige von den Leuten in der Tat nicht sehr interessant waren, andere aber, wie sich zeigte, sich schlicht sorgfältig auf die philosophischen Probleme eingelassen hatten, und als ich nach Hause kam, sagte ich meinen Freunden, das Wort »Marxismus-Leninismus« ist einfach ein Deckname für Philosophie, den sie braucht, um zu überleben.

Leider habe ich mich seit der Vereinigung um die Personalfragen, die in den neuen Bundesländern entstanden sind, so gut wie gar nicht kümmern können. Ich war durch hiesige Pflichten so in Anspruch genommen und im übrigen doch auch altersbedingt nicht mehr so leistungsfähig, daß ich das, was dort geschah, einfach alleine habe geschehen lassen. So kann ich über Personalfragen, wie sie jetzt dort entstanden sind, so gut wie gar nicht urteilen, weil ich die meisten Personen schlicht nicht kenne. Gleichwohl habe ich das Gefühl, daß ich seinerzeit etwas Zutreffendes gesehen habe, und es wäre mir nicht uninteressant, ob Sie meine Beschreibung mitmachen können oder ob Sie deutliche Gründe haben, sie nicht mitzumachen.

Mit freundlichen Grüßen
Ihr CFWeizsäcker

An Ruth Lewin Sime

9. April 1992

Sehr geehrte Frau Dr. Sime,

da Sie sich mit der Geschichte von Lise Meitner so sorgfältig beschäftigen, verstehen Sie ohne Zweifel einen Brief, den ich auf deutsch schreibe. Ich könnte Ihnen englisch schreiben, aber ich habe leider sehr viel Post zu erledigen, und es ist für mich ein wenig müheloser, es auf deutsch zu tun.

Leider habe ich keine präzise Erinnerung daran, was mein

Vater damals konkret getan hat. Die Situation war, daß Lise Meitner im wesentlichen, weil Otto Hahn dafür sorgte, so lange in Deutschland arbeiten konnte, als ihr österreichischer Paß sie als Ausländerin schützte. Danach aber erkannte Hahn und erkannte sie, daß es nun doch besser sei, Deutschland zu verlassen. Nun war es aber gar nicht mehr leicht. Ich habe mit meiner Frau die Erinnerung an jene Zeit ausgetauscht, und sie erinnerte mich daran, daß damals Otto Hahn und Lise Meitner bei uns in unserer Wohnung in Dahlem waren, um über diese Frage zu sprechen. Ich selbst hatte ja im Sommer 1936 bei Lise Meitner als Assistent gearbeitet, als Vertreter von Max Delbrück. Wir haben damals dann wohl gesagt, wir wollten zusehen, ob mein Vater etwas dabei tun kann, und meine Frau hat die positive Erinnerung, daß mein Vater uns nachher gesagt hat, es sei etwas Bestimmtes eingeleitet worden, wodurch ihr die Ausreise leichter möglich werden würde. Leider aber, da dies nun doch inzwischen mehr als 50 Jahre her ist, haben wir keine detaillierte Erinnerung mehr. Schriftlich kann es darüber eigentlich nichts geben, denn es war eine feste Gewohnheit meines Vaters und unserer ganzen Familie, von allen solchen Dingen keine schriftlichen Dokumente entstehen zu lassen, die möglicherweise, wenn sie in die Hand der Gestapo fielen, Schaden gestiftet hätten. Das ist ja für die heutigen Historiker eines der großen Probleme, daß sie gerade von einem Manne wie meinem Vater, der das ungeheure Opfer, im Amt zu bleiben, nur gebracht hat in der Hoffnung, vielleicht doch zu verhindern, daß ein Krieg ausbricht, oder, als er eingetreten war, daß er wieder beendet würde – diese Absicht meines Vaters nicht wie ich aus dem täglichen Zusammenleben kennen und in den Dokumenten selbstverständlich nur Texte finden, welche auch von der Gestapo hätten gelesen werden können.

Es tut mir also leid, daß ich Ihnen mehr als diese Erinnerung so nicht geben kann, aber ich glaube, daß ich das jedenfalls mit gutem Gewissen behaupten kann.

Im Augenblick vielleicht nur dies, da ich, wie ich eben sagte, noch sehr viel Post zu erledigen habe.

Mit meinen besten Grüßen
Ihr CFWeizsäcker

An Hartmut von Hentig

7. September 1992

Lieber Hartmut,

die abendlichen Gespräche von etwa acht Teilnehmern, die bei Marion Dönhoff von 1962 an und zehn Jahre lang etwa zehnmal im Jahr stattfanden, hatten meiner Erinnerung nach ihren Anfang in einer Gesprächsrunde, zu der Marion insbesondere mich eingeladen hatte, und ich habe seitdem immer teilgenommen. Die erste Runde war veranlaßt durch das sogenannte Tübinger Memorandum vom November 1961, das Anfang '62 in die Öffentlichkeit kam. Du findest das Memorandum abgedruckt in meinem Buch »Der bedrohte Friede« (Hanser 1981), S. 107–114, dazu eine Erläuterung auf S. 576 desselben Buches und den anschließenden Artikel über Zivilschutz, den ich als ersten einer Reihe von Artikeln über dieses Memorandum in der ZEIT im März '62 veröffentlicht habe, S. 115–124. Die öffentliche Erregung über das Memorandum entstand durch seine Forderung, die Oder-Neiße-Grenze offiziell anzuerkennen. Der Kreis traf sich danach regelmäßig mit jeweils wechselnden, stets aktuellen Themen. Als Teilnehmer des Kreises habe ich in Erinnerung Alwin Münchmeyer, Rolf (?) Stödter, Karl Klaasen, Karl Schiller, Helmut Schmidt, Otto A. Friedrich und eben Marion und mich. Otto Friedrich war Vorstandsvorsitzender der Firma Phoenix in Harburg und zu jener Zeit auch Vorstandsvorsitzender des Bundesverbands der Deutschen Industrie.

Ich habe Lust, Dir zwei kleine Anekdoten aus den Gesprächen dieses Kreises zu erzählen.

Vermutlich nicht im Plenum des Kreises, sondern als Tischnachbar beim damit verbundenen Abendessen hat mir Otto A. Friedrich folgendes erzählt: »Neulich mußte ich für den BDI das alljährliche Essen für führende Politiker geben. Rechts von mir saß Adenauer, links von mir saß Erhard. Erhard goß Essen und Trinken wahllos in sich hinein und schwärmte mir davon vor, wie gut er sich mit dem Präsidenten

Kennedy verstehe. Adenauer sagte über Kennedy: ›Ich weiß überhaupt nicht, was der will‹, aß fast nichts, kostete von dem Wein und sagte: ›Das ist aber auch nicht Ihr bester, Herr Friedrich.‹ Ich mußte rasch noch nach einem bessern Wein fahnden lassen.«

Einige Jahre später nahte die Große Koalition heran. An einem unserer Abende machten wir spaßeshalber einen Entwurf für die Kabinettsliste. Helmut Schmidt sagte: »Willy Brandt muß Kanzler werden oder, wenn die CDU den Kanzler stellt, Vizekanzler.« Als man die übrigen Posten verteilte, sagten alle zu Schmidt: »Sie müssen Verteidigungsminister werden.« Er brummend: »Nee, das mache ich nicht, nee, das mag ich nicht.« Schließlich sagte ich: »Aber Herr Schmidt, Sie müssen doch zugeben, daß Sie der beste Verteidigungsminister wären, den wir je gehabt haben.« Darauf er: »Aber Herr von Weizsäcker, das ist nicht hoch geschworen. Da hätte ich mehr von Ihnen erwartet.«

So verband man Ernst mit Spaß.

Dein Carl Friedrich

An S.H. den Dalai Lama

9. September 1992

Your Holiness,

I want to thank you very much for the kind congratulation you sent me for my 80th birthday. Meeting you was one of the great and most important events in my life. I had known something about Buddhism before, but the repeated contact with Your Holiness gave me a far more profound insight into Buddhism as a living reality.

Most unfortunately I could not come to Salzburg last July and I am not certain that my age will still permit me to travel to India for a meeting which was announced by some of your collaborators in one of the coming years. Still since you are frequently in Europe I very much hope that there will be a chance of meeting again.

In the meantime I express my sincere wishes for the future of Tibet for which you are working in such an impressive humane way.

Yours sincerely
Carl Friedrich Weizsäcker

AN JÜRGEN KUCZYNSKI

25. September 1992

Lieber Herr Kuczynski,

für zwei Dinge habe ich Ihnen herzlich zu danken. Das eine Kürzere und Spätere ist Ihr Brief zu meinem Geburtstag, der in aller Kürze etwas so Hoffnungsvolles aussprach. Sie haben die Erfahrung mit dem neunten Jahrzehnt, ich werde sie machen.

Das andere ist, daß ich Ihnen noch nicht gedankt habe für das Buch »Probleme der Selbstkritik«, das Sie meiner Frau und mir schon im November geschenkt haben. Ich war in jener Zeit überfordert damit, daß ich mein eigenes Buch »Zeit und Wissen«, einen schrecklichen Wälzer, fertigstellte, und direkt daran anschließend kam der Wirbel um den 80. Geburtstag, der mir etwa 400 Briefe beschert hat, auf die ich reagieren mußte. So habe ich zunächst einfach nicht die Zeit gefunden, sorgfältig in Ihrem Buch zu lesen, und unter solchen Umständen schämt man sich dann, einen Dank zu schreiben, der eigentlich inhaltlos ist. Inzwischen habe ich bei Ihnen gelesen, noch immer nicht alles, und bin noch einmal sehr beeindruckt davon. Übrigens hängen die beiden Themen zusammen, denn das, was Sie in den letzten acht Jahren erlebt haben, also eben in Ihrem neunten Jahrzehnt, hat ja sehr eng zu tun mit den Problemen, mit denen Sie sich Ihr ganzes Leben abgegeben haben.

Man müßte darüber einmal mündlich reden, aber ich möchte jetzt doch im Brief wenigstens ein paar Bemerkungen machen.

Ich selbst habe mich nie für einen Marxisten gehalten. Das heißt nicht, daß ich nicht sehr beeindruckt gewesen wäre von Karl Marx, und noch darüber hinaus würde ich sagen, daß sein Motiv mir eine höchst wichtige Angelegenheit in unserer ganzen Geschichte zu sein schien und scheint. Als in den 68er Jahren unter den Studenten und jungen Wissenschaftlern, mit denen ich ständig umging, auf einmal der Marxismus die große Lehre war, war meine Reaktion: »Ich teile sehr weitgehend eure Kritik unserer Gesellschaft. Leider kann ich eure Hoffnungen nicht teilen.«

Zu Marx: Mir schien, daß es die von ihm erwartete, weil erhoffte proletarische Revolution nie gegeben hat und vielleicht nie geben wird. Die bürgerliche Revolution ist ein fundamentales Faktum unserer Geschichte. Lenin war eigentlich in einer unglücklichen Situation, denn er hoffte auf eine proletarische Revolution in einem Lande, das die bürgerliche Revolution noch gar nicht gekannt hatte. Aus dem, was Sie über Lenin schreiben, sehe ich noch einmal, in wie hohem Maße er das Problem, vor dem er stand, gesehen hat, während umgekehrt doch wohl eigentlich die wirklich selbstzerstörende Schwäche des Denkens von Stalin darin bestand, etwas für möglich zu halten, was nach Marx unmöglich sein mußte. Ich frage mich, ob man, wenn man schon marxistisch denken will, nicht sagen sollte, daß das, was soeben in Rußland geschieht, gleichsam der Anfang der bürgerlichen Revolution ist.

Das eigentliche Problem für eine marxistische Denkweise scheint mir aber zu sein, daß gerade in den großen Industrienationen, in denen nach Marx die proletarische Revolution zu erwarten war, diese nicht eingetreten ist. Historisch scheint doch der Revisionismus schlicht recht behalten zu haben. Die Sozialdemokratie war der Sieger der Kämpfe, und die Tatsache, daß die Sozialdemokratie es heute so schwer hat, noch Wahlen zu gewinnen, hängt ja doch wohl im wesentlichen damit zusammen, daß sie einen vollen Sieg erkämpft hat, der sich darin dokumentiert, daß ihre konservativen Gegner ihre Ideale weitgehend in Worten und zu einem nicht ganz unerheblichen Teil auch in den Taten übernommen haben, und genau damit die Frage sich stellt, warum man dann heute nicht genausogut konservativ sein kann. Auf der anderen Seite ist mit diesem ja doch sehr beachtlichen Erfolg verbunden, daß eine bestimmte Tiefenschicht der Marxschen Fragestellung gleichsam vergessen wird, und wie das nun weitergehen soll, ist ja vielleicht die eigentliche Frage.

Darauf wage ich aber im jetzigen Moment keine Antwort, sondern ende den Brief, wie man es vielleicht darf, mit Fragen.

Meine Frau erinnert sich immer so gern an die Begegnung mit Ihnen, grüßt Sie sehr und dankt Ihnen zusammen mit mir.

Herzlich
Ihr Carl Friedrich Weizsäcker

An Max Jammer

7. Oktober 1992

Lieber Herr Jammer,

haben Sie vielen Dank für die Zusendung Ihres Textes über Einstein und die Religion. Ich war eine Weile verreist und habe ihn deshalb nicht sofort in die Hand bekommen, bitte für die kleine Verzögerung um Entschuldigung.

Im ganzen möchte ich sagen, daß ich den Aufsatz hochinteressant finde, daß ich mich sehr freuen würde, wenn er veröffentlicht würde und daß Sie Einstein in allen Details so viel besser kennen als ich, daß ich eigentlich gar keine Kritik zu machen habe. Vielleicht werde ich trotzdem den Aufsatz jetzt noch einmal durchgehen und an Stellen, an denen ich kurze Notizen gemacht habe, das eine oder andere dazu sagen.

Obwohl ich Einsteins von Ihnen vielbenutzte intellektuelle Selbstbiographie mehrfach gelesen habe, war mir die religiöse Phase seiner Jugendzeit nicht mehr deutlich im Gedächtnis. Ich finde höchst einleuchtend, daß er diesen Weg durchlaufen hat, der, wenn ich richtig sehe, aus wenigstens drei Phasen besteht: zuerst die große kindliche religiöse Erfahrung, dann zweitens die Abwendung von den positiven Verhaltensweisen und Vorschriften und Meinungen der Religion als Folge des für einen jungen Menschen so natürlichen Eintretens ins aufgeklärte Denken und drittens schließlich eine Auffassung von Religion, welche etwas von der Stärke der ursprünglichen Empfindung bewahrt, aber gleichzeitig vereinbar ist mit dem aufgeklärten Denken, das er inzwischen gelernt hat. Ich habe den Eindruck, daß ich damit ungefähr das wiedergebe, was ich aus Ihrem Aufsatz lerne.

Vielleicht ist es erlaubt, daß ich sage, meinem Empfinden nach hätte ich eine ähnliche Abfolge von drei Phasen durchgemacht, wenngleich im Detail anders. Elfjährig begann ich zu lesen im Neuen Testament, in einem seelischen Zustand, der ohne Zweifel von einer gegenüber den Eltern fast geheimgehaltenen Religiosität bestimmt war. Ich wurde sehr schnell durch die ja weit vorn im Text kommende Bergpredigt tief erschüttert, weil ich empfand, daß dies offenbar wahr ist und daß doch niemand von uns wirklich danach lebt. Ich erlebte dann, noch immer Kind, etwa zwölfjährig, einmal in einer wunderbaren Sternennacht im August das Doppelte: »Hier ist Gott anwesend, und ich weiß, daß die Sterne Gaskugeln sind. Beides ist natürlich zusammengehörig, nur weiß ich noch nicht wie, und vielleicht sollte ich in meinem Leben einmal lernen, wie es zusammenhängt.« Dann die zweite Phase, etwa fünfzehnjährig, habe ich mir klargemacht, daß ich nicht den geringsten Grund habe zu glauben, daß Gott ausgerechnet mich in ausgerechnet die einzig wahre Religion hat hineingeboren werden lassen. Ob ich Lutheraner oder Katholik, Christ oder Jude, in dieser Tradition stehend oder Moslem oder Hindu oder Buddhist oder Atheist bin, hängt vom Zufall meiner Geburt ab. Also muß ich versuchen, das, was in diesen Religionen gesagt wird, inhaltlich wirklich zu verstehen, aber eine Bindung an eine von ihnen, nur weil ich in ihr aufgewachsen bin, habe ich natürlich nicht. Dann die dritte Phase, die sich auch weit ausgedehnt hat, war, daß ich versucht habe, die Physik zu lernen, um die philosophische Frage, die mich im Grunde schon als Kind bewegt hat, verstehen zu können, und daß ich dann auch selbst Philosophie betrieben und gelehrt habe. In dieser Zeit habe ich nicht genau Einsteins Meinung über die Religion übernommen; ich hätte mich nicht eigentlich als einen Anhänger, sondern nur als einen Bewunderer von Spinoza betrachtet, aber jedenfalls kann ich das, was Einstein als älterer Mann zu diesen Dingen gesagt hat, sehr spontan nachvollziehen.

S. 14 Ihres Textes lese ich die Bemerkung über das gedankliche Erfassen der außerpersönlichen Welt als höchstes Ziel. Das ist ja nun im Grunde das, was sich für ihn nachher in Spinoza verdichtet, und da würde ich wiederum sagen, im Grunde habe ich genauso empfunden. ich habe eigentlich auch in der Philosophie die Philosophie der Subjektivität, wenn sie sich stützte auf das menschliche Subjekt, immer nur als einen sinnvollen Zugang empfunden, aber eigentlich empfunden, daß die außerpersönliche Welt auch die Herkunft des Menschen umfaßt und deshalb der Mensch nicht verstanden werden kann, wenn man ihn nicht in diesem Rahmen sieht.

S. 15 kommt dann die Formulierung über das frühe Mißtrauen gegen jede Autorität, das ihn nie ganz verließ. Dies habe ich immer für Einstein sehr charakteristisch gefunden. Dies übrigens ist etwas, worin ich ihm spontan nicht gefolgt bin. Ich habe zwar die Autoritäten relativiert, aber doch in ihrer Wirksamkeit auch dort geachtet, wo ich ihnen nicht folgte, aber etwas von der Größe Einsteins liegt natürlich genau in dieser Haltung. Hiermit hängt ein wenig vielleicht auch die Bemerkung von David Hilbert auf S. 16 zusammen. In der Tat war Einstein ja philosophisch nicht wirklich in der Tiefe gebildet, obwohl er manches gelesen hatte, und auch mathematisch mußte er sich doch vielfach auf den Rat mathematischer Freunde verlassen, aber genau dies hat ihm dann die Kraft gegeben, dort originell zu denken, wo andere Leute sich an das anschlossen, was sie eben gelernt haben.

S. 19 ist die Rede davon, daß Spinoza ihn eigentlich zum Determinismus gebracht hat. Das ist für mich aufschlußreich.

Vielleicht sage ich hier ein Wort darüber, wie meinem Empfinden nach Spinoza selbst gedacht hat, wie er auf Einstein gewirkt hat und wie ich selbst mich dazu verhalten würde. Ich sage zunächst von mir her, daß ich von Anfang an den Dualismus von ausgedehnter und denkender Substanz, den Descartes so scharf herausgearbeitet hat, im Grunde völlig unverständlich und jedenfalls unglaubwürdig fand, gerade weil mir die außerpersönliche Herkunft auch des Menschen so unmittelbar einleuchtend war. Hierzu hat mich zunächst die Astronomie gebracht mit meinen eigenen Arbeiten über die Entstehung des Planetensystems, dann eben auch die Evolutionstheorie der Biologen, die mir höchst einleuchtend war und ist. Deshalb gerade habe ich als ersten Philosophen, den ich wirklich gründlich studiert habe, schon in der Zeit, als ich Physik unterrichtete, Descartes gelesen. Ich wollte begreifen, wie er überhaupt auf solche Ideen gekommen ist. Das gebe ich jetzt nicht wieder. Ich sage nur, daß für mein Empfinden Descartes einerseits die entstehende klassische Physik selbst zu schaffen hoffte, daß er sie rein mathematisch begründen wollte, weil ihm nur die Mathematik absolute Gewißheit zu liefern schien, und daß damit natürlich auch die Zeitabhängigkeit der Geschehnisse mathematisch zu beschreiben ist. Andererseits aber sah er klar, daß die Mathematik nicht die absolute Gewißheit hat, jedenfalls so, wie man sie zunächst kennt, sondern daß es auch in ihr Fortschritte der Erkenntnis gibt, und dann suchte er eine Stelle, wo eine schlechthin absolute Gewißheit ist, und dies ist dann im Selbstbewußtsein. Dieses wiederum kann ich als Zeitgenosse von Sigmund Freud natürlich überhaupt nicht glauben. Dann fragte ich mich aber, wie haben die Menschen versucht, auf Descartes zu reagieren, und da war mir dann Spinoza höchst interessant. Seine Reaktion ist rein ontologisch, sie ist im Grunde ein Versuch, die klassische griechische Philosophie zugrunde zu legen, allerdings mit jener Entschlossenheit beschrieben, zu der vielleicht oft nur ein Jude fähig ist, aber es ist jedenfalls nicht jüdische Religion, wie wir sie aus dem Alten Testament kennen. Hier ist nun more geometrico behauptet, es gibt nur ein Sein, das eine Seiende aber hat mehrere Attribute, von denen wir Menschen nur zwei kennen, nämlich Ausdehnung und Denken. Damit werden Ausdehnung und Denken in die Rolle von Attributen erniedrigt, und in dieser Weise kann ich es verstehen. So war mir also Spinoza sehr plausibel. Freilich bin ich nun ein Schüler der Quantentheoretiker, und die mathematische Behandlung der Zeitabhängigkeit der Naturgeschehnisse ist für mich genauso mühelos zu denken, wenn es die Schrödinger-Gleichung ist, welche die Wahrscheinlichkeiten mathematisch determiniert, wie wenn es die klassische Physik wäre, welche die Ereignisse selbst mathematisch determiniert. An dieser Stelle aber bin ich eben eine Generation jünger als Einstein und bin Schüler von Bohr und Heisenberg. Einstein blieb bei dem Gedanken, den ich gerade versucht habe, bei Spinoza aufzufinden, und damit kann ich dann fast zum erstenmal verstehen, warum Einstein persönlich so unglaublich tief an den Determinismus fixiert war und an eine bestimmte Vorstellung von Realität, die freilich, wie mir scheint, im Grunde noch nicht so tief ist wie die von Spinoza, welcher ja die Ausdehnung, also das, was bei Einstein eben Realität heißt, nur als eines der vielen Attribute der göttlichen Substanz ansieht. Er hat damit aber immerhin die Freiheit zu der von ihm unerschütterlich geglaubten Determiniertheit der Entwicklung des Ausgedehnten, auch die Beseeltheit des Seienden als ein unerläßliches Prädikat selbstverständlich anzunehmen, und in diesem Punkte kann ich ihm nun ohne jede Mühe folgen.

Sie sehen, daß ich eigentlich überhaupt nicht an Ihrer Darstellung kritisiere, sondern daß ich nur versuche zu sagen, was ich aus Ihrer Darstellung über Einstein noch zusätzlich gelernt habe.

Eine kleine Bemerkung zu S. 29. Ob Spinoza nötig war, um Einstein nach einer einheitlichen Feldtheorie suchen zu lassen, bin ich nicht ganz sicher. Es war eben nötig in dem Sinne, daß Spinoza für Einstein derjenige war, der den Glauben an die Einheit der Natur und ihrer Gesetze befestigte. Dasselbe aber ist im Grunde bei Niels Bohr, wenn ich richtig sehe, doch durch eine mehr oder weniger kantische Denkweise geschehen und bei Heisenberg ohne Zweifel durch den Blick auf Platon. Man braucht dazu nicht unbedingt Spinoza, man braucht aber vielleicht einen philosophischen Hintergrund, der es für denkbar hält, daß es eine einheitliche Gesetzmäßigkeit der Natur, die wir einsehen können, auch wirklich gibt. Hat man diesen Gedanken einmal und bleibt in der vorquantentheoretischen Denkweise von Einstein, dann ist eine klassische Feldtheorie fast das einzige, was man versuchen kann – klassisch jetzt in dem Sinn, wie wir das Wort in der Quantentheorie gebrauchen. Heisenberg hat in seinen späten Jahren auch eine einheitliche Feldtheorie gesucht, diese allerdings quantentheoretisch, und ich glaube, daß Einsteins Feldtheorie sich einmal erweisen wird als die klassische Annäherung an die Heisenbergsche und Heisenbergs Feldtheorie sich einmal erweisen wird als eine noch immer nur genähert richtige Beschreibung der fundamentalen Gesetze der Natur, in welchen dann auch die Existenz eines dreidimensionalen Raums, in dem Felder definiert werden können, als Folge der Quantentheorie erscheint. Aber das ist meine subjektive Meinung.

Daß Einstein den Gedanken an einen persönlichen Gott zurückwies, ist ja etwas, was er teilt mit der großen Tradition der antiken griechischen Metaphysik und ebenso mit der großen Tradition der Hindus und der Buddhisten in jeweils etwas verschiedener Art. Dabei geht es im Grunde immer darum, daß die Wirklichkeit eigentlich geistig ist, aber daß dieser Geist zu eng gesehen wird, wenn man ihn nach dem Abbild eines menschlichen Geistes beschreibt. In diesem Sinne habe ich auf Ihrer S. 33 zu der unterstrichenen Formel Spinozas vom amor dei intellectualis danebengeschrieben spontan mit Bleistift »ja«. Diese ganze Denkweise in Einsteinscher Version beschreiben Sie auf Ihrer S. 37 sehr einleuchtend. Sie sehen aus dem vorher Gesagten schon, daß ich Ihrer Bemerkung über die Quantenphysiker auf S. 39 mühelos zustimme. Für mein Empfinden ist in der Realität der Zeit im Unterschied der faktischen Vergangenheit und der möglichen Zukunft die Quantentheorie die genaue Formulierung dessen, worum es Einstein philosophisch im Grunde ging.

Etwas anderes ist dann natürlich für Einstein die Rolle der Ethik oder Moral, welche gerade wegen seiner metaphysischen Ablehnung des persönlichen Gottes nicht mehr an der Gottebenbildlichkeit des Menschen formuliert werden kann, wie man es in der jüdisch-christlichen Tradition getan hat. Einstein hat, wenn ich richtig sehe, die strenge Gültigkeit der Ethik nicht wirklich spekulativ begründet, sondern sie war ihm in gewisser Weise ein selbstverständliches Erlebnis. Hierin sehe ich nun eine echt jüdische Tradition in ihm wirken, eine Tradition, die ich sehr oft auch bei solchen Juden wahrgenommen habe, die inhaltlich gar nicht mehr religiös dachten.

Schließlich auf den letzten Seiten: Ich habe auf S. 47 mit Bleistift geschrieben »Mystik ist nicht Mystizismus«. Wenn Mystizismus bezeichnet, daß man sich in die Aussagen der Mystik verliebt, so ist dieses beinahe das Gegenteil der wirklichen Mystik, die in voller Achtung der Vernunft Erfahrungen sammelt, welche noch über den unterscheidbaren, auf ja und nein beurteilbaren Aussagen der philosophischen Vernunft liegen. Einstein hat, soweit ich sehe, nicht in der Tradition der Mystik meditiert, insofern ist er kein Mystiker, aber auf der anderen Seite finde ich seine Erlebnisweise derjenigen der wahren Mystik doch recht nahe.

Herzliche Grüße
Ihr CFWeizsäcker

An Hans-Jochen Vogel

20. Januar 1993

Lieber Herr Vogel,

Ihr Brief vom 16. Dezember ist noch ohne Antwort. Ich hatte sehr viele Dinge zu tun in all diesen vergangenen Wochen und bin mit der Erledigung der Post schlicht nicht nachgekommen. Auch wollte ich Ihnen etwas ausführlicher schreiben, und gerade das hat es verzögert. Nun schicke ich Ihnen hier zunächst einmal den Text einer kleinen Rede, die ich anläßlich eines Lichterumzugs in Starnberg am 20. Dezember gehalten habe und die schon verfaßt war, ehe ich Ihren Brief bekam. Sie werden sehen, wie ich dort spontan gesprochen habe.

Über Ihr Referat »Zeit des Umbruchs« sollte ich mich einmal mit Ihnen in aller Ruhe unterhalten, natürlich nicht speziell über diesen Text, sondern eben über die Fragen, die Sie dort behandelt haben. Die große Schwierigkeit der Probleme, die Sie nennen, ist ja wohl uns allen evident. Als ich vor nun mehr als zehn Jahren einmal zu Ihrem Beraterkreis offiziell gehörte, haben wir ja auch über die Fragen gesprochen, wie sie damals aussahen. Eine sehr große Sorge, eben die vor dem Atomkrieg, die mich jahrzehntelang bewegt hat, ist inzwischen ein bißchen schwächer geworden. Dafür ist aber an den Tag gekommen, wie viele ungelöste Probleme sich hinter diesem Weltproblem und dem großen Gegensatz, den man empfand, verborgen haben. Ich diktiere nun rasch einige Reaktionen auf das, was ich in Ihrem Referat gelesen habe, und bitte um Entschuldigung dafür, wenn das nicht sehr wohlgeordnet ist. Zu einem richtig wohlgeordneten Aufsatz habe ich auch im Augenblick keine Zeit.

Sie nennen die drei zentralen Herausforderungen: Deutschland, Europa und globale Probleme. Ich gestehe, daß für mich die globalen Probleme im Grunde immer im Vordergrund gestanden haben und erst recht jetzt im Vordergrund stehen. Gleichwohl ist es natürlich richtig, in einer solchen Ansprache zunächst mit den Menschen von den Fragen zu reden, an denen sie selbst am ehesten praktischen Anteil nehmen können, und das sind die nächstliegenden, also zuerst eben Deutschland und dann Europa.

Ich greife nun doch zunächst die globalen Herausforderungen heraus. Ich habe lange Zeit gesagt, es sind eben genau drei große Probleme, das ist, was man in dem konziliaren Prozeß der christlichen Kirchen nannte Gerechtigkeit, Friede, Bewahrung der Schöpfung. Gerechtigkeit meinte dort ja unter dem dominierenden Einfluß der südlichen Kirchen soziale Gerechtigkeit, nach Möglichkeit Überwindung der Ungleichheit zwischen Norden und Süden. Friede meinte damals noch insbesondere Frieden zwischen den Weltmächten, aber es war sehr charakteristisch, daß im Ökumenischen Rat, als in Vancouver 1983 von der evangelischen Kirche der DDR der Vorschlag für ein Konzil des Friedens kam, die Leute aus dem Süden sofort sagten, was ihr Frieden nennt, ist nichts anderes als die Art, wie ihr Leute des Nordens eure ungerechte Herrschaft über uns Leute des Südens aufrechterhalten wollt. Das ist überhaupt nicht unser Thema. Unser Thema ist Gerechtigkeit. So, wie die Dinge jetzt aussehen, scheint es mir, daß das Umweltproblem das naturwissenschaftlich am besten diskutierbare und damit überhaupt wissenschaftlich diskutierbar ist. Man kann ziemlich genau sagen, was getan werden müßte. Die Einigung darüber ist freilich sehr schwer. Ich bin der Meinung, daß man ruhig im eigenen Lande anfangen kann, also z. B. in Deutschland, und dafür geschehen ja auch manche Schritte. Eine europäische Einigung ist schon schwieriger, aber nicht ausgeschlossen. Eine weltweite Einigung ist im Moment jenseits aller Möglichkeiten. Gleichwohl, da die Europäer den größten Teil der Umweltschädigung produzieren, wäre schon damit etwas gewonnen, daß sie dies übernehmen. Zu den Europäern zählen jetzt mit dem neuen Vizepräsidenten Al Gore insbesondere auch die Nordamerikaner. Mein Sohn Ernst Ulrich, jetzt Leiter des Wuppertal-Instituts, hat diese Dinge ja sehr sorgfältig studiert, und ich möchte hier noch einmal hinweisen auf sein Buch »Erdpolitik«, das ich besonders lehrreich finde.

Eine weltweite Regelung der Probleme, insbesondere auch sozialer Gerechtigkeit und Frieden, ist natürlich im Moment nicht in Sicht, aber man muß doch sehr gut überlegen, was die Bedingungen wären. Ich gehe hier für einen Augenblick auf den letzten Absatz Ihres Textes ein, auf S. 8. Ich erinnere mich, daß ich in den frühen sechziger Jahren einmal ein amerikanisches Buch versucht habe, in Deutschland bekanntzumachen, von Clark und Sohn, »World Peace through World Law«. Es wurde auch ins Deutsche übersetzt. Diese Leute schlugen vor, den Frieden in der Welt dadurch zu sichern, daß im Lauf von dreißig Jahren eine allgemeine Abrüstung aller Nationen stattfindet und schließlich nur die Vereinten Nationen selbst noch das Recht zu einer Armee haben sollten. Der natürliche Einwand war: Wer kommandiert dann diese Armee? Der Gedanke, die Vereinten Nationen auf demokratische Basis zu stellen, hätte unweigerlich die Folge gehabt, daß nicht mehr Amerika und die Sowjetunion die ersten Mächte gewesen wären, sondern China und Indien, jedenfalls dann, wenn die Demokratie wirklich im Sinne von Stimmenmehrheit ausgeübt wird, und es ist völlig klar, daß keine der beiden Weltmächte dazu bereit war. Die übriggebliebene amerikanische Weltmacht ist natürlich auch heute nicht dazu bereit.

Die Ungelöstheit dieses Problems ist dann eine der Ursachen, und jetzt insbesondere im Blick auf die sozialen Fragen, für dasjenige Problem, das meinem Empfinden nach in den nächsten etwa zwanzig Jahren das drängendste sein könnte, nämlich die Migration. Es gibt Anekdoten, z. B. wurde mir einmal erzählt, als Präsident Nixon den Mao Tse-tung in China besuchte, habe Nixon ihm gesagt, Bewegungsfreiheit sei doch ein Menschenrecht. Darauf soll Mao Tse-tung geantwortet haben: »Das verstehe ich sehr gut. Wie viele Chinesen wollen Sie in den Vereinigten Staaten haben? Hundert Millionen, zweihundert Millionen, dreihundert Millionen?« Daraufhin habe Nixon das Gespräch auf ein anderes Thema abgelenkt. Sie finden in meiner kleinen Starnberger Rede einen leisen Hinweis darauf, wie vordringlich dieses Problem ist.

Einmal eine ganz andere Bemerkung jetzt über Deutschland in Europa. Im ganzen folge ich ja immer dem, was Sie schreiben, mit großer Zustimmung. Hier würde ich eine Seite vielleicht noch etwas mehr betonen. Es ist meinem Empfinden nach völlig unvermeidlich, daß die deutsche Einigung, wie immer sie zustande kommen mochte, für unsere europäischen Nachbarn ein Schreck war. Im Grunde haben doch alle dringendst darauf gehofft, daß sie nie zustande kommt. Jetzt ist Deutschland die stärkste Macht in Europa, jedenfalls ökonomisch, und wie man mit dieser Macht umgehen soll, ist für alle schwer zu wissen. Meinem eigenen Gefühl nach wird Deutschland nicht umhinkönnen, sich mit Osteuropa einschließlich Rußlands ziemlich nah ökonomisch zu kombinieren, schon weil die politischen Probleme, die aus Osteuropa kommen, ja zur Zeit ganz ungelöst sind und weil Deutschland von ihnen doch noch etwas direkter bedroht ist als die anderen, aber eine Abwendung Deutschlands von Westeuropa wäre absurd. Also handelt es sich doch letztlich um eine Integration Europas einschließlich aller Gebiete, wie man zu sagen pflegt, westlich des Ural. Auch dies kann überhaupt nicht von heute auf morgen geschehen, und doch sehe ich nicht, daß man es auslassen könnte in einer Aufzählung der wirklich wichtigen Probleme.

Man kommt damit natürlich auf die ungelöste Frage der weiteren Entwicklung in Rußland. Es gibt dort zweifellos sowohl die Tendenz des Anschlusses an den Westen, wie bei anderen Leuten der völligen Isolierung, wie drittens eines Brückenschlags bis einschließlich China. Ein alter Mitarbeiter von mir, der unlängst in Moskau war, stellte diese drei Positionen nach den Gesprächen, die er geführt hat, für mich dar und sagte, die letzte, die des Brückenschlags, habe bei weitem am meisten Befürworter unter den politisch interessierten Russen, mit denen er gesprochen habe. Dabei hat er auf meine Rückfrage betont, es handle sich nicht um eine Abwendung vom Westen, sondern eben um einen Brückenschlag zwischen Ost und West. Wie sich die Russen das im Detail vorstellen, weiß ich nicht, aber daß sie es sich vorstellen, scheint ein Faktum zu sein und eines, mit dem wir umgehen müssen. Ich kann mir übrigens persönlich sehr gut vorstellen, daß es in fünf Jahren in Rußland eine Militärregierung geben wird, die äußerst widerwillig die Macht übernommen haben wird, denn die russische Tradition kennt dergleichen gar nicht, die es aber getan haben wird, weil sie sagt, wir sind die einzige Organisation, die noch imstande ist, Ordnung zu halten. Wir müssen diese Ordnung zugunsten des ganzen Landes verwenden.

Der Nationalismus, der an so vielen Stellen vielfach blutig auftaucht, ist ja wohl einfach die verzweifelte Rückkehr der Menschen zu der einen Identität, die sie noch vorfinden, wenn die Identität mit dem Sozialismus oder demjenigen, was sich jedenfalls Sozialismus nannte, zusammengebrochen ist und wenn andererseits eine Identität mit der bürgerlichen Welt des Westens real nicht existiert. Es ist ja wohl historisch ein Rückfall in Phasen des 19. Jahrhunderts, aber es ist doch eines der großen Probleme.

Die Integrationsprobleme sowohl eines Landes wie Deutschland wie eines Bereichs wie Europa wie auch der ganzen Welt lassen meinem Empfinden nach im Grunde, wenn man sich eine Lösung vorstellen will, nur zu soviel wie nötig Zentralisierung und soviel wie möglich Dezentralisierung. Je mehr die einzelnen selbst entscheiden können, desto besser ist es. Andererseits gibt es gewisse Dinge, auf die man sich gemeinsam einigen muß, und deshalb soviel wie nötig Zentralisierung. Das ist nun wieder nur eine allgemeine Redensart, und man müßte darüber sprechen, wie man sich das im einzelnen vorstellt.

Jetzt habe ich alles mögliche gesagt, was Ihnen im Grunde ja alles völlig bekannt ist, und ich will hier einmal abschließen. Ich würde mich freuen, wenn wir einmal die Zeit zu einem mündlichen Gespräch hätten. Das kann bei mir freilich nicht ganz bald sein, aber etwa von März an könnte ich es mir denken. Freilich gestehe ich, daß ich angesichts meines Alters das Reisen, das ich mir immer wieder aufbürden lasse, im Grunde nur noch sehr ungern tue, und sollten Sie zufällig einmal in München sein, dann wäre das natürlich eine Erleichterung.

Herzliche Grüße und alle guten Wünsche
Ihr Carl Friedrich Weizsäcker

An Heinz-Werner Meyer

2. Februar 1993

Sehr geehrter Herr Meyer,

Ihr Brief vom 27. Januar ist soeben in meine Hand gekommen. Leider werde ich bis Ende Februar nicht in der Lage sein, im einzelnen auf die Leitfragen zur Programmdebatte einzugehen. Ich muß jetzt in einen Kuraufenthalt gehen, in dem mir solche Arbeit nicht möglich ist. Auch bekomme ich sehr viele Anfragen. Schließlich bin ich kein wirklicher Fachmann für diese Dinge.

Ich erlaube mir, Ihnen hier einige Sachen zu schreiben, die ich vor nun vielleicht sechs oder acht Jahren der SPD auf einer Tagung zum Irseer Programmentwurf gesagt habe. Mir ist es sehr willkommen, wenn solche Fragen von führenden Gewerkschaftern erwogen werden, und ich wäre ggf. bereit, auf Rückfragen oder Einwände auch noch einmal zu antworten. Hingegen liegt mir nicht das geringste daran, daß diese Dinge dann auch noch in dieser Form öffentlich präsentiert werden. Ich suche das Gespräch mit den Verantwortlichen und erst später, wenn es notwendig ist, auch die Öffentlichkeit.

Ich entstamme selbst dem Bürgertum. Ich habe nie einer Gewerkschaft angehört. Ich habe allerdings für die sozialdemokratische Bewegung und die Gewerkschaftsbewegung von Anfang meines politisch wachen Lebens große Sympathie gehabt. Ich würde aber die Entwicklung, die in den etwa anderthalb Jahrhunderten bisher stattgefunden hat, so charakterisieren.

Zunächst gab es im 19. Jahrhundert den Kampf zwischen den Konservativen und den Liberalen. Diesen Kampf haben von Jahrzehnt zu Jahrzehnt immer mehr die Liberalen gewonnen. Die Folge ihres schließlich praktisch kompletten Sieges war, daß ihre konservativen Gegner die wesentlichen Programmpunkte der Liberalen in ihr eigenes Programm aufnahmen, und seit das geschehen war, können die liberalen Parteien keine Wahl mehr gewinnen. Begreiflicherweise fragen sich die Wähler, was daran eigentlich nun gegenüber den herrschenden konservativen Meinungen so besonders sei.

Ferner kam im 19. Jahrhundert die Arbeiterbewegung auf. Diese war der Versuch, die schrecklichen Verhältnisse, in welche zumal die Industriearbeiter zunächst kamen, zu bessern und dazu vielleicht die gesamte Wirtschaftsordnung und politische Ordnung zu ändern. Schon vor dem 1. Weltkrieg bahnte sich an, daß der wirkliche Sieg dieser Bewegung bei der revisionistischen sozialdemokratischen Richtung liegen würde und nicht bei der radikalen und vielfach Gewalt befürwortenden kommunistischen. Dies hängt sehr eng damit zusammen, daß, beginnend in England und Amerika, aber doch auch in Frankreich und Deutschland und anderen Industriestaaten, ein demokratischer Rechtsstaat entstand, in dem man mit parlamentarischen Mehrheiten sehr viel durchsetzen konnte. Der Kommunismus wurde wirklich erfolgreich zunächst fast nur in Rußland, also in ebenjenem Lande, das nach Karl Marx überhaupt noch nicht für eine proletarische Revolution reif war, weil es die bürgerliche Revolution nicht erlebt hatte. Meinem eigenen Empfinden nach ist das, was jetzt in Rußland vor sich geht, ungefähr der Ersatz für die bürgerliche Revolution, die nie stattgefunden hat. Im Westen war der Sieg der sozialistischen Bewegung natürlich wiederum keineswegs komplett, aber es wurde doch viel erreicht. Der Sieg dokumentierte sich schließlich darin, daß z. B. in Deutschland wiederum die Konservativen die wesentlichen Programmpunkte der Sozialdemokraten übernahmen, indem sie z. B. das Wort »soziale Marktwirtschaft« Einführten und auch ernst nahmen. Genau dies bietet aber, so sagte ich damals, für die Sozialdemokratie die Gefahr, daß auch sie nunmehr keine Wahlen mehr gewinnen kann, weil man sagen wird, das, wofür ihr euch einsetzt, ist doch alles schon da. Ich habe damals gesagt, die Sozialdemokraten sollten entschieden versuchen, diejenigen Dinge auf ihr Programm zu schreiben, welche bisher noch nicht hinreichend ernst genommen werden. Als Beispiel dafür nannte ich die Umweltproblematik.

In jenem Zusammenhang sagte ich nun auch, daß die Gewerkschaftsbewegung ihren Charakter infolge dieses Siegs radikal verändert habe. Sie war in ihren Anfängen die Organisation der Vorkämpfer derer, die das legitime Interesse nach wenigstens erträglichen Lebensbedingungen verfochten. Heute ist die Gewerkschaftsbewegung meinem Empfinden nach der große kapitalistische Interessenvertreter der Arbeiterschaft, und zwar, wenn ich mich nicht täusche, vorzugsweise derjenigen Glieder der Arbeiterschaft, denen es schon relativ gutgeht.

Während nun aber in bezug auf die Unternehmer eine gewisse Erkenntnis öffentlich besteht, daß Monopole möglichst zu vermeiden sind, und darüber sogar gesetzliche Vorschriften existieren, hat die Gewerkschaftsbewegung mehr oder weniger das Monopol der kapitalistischen Interessen der Arbeitnehmer in der Hand. Dieses ist meinem Gefühl nach eine außerordentlich gefährliche Situation für die Fortdauer einer wirklich sozialen Marktwirtschaft. Die immer wieder erfolgreichen Lohnforderungen der Gewerkschaften, auch wenn ich selbstverständlich den hohen Lohn und die Reduzierung der Arbeitszeit denen, denen sie zugute kommt, voll gönne, haben, wie man rein ökonomisch sehen kann, die natürliche Folge, daß die großen Industrieunternehmungen immer mehr die Produktion ins Ausland verlegen müssen, weil sie dort schlicht billiger ist, und die kleinen Industrieunternehmungen immer mehr in Schwierigkeiten kommen, überhaupt zu überleben. Das heißt, die Selbstzerstörung des kapitalistischen Systems wird auf diese Weise betrieben, selbstverständlich nicht mit Absicht, aber einfach mit Kausalität.

Es ist unter diesen Gesichtspunkten meinem Empfinden nach schlicht gesunder Egoismus, wenn unsere gewerkschaftliche Bewegung und unsere Unternehmensführungen sich soweit wie irgend möglich solidarisieren mit den Interessen der Dritten Welt. Nur dann kann eigentlich gehofft werden, daß z. B. der immer mehr wachsende Migrationsdruck überwunden werden könnte. Es gibt eine Anekdote, deren Echtheit ich nicht nachprüfen kann, die ich aber habe erzählen hören: Als Präsident Nixon den chinesischen Präsidenten Mao Tse-tung besuchte, soll er gesagt haben, freie Wahl des Aufenthaltsorts sei ein Menschenrecht. Mao Tse-tung habe geantwortet: »Sie haben vollkommen recht, wie viele Chinesen möchten Sie gerne in den Vereinigten Staaten sehen? Hundert Millionen? Zweihundert Millionen? Dreihundert Millionen?« Nixon soll danach auf ein anderes Gesprächsthema übergegangen sein.

Internationale Solidarität war eine der frühesten und größten Forderungen der Arbeiterbewegung. Diese muß jetzt praktiziert werden, nicht nur aus moralischen Gründen, sondern eben weil wir sonst die Spannungen in der Welt in einem Maße vermehren, dessen Folgen wir selbst in erschreckender Weise in den kommenden Jahrzehnten zu tragen haben. Dazu kommt, was ich schon vorher genannt habe, die Umweltproblematik.

Dies wären ungefähr die Fragen, die ich gerne zur Diskussion vorlegen würde.

Mit freundlichen Grüßen
Ihr CFWeizsäcker

An Edward Teller

26. Februar 1993

Lieber Edward,

hab den allerherzlichsten Dank für Deinen guten Brief vom 4. Februar. Es ist schade, daß es uns nicht gelungen ist, uns zu treffen wieder einmal, während Du doch nach München kamst, aber in jener Zeit Anfang Februar bin ich normalerweise eben nicht in Starnberg, sondern in Bayrischzell, wo ich auch diesen Brief diktiere.

Es könnte übrigens sein, daß die Nötigung, schriftlich den Dialog, der jetzt reif ist, anzufangen, günstig ist. Man versucht dann, etwas ausdrücklich zu formulieren und muß nicht im ersten Augenblick bereits reagieren.

Wenn Du fragst, ob wir jetzt eine dritte Meinungsdifferenz haben können, dann würde ich zunächst zu dem, was Du über die Aufgaben der jetzt kommenden Zeit schreibst, nur meine volle Zustimmung aussprechen. Hier gibt es keine Differenzen. Ich will ausdrücklich den Satz zitieren, daß in menschlichen Angelegenheiten dem Glück der Konflikt vorangehen kann, und zwar wirklicher Konflikt und nicht nur Debatte, aber ganz gewiß nicht Konflikt durch Gewalt.

Das Problem, über das wir sprechen müßten, ist aber, wie man vermeiden will, daß diese Konflikte gewaltsam ausgetragen werden. Gerade im zusammengebrochenen Machtbereich der alten Sowjetunion und ihrer Verbündeten ist ja für die Völker eines der Probleme, wo sie ihre Identität finden. Die gleichzeitige Einführung der Demokratie und der Marktwirtschaft erscheint mir als eine der schwersten Aufgaben, die im Grunde in dieser Form noch nie gelöst worden ist. Markt entstand im westlichen Europa und in den Vereinigten Staaten unter einer schon bestehenden staatlichen Organisation, die in Europa in den frühen Zeiten des Markts keineswegs demokratisch war. Erst nachdem im Markt die Bourgeoisie auch die reale politische Macht durch ihren Reichtum erobert hatte, ging auch die formelle politische Macht an sie über, und daraus entwickelte sich langsam das, was wir jetzt Demokratie nennen. In Amerika war das Ideal der Demokratie vorher da, und indem man sich doch im übrigen weitgehend an den englischen Rechtsstaat in seinen Formen hielt, konnte man eine Marktwirtschaft gut praktizieren. Sehe ich jetzt an, was insbesondere in Rußland geschieht, so habe ich das Gefühl, daß der Markt zunächst schlicht zu einer Katastrophe für den Wohlstand der Menschen wird, und wie man unter diesen Umständen gleichzeitig Demokratie einführen kann, ist im Grunde rätselhaft. Die Chinesen scheinen es im Grunde besser zu machen, indem sie die Herrschaft der bisherigen Herren, also der Kommunistischen Partei, aufrechterhalten, aber andererseits zugleich den Markt so stark wie möglich fördern. Vielleicht ist das die kluge Manier. Ich gestehe, daß ich es nicht genau weiß, und ich würde gerne auch mit Dir über diese Fragen reden.

Wenn der Glaube an das, was sich irrigerweise selbst Sozialismus nannte, zusammengebrochen ist und wenn der Glaube an die Demokratie sehr schwer zu verwirklichen ist, dann fragt sich, welchen Glauben die Menschen, die doch auch im politischen Bereich etwas brauchen, woran sie glauben, eigentlich wählen können, und da ist dann bei weitem das Nächstliegende der Nationalismus. Daß dieser aber zu Krieg führt, sieht man gegenwärtig ganz genau. Also was soll man wirklich tun?

Ich weiß nicht, ob Du eine Antwort weißt. Ich gestehe, daß ich im Grunde eine planmäßig ausarbeitbare Antwort nicht kenne, aber ich suche den Kontakt mit den Menschen, die hierzu etwas Sinnvolles zu sagen haben. Echte Gewaltlosigkeit als Mittel, politische Ziele durchzusetzen, ist in unserem Jahrhundert praktiziert worden, zum Beispiel von Gandhi, aber derartige Unternehmungen haben im Grunde immer nur funktioniert, wenn gleichzeitig eine durch staatliche Macht gesicherte Rechtsordnung da war, wie eben zum Beispiel die englische in Indien. Es ist erstaunlich, daß die Inder sogar heute noch eine Demokratie englischer Manier einigermaßen zu praktizieren verstehen. Man sieht aber auch zugleich, wie im Grunde von dem Geiste Gandhis in der politischen Praxis in Indien fast nichts übriggeblieben ist.

Also das sind Gesprächsthemen, aber soweit ich sehe keine Differenzen.

Interessant wäre es, rückblickend auf unsere alten Differenzen noch einmal einzugehen. Wenn Du für die dreißiger Jahre meinst, daß Du Dich naturgemäß vollständig vom Nationalsozialismus ferngehalten hast, obwohl Du auch damals zugleich keinesfalls dem Kommunismus nahestandest, während ich doch gewisse Hoffnungen auf das damalige deutsche System setzte, wenngleich ich keine der ziemlich absurden Meinungen teilte, die damals von uns gefordert wurden, so muß ich zugeben, daß ich damals unrecht gehabt habe und Du recht. Nicht ganz so klar ist es mir für die Zwischenzeit der sechziger und siebziger Jahre. Da könnte es sein, daß vielleicht überhaupt nur das Zusammenspiel zwischen der Tendenz, die Du vertratest, und der Tendenz, die ich vertreten habe, dazu führen konnte und schließlich erstaunlicherweise dazu geführt hat, daß jenes schreckliche System zunächst ohne Blutvergießen zugrunde gegangen ist. Sieht man, wie in jenen Jahrzehnten die Welt außenpolitisch aussah, so wurden im Süden unablässig Kriege geführt, hingegen zwischen den Großmächten gerade wegen der nuklearen Abschreckung kein Krieg. Auf der anderen Seite war dies, daß kein Krieg geführt wird, noch schon identisch mit der Meinung, daß die absolute Überlegenheit Amerikas die Lösung des Problems sei. Ich glaube, daß die starken Bemühungen, an denen ich mich beteiligt habe, zugleich in ein Gespräch zwischen Ost und West zu kommen, gerade im Osten dazu geführt haben, daß man dort den Westen in der Führungsschicht sogar und ganz gewiß in der intellektuellen Bevölkerung sehr viel besser zu sehen lernte und sehr viel besser sah, daß die Gegnerschaft, die man selbst praktizieren wollte, im Grunde ein Irrtum war. Egon Bahr nannte das Wandel durch Annäherung. In diesem Punkte glaube ich auch heute noch, daß Egon Bahr völlig recht hatte, aber auch darüber kann man nachträglich reden.

Es fragt sich jetzt nur, wann man reden kann. Ich habe vorerst keine Pläne, nach Amerika zu gehen. Ich wäre davon auch vermutlich überanstrengt. Kommst Du einmal wieder her, dann müssen wir zusehen, daß wir miteinander sprechen.

Nun Dir und den Deinen alle guten Wünsche

Dein Carl Friedrich

An Wolfgang Huber

26. Februar 1993

Lieber Herr Huber,

soeben habe ich, nachdem ich habe vier Wochen verstreichen lassen müssen, Ihren Text, den Sie mir am 20. Januar geschickt haben, durchgelesen. Meine erste Reaktion: Nachdem ich diesen Text gelesen habe, stehe ich noch wesentlich entschiedener auf der Seite des Küngschen Vorhabens als zuvor. Gleichzeitig finde ich, daß das, was Sie dazu sagen, im Rahmen dieses Vorhabens von großer Bedeutung ist. Es ist natürlich nicht notwendig, daß Sie mit den Ansichten, die Sie hier vertreten, genau Küngs Aufruf unterschreiben, so wie ich es jetzt für seinen Text, den er nach Chicago schickt, gern getan habe, es wäre aber sehr fruchtbar, wenn Sie an der Diskussion, die sich hoffentlich an Küngs Unternehmen anschließt, gerade mit dem, was Sie vorzubringen haben, aktiv beteiligt wären.

Ich habe beim Durchlesen spontan eine ganze Reihe von Randbemerkungen mit Bleistift gemacht. Zum Schluß fand ich, daß ich Ihnen nicht alles, was da gesagt ist, auch noch in einem Brief ausführlich sagen kann, und habe mich deshalb entschlossen, Ihnen Ihr Original mit meinen handschriftlichen Bemerkungen zuzusenden und eine Kopie des Originals, welches schon die handschriftlichen Bemerkungen trägt, bei mir zu behalten.

Daß die einzelnen Dinge, die Sie dazu sagen, diskutiert werden müssen und auch können, liegt auf der Hand. Meine Abweichung von Ihrer Auffassung bezieht sich, soweit ich sehe, auf zwei verschiedene Anliegen. Das eine wichtigere ist, daß ich glaube, daß Küng in der Tat einen religionsgeschichtlich notwendigen Vorgang, der sich durch Jahrhunderte hinziehen wird, heute schon ins Auge gefaßt hat und daß dieser religionsgeschichtliche Vorgang das ist, was mich vielleicht an der ganzen Sache am meisten angeht. Das muß ich dann erläutern. Das andere ist, daß Sie meinem Gefühl nach an vielen Stellen schlicht Meinungen kritisieren, die weit davon entfernt sind, die Meinungen von Küng zu sein, und da war ich mehrfach erstaunt, daß Sie auch nur für möglich hielten, Küng das zu unterstellen, was Sie mit Recht kritisieren. Das sehen Sie aus einigen vielleicht etwas scharfen Randbemerkungen von mir.

Indem ich diesen Brief aufs Band diktiere, gehe ich nun Ihren Text noch einmal durch, um da und dort noch etwas dazu zu sagen.

S. 2 unten: Die drei Antworten, die Sie dort nennen, sind in der Tat fundamental, und meine Meinung ist, daß die zynische Fortsetzung des Machtgebrauchs selbstmörderisch ist, daß der generelle Machtverzicht, wenn er generell sein soll und nicht die Leistung vorbildlicher Einzelner, vermutlich nicht geschehen wird und wohl auch nicht, jedenfalls nicht ohne Vorbehalte, gefordert werden darf. Daß hingegen die Veränderung des Machtgebrauchs eine zentrale Aufgabe der Menschheit ist, die übrigens nicht nur in unserem Jahrhundert aufgetaucht ist, sondern die Sie im Grunde schon in der Bibel und bei griechischen Philosophen und ebenso auch in manchen außerchristlichen Religionen vorfinden können.

S. 3, wo ja am Rand steht: In der Tat ist die Erfahrung, die wir wohl alle machen, daß die politische Durchsetzung zwar nicht unter Machtverzicht, aber unter Gewaltverzicht, wie sie zum Beispiel in unserem Jahrhundert Gandhi vorgelebt hat, doch wohl nur möglich war im Rahmen einer Rechtsordnung, die ihrerseits nicht ohne Gewalt entstanden ist und nicht ohne Gewalt aufrechterhalten wird, im Falle Gandhis der englischen Rechtsordnung.

S. 3 fällt dann das entscheidende Wort Verantwortung.

S. 4: Hier scheinen Sie mir eben diejenige Differenz zwischen Ihnen und Küng zu konstruieren, die meines Erachtens zwar sicher in vielen Details, aber gerade nicht im Prinzip besteht, außer in dem einen Punkt, den ich oben als ersten genannt habe, der aber erst diskutiert werden kann, wenn man den Bezug auf heute so seriös versteht, wie sowohl Sie wie Küng es wollen und meines Erachtens in höherer Parallelität tun, als Sie, Herr Huber, wissen.

S. 5: Die Unterscheidung zwischen Legalität und Moralität ist in der Tat außerordentlich wichtig. Ich habe sie gelegentlich den größten moralischen Fortschritt der Neuzeit genannt. Ich habe das so gemeint, daß dem Richter zusteht, über die Legalität des Handelns von Menschen ein Urteil zu fällen, aber nicht über ihre Moralität. Wer über die Moralität anderer Menschen moralisch urteilt, wird selbstgerecht. Über ihre Legalität zu urteilen aber ist legitim und notwendig. Dies etabliert den von Ihnen betonten Unterschied zwischen der Erklärung der Menschenrechte und der Erklärung eines Weltethos. Ich glaube nur, daß für Küng im Grunde der Bezug auf die Erklärung der Menschenrechte eigentlich den Hauptzweck hatte zu sagen, so etwas gibt es ja bereits, und nun wollen wir etwas dazu Paralleles, aber natürlich im Wesen ganz anderes auch versuchen.

S. 5 habe ich zunächst spontan hinzugefügt, daß die drei Thesen, die in Artikel 1 der Menschenrechtserklärung verwendet werden, alle nicht nur den Ursprung haben, den Sie sagen. Es handelt sich dabei eben nicht nur um die christlich verstandene Gottesebenbildlichkeit der Menschen, es handelt sich nicht nur um die moderne Aufklärung, sondern mindestens schon um die griechische Metaphysik. Es handelt sich nicht nur um die Französische Revolution und die Arbeiterbewegung, sondern zumindest auch um den Buddhismus. Es ist freilich, wie ich bei nachträglichem Nachdenken sehe, richtig, daß die Erklärung der Menschenrechte historisch im Jahre 1948 faktisch wohl im wesentlichen unter den Gesichtspunkten entstanden ist, die Sie aufführen, aber dies Erklärung hätte mir niemals imponiert, wenn sie nur diese Ursprünge gehabt hätte. Genau das sagen Sie dann auf S. 5 weiter unten.

S. 6: Eine unreflektierte, den Unterschied von Legalität und Moralität vernachlässigende Parallelisierung zwischen Menschenrechten und Weltethos kann ich bei Küng nicht erkennen. Man braucht ja nicht alles immer dazu zu sagen, zumal meiner Meinung nach für Küng die Menschenrechtserklärung eben nur der Beweis ist, daß es Dinge gibt, über die man sich einigen kann, und man deshalb versuchen soll, über das sehr viel schwierigere Thema des Weltethos in gemeinsamer Arbeit vielleicht am Ende doch auch sich zu einigen. Insofern widerspreche ich Ihnen radikal an der Stelle unten auf S. 6, die ich mit einem nicht ganz freundlichen Wort charakterisiert habe.

In dem nachfolgenden Satz von Ihnen: »Müssen die rechtlichen Instrumente der Völkerrechtsgemeinschaft ein halbes Jahrhundert nach der Allgemeinen Erklärung der Menschenrechte erweitert werden?« stellen Sie eine sehr sinnvolle und wichtige Frage, die gewissermaßen kurzfristig ist. Dieser Frage folge ich sehr gerne und mit Zustimmung, aber das erschöpft absolut nicht, worum es Küng geht und worum es Küng mit Recht geht.

S. 7 mache ich eine Bemerkung, die sich darauf bezieht, daß Kant ja doch sehr schön definiert hat, Legalität bedeute Handlung gemäß dem Gesetz, Moralität Handlung aus Achtung für das Gesetz. Die Achtung aber ist es, welche Küng, wie ich meine, mit vollem Recht, in den Religionen gemeinsam findet, auch wenn die speziellen Formen der Gesetze verschieden sind und verschieden bleiben sollen.

Bis S. 10 kommen dann Randbemerkungen, die nur sagen, inwiefern Sie meinem Gefühl nach Küng schlicht nicht so interpretieren, wie er es gemeint hat und wie er meinem Empfinden nach auch geredet hat. Ich bin ein wenig erstaunt über diese Fehlinterpretation.

S. 11: Hier ist eine ganz zentrale Frage angeschnitten. Küng zählt auf, was wohl auch in der Tat in den Formulierungen den Weltreligionen gemeinsam ist. Daß dies überall im Detail nicht dasselbe bedeutet, wissen wir alle, und genau diesen Unterschied herauszuarbeiten und die Menschen dazu zu bringen, daß Sie das Gemeinsame gleichwohl ernst genug nehmen, ist ja Küngs Anliegen. Dazu muß man dann freilich ins Detail gehen in der Diskussion, und es kann sein, daß diese Diskussion im Detail, so wie die Weltreligionen sich heute noch verstehen, nicht zum Erfolg führen wird. Dann könnte ich mir vorstellen, daß das Vorhaben von Küng nur noch dann ein paar Jahrhunderte später genannt werden wird als der Vorläufer dessen, was damals leider noch nicht möglich war, was aber der eigentliche Weg der Religionen ist.

Ich bin damit am Ende. Natürlich müßten wir über diese Dinge mündlich ausführlicher sprechen. Ich komme zwar am 14. März zum Journalistentreffen nach Heidelberg, bin aber durch Termine vorher und nachher so knapp gebunden, daß ich vermutlich nicht die Zeit haben werde, mit Ihnen über diese Dinge zu reden. Ich hoffe aber, daß es sich später einmal machen läßt, freilich kann ich zum Kuratorium dieses Jahr auch nicht kommen. Sollten Sie einmal in den Münchner Raum kommen, so werden Sie sehr willkommen sein, damit wir darüber sprechen, sonst müssen wir es vielleicht noch etwas länger hinausschieben.

Jedenfalls herzliche Grüße
Ihr CFWeizsäcker

AN WOLFGANG HUBER

3. März 1993

Lieber Herr Huber,

hier noch ein P.S. zu meinem Brief vom 26. Februar.

Ich habe wohl meinen ersten Punkt noch nicht hinreichend erläutert.

Es scheint mir in der Tat, daß ein gewisses Maß an Übereinstimmung, das auch zu einer Formulierung kommen kann, wohl jetzt schon erreichbar ist, aber im Grunde ist meine Überzeugung die, die ich in meinem Buch »Bewußtseinswandel« genannt habe die unvollendete Religion. Es scheint mir, daß gerade die Begegnung der Religionen, die überhaupt erst durch die modernen Verkehrsmittel in diesem Umfang möglich geworden ist, die also im 18. Jahrhundert angebahnt und erst im 20. Jahrhundert zu einer breiteren Realität geworden ist, dazu führen könnte, daß alle Religionen lernen, sich besser zu verstehen. Vielleicht wird sich eine völlige Veränderung der religiösen Szene ergeben. Es kann sehr leicht sein meinem Empfinden nach, daß dieses zunächst nicht geschieht, sondern daß die Religionen nur verblassen und daß die Folge dann schlicht die große Weltkatastrophe ist, die ich schon seit langem fürchte, aber selbst wenn das der Fall sein sollte, so würde es vielleicht doch auf die noch längere Sicht gesehen ein schrecklicher Weg zu derjenigen Wahrheit sein, um die es hier doch eigentlich geht. Was mich an Küng anzieht ist, daß er sich auf diese Sache einläßt mit den Mitteln, die ein deutscher Professor in Tübingen eben nun einmal hat. Dies wohl meine Motivation.

Herzliche Grüße
Ihr CFWeizsäcker

An Mehdi Padamsee

4. März 1993

Sehr geehrter Herr Dr. Padamsee,

Ihren Brief vom 21. Dezember habe ich im Januar erhalten. Leider antworte ich mit einer gewissen Verspätung. Der Grund ist, daß ich ständig sehr viel Post bekomme und daß ich während eines längeren Kuraufenthalts, der den ganzen Februar ausfüllte, Ihren Text zwar bei mir hatte, aber dann nicht die Kraft hatte, ihn zu lesen, weil ich mich teils erholen mußte, teils anderes zu tun hatte. Jetzt habe ich Ihren Text gelesen und finde ihn ganz außerordentlich interessant.

Eine ausführliche und adäquate Antwort darauf kann ich Ihnen im Augenblick nicht geben. Ich behalte den Text zurück, werde weiterhin über die Fragen nachdenken und vielleicht gelegentlich dann noch etwas Ausführlicheres dazu schreiben, aber im jetzigen Augenblick möchte ich doch einige Bemerkungen dazu machen.

Als historische Darstellung finde ich Ihren Text ausgezeichnet. Es mag sein, daß ich da oder dort ein paar kleine abweichende Meinungen habe, aber im ganzen finde ich, Sie haben das, was ich selbst zu wissen glaube, so dargestellt, wie ich es selbst etwa sehe, und haben mich über vieles belehrt, was ich nicht habe studieren können.

Gleichwohl möchte ich zum Beispiel zu der für Sie fundamentalen Unterscheidung des griechischen und des jüdischen Denkens noch ein paar Bemerkungen machen.

Meinem Gefühl nach ist das, was Sie mit einem großen Teil unserer heutigen historischen Tradition das griechische Denken nennen, nicht eigentlich den Griechen im ganzen zuzuschreiben, sondern doch sehr weitgehend das Produkt einer ganz speziellen kulturellen Entwicklung in Griechenland, nämlich der griechischen Philosophie. Die Unentstandenheit und Unvergänglichkeit der Wirklichkeit scheint mir ein fundamental philosophischer Begriff zu sein.

Geht man in die griechischen Mythen, so findet man doch, daß die Götter entstehen und wieder verschwinden und daß dies zwar geschieht in einem Rahmen, der seinerseits nicht durch Rückführung auf die Götter erklärt wird, aber doch in einem Rahmen, der auch nicht ausdrücklich das Prädikat der Ewigkeit trägt, sondern vielleicht eher des ständigen Wechsels. Dann aber kommt die griechische Philosophie, und diese hat Gründe aus ihrer eigenen inneren Konsistenz heraus, dem Sein das Ungewordensein und Nichtvergehen zuzuschreiben. Dieses wurde dann in der Tat für das abendländische Denken unter dem Titel, den man heute gerne die Metaphysik nennt, ein fundamentaler Punkt. In dieser Form ist er ja dann auch in die Naturwissenschaft eingegangen, soweit ich sehe.

In diesem Zusammenhang nun eine andere Bemerkung: Es ist für mich fast verblüffend zu sehen, daß Sie, ein Inder, die abendländische Tradition in einer konsequent abendländischen Weise besprechen und daß man aus Ihrem Text, wenn ich nicht irgendeine Stelle überlesen habe, überhaupt keinen Bezug auf das spezifisch indische Denken finden kann. Ich habe aber, obwohl ich die indische Tradition nur sehr unvollkommen kenne, den Eindruck gewonnen, daß es zwischen den Denkmotiven der griechischen Metaphysik und den Denkmotiven etwa der Vedanta-Lehre sehr wohl Analogien gibt. Vielleicht ist es zutreffend, daß man die abendländische Entwicklung getrennt von der indischen betrachten kann, insofern der Einfluß Indiens auf die abendländische Entwicklung jedenfalls wenn überhaupt, dann vermutlich vor dem Beginn der griechischen Philosophie gelegen hat und später erst in der Neuzeit eine gewisse neugierige Begegnung wieder stattgefunden hat. Andererseits aber hat meine Frage nach der Rolle der indischen Tradition einen Grund, der etwas mit der Struktur Ihrer ganzen Betrachtungsweise zu tun hat. Im Grunde habe ich, gerade wenn ich Ihrer historischen Darstellung folge, subjektiv immerzu das Bedürfnis zu fragen: »Und was ist nun eigentlich die Wahrheit an dem, was jene Menschen gedacht haben?« Ich bin durch die Frage nach der Wahrheit der griechischen Philosophie oder der jüdischen Religion oder der christlichen Erfahrung belehrt, auch die Frage nach der Wahrheit unserer heutigen Meinungen und Motive ganz skeptisch zu stellen. Im Grunde habe ich das Gefühl, daß weder die Philosophie, wie die Griechen sie begonnen haben, noch die Religion der jüdischen Tradition oder gar die Verarbeitung der Botschaft von Jesus vollendet ist. Daß man in solchen tiefen Problemen schließlich verzagt und dann zu anderen Gedanken übergeht, heißt ja nicht, daß man die Probleme irgendwie gelöst hätte. Mein Bedürfnis bei dieser historischen Betrachtung ist ständig auf die Wahrheit dessen gerichtet, was hier empfunden und gedacht wurde, und in diesem Zusammenhang erscheint mir dann die Gegenüberstellung zum Beispiel von Naturverehrung und von an Gotteswillen anknüpfender Gewalt gegenüber der Natur in der griechischen und jüdischen Tradition als ein ganz spezieller Zug, den ich sehr gerne dadurch mir verständlich machen möchte, daß ich dritte, vierte und noch andere historische Traditionen ansehe, die wiederum ganz anders gefragt haben. Es würde mich deshalb einfach interessieren, ob Sie einen rein methodischen Grund haben, die indische Tradition hier nicht zu Wort kommen zu lassen, oder wie Sie sonst das Verhältnis dieser Tradition zu der abendländischen Entwicklung sehen.

Auf S. 9 finde ich, daß Sie im unteren Abschnitt etwas mir höchst Einleuchtendes sagen, was auch mir selbst als Gedanke gekommen ist. Es ist, daß die Denkweise der griechischen Philosophie das Produkt einer herrschenden Klasse ist, welche Zeit hat, in Ruhe über den Grund des Seins nachzudenken, während andererseits die hebräische Tradition geschaffen worden ist in einem Volk, das nicht zu den Herrschern, sondern immer eher zu den Beherrschten oder zu den gegenüber der Herrschaft sich Wehrenden gehörte, aber daß die Aktion, wie Sie sagen, in der griechischen Tradition im großen und ganzen gegenüber dem Denken sekundär war, würde ich überhaupt nur von den griechischen Philosophen behaupten und gar nicht von der großen griechischen Kultur, wie sie sich uns seit Homer in der Dichtung spiegelt oder auch in der griechischen Geschichtsschreibung. Es scheint mir hier nicht um eine nationale Eigenschaft zu gehen, sondern um die Eigenschaft einer ganz bestimmten kulturellen Entwicklung, die freilich in dieser Nation gegeben ihre politische Stärke möglich wurde.

In bezug auf die Juden habe ich mir selbst eine Betrachtungsweise zurechtgelegt, die auch in einem Punkt in dem, was Sie sagen, abweicht. Ich habe gelegentlich das Geschenk der Griechen an die Menschheit die Unterscheidung von Wahr und Falsch genannt; dies ist natürlich eines der vielen Geschenke, die die Griechen der Menschheit gemacht haben, aber ein höchst folgenreiches. Das Geschenk der Juden demgegenüber habe ich genannt den Unterschied von Gut und Böse. Die Schärfe dieses Unterschieds ist vielleicht nirgends so stark wie in der jüdischen Tradition. Dann habe ich mir überlegt, wieso eigentlich ein Volk wissen kann, was gut ist und was böse ist, und daß in diesem Falle die skeptische Rückfrage, welche in der Moralphilosophie so leicht auftritt, bei den Juden dadurch weitgehend unterdrückt wurde, daß die Herkunft der moralischen Regeln in einem Gebot Gottes lag. Gott ist dann zunächst einmal der Gott dieses Volks, der dieses Volk ausgesucht hat, damit es das Gute und das Böse scharf unterscheide. Erst danach kommt dann die Frage, die sich im Lauf des Alten Testaments herausarbeitet, daß Jahwe ja eigentlich der einzige wirkliche Gott ist. Das ist in den Anfängen überhaupt nicht selbstverständlich, denn natürlich wissen die Juden, daß alle Völker ihre Götter haben. Wenn aber Jahwe der einzige wirkliche Gott ist und wenn sein Wille so wichtig ist, dann kommt der Gedanke auf, dieser Gott könne ja die Welt gemacht haben. Da wird also der schon vorhandene Begriff des Handelns auch noch ausgedehnt auf das Handeln Gottes gegenüber der Welt im ganzen, nämlich daß er sie gemacht habe. Das scheint mir wiederum ein spekulativer Gedanke. Als spekulativen Gedanken konnten auch die Griechen so etwas denken. Platon im Timaios verwendet genau diese Metapher, aber er macht vollkommen klar, daß es auch nur eine Metapher ist. Für die Juden aber ist das metaphorische Denken ohnehin nicht charakteristisch, und sie übernehmen dann den Glauben der Schöpfung durch Gott als wörtlich wahr. Damit aber entsteht das innerhalb des jüdischen Ansatzes völlig unlösbare Problem der Herkunft des Bösen. Das Buch Hiob handelt ja nur davon.

In diesem Zusammenhang steht nun eine in der Neuzeit vielfach benützte Deutung eines biblischen Worts, die ich nicht für ganz zutreffend halte, nämlich: »Macht euch die Erde untertan.« Ich kann kein Hebräisch, aber wenn ich richtig sehe, so bedeutet dies einfach, übt über die Erde diejenige Macht aus, welche stets die moralische Pflicht der Herrscher gegenüber den Beherrschten ist. Das Ethos des Herrschens und Dienens ist ja fundamental in der Frühzeit, und darin ist die schwerere Pflicht die des Herrschers. Dienen kann man, dazu muß nur befohlen werden, aber um zu herrschen, also um selbst zu befehlen, bedarf es eines sehr tief gehenden Ethos. Insofern scheint mir dieser Satz die Aufforderung an den Menschen, die Welt, die Gott geschaffen hat, wirklich zu bewahren, also gerade nicht ihr gegenüber Gewalt zu üben. Ich habe den Eindruck, das exakte Gegenteil sei gemeint. Vielleicht übertreibe ich damit wieder ein wenig, aber ich wollte den Punkt doch nennen. Dies müßte freilich anhand eines hebräischen Textes geklärt werden.

Nun zu Ihrem Brief: Sie sprechen von der Koexistenz der Verehrung und der Gewalt gegenüber der Natur in der neuzeitlichen Naturwissenschaft. Da ist sicher etwas Zutreffendes. Ich würde freilich aus den oben genannten Gründen nicht die Verehrung einfach den Griechen zuschreiben und die Gewalt den Juden. Ich wäre bereit, fast das Gegenteil zu behaupten, nur der Jude verehrt natürlich auch, indem er der Natur das gibt, was sie verdient, letzten Endes Gott, und umgekehrt der Grieche, der Herrschaft übt und selbstverständlich auch Herrschaft über die Natur dann übt, tut dies in einer Weise, bei der die Gewalt unvermeidlich ist, weil sie zu den Strukturen der Natur gehört, aber doch nicht das fundamentale Verhältnis zur Natur ausspricht. Wenn ich aber mich jetzt frage, was ist der Grund dieses Zusammenhangs, dann sehe ich einerseits vielleicht, daß eben in der Naturwissenschaft das, was sie aus beiden Traditionen schöpfen konnte, weitergeführt wurde, aber ohne daß der wirkliche Glaube, der die beiden Traditionen möglich gemacht hat, noch lebendig war oder jedenfalls stark genug war. Ich habe aber andererseits das Gefühl, daß die moderne Naturwissenschaft uns über Dinge belehrt, die weder in der griechischen noch in der jüdischen Tradition gesehen worden sind. Ich meine hier insbesondere, daß die Frage nach der Herkunft des Bösen, die für eine spekulative Denkweise, einerlei ob sie griechisch oder jüdisch gemacht worden ist, eigentlich unlösbar war, in der modernen Wissenschaft durch die Evolutionslehre eine vollkommen klare Antwort bekommt. Dies finde ich in bestimmten asiatischen Traditionen viel zugänglicher als in der ganzen Harmonisierungstendenz des abendländischen Denkens. Für Buddha ist Leben wesentlich Einsichtslosigkeit und Leiden. Dieses wird überhaupt nicht erklärt, sondern als unmittelbar erkennbar vorausgesetzt, und dann ist der Weg zur Erleuchtung nur derjenige, der über die Sklaverei gegenüber dem Leiden hinausführt.

Die Metaphysik der Griechen und die Schöpfungslehre der Juden scheitert meinem Empfinden nach begrifflich an der Herkunft des Bösen, hingegen der Buddhismus kann dies ohne weiteres schlicht als bekannt voraussetzen. Ich werde, indem ich so etwas sage, natürlich nicht ein dogmatischer Buddhist, denn dogmatisch zu sein ist ja selbst dem Wesen des Buddhismus zutiefst fremd. Der Dalai Lama zitierte mir gegenüber die Äußerung Buddhas: »Wenn deine Einsicht meiner Lehre widerspricht, so mußt du deiner Einsicht folgen.« Dieses ist ein Verhalten, das ich aus der Welt der Wissenschaft ebenfalls sehr gut kenne. Der wissenschaftliche Kontakt zwischen wirklich wissenschaftlich denkenden Menschen setzt immer voraus, daß man nicht eine Meinung übernehmen muß, weil ein bedeutender Lehrer sie geäußert hat, sondern daß man wirklich vertreten kann nur eine Meinung, die man selber einsieht. Da die durch die Wissenschaft ermöglichte Technik heute den Kontakt zwischen abendländischen und asiatischen kulturellen Traditionen so viel zugänglicher gemacht hat, als es je früher der Fall war, habe ich den Eindruck, daß sie damit auch uns eine geistige Bereicherung ins Abendland bringt, die wir vorher einfach nicht gehabt haben. Daß andererseits auch Asien durch diesen Kontakt sehr bereichert wird, ist klar. Damit stellt sich aber die Frage nach der Wahrheit dessen, was gelehrt worden ist, noch einmal in völlig neuer Frische.

Ich spüre in dem, was Sie schreiben, ständig diese Wahrheitsfrage, aber auf der anderen Seite sehe ich sie in der Weise, wie Sie sie darstellen, nicht eigentlich explizit ausgesprochen, und ich wollte Ihnen einfach gerne vorlegen, was Sie hierzu etwa sagen möchten.

Vielleicht darf ich im Augenblick hiermit enden. Ich hoffe aber, daß dies der Anfang und nicht etwa der Abschluß eines Dialogs ist.

Mit meinen besten Grüßen bin ich
Ihr CFWeizsäcker

An Hans-Georg Gadamer

5. März 1993

Lieber Herr Gadamer,

Ihr Brief vom 24. Februar ist wieder einmal ein großes Geschenk. Er bringt auf einer einzigen Seite eigentlich eine fundamentale philosophische Frage zur Diskutierbarkeit.

Zunächst stimme ich völlig zu, daß man sagen kann: »Der eine möchte eindeutig sein, der andere so vieldeutig, wie er sich selber nicht deuten kann.« Nun war ich von Kind an naiver Naturwissenschaftler. Insofern habe ich an die Möglichkeit der Eindeutigkeit selbstverständlich geglaubt, aber eigentlich war dabei das Anliegen gar nicht so sehr die Eindeutigkeit von Aussagen, sondern das Anliegen war, die unglaubliche Einfachheit der fundamentalen Gesetze des Wirklichen ans Licht zu bringen. Darin war bei meinem Lehrer Heisenberg und doch auch bei mir selbst ein sehr starkes ästhetisches Motiv. Auf der anderen Seite habe ich durch das zwölfjährige Leben in einer geisteswissenschaftlichen Fakultät mit vielen wirklich guten Mitgliedern gelernt, daß in der Tat die Vielheit der möglichen Deutungen fundamental ist, wenn man Menschen überhaupt verstehen will, und daß man sich selbst fremd werden muß, wenn man imstande sein will, sich selbst zu verstehen.

Das sind aber zunächst beides einfach nur Deskriptionen. Nun kommt für den Philosophen unweigerlich die Frage, warum gibt es denn beides. Dabei habe ich als Naturwissenschaftler festgestellt, daß es die Vielheit der Gestalten im Grunde schon in der Wettervorhersage gibt und in viel höherem Maße dann in der biologischen Evolution. Die Vieldeutigkeit menschlichen Verhaltens ist nur sozusagen eine noch höhere Stufe genau dieses für die Natur fundamentalen Reichtums. Wenn ich es aber so ansehe, dann wird das, was ich als Kind naiv geglaubt habe, zum Rätsel, und genau auf dieses Rätsel habe ich eigentlich schon reagiert, indem ich diesen Glauben weitgehend ästhetisch interpretiert habe. Erstaunlicherweise ist es so: Schaue ich am Tag, zumal an einem bewölkten Tag wie heute, zum Himmel, so sehe ich die Wolken, und ich sehe, daß die Weise, wie die Wolken ziehen, durch die Gesetze der Turbulenz so vielgestaltig ist, daß man wohl annehmen darf, man habe noch nie in seinem Leben zwei Wolken gesehen, die einander völlig gleichen, und die Vorhersage, was die Wolken tun werden, ist, wie wir wissen, ja selbst für 24 Stunden fast nicht möglich, ja für die einzelne Wolke schon im allgemeinen für eine einzige Stunde. Schaut man aber nachts an einen klaren Himmel, dann sieht man die Sterne, und ich sehe heute noch meine alten Freunde, die ich seit der Kindheit kenne, den Orion und die Plejaden und auch die Planeten, die noch immer auf Bahnen laufen, über die wir schon von den Griechen, wenn nicht gar den Babyloniern gelernt haben, daß man sie über Jahrhunderte zurück und voraus berechnen kann. Wie kann es so einfache Gesetze überhaupt geben in einer Welt, die einen solchen Reichtum an Gestalten als Charakteristikum hat? Das möchte ich dann eigentlich philosophisch gern wissen. Insofern ist also die Naturwissenschaft das Unwahrscheinlichere, verglichen mit der Geisteswissenschaft und eben doch auch derjenigen Naturwissenschaft, die die Natur schon als Vorläufer des Geistes ernst nimmt.

Die Antwort auf diese Frage wage ich nicht zu geben, aber ich wollte nur sagen, daß eigentlich dieses das Thema ist, das in der Unterscheidung dieser beiden Welten sich mir zu stellen scheint.

Herzliche Grüße
Ihr CFWeizsäcker

An Hans-Georg Gadamer

21. Mai 1993

Lieber Herr Gadamer,

Ihr letzter Brief verführt mich, Ihnen eine etwas breite und ganz subjektive Antwort zu geben, eigentlich nur um zu schildern, wie mir in diesen Fragen zumute ist. Ich tue das, indem ich erzähle, was ich jetzt zu tun habe und wie sich mir beim Abschluß meines Buchs »Zeit und Wissen« dargestellt hat, was noch zu tun sei.

In den ersten beiden Juniwochen habe ich drei Tagungen zu erwarten, zuerst fünf Tage lang in Köln über Interpretation der Quantentheorie bei Herrn Mittelstaedt, dann zwei Tage lang unsere gemeinsame Pour-le-mérite-Tagung in Bonn und schließlich vier Tage lang in München den Evangelischen Kirchentag.

Bei allen drei Tagungen habe ich etwas zu tun.

In Köln soll ich das Einleitungsreferat halten, das schon seit mehreren Wochen fertiggestellt ist. Die Tagung verläuft auf englisch, und meine Überschrift lautet »Events in Quantum Theory«.

In Bonn hoffe ich, insbesondere Sie zu treffen und mündlich noch ein wenig weiterzumachen mit dem Thema unseres letzten Briefwechsels. Genau deshalb möchte ich Ihnen vorher diesen Brief noch zukommen lassen, obwohl meine Zeit sehr eingeengt ist.

Auf dem Kirchentag habe ich zweimal einigermaßen ausführlich öffentlich einen Dialog zu führen, der erste mit dem

Dalai Lama, der zweite mit Hans Küng. In beiden Fällen handelt es sich also um die interreligiösen Beziehungen, und zwar in beiden Fällen mit besonderer Zielsetzung des Zusammenhangs zwischen, wie Küng es ausdrückt, Religionsfrieden und Weltfrieden. Für beide muß ich noch wenigstens versuchsweise ein Referat aufschreiben. Das hoffe ich in der jetzt kommenden Maiwoche zu tun, wenn ich dann zum erstenmal in diesem Jahr wieder mit meiner Frau auf der Griesser Alm in Tirol sein werde.

Diese Themen hängen in ähnlicher Weise miteinander zusammen wie das, was ich jetzt erzählen möchte.

Sie haben übernommen, sich mit meinem Buch »Zeit und Wissen« zu beschäftigen, deshalb darf ich vielleicht erzählen, was für mich mit dem Ende dieses Buchs verbunden war.

Ich habe wohl alle meine Bücher in einer bestimmten Weise verfaßt, nämlich nach vielfach langen Vorbereitungen auch in Form von Aufsätzen, die manchmal schon publiziert wurden, zuletzt mit einem geschlossenen Plan und einer Verpflichtung, die dem Verlag gegenüber festgelegt wurde, so daß sie mich selbst vertraglich zwang, an einem bestimmten Datum aufzuhören, also das Buch abgeschlossen zu haben und danach abzuliefern. Das hat immer dazu geführt, daß einige Themen, die mir sehr wichtig waren, in Wirklichkeit nicht erledigt waren, weil ich noch länger darüber hätte nachdenken müssen, aber ich wußte auch, wenn ich so lange darüber nachdenke, wie ich wirklich brauche, dann wird das Buch vermutlich nie fertig.

Für das Buch »Zeit und Wissen« hatte ich schließlich den 30. April 1992 als Abschlußtag angekündigt. Ich habe mich nicht ganz genau an das Versprechen gehalten. Die letzten Sätze des Buchs wurden, ebenfalls auf der Griesser Alm, am Freitag, dem 8. Mai, nachmittags geschrieben. Als das letzte Wort geschrieben war, stellte sich mir spontan die Frage: »Habe ich nun in meinem Leben überhaupt noch etwas zu tun?« Ich hatte in diesem Augenblick den Eindruck, es wäre sicher nichts verloren, wenn ich jetzt sterben dürfte. Dann bald aber meldete sich: »Nein, vielleicht hast du jetzt überhaupt das zu tun, was du so lange nicht tun konntest, als du Bücher schriebst, denn es gibt Dinge, die man nur zuwege bringt, wenn man planmäßig vorgeht, und es gibt Dinge, die man nur wahrzunehmen vermag, wenn man es nicht plant.«

Wie es zu gehen pflegt, hat sich mir das in mir, was immer so gerne geplant hat, dann wenigstens in der Gestalt gezeigt, daß ich das Empfinden hatte, im Grunde hätte ich nun noch vier nicht in diesem Sinne planmäßige, jedenfalls nicht literarisch planmäßige Dinge vor mir, und zwar, wenn ich für jedes davon nur ein Wort gebrauche, die folgenden vier: Physik, Philosophie, Meditation, Politik. Das sind lauter alte Themen von mir. Wichtig war in diesem Fall die Reihenfolge.

1. Physik. Seit 1954 verfolge ich den Gedanken, die Quantentheorie sehr einfach zu begründen und aus ihr auch noch die Gesetze der Elementarteilchen und vermutlich der Kosmologie herzuleiten. Ich habe seit damals einen deutlichen Entwurf dafür, habe mit einer Reihe immer neuer Mitarbeiter darüber gearbeitet, bin noch nicht fertig, hoffe aber noch immer, daß ich es vielleicht selbst erleben werde. Das ist nun eine Sache, die man wirklich planmäßig machen muß, und ich habe mich seitdem darangesetzt. Ich hoffe, mit dem, was ich da noch tun kann, etwa in der Mitte des Jahres '94 fertig zu werden.

2. Philosophie. Anschließend an diese Arbeit würde ich wahrscheinlich die philosophische Frage, mit der sich unser Briefwechsel befaßt, in einer sehr viel besseren Weise beantworten können, als ich es jetzt kann. Gleichwohl will ich im zweiten Teil dieses Briefs dazu noch ein paar Worte sagen.

3. Meditation. Meine Erfahrung mit meditativen und mystischen Traditionen ist, daß diese in ihrem eigentlichen Gehalt, soweit ich ihn überhaupt nachzuvollziehen vermag, fast identisch sind, einerlei aus welcher Kultur und Religion sie stammen, daß aber die Weise, wie man sie ausdrückt, entscheidend kulturell bestimmt ist. Das bedeutet auch, daß in den verschiedenen Kulturen der Eintritt in die meditative Erfahrung in Worte gekleidet wird und damit auch in Verhaltensweisen gestaltet wird, die kulturabhängig sind. Nun bin ich in unserem Jahrhundert in einem Maße der Vielheit der Kulturen ausgesetzt, wie man das früher vielleicht gar nicht war. Sie wissen, wie sehr mich gerade die asiatischen Traditionen beschäftigt haben und wie gerne ich infolgedessen nun auch mit dem Dalai

Lama gemeinsam auftrete. Das bedeutet aber, daß ich mir die Eingeschränktheit meiner eigenen Begrifflichkeit zu diesen Erfahrungen, welche die abendländische Tradition, sei es die griechische oder die christliche, bringt, nicht leisten kann, sondern daß ich eine umfassendere Begrifflichkeit brauche. Ebendeshalb kommt Meditation als erhoffte weitere Erfahrung nach der Philosophie und die Philosophie nach der Physik.

4. Um Politik habe ich mich ja immer gekümmert, aber ich habe nun doch den Eindruck, daß ich vielleicht, sollte ich die drei vorigen Stufen noch in irgendeiner Weise durchlaufen können, dann imstande sein würde, das eine oder andere Wort zur Politik zu sagen, zu dem ich bisher nicht fähig war.

Was hat dies nun mit dem Thema unseres Briefwechsels zu tun? Ich fahre noch einmal spontan redend weiter. Zunächst zitiere ich einen Satz aus der S. 3 Ihres letzten Briefes: »Die Einheit, die in all dem trotzdem liegt, und nicht so sehr die Vielheit, scheint mir das Rätsel.« Hier kann ich nur zustimmen. Genau dies ist im Grunde mein Anliegen. Gerade deshalb gibt es in mir eine spontane Gegenwehr, wenn ich, wie ich meine auch gelegentlich einmal von Ihnen, als »Bürger zweier Welten« bezeichnet werde oder, wie im Anfang Ihres letzten Briefs, als »in Ihrer Mittelstellung zwischen Philosophie und Physik«. Meine spontane Beschreibung dieses Verhältnisses bei mir ist, daß Philosophie der Versuch ist, die Physik zu verstehen. Insofern ist Philosophie der Repräsentant der Einheit, Physik hingegen ein hochinteressantes Beispiel für die Vielheit. Ich bin Physiker und Philosoph, etwa so wie ich Schwabe und zugleich Deutscher bin, Deutscher und zugleich Mensch, Mensch und zugleich Lebewesen, Lebewesen und zugleich Teil des Universums, oder, wenn ich nicht die Sprache der empirischen Begegnungen gebrauche, sondern der geistigen Erfahrungen, daß ich zugleich geistiger Bürger des 20. Jahrhunderts im Abendland und Bürger der aller Menschheit gemeinsamen Erfahrungen bin, zugleich Bürger der menschlichen Erfahrungen und Teil des einen Geistes. In meinem Buch »Der Garten des Menschlichen« habe ich im Schlußabschnitt »Selbstdarstellung«, beginnend S. 553, geschildert, wie mir als Kind diese Fragestellung begegnet ist. Am 1. August 1924, zwölfjährig, in der wunderbaren Sternennacht: Hier ist Gott gegenwärtig, die Sterne sind Gaskugeln. Das einzige, was ich nicht weiß, inwiefern beides dasselbe ist. Ich darf aber vielleicht hoffen, daß dieses meine Lebensaufgabe sein wird, das einzusehen.

Nun aber die Frage, wie sich dieses in der heutigen Version der Physik als methodisches oder vielleicht ontologisches Problem spiegelt. In »Zeit und Wissen«, S. 272, zitiere ich eine ältere Darstellung aus dem »Aufbau der Physik« von vier historisch aufeinanderfolgenden Klassen mathematischer Strukturen zur Beschreibung der Wirklichkeit.

a) Morphologie
b) Differentialgleichungen nach der Zeit
c) Extremalprinzipien
d) Symmetriegruppen

Hier beginne ich nun zunächst mit der Morphologie. Sie ist die Beschreibung der auffaßbaren Ordnung der Vielheit der Gestalten. Die Vielheit der Gestalten zeigt sich uns in der Natur am stärksten wohl in der Vielheit der lebenden Wesen und ihrer Spezies. Dort ist Goethe zu Hause. Ich zitiere hier Goethe, weil er für mein Empfinden ebenfalls nicht Bürger zweier Welten war, sondern eben Bürger der einen Welt, die er dort und da wiederfand. In der Geschichte der Physik ist die Astronomie wahrscheinlich der erste wichtige Schritt, weil gerade in ihr die Gestalten zum Teil von solcher Einfachheit sind, daß sie mathematisch ausgesprochen werden können. Ebendies ist für die Babylonier das Göttliche an den Sternen, ebendies ist für Plato der Nachweis, daß die Sterne intelligente Wesen sind, denn nur intelligente Wesen können eine mathematische Kurve durchlaufen. Das ist nun eine frühe philosophische Interpretation. Wesentlich unter dem Thema unseres Briefwechsels ist aber, daß die Fülle der Gestalten unermeßlich ist. Die Frage ist, was ist denn dann dasjenige, was macht, daß es einfache Gestalten gibt und daß man vielleicht sogar alle Gestalten unter einem einzigen Gedanken denken kann. Da ist dann der nächste Schritt in der Ära von Newton und des 18. Jahrhunderts, daß wir die physikalischen Gestalten, beginnend auch wieder mit den astronomischen, beschreiben können als Lösungen einer Differentialgleichung nach der Zeit, welche man meistens inhaltlich damals als Ausdruck der Kausalität verstand. Diese Differentialgleichungen werden in der geistigen Welt von Leibniz mathematisch erklärt als Erläuterungen von Extremalprinzipien, und beides zusammen ist in der Physik unseres Jahrhunderts beschrieben durch die Symmetriegruppen. Diese Differenzierungen will ich jetzt nicht im einzelnen besprechen. Ich bleibe zunächst bei der Differentialgleichung allein.

Eine einzige Differentialgleichung hat im allgemeinen eine unendliche Anzahl von möglichen Lösungen. Jede dieser Lösungen ist eine zeitliche Gestalt. Alle haben Anteil an der einen fundamentalen Gesetzmäßigkeit, die eben die Differentialgleichung zum Ausdruck bringt. Die Differentialgleichung ihrerseits genügt nach moderner Einsicht einer bestimmten Symmetriegruppe, einer sogenannten Lie-Gruppe, und die einfacheren unter den Lösungen stellen diese Symmetrie gleichsam leicht wahrnehmbar dar. In diesem Sinne werden dann die Planetenbahnen sichtbare Darstellung der Symmetrien der klassischen Mechanik. Wenn man aber nicht auf ein so einfaches System wie einen Planeten, der um einen Zentralkörper auf einer Ellipse umläuft, diese Differentialgleichungen anwendet, sondern auf eine größere Vielheit von Objekten, z. B. eben etwa auf die Bewegungen der Luft in der hohen Atmosphäre, wenn Wolken da sind, dann kommt etwas heraus, dem man diese Einfachheit nicht mehr ansieht. Im organischen Leben hingegen ist in gewisser Weise die Einfachheit doch noch da, und ebendies versucht ja die Darwinsche Selektionstheorie zu beschreiben, indem sie sagt, daß es gewisse einfache Prinzipien gibt, denen ein Organismus genügen muß, wenn er überlebensfähig sein soll. Ebendiese Prinzipien ahnen wir, wenn wir die Organismen in ihrer Verschiedenheit beschreiben, und damit ist eine Hermeneutik der lebenden Wesen schon gegeben.

Wie hängt nun die unermeßliche Vielfalt der Gestalten zusammen mit dieser fundamentalen Einfachheit?

In der reinen Mathematik gibt es dafür ein klassisches Modell, das ist die Folge der natürlichen Zahlen. Diese Folge ist unendlich. Allein das Prinzip des Weiterzählens führt automatisch zu einer unendlichen Vielzahl von Gestalten, und hochbegabte Mathematiker, wie z. B. der Inder Ramanujan, sagen dann gerne, jede natürliche Zahl habe bestimmte zahlentheoretische Eigenschaften, die keine andere hat. Insofern gewinnt ein in diesem Sinne mathematisch begabter Mensch eine individuelle Beziehung zu jeder Zahl. Auf der anderen Seite aber ist ebendieses Beispiel einfach genug, um zu zeigen, daß im Grunde dafür nichts anderes notwendig war als eben die Grunderfahrung des Zählens, die Brouwer ja in kantischer Weise deutet. Für das Zählen nun ist fundamental gerade auch im Sinne Kants die Anschauungsform, wie er es nannte, der Zeit, daher also der Buchtitel »Zeit und Wissen«.

Natürlich hat dieser Titel einen Vorläufer, auf den er Bezug nimmt, in Heideggers Titel »Sein und Zeit«, d. h. in der Tat ist jene fundamentale Einfachheit, von der ich zu sprechen versuche, eben die, die mit diesen Grundworten bezeichnet wird. In sie noch mit den technischen Mitteln der begrifflichen Rationalität einzudringen ist ein Unternehmen von nur begrenzter Erfolgschance. Eben an dieser Stelle ist eigentlich das, was man traditionell Meditation nennt, am Platze. Etwas davon haben meinem Gefühl nach eigentlich alle schöpferischen Naturwissenschaftler empfunden, nur war die philosophische Frontstellung, in er sie sich vorfanden, häufig so, daß sie sich dazu nicht leicht bekennen konnten, daß ihnen auch die begrifflichen Hilfsmittel nicht geboten wurden, diese Denkbarkeit des Undenkbaren zu denken oder, vielleicht umgekehrt gesagt, diese Undenkbarkeit des Denkens sich bewußt zu machen.

Innerhalb der Entwicklung der Naturwissenschaft konnte man diese Zusammenhänge im Anfang ahnen, so etwa lese ich Platon. Man konnte sie andererseits vielleicht erst in unserem Jahrhundert nach der Quantentheorie versuchen, begrifflich näher zu fassen. Das ist eigentlich mein Versuch.

Ich glaube, ich sollte hier nicht weitergehen, sondern es einmal mit diesen noch immer sehr vagen Vermutungen bewenden lassen.

Die herzlichsten Grüße
Ihr CFWeizsäcker

An Hildegard Hamm-Brücher

20. Januar 1994

Liebe Frau Hamm-Brücher,

Ihr Brief vom 20. Dezember mit dem Entwurf der »Stuttgarter Erklärung« ist schon länger in meiner Hand. Leider war ich so überfordert durch eine ganze Kette von Wünschen, die an mich herangetragen wurden, und durch einige Arbeiten, die ich noch machen mußte, daß ich die Erklärung erst jetzt, also praktisch eine Woche, ehe sie verabschiedet werden soll, sorgfältig habe lesen können. Ich möchte mir doch erlauben, Ihnen noch ein paar Bemerkungen dazu zu schreiben, weil wir darüber ja dann nachher auch reden werden.

Im ganzen wäre ich bereit, den vorliegenden Text schlicht zu unterschreiben. Andererseits sind darin einige Punkte, die mich noch nicht befriedigen und die man vielleicht ändern könnte, und darauf komme ich nun.

Nur eine sprachliche Wendung in der Präambel. Dort steht »nach dem Scheitern des Sozialismus in Osteuropa«. Ich würde hier wahrscheinlich nicht das Wort Sozialismus benützen. Als ich 1979 in Polen war, sagten mir meine Gastgeber: »Heute abend bringen wir Ihnen einen sehr interessanten Gesprächspartner: den letzten polnischen Marxisten.« Dieser setzte mir dann mit einer sehr guten Marx-Analyse auseinander, daß, wenn Marx recht hat, das System, das damals in Polen und in der Sowjetunion herrschte, kein Sozialismus ist. Ich weiß nicht genau, welche Form man wählen soll, aber jedenfalls finde ich diese Kurzformel nicht genau genug. Aber das betrifft nur eine Vokabel.

Die Passage II. beschreibt die Vorgänge, wie mir scheint, ganz zutreffend. Andererseits aber würde mich sehr interessieren, noch einmal mit wissenden Menschen genauer zu überlegen, was eigentlich die Ursache dieser Vorgänge ist. Denn die bloße Aufforderung, man solle es besser machen, wird wohl nicht ausreichen, um etwas zu erreichen, solange man nicht weiß, woran eigentlich die Mängel liegen. Ich weiß es natürlich auch nicht wirklich, aber ich mache gewisse Beobachtungen dazu.

Zunächst ist es wahrscheinlich häufig in der Geschichte so, daß ein System, das ein halbes Jahrhundert ziemlich stabil bestanden hat, nach und nach nicht mehr fähig ist, sich selbst zu korrigieren, sondern so dahinlebt in seinem nun einmal eingerissenen Stil. Häufig sind ja auch sehr lange Regierungszeiten eines Monarchen so, daß er, selbst wenn er am Anfang ganz hervorragend war, am Ende etwas hinterläßt, was prinzipiell geändert werden müßte.

Mir würde scheinen, daß man gut täte, nicht einfach nur die schlechten Verhaltensweisen zu kritisieren und zu bessern aufzufordern, sondern ganz konkrete Aufgaben anzugeben, die man erfüllen muß. Das ist im Abschnitt III. dann versucht, reicht mir aber noch nicht ganz aus. Zunächst aber noch zu einer näheren Beschreibung der Mängel.

Ich finde, daß in unserer jetzigen Phase sehr deutlich etwa seit einem Jahr nach 1989 die Werte immer mehr verblassen. Um es einmal mit einem politischen Ausdruck zu bezeichnen: Man hatte im Westen das aufrichtige Empfinden, für die Freiheit zu stehen, solange das sowjetische System so offenkundig nicht für die Freiheit stand. Der Zusammenbruch des sowjetischen Systems hat aber meinem Gefühl nach dazu geführt, daß der Glaube an uns selbst auch sehr erlahmt ist, und zwar auch mit Recht. Wir standen eben ganz unzureichend für die Freiheit. Was jetzt geschieht, ist aber nicht eine Verbesserung dessen, was man vorher schon falsch gemacht hat, sondern es ist ein Verblassen der Werte. Ich habe in meinem eigenen Leben Reaktionen erlebt, die mir in ihrer eigenen Gesinnung zum Teil sehr fremd waren, die aber mit Leidenschaft auf ein Verblassen der Werte reagiert haben. Zum Beispiel war in den zwanziger Jahren die Kultur in Deutschland ja auf sehr hohem Niveau, aber die Politik fand nicht mit sich selbst zurecht. Dazu kam dann die große Wirtschaftskrise mit der Arbeitslosigkeit, und der Nationalsozialismus war dann eine Form, Werte den Menschen anzugeben, denen viele, zumal junge, mit Leidenschaft und Intensität zustimmen konnten. Daß das Aufhören der Arbeitslosigkeit schon im Jahre '33 in Wirklichkeit eine Folge der

Hitlerschen Rüstungspolitik war, also seiner Vorbereitung auf einen Krieg, sah man im allgemeinen gar nicht, aber jedenfalls war damals eine Tendenz, etwas Neues mit Leidenschaft zu versuchen. Natürlich war genau dieses dann eine Ursache der Katastrophe, so daß ich keineswegs dafür eintrete, unbedingt Neues mit Leidenschaft zu suchen, aber jedenfalls war damals das Verblassen der Werte nicht so stark. In einer mir sehr viel sympathischeren Form hat man sich damals neuen Werten zuzuwenden versucht in der bürgerlichen Jugendbewegung, der ich selbst zwar nicht angehört habe, der aber fast alle meine Freunde aus Studentenzeiten angehörten. Auch diese hatte primär positive Werte und nicht primär den Wunsch, alte Werte wiederherzustellen.

Ein zweites ähnliches Ereignis, das mir sympathischer war, aber doch auch in vielen seiner Erscheinungsformen fernstand, war die 68er-Bewegung. Da war nach dem Wirtschaftswunder allmählich deutlich geworden, daß eben doch wir unseren Werten zum Teil nicht entsprechen. In gewisser Weise waren die Werte verblaßt, und dann kam die Begeisterung einer Jugend für das, was sie selbst unter Sozialismus verstand. Ich habe damals (ich war damals Professor in Hamburg, und viele meiner Schüler hingen der Bewegung an) den Leuten gesagt: »Etwa 80% eurer Kritik am Bestehenden kann ich unterschreiben. Eure Hoffnung auf die Zukunft kann ich nicht teilen, und wenn ihr euch so benehmt, wie ihr jetzt anfangt, euch zu benehmen, dann werdet ihr mit Sicherheit scheitern, schon deshalb, weil ihr für das, was ihr Sozialismus nennt, allenfalls bürgerliche Intellektuelle begeistern könnt, aber gerade die Arbeiter gar nicht auf eure Seite bekommen könnt.« So ähnlich ist es ja dann auch gegangen. Was aber jetzt mir der Fall zu sein scheint, ist, daß eben das Scheitern dieser zwei großen idealistischen oder enthusiastischen Bewegungen des Nationalsozialismus und der 68er, zusammen mit einer Fülle von Problemen, die nicht in Deutschland wurzeln, sondern im ganzen Westen oder auf dem ganzen Erdkreis, dazu geführt hat, daß man eigentlich dazu tendiert, an gar keine Werte mehr zu glauben. Wenn das aber so ist, dann sollte man eben die neuen Werte in den Mittelpunkt stellen, und die kann man zum Teil auch wirklich ansprechen.

Ich mache nur noch eine Bemerkung über die Medien. In den Medien wird eine besondere Schwäche der Marktwirtschaft sehr deutlich. Was die Medien heute liefern, sind ja nicht nur irgendwelche subjektiven Meinungen, sondern insbesondere, wie es im zweiten Absatz von II. 6. steht, der Niveauverlust der Programme. Was sie bieten, sind immer mehr nicht Werte, sondern Reize, und zwar solche Reize, die durch Einschaltquoten als erfolgreich belegt werden. Hier kommt die tiefe Schwierigkeit eines Marktes zutage, der nicht, wie Adam Smith es selbstverständlich gewollt hatte, von leitenden Werten überdeckt ist.

Frage ich nun, was die positiven Werte sind, die man nennen sollte, dann bekomme ich das eigentlich erst in III.5. zu hören. Sie zitieren dort ja die von mir erfundene Formel »Weltinnenpolitik«. Ich möchte dazu übrigens sagen, daß ich diese zunächst deskriptiv verstanden hatte und nicht unbedingt empfehlend. Ich hatte nur gesagt, daß z. B. in bezug auf Kriegsrüstung damals 1963 man kaum mehr wagte, die traditionelle These zu vertreten, man verteidige das eigene Vaterland, sondern die These, man vertrete das richtige politische System. Das war jedenfalls im Rüstungswettlauf zwischen West und Ost die herrschende Ideologie. Dieses ist auch in dem Sinne, wie ich es meinte, eine weltinnenpolitische Ideologie, d. h. der Nationalismus war nicht mehr überzeugend, und man suchte nun eine internationale Wertsetzung. Der Zusammenbruch des sowjetischen Systems führt, wie ich vorhin schon habe sagen wollen, nun dazu, daß genau diese weltinnenpolitische Ideologie auch im Westen nicht mehr glaubwürdig ist und damit die Leute zu ihren nationalen Identitäten zurücksuchen, ganz besonders natürlich in dem zusammengebrochenen östlichen Herrschaftssystem. Daß das schlecht ist, ist evident, aber man muß das Bessere finden.

Ich würde nun sagen, daß es doch eigentlich die drei Werte sind, die z. B. in dem konziliaren Prozeß des Weltrats der Kirchen genannt waren und die ich auch zur Basis meiner Rede anläßlich des Heuss-Preises benützt habe: Gerechtigkeit, Friede, Bewahrung der Natur. Soziale Gerechtigkeit ist eine Aufgabe für die Menschheit, und wir sind heute in einer Lage, in der ein Weltmarkt besteht, der aber nicht den Korrekturen unterliegt, welche seit Adam Smith oder seit dem Erfolg der Liberalen und der Sozialdemokratie, also insbesondere auch der Gewerkschaften, im Inneren der nordwestlichen Nationalstaaten allerdings durchgesetzt werden konnten. Dabei verkenne ich nicht, daß die Gewerkschaften, gerade weil sie einen großen Erfolg in bezug auf soziale Gerechtigkeit gehabt haben, andererseits heute die im Kapitalismus höchst gefährliche Rolle eines Monopols spielen. Sie sind ja offenbar das größte Monopol in unserer Wirtschaft, und genau dadurch erzeugen sie immer von neuem wirtschaftliche Situationen, die in Wahrheit auch ihnen selbst schaden. Denn die Markttheorie fordert ja einen polypolistischen Markt, wenn er wirklich davon profitieren soll, daß es eine echte Konkurrenz gibt. Aber das eigentlich Wichtige ist die soziale Gerechtigkeit eben gegenüber dem Süden und dem Osten. Dieses scheint mir etwas, was man an die Spitze aller Forderungen stellen muß. Damit kann man dann auch Menschen motivieren. So sind von meinen Enkeln mehrere teils nach Südamerika, teils nach Rußland und Polen gegangen, um dort in jungen Jahren Friedensdienst zu leisten. Das gibt es also, und das sollte man bewegen.

Das zweite, was ich dann nenne, ist der Friede. Es muß nach wie vor erkannt werden, daß in einer Zeit, die technische Waffen von der Größenordnung der Atomwaffen, aber doch auch der biologischen und chemischen Waffen erzeugt, notwendig ist, dahin zu steuern, daß die Institution des Kriegs überwunden wird. Das ist eine Formel, die ich oft gebrauche. Ich möchte sie nicht den anderen Preisträgern vorschreiben, ich möchte sie aber wenigstens nennen. Dazu ist freilich eben notwendig, daß die Ursachen der Kriege überwunden werden, und dazu gehört
1. eben die vorhin schon genannte soziale Ungerechtigkeit;
2. gehören dazu aber dann auch Ursachen dieser sozialen Ungerechtigkeit, z. B. unser zerstörerischer Umgang mit der Natur; also der dritte, die Bewahrung der Natur, ist ebenfalls einer der großen Werte, die man nennen soll.

Hinter all diesem stehen natürlich die ethischen Werte. Es stehen die Dinge, die z. B. Hans Küng in Tübingen gegenwärtig unter dem Begriff »Weltethos« bezeichnet. Ich würde gerne darüber auch ein Wort sagen, aber mir liegt nicht zuerst daran, denn das wäre wieder eine ganz neue Aufgabe, und ich weiß nicht, wieweit die verschiedenen Preisträger sich darüber einigen würden. In meinen eigenen Augen freilich hat es zentrale Bedeutung.

Im Augenblick nur soviel. Herzliche Grüße
                              Ihr Carl Friedrich Weizsäcker

AN EDWARD TELLER

                                              8. Juni 1994

Lieber Edward,

Deinen Brief vom 26. Mai habe ich bekommen. Vielen Dank dafür. Es ist schade, daß die Chance für ein mündliches Gespräch gegenwärtig gering ist. Wenn ich mich recht erinnere, bist Du auch im Februar '94 noch einmal in München gewesen zu jener Tagung der Wehrkunde, aber auch damals war ich in Bayrischzell und konnte nicht nach München herüberkommen. Wenn Du jetzt schreibst, daß Du nicht soviel mehr nach Deutschland kommst, dann fürchte ich, daß wir uns in der Tat nicht mehr sehen werden, denn ich habe gegenwärtig keine Pläne, nach Amerika zu reisen. Ich stecke noch tief in der philosophisch-physikalischen Arbeit, und andererseits werden mir Reisen altersbedingt doch immer anstrengender.

Also zum schriftlichen Dialog. Ich schicke Dir einen etwas ausführlicheren Text, nämlich den Schluß einer Neuausgabe eines älteren Buchs von mir, welches im Jahre 1981 unter dem Titel »Der bedrohte Friede« erschienen war. Ich habe mir meinen Brief an Dich vom 26. Februar '93 noch einmal angesehen und habe festgestellt, daß ich dort kürzer als in dem Buchtext, den ich Dir jetzt schicke, eigentlich alles schon genauso gesehen und geschildert habe, wie ich es auch heute sehe.

Nun zu Deinen zwei Punkten.

Im ersten Punkt glaube ich in der Tat, volle Übereinstimmung zwischen uns zu konstatieren, freilich gebe ich zu, daß ich den konkreten Vorschlag der tausend tiefflicgenden Satelliten nicht recht beurteilen kann. Ich bin für solche Sachen zuwenig Fachmann.

In bezug auf Deine kritische Meinung zum environmentalism. In der Tat stimme ich, wie Du richtig voraussagst, nicht ganz mit Dir überein. Daß die Leute aus Umweltangst viel dummes Zeug machen ist zweifellos, aber ich fürchte, daß dies immer noch besser ist, als wenn so, wie es bisher der Fall ist, die über Jahrzehnte hinaus doch nach und nach vorhersehbaren Gefahren nicht ernst genug genommen werden, z. B. die Klimaveränderung durch fortdauernde CO_2-Produktion. Ich glaube, daß in dieser Hinsicht international etwas getan werden müßte, und das ist psychologisch kaum möglich, wenn die Menschen nicht eine gewisse Besorgnis haben, auch wenn aus dieser Besorgnis oft zunächst törichte Handlungen hervorgehen.

Vielleicht beschränke ich mich auf diese kurzen Bemerkungen.

Herzliche Grüße
Dein Carl Friedrich

An Konrad Raiser

24. Januar 1995

Lieber Konrad,

vielen Dank für die Zusendung der Materialien vom 6. Januar 1995, die ich bei der Vorbereitung meines Vortrags in Starnberg sehr gut habe brauchen können. Der Vortrag geschah als Teil eines Jahresempfangs der evangelischen Kirche in Starnberg, bei dem zum erstenmal auch die Katholiken, die Bürgermeister und andere Leute mit eingeladen waren. Es war ein einigermaßen geschlossener Kreis von schätzungsweise 150 Teilnehmern.

Vielleicht sag ich ein paar Worte über meine Empfindungen

und Handlungen in diesem Zusammenhang. Ich habe meinen Vortrag, der etwa 40 Minuten dauerte, eingeteilt in drei Teile: 1. Der konziliare Prozeß bis 1990, 2. Fortführung im Blick auf die Zukunft, 3. das Projekt Weltethos anschließend an das Treffen in Chicago 1993. Zu Teil 1 habe ich meine eigene Auffassung u. a. erläutert, indem ich die 16 Thesen aus »Die Zeit drängt« vorlas, die ich in meinem Buch »Zeit und Wissen« noch einmal abgedruckt habe. Zu Teil 2 habe ich die zehn Affirmationen vorgelesen und ein wenig kommentiert, und zu Teil 3, der der kürzeste war, habe ich ein paar Zitate von Küng benützt.

Ich gestehe, daß mir die in den Treffen vor 1990 und in den Dokumenten, die daraus entstanden, relativ dominante Sprache mit Bibelzitaten und theologischer Terminologie immer gewisse Schwierigkeiten gemacht hat. Meine eigenen Thesen sind ja im Grunde rein mundan, und das Projekt Weltethos steht meinem Herzen trotz mancher Kritiken, die ich z. B. auch an Küng üben kann, deshalb sehr nahe, weil es die anderen Religionen völlig ernst nimmt. Dazu habe ich in meinem Vortrag zitiert, daß, als ich dem Papst den Plan des Friedenskonzils im Jahre '85 zum erstenmal in einem persönlichen Gespräch erläuterte, er mich fragte: »Warum nur die Christen, warum nicht alle Religionen der Welt?« Ich antwortete, es handle sich hier um einen Entwurf des Ökumenischen Rats, den ich nicht dadurch noch in weitere Schwierigkeiten bringen möchte, daß ich ihn willkürlich erweitere. Mir selbst freilich lägen die anderen Religionen sehr am Herzen. Ich könnte mir, wie mir rückblickend scheint, vorstellen, daß der Papst die anderen Religionen einbeziehen wollte, weil er die Schwierigkeit hatte, wenn es nur die Christen sind, klarzumachen, wieso nicht die katholische Kirche die einzige Kirche ist, die man eigentlich berufen müßte und die dann die anderen eben auch noch einladen dürfte, während der Bezug auf die Weltreligionen eine gewisse Parität auch unter den christlichen Konfessionen zuwege bringt. Was immer die Motive des Papstes gewesen sein mögen, mir selbst jedenfalls ist die Bezugnahme auf die Weltreligionen und die Bezugnahme auf die Aufklärung, die in meinem eigenen Text natürlich stark ist, doch recht wichtig. Ich hatte nur das Gefühl, daß unter den Christen eine Einigung eigentlich nur dann zustandekam, wenn sie sich weitgehend auf Bibelzitate bezog, weil diese dasjenige Gemeingut der christlichen Kirchen sind, über dessen Textformulierung sie sich wenigstens nicht streiten können.

Dies also nur ein Beitrag zu unseren Gesprächen, die wir ja seit Jahren führen und die ich gerne weiter fortsetzen möchte.

Herzliche Grüße
Dein
Vater

AN JACQUES CHIRAC

le 31 juillet 1995

Monsieur le Président,

Je me permets de joindre à la présente la traduction française d'un texte, que je fais publier cette semaine dans le journal hebdomadaire allemand »STERN«. Ce texte n'est pas seulement une information pour le public allemand, mais en même temps une demande personnelle adressée à vous, Monsieur le Président. Depuis le début de l'an 1939 je me voyais en tant que physicien atomique confronté avec les conséquences politiques de la bombe atomique dont la construction est devenue possible à ce temps-là. Ces conséquences sont compliquées et elles sont vitales pour la paix de l'humanité. Mon texte représente un signe de mon grand respect envers vous, Monsieur le Président, et envers votre tâche.

Veuillez agréer, Monsieur le Président, l'expression de ma très haute considération.

Carl Friedrich v. Weizsäcker

Der dem Brief an Jacques Chirac in französischer Übersetzung beigefügte Text lautete in der im »Stern« erschienenen Originalfassung:

C. F. v. Weizsäcker

Juli 1995

Die Redaktion des »Stern« hat mich gebeten, zu den geplanten französischen Atomwaffenversuchen im Pazifik Stellung zu nehmen. Ich spreche zuerst meine Meinung in einem Satz aus:
Wenn Präsident Chirac in überzeugender Weise auf die Versuche verzichten könnte, so würde er damit der Menschheit einen großen Dienst erweisen, infolgedessen seiner Heimat Frankreich einen großen Dienst erweisen, und damit auch seiner persönlichen zukünftigen politischen Stellung einen Dienst erweisen.

Es ist jedoch notwendig und möglich, über diese Fragen sorgfältig nachzudenken. Was bedeuten die Atomwaffen, die es nun seit fünfzig Jahren gibt?

Ich zog schon kurz nach Entdeckung der Uranspaltung drei Folgerungen.

1. Wenn Atombomben möglich sind, so wird es in der heutigen Menschheit jemanden geben, der sie herstellt.

2. Wenn Atombomben hergestellt sind, so wird es in der heutigen Menschheit jemanden geben, der sie militärisch einsetzt.

3. Die Atombombe ist ein Weckersignal; sie ist das deutlichste Beispiel moderner Waffentechnik. Der Menschheit wird damit auf die Dauer nur die Wahl bleiben, entweder die Institution des Kriegs zu überwinden oder sich selbst zugrunde zu richten.

Nach Hiroshima und Nagasaki erwartete ich, wie viele Zeitgenossen, den baldigen dritten Weltkrieg, den Krieg zwischen Amerika und Rußland. 1945 gab es die Atombomben in Amerika, bald in England, 1949 in Rußland. Der Krieg blieb nun »kalt«. Die Großmächte spürten die dritte Folgerung: Die Drohung der beiderseitigen Bombe trägt seit nun fünfzig Jahren zur Verhütung des Kriegs zwischen den Hegemoniekandidaten bei. Frankreich unter de Gaulle ertrug jedoch nicht den Verzicht auf die Waffe, die Amerika den weltpolitischen Vorsprung gab. China unter Mao Tse-tung ertrug nicht den Verzicht auf die Waffe, die Rußland den weltpolitischen Vorsprung gab.

1970 wurde der Atomwaffen-Sperrvertrag abgeschlossen. Keine weitere Nation sollte Atomwaffen erwerben, und die fünf offiziellen Besitzer der Waffe sollten ihre Abrüstung ansteuern. Es entwickelte sich eine Tendenz, auf weitere Erprobungen zu verzichten. Indien unterzeichnete den Vertrag nicht, der es hinter China zurückstehen ließ. Pakistan war nicht bereit, hinter Indien zurückzustehen. Soeben, 1995, wurde der Vertrag von seinen Urhebern erneut, und zeitlich unbegrenzt, unterzeichnet.

Die Gefahr eines begrenzten Atomkriegs ist damit nicht behoben. Sie ist heute höher als zuvor. In einem der häufigen lokalen Kriege könnte ein Staat, der konventionell unterlegen wäre, sich den Sieg durch eine Atombombe retten. Welches Beispiel für andere, wenn dies einmal gelänge! Der zeitweilige Zusammenbruch des sowjetischen Imperiums hinterläßt eine instabile Weltlage und gewaltige, schwer kontrollierbare Atomwaffenlager mit vielen ausgebildeten Atomtechnikern.

Der Weltfriede ist nicht unmöglich. Die Europäische Union ist ein Anlauf zum Modell eines raumübergreifenden Friedens. Ein Beispiel: Frankreich und Deutschland sind nicht mehr Erbfeinde; sie sind Freunde. Eine fundamentale Voraussetzung solchen Friedens ist eine tief in den Völkern verwurzelte Gesinnung für den Frieden. Vielerorts herrscht sie noch nicht. Es gibt jedoch symbolische Handlungen solcher Gesinnung. Der Verzicht der Atommächte auf Atomwaffenversuche ist eine solche zeichengebende Handlung. Darum wäre ein Bruch dieses Verhaltens eine Gefährdung des Wegs zum Weltfrieden.

An Michael Frayn

7. August 1998

Sehr geehrter Herr Frayn,

I received your publication »Copenhagen«. I read it with profound interest. I think that I learned from it, besides other things, that you are able to read German texts precisely.

Deshalb wage ich Ihnen deutsch zu schreiben. Ihr Drama ist kunstreich verfaßt. Ich brauchte aber das Nachwort (»Postscript«), um zu erkennen, was Ihre wahre Meinung über das Problem Bohr–Heisenberg 1941 ist. Sie loben mit Recht vor allem die Darstellung im Buch von Powers. Ich habe mit Powers eine ausführliche Korrespondenz über seinen Text gehabt. Auch ich finde das Buch von Powers die Darstellung, die der Wahrheit am nächsten kommt.

Ich erlaube mir nun ein paar kleine Anmerkungen:

S. 102 sagen Sie: »Bohr was notorious for his inarticulacy and inaudibility as he was famous for his goodness and lovability. Weizsäcker writes about Bohr's ›helplessly amiable way of talking‹.«

Es ist gut möglich, daß ich einmal so etwas geschrieben habe. Aber im Grunde empfand ich Bohr noch anders, nämlich als den wohl bedeutendsten Gesprächspartner, den man als Physiker haben konnte. Ich empfand ihn quasi als eine Reinkarnation von Sokrates, etwa sagend: »Ich weiß, daß ich es nicht weiß. Aber du scheinst es ja zu wissen. Bitte erkläre es mir.« Und dann stellt er so viele Verständnisfragen, daß der Partner des Gesprächs am Ende zugeben muß, daß er es auch nicht weiß. Sokrates sagte: »Ja, du weißt es wohl auch nicht. Aber morgen reden wir weiter.« So galt Bohr als schwerverständlich, weil er im Grunde so lange fragte, bis der Partner eben sein eigenes Nichtwissen fühlte. Und dann rettete der Partner sich, indem er Bohrs unverständliche Sprache für schuldig erklärte.

Noch eine andere Bemerkung zu Personen. Gerlach hatte zwar einen Regierungsauftrag. Aber im Herzen war er kein »Nazi«. Ich kannte ihn genug, um das heute behaupten zu können. Er wußte nur, wie man reden mußte, wenn man im Nazi-Regime etwas erreichen wollte. Das haben Sie ja an den Äußerungen anderer Leute, z. B. von Heisenberg, auch deutlich wahrgenommen.

Es wäre noch viel zu sagen und zu fragen. Aber ich beende hier meinen Brief mit dem Dank dafür, daß Sie auf diese Probleme, sowohl der Deutung der Quantentheorie wie der politischen Verantwortung der Physiker, zumal nach der Entdeckung der Uranspaltung, so tief eingegangen sind.

Ihr CFWeizsäcker

AN DEN BOTSCHAFTER DER ISLAMISCHEN REPUBLIK IRAN IN DER BUNDESREPUBLIK DEUTSCHLAND

24. November 1998

Hochzuverehrender Herr Botschafter,

als ich in den 70er Jahren einmal persönlich Gast im Iran war, habe ich hohen Respekt gewonnen vor dem Islam als der herrschenden Religion. Ich habe aber zugleich auch hohen Respekt gewonnen für eine religiöse Gruppe wie die Bahá'í, welche meiner Überzeugung nach das wahrhaft Gute, das in der Tradition der Religionen, einschließlich des Islam, lebt, sehr ernsthaft zu verwirklichen suchen. Deshalb bin ich sehr unglücklich geworden, als ich erfuhr, daß die Bahá'í von der jetzigen Regierung des Iran mißbilligt und verfolgt werden. Ich habe mir deshalb erlaubt, einen öffentlichen Aufruf für den Bahá'í zu unterzeichnen, und ich wollte Ihnen sagen, daß ich meine, es wäre gerade auch die Beziehung zu europäischen, insbesondere deutschen Kreisen für den Iran sehr viel besser, wenn die Bahá'í ernst genommen und nicht verfolgt und bestraft würden. Ich glaube, ich darf Ihnen diese meine Überzeugung mitteilen.

Mit verbindlichen Empfehlungen bin ich
Ihr Carl Friedrich v. Weizsäcker

Anhang

ANMERKUNGEN

S. 9 *nach Dublin:* Der Physiknobelpreisträger Erwin Schrödinger wirkte von 1939–1955 an dem eigens für ihn gegründeten Institute for Advanced Studies in Dublin.

S. 9 *Ihres Buchs über das Leben:* Schrödingers Buch »What is Life? The Physical Aspect of the Living Cell« war 1944 erschienen (1946 in deutscher Übersetzung unter dem Titel »Was ist Leben? Die lebende Zelle mit den Augen eines Physikers betrachtet«). Sein Buch war der Versuch, Leben aus den Gesetzen der modernen Quantentheorie abzuleiten: »Wie lassen sich die Vorgänge in Raum und Zeit, welche innerhalb der räumlichen Begrenzung eines lebenden Organismus vor sich gehen, durch die Physik und Chemie erklären?« Im Zusammenhang mit der Evolutionstheorie und der Molekularbiologie hat sich W. permanent mit dem Phänomen »Leben« und der Beziehung von Biologie und Physik befaßt (vgl. »Zeit und Wissen«, 1992, S. 360 ff.).

S. 10 *meinem Onkel:* der Arzt und Philosoph Viktor v. Weizsäcker. Dessen Theorie hat W. in sein eigenes Denken einbezogen. Die beiden wichtigsten Würdigungen liegen vor als »Die Einheit von Wahrnehmen und Bewegen« (aufgrund eines 1973 abgehaltenen Seminars zum 1940 erschienenen und 1973 wiederaufgelegten Werkes »Der Gestaltkreis« von V. v. W., in: »Der Garten des Menschlichen«, 1977, S. 206–224) und als »Viktor v. Weizsäcker zwischen Physik und Philosophie«, Vortrag in Heidelberg 1986, in: »Zeit und Wissen«, 1992, S. 922–946).

S. 11 *psychoanalytische und psychosomatische Bewegung:* Eine kritisch akzeptierende Würdigung Sigmund Freuds durch W. findet sich in »Gespräch mit Sigmund Freud« (in: »Garten des Menschlichen«, 1977, S. 269–282).

S. 15 *An Martin Heidegger:* W. hatte Heidegger 1935 kennengelernt, anläßlich eines Gesprächs in Todtnauberg, an dem auch Werner Heisenberg und Viktor v. Weizsäcker teilnahmen. W. unterhielt seither zu Martin Heidegger bis zu dessen Tod 1976 eine enge Beziehung. Darüber berichtet er in seinem Beitrag »Erinnerungen an Martin Heidegger« (1977), wiederabgedruckt in: »Der Garten des Menschlichen«, 1977, S. 404 ff.

S. 16 *Die Frage der Entstehung des Planetensystems:* Vgl. »Zum Weltbild der Physik«, 1943.

S. 16 *Ihren Aufsatz über die Zeit des Weltbildes:* Heideggers 1950 in der Sammlung »Holzwege« erschienener Beitrag war ein Vortrag, gehalten 1938 in Freiburg unter dem Titel »Die Begründung des neuzeitlichen Weltbildes durch die Metaphysik«. Dort hat sich Heidegger zum institutionalisierten Wissenschaftsbetrieb geäußert: »Weil aber die Forschung im Wesen Betrieb ist, erweckt die stets mögliche Betriebsamkeit des bloßen Betriebs zugleich den Anschein höchster Wirklichkeit, hinter der sich die Aushöhlung der forschenden Arbeit vollzieht.« In seinem Vortrag »Heidegger und die Naturwissenschaft« (in Freiburg 1976, zum Andenken an Heidegger) erläutert W., daß Heidegger die moderne Naturwissenschaft nicht verstanden habe, diese aber durch geniales Fragen zur selbstkritischen Analyse zwinge.

S. 18 *neue Arbeit von Picht:* Georg Picht, »Naturwissenschaft und Bildung«, Würzburg 1953.

S. 18 *»Kontinuität und Möglichkeit«:* als Beitrag in der Festschrift für Werner Heisenberg, 1951, erschienen (wiederabgedruckt in: »Zum Weltbild der Physik«, 5. Aufl. 1951).

S. 19 *Neuausgabe Ihres Buches:* »Die Relativitätstheorie Einsteins und ihre physikalischen Grundlagen« (1920).

S. 19 *»Wohin führt uns die Wissenschaft?«:* Festvortrag anläßlich der 1. Ordentlichen Hauptversammlung der Max-Planck-Gesellschaft im Oktober 1950 in Köln.

S. 21 *An Martin Niemöller:* Martin Niemöller, zusammen mit Helmut Gollwitzer und Gustav Heinemann dem pazifistischen Flügel der evangelischen Kirche angehörend, war zu dieser Zeit einer der Initiatoren der »Paulskirchenbewegung«, die am 29. Januar 1955 in der Paulskirche in Frankfurt/M. eine Auftaktkundgebung veranstaltete, auf der gegen die Remilitarisierung der Bundesrepublik und die Integration der beiden Teile Deutschlands in den Westen bzw. Osten und für eine Neutralisierung Gesamtdeutschlands protestiert wurde. Niemöller war später führend an der Kampagne »Kampf dem Atomtod« beteiligt. Nachdem 1958 eine Volksbefragung zur Stationierung von Atomwaffen auf deutschem Boden vom Bundesverfassungsgericht als verfassungswidrig verboten wurde, wurde diese Kampagne abgebrochen.

S. 23 *Münchner Tagung:* In den Jahren 1953-1957 veranstaltete die Bayerische Akademie der Schönen Künste berühmt gewordene Vortragsreihen. Die Themen wurden geplant von einem Kreis, dem neben dem Akademie-Präsidenten Emil Praetorius Martin Heidegger, Carl F. v. Weizsäcker, Werner Heisenberg, Ernst Jünger, Carl J. Burckhardt und Friedrich Georg Jünger angehörten. Besondere Bedeutung bekam die Reihe »Die Künste im Technischen Zeitalter« von 1953, an der Heidegger mit einem fundamentalen Beitrag »Die Frage nach der Technik« beteiligt war.

S. 24 *Überlegungen zur Logik:* Niels Bohr zum 70. Geburtstag am 7. Oktober 1955 gewidmet, erschien der Beitrag »Komplementarität und Logik« in »Die Naturwissenschaften« 42, 1955, S. 521-529.

S. 25 *naturwissenschaftliche Schriften Goethes:* Der Beitrag »Über einige Begriffe aus der Naturwissenschaft Goethes« erschien als Nachwort zum Band 13 der Hamburger Goethe-Ausgabe, herausgegeben von Erich Trunz (1955), wiederabgedruckt in: »Große Physiker«, 1999, S. 204-223.

S. 27 *Dempf:* Alois Dempf lehrte an der Universität München Philosophie und war mit Werken zur Geistesgeschichte des christlichen Mittelalters und dessen Aktualisierung hervorgetreten.

S. 27 *Wenzl:* Alois Wenzl lehrte Philosophie an der Universität München und bemühte sich um eine Vermittlung von moderner Physik, Biologie, Psychologie und Metaphysik.

S. 31 *An Max Delbrück:* Max Delbrück hatte schon vor seiner Emigration in Berlin Forschungen angestellt, die auf eine Vermittlung von Genetik und Quantenmechanik abzielten.

S. 31 *Bohrschen Weisheit:* Zum äußerst komplexen Konzept der Komplementarität in der Theorie von Niels Bohr hat sich W. in vielen Analysen geäußert (in allgemeiner Weise in seinem Vortrag zu Ehren von Niels Bohr zu dessen 100. Geburtstag 1985, wiederabgedruckt in: »Zeit und Wissen«, 1992, S. 763–788).

S. 33 *die Atomphysik könnte für biologische Elementarakte verantwortlich werden:* »Aber der Wunsch nach einem einheitlichen Weltbild und die in den sechs Jahrzehnten seit der Entstehung der Quantenmechanik erzielten Fortschritte der Biologie und der kybernetischen Denkweise drängen uns die Frage auf, ob die gegenständliche Beschreibung des Beobachters prinzipiell ausgeschlossen bleiben muß oder ob sie prinzipiell möglich wäre. Wir plädieren für letzteres. Für Bohr stellte sich die Frage schon deshalb nicht so, weil er bereits den Physikalismus in der Biologie mit tiefster Skepsis betrachtete. Er vermutete (1932) eine Komplementarität zwischen physikalischer und eigentlich biologischer Beschreibung der Organismen. Auch in Organismen sollte sich die Physik bei jedem Experiment als richtig erweisen. Aber die spezifisch biologischen Prozesse sollten nur bei Verzicht auf vollständige physikalische Analyse ablaufen, und die vollständige physikalische Analyse würde den Organismus töten. Demnach wäre der Beobachter nicht erst, weil er denkt, sondern schon weil er ein Lebewesen ist, der quantentheoretischen Beschreibung entzogen. Der Wunsch, diese Verhältnisse aufzuklären, hat Max Delbrück in die Biologie geführt« (in: »Aufbau der Physik«, 1985, S. 535).

S. 35 *Kommission des Weltkirchenrates:* Der Amerikaner R. S. Bilheimer war ständiger Sekretär der ökumenischen Kommission des Weltkirchenrats, die von 1956–1958 zum Thema »Christen und die Verhütung des Krieges im Atomzeitalter« getagt hat. W. hielt anläßlich der Überreichung des Kommissionsberichts am 23. August 1959 (veröffentlicht London 1961) die Eröffnungsrede (abgedruckt in: »Der bedrohte Friede, 1981, S. 88 ff.).

S. 40 *Graf Baudissin:* Wolf Graf Baudissin (1907–1993) entwickelte während des Aufbaus der Bundeswehr in den 50er Jahren das Leitbild des »Staatsbürgers in Uniform« und war 1971–1984 Gründungsdirektor des Instituts für Friedensforschung und Sicherheitspolitik an der Universität Hamburg.

S. 42 *Von Herrn Howe:* Über seine Beziehung zu Günther Howe schrieb W. in seiner »Selbstdarstellung« (1975): »Die Beziehung zur Theologie aber verdanke ich fast ausschließlich einem Mann, der kein akademisch ausgebildeter Theologe war: dem Mathematiker Günther Howe, den ich 1938 in Marburg kennengelernt hatte. Er sprach mich auf Beziehungen zwischen Bohrs und Barths Denken an und organisierte nach dem Krieg ein Jahrzehnt lang Physiker-Theologen-Gespräche« (in: »Der Garten des Menschlichen«, 1977, S. 590 ff.). Howe war später ständiger Sekretär einer Kommission, die 1958 von der Forschungsstätte der Evangelischen Studiengemeinschaft (FEST) in Heidelberg zum Thema »Christen und Kriegsverhütung« zusammengerufen wurde. Deren Ergebnisse sind 1959 in dem Band »Atomzeitalter – Krieg und Frieden« veröffentlicht worden.

S. 49 *Ihrem Buch gegenüber:* Über Robert Jungks Buch »Heller als tausend Sonnen« von 1956 kam es zu einer heftigen Kontroverse zwischen W. und Jungk, die sich an zwei nachgewiesenermaßen falschen Behauptungen Jungks entzündete: daß die Gruppe der deutschen Atomphysiker um Heisenberg während des Zweiten Weltkrieges in einer Verschwörung bewußt den Bau einer deutschen Atombombe sabotiert hätte und daß die amerikanischen Atomphysiker um Robert Oppenheimer und Edward Teller aus unmoralischen, verwerflichen Motiven heraus den Bau der amerikanischen Bombe betrieben hätten. Schließlich wurde das Gerücht laut, Jungk hätte sein Buch im Auftrag der deutschen Physiker zur Selbstrechtfertigung verfaßt. Weizsäcker schrieb dazu in »Nachtrag zum Gespräch zwischen Niels Bohr und Werner Heisenberg 1941« (in: »Bewußtseinswandel«, 1988, S. 382 f.): »Ich fand Jungk aber in seiner Beurteilung unseres und des amerikanischen Verhaltens naiv. Er unterstellte uns eine entschiedenere Absicht, die Bombe nicht zu machen, als ich selbst sie in Erinnerung habe (wobei ja die Unterschiede zwischen den einzelnen Personen wichtig sind und ich diese auch in dem, was ich öffentlich gesagt habe, niemals im Detail beschrieben habe), und dann wieder kritisiert er Handlungsweisen, die in der damaligen gefährdeten Situation fast selbstverständlich waren, z. B. einen Brief von mir an einen SS-Führer. Ich fand damals, daß Jungk einerseits den Wunsch hatte, uns zu dem emporzustilisieren, was er für das moralisch Gebotene hielt, und dadurch andererseits dann verblüfft war, wenn wir uns nicht so verhielten. Ich habe damals etwas naiv gesagt, Jungk sei eben eine *anima candida* und erwarte von anderen Leuten ein ähnliches Verhalten. Ferner fand ich Jungks Urteile über die Amerikaner, insbesondere über Oppenheimer und Teller, von einer vollkommen unzulässigen Selbstgerechtigkeit. So wie er uns nach seinen eigenen Maßstäben zu freundlich behandelt hat, so hat er die Amerikaner zu unfreundlich behandelt, ohne eine Sensitivität für die Motive der im übrigen so verschiedenen Leute wie Oppenheimer und Teller. Ich habe mir, als Jungks Buch erschien, wahrscheinlich zuwenig überlegt, kann aber nachträglich nur allzugut verstehen, daß dieses Buch, aus Deutschland kommend, den westlichen Physikern außerordentlich ärgerlich sein mußte, und – wie ich sagen muß – mit vollem Recht. Später, als Jungk sich mit derselben Leidenschaft gegen Atomenenergie engagierte – während Heisenberg und ich die Reaktorsache vertraten –, hat sich sein Zorn dann genauso, wie vorher gegen Oppenheimer und Teller, auch gegen uns gewandt, und dadurch wurde erst recht deutlich, wie fern er einem Verständnis unseres Verhaltens immer gewesen war. Wenn dann aber im Kreise um Bohr der Eindruck entstand, das Buch von Jungk sei in unserem Auftrag geschrieben, dann mußte natürlich das Urteil über unser eigenes Verhalten plausiblerweise noch sehr viel negativer sein, als es ohnehin war.«

S. 50 *Edward Teller:* Geboren 1908 in Budapest, war zusammen mit W. Schüler von Werner Heisenberg, emigrierte 1935 in die Vereinigten Staaten und wurde 1942 Mitarbeiter des Manhattan-Projekts zum Bau der Atombombe. 1949 arbeitete er maßgebend an der Entwicklung der Wasserstoffbombe, die von US-Präsident Truman offiziell als Zielprojekt entschieden wurde. Die erste Wasserstoffbombe wurde 1952 gezündet. Am 24. Dezember 1952 erklärte Joseph Stalin, ein Krieg zwischen den Vereinigten Staaten und der Sowjetunion sei nun unvermeidlich.

S. 54 *An Martin Buber:* Über den Einfluß von Martin Buber hat sich W. geäußert in einem Martin Buber gewidmeten Aufsatz »Ich–Du und Ich–Es in der heutigen Naturwissenschaft« (in: »Merkur« 12, 1958, S. 124–128).

S. 57 *Liebe Kollegen!* Über die Geschichte der Göttinger Erklärung berichten die Autobiographien von Otto Hahn und Werner Heisenberg. Weizsäcker hat in einer »Selbstdarstellung« (in: »Der Garten des Menschlichen«, 1977, S. 573 f.) diese Kurzdarstellung gegeben: »Im Spätherbst 1956 wurde für die deutschen Atomphysiker die Ernennung von F. J. Strauß zum Verteidigungsminister das Signal einer geplanten Atombewaffnung der Bundeswehr. Der Arbeitskreis Kernphysik, ein Beratergremium des Atomministeriums, kannte Strauß aus seiner Zeit als effizienter und dynamischer Atomminister. Wir besprachen die Lage und entdeckten, daß wir trotz verschiedener politischer Positionen einhellig gegen eine nationale Atomrüstung waren, wie sie die Franzosen damals schon vorbereiteten. Wir wollten dies öffentlich erklären, aber loyalerweise vorher der Regierung bekanntgeben. Wir schrieben einen Brief an Strauß, dem ein denkwürdiges Gespräch bei ihm folgte. In der ersten Viertelstunde zerschlug er alles Porzellan, das wir etwa für ihn bereitgehalten hatten. Dann legte er uns in 2 ½ Stunden mit überlegenem Detailwisssen dar, unser Einwand ziele falsch; Amerika werde sich aus Europa zurückziehen und dann bedürfe Westeuropa (und nicht die Bundesrepublik für sich) einer der russischen gleichwertigen Atomstreitkraft. Wir standen nachher wie verregnete Hühner beisammen, ohne Konzept für eine öffentliche Äußerung. Zu dieser verhalf uns etwas später eine leichtfertige Formulierung von Adenauer über taktische Atomwaffen als Fortbildung der Artillerie. Unser Text enthält die zentralen Sätze: »Wir fühlen keine Kompetenz, konkrete Vorschläge für die Politik der Großmächte zu machen. Für ein kleines Land wie die Bundesrepublik glauben wir, daß es sich heute noch am besten schützt und den Weltfrieden noch am ehesten fördert, wenn es ausdrücklich und freiwillig auf den Besitz von Atomwaffen jeder Art verzichtet. Jedenfalls wäre keiner der Unterzeichneten bereit, sich an der Herstellung, der Erprobung oder dem Einsatz von Atomwaffen in irgendeiner Weise zu beteiligen.« Dies schuf großen öffentlichen Wirbel. Adenauer lud eine Delegation von uns nach Bonn zu einem eintägigen Gespräch, das er in der Form souverän führte, natürlich ohne echte Einigung. Wenigstens zwischen Adenauer und mir lief die Front fast umgekehrt, als das Publikum sie sah. Adenauer sagte, um der Vermeidung des Weltkriegs willen müsse und werde es zur Abrüstung kommen (ich habe ihm die Aufrichtigkeit dieses Wunschdenkens geglaubt; eben darum war er in seinen letzten Jahren so sorgenvoll) und wir dürften in diese Verhandlungen nicht mit Vorleistungen hineingehen. Ich glaubte nicht, daß es zur Abrüstung kommen werde, und glaubte, wir würden eben darum auf unseren Atomwaffen sitzen bleiben, die dann im Ernstfall den tödlichen Schlag des Gegners auf uns herabzwingen würden. Wenige Tage darauf legte ich mich mit Ohrenpfeifen und Brechdurchfall für achtundvierzig Stunden ins Bett; die Symptome verflogen bald wieder, aber seitdem höre ich auf dem rechten Ohr nicht mehr gut.«

In einem Gespräch mit Robert Gerwin sagte Weizsäcker 1987: »Der Verzicht auf nationale Atomwaffen an sich war ja schon vorher ausgesprochen. Aber ich würde sagen, unsere Erklärung hat die Bundesregierung gezwungen, sich dazu ganz präzise zu bekennen. Insofern war nachher die Versuchung vorbei, nationale Atomwaffen zu erhalten.

Zweitens ist festzustellen: Die öffentliche Wirkung, die Aufmerksamkeit, die das Problem fand, waren sehr groß. Wir haben so eine Mauer des Schweigens durchbrochen und haben schon damit sicher etwas erreicht. Das geschah auch nicht nur in Deutschland, sondern auch anderswo. Wir erhielten aus Amerika und aus England Zustimmung. Das Interesse an dieser Problematik wuchs auch dort. So würde ich also sagen: Ich sehe die Sache schon als Erfolg« (in: »Bewußtseinswandel«, 1988, S. 395 f.).

S. 59 *Als Kommentar ein Vortrag:* Am 3. März 1957 hielt W. unter dem Titel »Atombomben und Politik« einen Vortrag im 3. Programm des Norddeutschen Rundfunks.

S. 63 *Bonner Besprechung:* Die Unterredung mit Bundeskanzler Konrad Adenauer im Anschluß an die am 12. April 1957 veröffentlichte, auch von Fritz Straßmann unterzeichnete Göttinger Erklärung.

S. 65 *An Klara-Marie Faßbinder:* Klara-Marie Faßbinder war in der Weimarer Republik prominente Pazifistin und aktiv im »Friedensbund Deutscher Katholiken«. 1951 gehörte sie zu den Gründungsmitgliedern der »Westdeutschen Frauen-Friedensbewegung«, die sich gegen die Bewaffnung der Bundesrepublik und für die Anerkennung der DDR einsetzte. Sie wurde als kommunistische Agitatorin diffamiert und später rehabilitiert.

S. 66 *»Die Verantwortung der Wissenschaft im Atomzeitalter«:* Festvortrag für die Mitgliederversammlung des Verbandes deutscher Studentenschaften am 29. April 1957 in Bonn (wiederabgedruckt in: »Der bedrohte Friede«, 1981).

S. 66 *atomfreie Zone:* Am 2. Oktober 1957 legte der polnische Außenminister Rapacki den Plan für eine kernwaffenfreie Zone in Deutschland und Polen vor.

S. 70 *»Die Christen und die Atomwaffen«:* Helmut Gollwitzers pazifistischer Appell erschien 1957. In seinem »Rückblick auf das Verhalten zur Atomwaffe« (in: »Bewußtseinswandel«, 1988, S. 398 ff.) schreibt W. über Gollwitzer: »Die Nacharbeit zur Göttinger Erklärung mußte zunächst zwei optimistische Fehldeutungen, die für mich selbst Versuchungen darstellten, intellektuell hinreichend durchdringen, um sie als mutmaßlich falsch zu erkennen. Ich sage hier ›mutmaßlich‹, weil sich so etwas intellektuell nicht streng beweisen läßt. Im Grunde habe ich das immer – d. h. seit dem Gespräch mit Georg Picht 1939 – gewußt. Ich nenne sie hier den Anti-Atom-Irrtum und den Arms-control-Irrtum. Jeder der beiden hält sich nach der Urteilsform des »politischen Fehlschlusses« dadurch aufrecht, daß er die Falschheit des Anderen nach Kräften nachweist.

Der Anti-Atom-Irrtum hat einen Anhaltspunkt in der Göttinger Erklärung, die gerade nur die Atomwaffen als Gegenstand der Verweigerung nennt. Er ist die natürliche Folge des Schauderns vor der durch die Atomspaltung eröffneten Wirklichkeit, ein typisch konservativer Irrtum, der sich in unserem Lande vor allem im linken Flügel der evangelischen Kirche und im linken Flügel der SPD eingenistet hat; so liebens- und bewundernswerte Leute wie Gollwitzer hängen ihm an. Gegen diesen Irrtum wendet sich Szilards Formel, daß wir von nun an unweigerlich mit der Bombe leben; so wie wir seit der Erfindung von Waffen mit dem Krieg und dem Selbstmord leben. Solche Entdeckungen können nicht rückgängig gemacht, sie können nur durch neue Schritte menschlicher, komplexer Kultur, neue Stufen des Bewußtseins überholt werden.«

S. 77 *Kundgebung am 23. März:* Zwischen dem 20. und 25. März 1958 wurde im Bundestag über die atomare Ausrüstung der Bundeswehr im Rahmen der Nato debattiert. Sie wurde mehrheitlich (Regierung Adenauer) akzeptiert. Vor der Schlußabstimmung hatte der Oppositionsführer und SPD-Vorsitzende Erich Ollenhauer die Initiative zu einer Volksbefragung angekündigt: Die Absicht der Bundesregierung, die Bundeswehr mit Massenvernichtungswaffen auszurüsten, beschwöre den nationalen Notstand herauf. Nach dem Bundestagsbeschluß bildete sich die Protestbewegung »Kampf dem Atomtod« (SPD, Gewerkschaften, kirchliche Vertreter, Intellektuelle). Die Volksbefragung wurde im Juli 1958 vom Bundesverfassungsgericht als verfassungswidrig untersagt.

S. 78 *Rapackiplan:* Der polnische Außenminister Adam Rapacki hatte im Oktober 1957 der UN-Vollversammlung den Vorschlag einer kernwaffenfreien Zone in der Bundesrepublik, der DDR und in Polen unterbreitet.

S. 79 *Buchhändler-Friedenspreis:* Anläßlich des ihm 1963 verliehenen Friedenspreises des Deutschen Buchhandels hielt W. in Frankfurt/M. einen Vortrag unter dem Titel »Bedingungen des Friedens« (wiederabgedruckt in: »Der bedrohte Friede«, 1981).

S. 79 *VDW:* Die Vereinigung Deutscher Wissenschaftler ist 1959 gegründet worden von ehemaligen Unterzeichnern der Göttinger Erklärung 1957: Max Born, Walter Gerlach, Otto Hahn, Werner Heisenberg, Hans Kopfermann, Heinz Maier-Leibnitz und Carl F. v. Weizsäcker. Die neue Vereinigung sollte in jenem Sinne weiter aktiv bleiben, wie er in der Erklärung der Göttinger als Verantwortung der Wissenschaft formuliert worden war.

W. hatte seine Mitarbeit bei der VDW an eine Bedingung geknüpft: »Ich sagte zu unter einer Bedingung: es sollte nicht eine Vereinigung zur Durchsetzung einer politischen Ansicht (auch nicht meiner eigenen), sondern zur Diskussion der mit der Wissenschaft zusammenhängenden politischen Probleme sein, die nur die Ergebnisse gründlicher Studien oder allenfalls einen Konsens der Wissenschaftler, der sich über die Grenzen ihrer eigenen politischen Meinungsunterschiede hinweg herausstellen würde, publizieren sollte« (in: »Der bedrohte Friede«, 1981, S. 197).

Im Herbst 1961 waren auf der Jahresversammlung der Vereinigung Deutscher Wissenschaftler Pläne der Bundesregierung zum Bunkerbau für den Zivilschutz diskutiert worden. Die Vereinigung hat zu dem Thema 1962 einen Dokumentationsband herausgegeben.

S. 80 *Notstandsgesetze in der jetzigen Fassung:* Unter der 1966 gebildeten Großen Koalition (Bundeskanzler Kiesinger/CDU, Vizekanzler und Außenminister Brandt/SPD) wurde 1968 nach landesweiten Protesten vom Bundestag eine Notstandsverfassung verabschiedet, nach der gegebenenfalls bestimmte Artikel des Grundgesetzes außer Kraft gesetzt werden können.

S. 82 *mein Buch:* In seinem Buch »Die Einheit der Natur« (1971) hat sich W. mit dem Popperschen Konzept der Falsifikation befaßt (S. 123 f.). Später auch in: »Der Garten des Menschlichen« (1977), S. 197 ff.

S. 83 *Aufsatz zu Heisenbergs 7osten Geburtstag:* Unter dem Titel »Notizen über die philosophische Bedeutung der Heisenbergschen Physik« (in: H. P. Dürr, Hg., »Quanten und Felder«, Braunschweig 1971).

S. 84 *in Starnberg im Institut:* Das Max-Planck-Institut zur Erforschung der Lebensbedingungen der wissenschaftlich-technischen Welt hatte gerade seine Arbeit begonnen. W. hat das am 1. Januar 1970 gegründete Institut in folgender Weise charakterisiert: »Der Name des Instituts bezeichnet nicht, wie bei Forschungsinstituten üblich, eine wissenschaftliche Disziplin, einen Bereich, in dem geforscht werden soll. Er bezeichnet vielmehr ein Problem, zu dessen Lösung eine interdisziplinär angelegte Forschung beitragen soll. Der Name setzt voraus, daß die Welt, in der wir leben, eine wissenschaftlich-technische Welt ist ... die in noch immer wachsendem Maß durch die Auswirkungen von Wissenschaft und Technik geprägt ist. Das Wort Lebensbedingungen hat dabei einen doppelten Sinn. Einerseits bezeichnen die Lebensbedingungen der wissenschaftlich-technischen Welt die Umstände, unter denen wir faktisch in dieser Welt leben, also die Art, wie Wissenschaft und Technik unsere Lebensform bedingen. Andererseits bezeichnen sie die Bedingungen, unter denen diese Welt überhaupt leben kann, also die notwendigen Bedingungen ihres Überlebens« (in: »Der bedrohte Friede«, 1981, S. 450f.)

S. 84 *Ihre Besprechung meines Buches:* »Die Einheit der Natur«, 1971.

S. 85 *das Wort von Heidegger »die Wissenschaft denkt nicht«:* Martin Heidegger hat diesen Satz formuliert in einem Vortrag von 1952 »Was heißt Denken?« (abgedruckt in: »Vorträge und Aufsätze«, 1954, S. 123–137): »Daß die Wissenschaft nicht denken kann, ist kein Mangel, sondern ein Vorzug. Er allein sichert ihr die Möglichkeit, sich nach Art der Forschung auf ein jeweiliges Gegenstandsgebiet einzulassen und sich darin anzusiedeln. Die Wissenschaft denkt nicht. Das ist für das gewöhnliche Vorstellen ein anstößiger Satz. Lassen wir dem Satz seinen anstößigen Charakter, auch dann, wenn ihm der Nachsatz folgt, die Wissenschaft sei, wie jedes Tun und Lassen des Menschen, auf das Denken angewiesen.«

S. 85 *Thomas Kuhn:* Thomas S. Kuhn, »The Structure of Scientific Revolutions«, 1962 (dt. 1973).

S. 85 *meines Buches:* »Die Einheit der Natur«, 1971.

S. 88 *Studie »Durch Kriegsverhütung zum Krieg?«:* Diese Studie ist von einer Arbeitsgruppe des Starnberger Max-Planck-Instituts, bestehend aus W., Horst Afheldt, Christian Potyka, Utz-Peter Reich und Philipp Sonntag, verfaßt worden.

S. 88 *Ratifikation der Ostverträge:* Gut einen Monat nach dem Brief von W. an Willy Brandt scheiterte am 27. April 1972 ein Mißtrauensvotum gegen den Kanzler. Am 17. Mai wurden die Ostverträge mit der Sowjetunion und Polen im Bundestag ratifiziert. Im August begannen schließlich die Verhandlungen zum Grundlagenvertrag zwischen der Bundesrepublik und der DDR.

S. 90 *Abstimmung über die Ratifizierung:* Die Ostverträge wurden am 17. Mai 1972 im Bundestag ratifiziert.

S. 92 *Parlament der Paulskirche:* Das erste gesamtdeutsche Parlament in der Frankfurter Paulskirche, das am 18. Mai 1848 zusammengetreten war. Seine Abgeordneten rekrutierten sich mehrheitlich aus Akademikerkreisen.

S. 93 *über ihren Schatten zu springen:* Nach der Ratifizierung der Ostverträge im Mai stellte Bundeskanzler Brandt im September die Vertrauensfrage. Mit den Stimmen der Opposition wurde dem Kanzler mehrheitlich das Vertrauen entzogen, der Bundestag wurde aufgelöst, und für November wurden Neuwahlen angesetzt. Diese führten zur Fortsetzung der sozialliberalen Koalition unter Willy Brandt.

S. 96 *zur Bundestagswahl öffentlich äußern:* Die am 19. November 1972 stattgefundenen Bundestagswahlen erbrachten den Wahlsieg und die Fortsetzung der sozialliberalen Regierung.

S. 97 *die Welt in Ordnung zu bringen:* Im Januar/Februar 1973 war es unter maßgeblicher Mitwirkung von Henry Kissinger, seinerzeit Außenminister in der Administration Nixon, zum Waffenstillstandsabkommen zwischen den Vereinigten Staaten, Nord- und Süd-Vietnam und der Nationalen Befreiungsfront gekommen. Im Sommer wurde zwischen den Vereinigten Staaten und der Sowjetunion (Leonid Breschnew) ein Abkommen zur Verhinderung eines Nuklearkrieges geschlossen. Im Oktober vermittelte Kissinger nach Beendigung des Jom-Kippur-Krieges zwischen Israel, Ägypten und Syrien.

S. 98 *ein Telegramm einiger deutscher Kollegen:* Das Telegramm an M. W. Keldysch, den Präsidenten der Akademie der Wissenschaften der UdSSR, hatte folgenden Wortlaut:

»herr praesident, werte kollegen,

wir haben von dem offenen brief kenntnis genommen, den sie zusammen mit anderen mitgliedern der akademie zum verhalten von akademiemitglied a. d. sacharow unterschrieben haben. in diesem brief beziehen sie sich auf das interview, das sacharow vor kurzem auslaendischen korrespondenten in moskau gewaehrte, und werfen ihm vor, dass er sich gegen die politik der sowjetunion zur minderung der internationalen spannungen gewandt habe. damit ›solidarisiere er sich dem wesen nach mit den reaktionaersten imperialistischen kreisen, die aktiv gegen den kurs auf eine friedliche koexistenz von staaten mit unterschiedlichen gesellschaftssystemen auftreten‹.

uns liegt der wortlaut des interviews von akademiemitglied sacharow vor. darin wendet er sich nicht gegen die ziele der politik der entspannung und insbesondere nicht gegen die friedliche koexistenz von staaten mit unterschiedlichen gesellschaftssystemen. er wendet sich nur dagegen, dass der westen sowjetische bedingungen fuer die entspannung akzeptiert, die durch die einschraenkung der freiheit der kritik und durch eingriffe in die menschenrechte von kritikern auch die wissenschaftliche und kulturelle zusammenarbeit zwischen der sowjetunion und laendern anderer politischer systeme notwendig beschraenken muessten. er hat damit auf ein problem hingewiesen, das gerade den freunden solcher zusammenarbeit im westen sorgen macht und von dem wir grund haben anzunehmen, dass es auch viele sowjetische wissenschaftler beunruhigt.

nach der lektuere ihres offenen briefes haben wir uns gefragt, ob sie den vollen text von akademiemitglied sacharows interview kennen, das in der sowjetischen presse nicht veroeffentlicht wurde, oder ob sie ihre stellungnahme aufgrund von einseitigen und daher entstellenden aussagen abgegeben haben. sie fordern am schluss ihres briefes sacharow auf, ueber seine handlungen nachzudenken. wir bitten sie als kollegen, darueber nachzudenken, ob diese voraussetzungen, unter denen sie zu ihrer stellungnahme gekommen sind, der kommunikation und kooperation von wissenschaftlern in der sowjetunion und im westen guenstig sind.«

S. 99 *Lübke:* 1964 wurde Heinrich Lübke zum zweiten Mal zum Bundespräsidenten gewählt, 1966 kam es zu einer Koalition zwischen CDU/ CSU und SPD unter Bundeskanzler Kiesinger.

S. 99 *Heinemann:* 1974 endete die Bundespräsidentschaft von Gustav Heinemann. Sein Nachfolger wurde Walter Scheel.

S. 100 *Festschrift für Heinemanns 75. Geburtstag:* Unter dem Titel »Rettung der Lebenswelt« in: »Anstoß und Ermutigung. Festschrift für Gustav Heinemann«, Frankfurt/M. 1974.

S. 100 *Einladung nach Moskau:* 1975 fanden in Moskau die Bergedorfer Gespräche der Körber-Stiftung zum Thema »Entspannungspolitik, wirtschaftliche und kulturelle Zusammenarbeit« statt.

S. 101 *Ihnen einen Aufsatz zu schicken:* »Die heutige Menschheit von außen betrachtet. Ein Versuch« (erschienen in: »Merkur« 28, 1974, Heft 6 und 7).

S. 102 *Die Selbstdarstellung:* Eine autobiographische Skizze, in der W. die Entwicklung seiner physikalischen, philosophischen und politischen Überzeugungen schildert (erschienen in: Pongratz, Hg., »Philosophie in Selbstdarstellungen«, Hamburg 1975, und in: »Der Garten des Menschlichen«, 1977, S. 553–597).

S. 102 *neue Auflage des ersten Kant-Buchs:* Martin Heideggers zentrales Werk »Kant und das Problem der Metaphysik« war 1929 erschienen. In ebendiesem Jahr trafen im Frühjahr bei den Davoser Hochschulwochen Martin Heidegger und Ernst Cassirer zusammen. Heideggers »Sein und Zeit« und Cassirers »Philosophie der symbolischen Formen« waren erschienen. Zwischen beiden Philosophen kam es zu einem spektakulären Disput über die Bestimmung des Menschen, dessen Protokoll in der Neuauflage des Kant-Buches abgedruckt wurde.

S. 103 *Ihr großes Buch:* Hans Küngs »Christ sein« war 1974 erschienen.

S. 105 *Lieferungsvertrag mit Brasilien:* Gegen den Willen der Vereinigten Staaten schlossen die Bundesrepublik und Brasilien 1975 einen Vertrag über den Bau von Atomkraftwerken, Urananreicherungs- und Wiederaufbereitungsanlagen und damit über die technische Basis für eine mögliche Herstellung von Atomwaffen.

S. 105 *soeben beendeten Reise:* 1975 hat W. die »Befreiungstheologie« in Brasilien kennengelernt, die Protestbewegung katholischer Theologen und Priester gegen die repressive Regierung von Präsident Geisel und prinzipiell für eine systemverändernde Entwicklungspolitik in Lateinamerika.

S. 107 *China-Bericht:* Max Frisch hat China 1975 bereist. Über seinen späteren China-Besuch hat W. berichtet in: »Wege in der Gefahr« (1976).

S. 108 *an einem kleinen Buch:* »Wege in der Gefahr. Eine Studie über Wirtschaft, Gesellschaft und Kriegsverhütung« (1976).

S. 111 *der Baum des abendländischen Denkens:* Die beiden bekanntesten Werke von Bruno Snell (»Der Aufbau der Sprache«, 1952, und »Die Entdeckung des Geistes«, 1952) hat Weizsäcker für seine Analysen zur geschichtlichen Anthropologie herangezogen.

S. 113 *Genesis der Kopernikanischen Welt:* »Die Genesis der kopernikanischen Welt«, ein Hauptwerk von Hans Blumenberg, war 1975 erschienen. In ihm hat Blumenberg sowohl eine wissenschaftsgeschichtliche Analyse der Neuzeit als auch eine Anthropologie entwickelt. Das Werk schließt mit den Sätzen: »Die kosmische Oase, auf der der Mensch lebt, dieses Wunder von Ausnahme, der Eigenplanet inmitten der enttäuschenden Himmelswüste, ist nicht mehr ›auch ein Stern‹, sondern der einzige, der diesen Namen zu verdienen scheint. Nur als Erfahrung einer Rückwendung wird akzeptiert werden, daß es für den Menschen keine Alternativen zur Erde gibt wie keine Alternativen der Vernunft zur menschlichen.«

Hans Blumenberg hat in seinem Werk »Die Legitimität der Neuzeit« (1966) Weizsäckers Buch »Die Tragweite der Wissenschaft« (1964) hinzugezogen. Es ging dabei um die These von Weizsäcker, daß die moderne Welt weitgehend als Ergebnis einer Säkularisierung des Christentums verstanden werden müsse und daß es sehr unwahrscheinlich sei, daß der Ort in der Seele des durchschnittlichen Menschen, den früher die Religion einnahm, heute leerstehen könnte.

S. 113 *Thema der Kriegsverhütung:* »Wege in der Gefahr. Eine Studie über Wirtschaft, Gesellschaft und Kriegsverhütung« (1976).

S. 114 *Neutronenbombe:* Der damalige Landesbischof der Evangelisch-Lutherischen Kirche in Bayern hatte W. um Aufklärung zur seinerzeit diskutierten Neutronenbombe gebeten.

S. 117 *Ständige Vertretung der Bundesrepublik:* Aufgrund des Grundlagen-Vertrages zwischen der Bundesrepublik und der DDR von 1972 hatten die Ständigen Vertretungen in Bonn (für die DDR: Michael Kohl) und in Ost-Berlin (für die BRD: Günter Gaus) ihre Arbeit aufgenommen.

S. 117 *Leopoldina:* Deutsche Akademie der Naturforscher Leopoldina ist die älteste Gesellschaft zur Naturforschung in Deutschland. 1652 gegründet, hat sie ihren Sitz seit 1878 in Halle. W. hat seine Mitgliedschaft in der Leopoldina während der deutschen Teilung zu intensiven Kontakten mit Wissenschaftlern der DDR genutzt.

S. 117 *Herren Lüst und Maier-Leibnitz:* Reimar Lüst war zu dieser Zeit Präsident der Max-Planck-Gesellschaft, Heinz Maier-Leibnitz war Präsident der Deutschen Forschungsgemeinschaft.

S. 119 *Ihre Rede über Scholem:* Jürgen Habermas hat unter dem Titel »Die verkleidete Tora« zum 80. Geburtstag von Gershom Scholem in Jerusalem eine Rede gehalten (erschienen zuerst in: »Merkur« 1978, 1, S. 96–104, auch in: »Philosophisch-politische Profile«, 1981, S. 377–391).

S. 120 *zu meinem Gartenbuch:* »Der Garten des Menschlichen« war 1977 erschienen. In dem Kapitel »Das Schöne« (S. 134–144) verweist W. auf den Briefwechsel zwischen Emil Staiger und Martin Heidegger über die Poesie von Eduard Mörike.

S. 122 *Eine der Absichten meines Vortrags:* Im Jahr 1977 wurden in der Bundesrepublik von Terroristen der Roten Armee Fraktion Siegfried Buback, Jürgen Ponto und Hanns-Martin Schleyer ermordet, und im sog. Stammheimer Terroristenprozeß wurden die Angeklagten Baader, Raspe und Ensslin zu lebenslanger Haft verurteilt. In Israel war es 1978 unter der neuen Rechtsblock-Regierung von Menachem Begin zu erhöhten Spannungen gekommen. Während der schwierigen Friedensverhandlungen zwischen Israel und Ägypten begann die radikale orthodox-religiöse Bewegung Gusch Emunim mit illegalen Siedlungsgründungen in den besetzten Gebieten der Westbank. Dagegen setzte sich die Frieden-Jetzt-Bewegung für weitgehenden Verzicht auf die besetzten Gebiete ein. Während der Verhandlungen zwischen Sadat (Ägypten) und Begin (Israel) im amerikanischen Camp David kam es zu verstärkten militärischen Auseinandersetzungen zwischen Israelis und Palästinensern.

W. hat 1978 aus Anlaß der Verleihung des Theodor-Heuss-Preises einen Vortrag »Die Verteidigung der Freiheit« gehalten. In seinem Vortrag analysierte er Entstehungsbedingungen und Charakter des gegenwärtigen Terrorismus: »Der heutige Terrorismus ist ein Krisensymptom des heutigen Bewußtseins.« W. bezog sich vor allem auf den Terrorismus in der Bundesrepublik, sprach aber auch vom Terrorismus »der Palästinenser, Iren, Basken« und vom »israelischen Terror und Gegenterror« (der Vortrag ist erschienen in: »Deutlichkeit«, 1978, S. 9–21).

S. 123 *»Die neue internationale Arbeitsteilung«:* Diese Studie von Folker Fröbel, Jürgen Heinrichs und Otto Kreye mit dem Untertitel »Strukturelle Arbeitslosigkeit in den Industrieländern und die Industrialisierung der Entwicklungsländer« war 1977 erschienen. Sie erregte großes Aufsehen. In ihr wurde nachgewiesen, daß bei der heutigen Rationalisierung der Produktionstechniken und Mobilität der Güter eine wachsende Verlagerung der Produktion für den Weltmarkt in Länder mit niedrigen Arbeitslöhnen zu erwarten sei. Das bedeute, daß in den Entwicklungsländern ein sozialer Ausgleich nicht erfolgen könne.

S. 126 *Gorleben-Hearing:* Am 23. August 1979 hatten sich Bund und Bundesländer darauf verständigt, daß für eine sichere Entsorgung von Kernkraftwerken ein Zwischenlager für atomaren Müll notwendig sei. Dieses Entsorgungszentrum war für Gorleben in Niedersachsen geplant. Gegen das Projekt und den Bau neuer Kernkraftwerke kam es landesweit zu Protestdemonstrationen. Über das Gorleben-Hearing hat W. unter dem Titel »Die offene Zukunft der Kernenergie« einen Bericht verfaßt (abgedruckt in: »Der bedrohte Friede«, 1981).

S. 130 *russische Rüstung:* Aufsatz unter dem Titel »Moskaus Rüstung: defensiv und bedrohlich« (in: »Die Zeit«, Mai 1979, abgedruckt in: »Der bedrohte Friede«, 1981).

S. 131 *Dietrich Bonhoeffer:* W.s 1976 zum Andenken an den 70. Geburtstag von Dietrich Bonhoeffer gehaltener Vortrag »Gedanken eines Nichttheologen zur theologischen Entwicklung Dietrich Bonhoeffers« (in: »Der Garten des Menschlichen«, 1977, S. 454–478).

S. 131 *Phänomen Hitler:* Rede am 20. Juli 1974 (in: »Der bedrohte Friede«, 1981, S. 439–448).

S. 131 *An Willy Brandt:* Der Absagebrief W.s ist abgedruckt in: »Diagnosen zur Aktualität«, 1979, S. 97–100.

S. 135 *Rüstungsprobleme der Nato:* Der Beitrag erschien unter dem Titel »Die europäische Rüstungsgefahr der Achtzigerjahre« in: »Die Zeit« vom 16. November 1979 (abgedruckt in: »Der bedrohte Friede«, 1981).

S. 136 *Jürgen Habermas:* Bereits in seinem polemischen Buch »Die Arbeit tun die anderen. Klassenkampf und Priesterherrschaft der Intellektuellen« (1975) ist Jürgen Habermas von Schelsky diffamiert worden als Autor, der die Bresche geschlagen habe »zum immer orthodoxer und ideologisch primitiver werdenden Selbstverständnis der gesinnungslinken Intelligenz als Verbündete oder gar Teil der ›Arbeiterklasse‹« (S. 103).

S. 138 *Nord-Süd-Kommission:* Auf Anregung des Weltbankpräsidenten McNamara hatte Willy Brandt 1977 20 Persönlichkeiten aus 18 Nationen zusammengerufen, die die Konflikte und gemeinsamen Interessen der Nord- und Südhemisphären untersuchen sollten, in Hinblick auf wechselseitige Abhängigkeiten, gerechte Entwicklung und Frieden. Diese Kommission übergab 1980 den ersten Bericht »Das Überleben sichern« an den Generalsekretär der Vereinten Nationen.

S. 141 *Elisabeth Heisenberg:* Das Buch »Das politische Leben eines Unpolitischen« der Witwe Werner Heisenbergs war 1980 erschienen.

S. 142 *Gespräche in Farm Hall:* Zwischen Juli 1945 und Januar 1946 waren die führenden deutschen Atomphysiker Heisenberg, Weizsäcker, Hahn, Wirtz u. a. in Farm Hall, einem Landhaus im englischen Huntingdonshire, interniert. Dort erfuhren sie vom Abwurf der ersten Atombomben auf Hiroshima und Nagasaki. Die Gespräche der Internierten wurden heimlich vom britischen Geheimdienst aufgezeichnet.

S. 145 *Kölner Rede:* Die am 14. November 1980 auf Einladung des Katholischen Volksbildungswerks unter dem Titel »Glaube und wissenschaftlich-technische Welt« in Köln gehaltene Rede (abgedruckt in: »Der bedrohte Friede«, 1981, S. 539 ff.) war der Anlaß für P. Enrico Rovasenda, Direktor an der Päpstlichen Akademie der Wissenschaften im Vatikan, W. den persönlichen Kontakt zum Papst vorzuschlagen und gegebenenfalls zu vermitteln.

S. 149 *meiner Diskussionsbemerkungen auf jener Tagung:* Am 19. und 20. Juni 1981 fand im Rahmen eines »European-American Workshop on Current Security Issues« in der Friedrich-Ebert-Stiftung eine Tagung statt. W. hat dort zum Problem der Nachrüstung in Westeuropa Stellung genommen und als prinzipielle Überzeugung vorgetragen, daß ein einseitiger Verzicht der Nato auf die beschlossene Nachrüstung einer möglichen Abrüstung der sowjetischen Mittelstreckenraketen das einzig wirksame Motiv wegnehmen werde.

S. 150 *Frau Mutter:* Zum Tod von Königin Friederike von Griechenland, der Mutter der spanischen Königin Sofia, hat W. unter dem Titel »Eine außerordentliche Frau« im Februar 1981 einen Nachruf in der »Frankfurter Allgemeinen Zeitung« geschrieben (abgedruckt in: »Wahrnehmung der Neuzeit«, 1983).

S. 152 *von Ihnen initiierte Zusammenkunft:* Hermlin hatte die sog. »Berliner Begegnung zur Friedensförderung« initiiert.

S. 153 *An Douglas Steere:* Quäker und Freund von Weizsäcker. Dieser schrieb über Steere: »Ich bin dann einmal, nach dem Zweiten Weltkrieg, in Amerika mit einer Menschengruppe zusammengetroffen, die mir einen tiefen Eindruck gemacht hat. Das waren die Quäker... Hier lernte ich zum erstenmal eine Gruppe von Menschen kennen, die an die Bergpredigt glaubt. Die Kirche glaubt die Bergpredigt ja normalerweise nicht, sondern sie erklärt sie weg. Bei diesen Leuten zeigt sich, daß man so leben kann, mindestens wie man die Bergpredigt versteht. Mein Freund Douglas Steere, Professor an der Quäker-Universität in Haverford, sagte mit leiser Stimme...: Ein Christ ist drei Dinge, ich will es zuerst englisch sagen: he is three things, he is immensely happy, he is absolutely fearless, and he is always in trouble; grenzenlos glücklich, absolut furchtlos und immer in Schwierigkeiten« (in: »Der Garten des Menschlichen«, 1977, S. 448 f.).

S. 154 *Vortrag an der Evangelischen Akademie in Tutzing:* Vortrag unter dem Titel »Möglichkeiten und Probleme auf dem Weg zu einer vernünftigen Weltfriedensordnung«, gehalten am 1. März 1982.

S. 155 *Ihr Buch:* An der Tagung der Evangelischen Akademie in Tutzing Anfang März 1982 hatte auch der Historiker Fritz Stern mit einem Vortrag teilgenommen. Sein Werk »Kulturpessimismus als politische Gefahr. Eine Analyse nationaler Ideologie in Deutschland« war 1961 in Amerika und 1963 in deutscher Übersetzung erschienen.

S. 158 *Rede über den deutschen Titanismus:* Festvortrag W.s zum 50jährigen Jubiläum des Carl Hanser Verlages am 1. Oktober 1978 (abgedruckt in: »Wahrnehmung der Neuzeit«, 1983).

S. 158 *meine Äußerung:* Der am 1. März 1982 an der Evangelischen Akademie in Tutzing unter dem Titel »Möglichkeiten und Probleme auf dem Weg zu einer vernünftigen Weltfriedensordnung« gehaltene Vortrag war am 16. März in der »Zeit« abgedruckt worden.

S. 160 *mit dem jüdischen Neutestamentler P. Lapide:* Zusammen mit Pinchas Lapide hat W. den Band »Die Seligpreisungen« (1980) veröffentlicht.

S. 161 *Das Ende Ihrer Kanzlerschaft:* Bundeskanzler Helmut Schmidt rief am 9. September 1982 im Bundestag die Opposition dazu auf, gegen ihn ein konstruktives Mißtrauensvotum zu beantragen. Die FDP-Minister traten zurück, und die sozialliberale Koalitionsregierung zerbrach. Am 1. Oktober 1982 wurde Helmut Schmidt gestürzt. Am 4. Oktober bildete der neugewählte Bundeskanzler Kohl eine Koalitionsregierung, die durch die Bundestagswahl im März 1983 bestätigt wurde.

S. 162 *Richard von Weizsäcker:* R. v. W. (CDU) war derzeit Regierender Bürgermeister von Berlin.

S. 164 *An Helmut Kohl:* Nach dem Sturz von Helmut Schmidt war Helmut Kohl seit dem 1. Oktober 1982 neuer Bundeskanzler.

S. 165 *Verhandlungen über die Mittelstreckenraketen:* Begleitet von landesweiten Protestdemonstrationen wurde der Nachrüstungsbeschluß vom 12. Dezember 1979 (die Entscheidung des Nato-Rates, atomare Mittelstreckenraketen in Europa neu zu stationieren, um die diesbezügliche Überlegenheit des Warschauer Paktes auszugleichen) im Deutschen Bundestag schließlich im November 1983 gebilligt. Eine Woche vor der Bundestagsentscheidung veröffentlichte W. in der »Süddeutschen Zeitung« einen Beitrag »Über den Mut, sich zur eigenen Angst zu bekennen« (wiederabgedruckt in: »Bewußtseinswandel«, 1988, S. 71 ff.).

S. 166 *die Wahl zu einer Art Referendum:* Die Wahlen zum Bundestag fanden am 6. März 1983 statt und brachten der christlich-liberalen Regierung unter Helmut Kohl einen hohen Sieg.

S. 168 *in Wien ein Institut gegründet:* Das Institut für die Wissenschaften vom Menschen wurde schließlich in Wien etabliert. Auf der zweiten Programmsitzung des Beirates 1984 hat W. einen grundsätzlichen Vortrag

»Über die Krise« gehalten: »Ich vermag die Empfindung nicht zu unterdrücken, daß wir am Beginn einer weltweiten Krise leben, die leicht die entsetzlichste der bisherigen Menschheitsgeschichte werden könnte. Die verbreitete Angst, so scheint mir, hat recht. Aber Angst ist ein schlechter Ratgeber« (abgedruckt in: »Bewußtseinswandel«, 1988, S. 45–70).

S. 168 *den Text einiger Thesen:* »Thesen zur Friedenspolitik« (veröffentlicht in der »Zeit« vom 11. Februar 1983).

S. 170 *Herr Paul:* Wolfgang Paul war seinerzeit Präsident der Alexander von Humboldt-Stiftung.

S. 172 *Gaisers Buch:* Konrad Gaiser, »Platons ungeschriebene Lehre«, Stuttgart 1963.

S. 173 *»Prostestantische Profile«:* Unter diesem Titel hat der Kirchenhistoriker Klaus Scholder von der Universität Tübingen einen Sammelband herausgegeben (1983).

S. 176 *An Martin Heisenberg:* W. hat für seine eigenen Überlegungen zum Zusammenhang von Biologie, moderner Physik und Evolution die Forschungen von Martin Heisenberg hinzugezogen (vgl. »Zeit und Wissen«, 1992, S. 557ff.) und hingewiesen auf Martin Heisenberg, »Über Universalien der Wahrnehmung und ihre genetischen Grundlagen«, in: Ditfurth/Fischer, Hg., Mannheimer Forum 89/90, München 1990.

S. 178 *Thesen von Teller oder Reagan:* Gemeint ist das 1983 erstmals von US-Präsident Ronald Reagan verkündete und von Edward Teller unterstützte Programm der »Strategic Defense Initiative/SDI«, eines Raketenabwehrsystems als Schutzschirm über den Vereinigten Staaten.

S. 179 *Andrej Sacharow:* Der führende Atomphysiker Andrej Sacharow (1921–1989) hatte 1970 ein Komitee zur Verwirklichung der Menschenrechte in der Sowjetunion gegründet. Zunehmenden Anfeindungen ausgesetzt, wurde Sacharow 1980 aller seiner Ämter enthoben und nach Gorkij verbannt. Deutsche Wissenschaftler, Schriftsteller und Politiker bemühten sich um Sacharow und um seine Rückkehr aus der Verbannung nach Moskau und eine mögliche Ausreise ins Ausland. Erst nach dem Amtsantritt von Michail Gorbatschow als Generalsekretär der KPdSU wurde Sacharow Anfang 1987 die Rückkehr nach Moskau gestattet.

S. 180 *An Konrad Lorenz:* W. hat sich sehr intensiv mit der Anthropologie und Erkenntnistheorie von Konrad Lorenz befaßt und diese kritisch rezipiert. Lorenz' grundlegendes Werk »Die Rückseite des Spiegels. Versuch einer Naturgeschichte des menschlichen Erkennens« (1973) ist Gegenstand von W.s Aufsatz »Die Rückseite des Spiegels, gespiegelt« (in: »Der Garten des Menschlichen«, 1977, S. 187–205).

S. 180 *»Abbau des Menschlichen«:* Dieses Buch von Konrad Lorenz war 1983 erschienen.

S. 181 *nachtridentinische Zeit:* Die Ära nach dem Reformkonzil von

Trient (1545–1563), das der dogmatischen Erneuerung der katholischen Kirche nach der Reformation gewidmet war.

S. 182 *An Richard von Weizsäcker:* R. v. W. war seit dem 1. Juli 1984 Bundespräsident.

S. 182 *Bahá'í:* Eine von dem Perser Baháúllah (1817–1892) gegründete Religionsgemeinschaft. Sie lehrte die Einheit aller Weltreligionen und den Frieden unter den Menschen als das oberste Ziel aller von Gott durch die Propheten verkündeten Religionen. Im Iran werden die Bahá'í verfolgt.

S. 182 *»Islam und Toleranz«:* Als »Appell an die politische und geistliche Führung im Iran« zuerst veröffentlicht in der »Süddeutschen Zeitung« vom 2. November 1979.

S. 183 *Sache des Konzilsplans:* Auf der Vollversammlung des Ökumenischen Rats der Kirchen in Vancouver 1983 stellten die Vertreter des Bundes der evangelischen Kirchen in der DDR den Antrag, ein ökumenisches Konzil des Friedens einzuberufen. Weizsäcker trug dann im Juni 1985 auf dem Evangelischen Kirchentag in Düsseldorf den Konzilsaufruf vor: »Wir bitten die Kirchen der Welt, ein Konzil des Friedens zu berufen. Der Friede ist heute Bedingung des Überlebens der Menschheit. Er ist nicht gesichert. Auf einem ökumenischen Konzil, das um des Friedens willen berufen wird, müssen die christlichen Kirchen in gemeinsamer Verantwortung ein Wort sagen, das die Menschheit nicht überhören kann. Die Zeit drängt ...«

1986 veröffentlichte W. eine Broschüre unter dem Titel »Die Zeit drängt. Eine Weltversammlung der Christen für Gerechtigkeit, Frieden und die Bewahrung der Schöpfung«. Hier war als These abgedruckt:

»1. Eine Weltversammlung der Christen für Gerechtigkeit, Frieden und Bewahrung der Schöpfung soll einberufen werden.

2. Die Menschheit befindet sich heute in einer Krise, deren katastrophaler Höhepunkt wahrscheinlich noch vor uns liegt. Deshalb ist entschlossenes Handeln nötig.

3. Die Krise ist sichtbar in den drei Themenbereichen Gerechtigkeit, Friede, Natur. Es gibt ethisch konsensfähige, politisch realisierbare Forderungen zum Verhalten in diesen Bereichen.

4. In bezug auf die drei Bereiche ist eine Einigung der Christen und eine Übereinstimmung der Weltreligionen möglich und geboten. Eine weltweite politisch wirksame Rechtsordnung ist zu fordern.«

Eine zusammenfassende Dokumentation dieser christlichen Weltversammlung ist veröffentlicht in: »Zeit und Wissen«, 1992, S. 1039–1063.

S. 185 *internationale Verflechtungen von SDI:* Die Strategic Defense Initiative (SDI) war von US-Präsident Ronald Reagan 1983 als totales Verteidigungsprogramm der Zukunft verkündet worden. Es kam in den folgenden Jahren zu heftigen Diskussionen, in Amerika vor allem von seiten der Union of Concerned Scientists, der entscheidenden Expertengruppierung im Kampf gegen SDI.

S. 187 *Friedenspreis:* Der Friedensnobelpreis wurde im Jahr 1986 an den amerikanischen Schriftsteller Elie Wiesel verliehen.

S. 190 *An Arnold Kramish:* Der amerikanische Physiker und Publizist Arnold Kramish hat für sein Buch »The Griffin« (1986, in deutscher Übersetzung unter dem Titel »Der Greif«, 1987) über den deutschen Spion Paul Rosbaud über viele Jahre den Kontakt und den Rat von W. gesucht. Kramish hat in seinem Buch die Arbeit von Paul Rosbaud dokumentiert, der den britischen Geheimdienst u. a. über die Forschungen der deutschen Atomphysiker in der Kernenergie und deren Anwendung informiert hat.

S. 191 *Treffen von Bohr und Heisenberg:* 1941 war es zu einem Vieraugengespräch zwischen Niels Bohr und Werner Heisenberg in Kopenhagen gekommen. Dessen genauer Verlauf ist unbekannt geblieben, und das hat zu kontroversen Deutungen Anlaß gegeben: über die Stellung der beiden Atomwissenschaftler zu den Möglichkeiten eines Atombombenbaus in Deutschland bzw. Amerika. W., der Heisenberg nach Kopenhagen begleitet hatte, hat an vielen Stellen seine Einschätzung vorgetragen, u. a. in einem »Nachtrag zum Gespräch zwischen Niels Bohr und Werner Heisenberg 1941« (in: »Bewußtseinswandel«, 1988, S. 377–383).

S. 197 *Diskussionsbeitrag:* Eddings Referat auf einer sicherheitspolitischen Tagung der Konrad-Adenauer-Stiftung im Berliner Reichstag am 30. Mai 1986.

S. 198 *»Die Zeit drängt«:* In diesem Band sind die Aufrufe und Thesen zu einer »Weltversammlung der Christen für Gerechtigkeit, Frieden und die Bewahrung der Schöpfung« veröffentlicht worden (1986; ein Band mit Diskussionsbeiträgen zu den Thesen erschien 1987 unter dem Titel »Das Ende der Geduld«).

S. 200 *die Gründung, mit der Sie sich gegenwärtig beschäftigen:* In Berlin hatte sich 1986 die »Deutsche Freundschaftsgesellschaft, eingetragener Verein für die Förderung kultureller, politischer und wirtschaftlicher Beziehungen zwischen der Bundesrepublik Deutschland und der Deutschen Demokratischen Republik« konstituiert. Der provisorische Vorstand, Peter Brandt u. a., hatte W. darum gebeten, dem Beirat dieser Gesellschaft beizutreten.

S. 201 *beigelegten Vortrag:* Der Göttinger Politologe Walter Euchner hatte auf einer Gedenkveranstaltung des »Kreises Göttinger Wissenschaftler für Frieden und Abrüstung« einen Vortrag zur 30jährigen Wiederkehr der »Göttinger Erklärung« von 1957 gehalten.

S. 206 *Beraterkreis im Rahmen der Bundestagswahl:* Nach dem Sturz von Bundeskanzler Helmut Schmidt im Oktober 1982 war Hans-Jochen Vogel zum Spitzenkandidaten der SPD für die Bundestagswahl im März 1983 gewählt worden.

S. 207 *Doppelten Null-Lösung:* Die zwischen den Vereinigten Staaten (Ronald Reagan) und der Sowjetunion (Michail Gorbatschow) verhandelte und im Dezember 1987 auf einem Gipfeltreffen vereinbarte Abrüstungsinitiative besagte: Alle in Europa stationierten landgestützten amerikanischen und sowjetischen nuklearen Mittelstreckenraketen müssen innerhalb von 3 Jahren abgebaut und vernichtet werden. In einem »Nachtrag 1988« (in: »Bewußtseinswandel«, 1988, S. 84 ff.) hat sich W. dennoch geäußert: »Meine damalige Empfindung, die Hoffnung auf diesen Verhandlungserfolg klinge mir wie ein Kindermärchen zum Trost der öffentlichen Meinung, wäre damit als unrichtig erwiesen. Helmut Schmidt hatte die Nachrüstung stets als das Mittel dazu angesehen, solche erfolgreichen Verhandlungen herbeizuführen, und er hat konsequenterweise in der Debatte des Jahres 1987 dafür plädiert, die ›doppelte Nullösung‹ nun auch seitens der Bundesrepublik voll anzunehmen. Die Ereignisse haben ihm bisher recht gegeben.«

S. 208 *Ihre neue Arbeit über Solarenergie:* Hellmut Glubrecht leitete das Institut für Solarenergieforschung in Hannover.

S. 208 *Bölkow:* Ludwig Bölkow, prominenter Verfechter und Unternehmer bei der Nutzung von Solarenergie.

S. 209 *An Johannes Fischer:* Johannes Fischer, seinerzeit Wissenschaftlicher Mitarbeiter des Militärgeschichtlichen Forschungsamtes in Freiburg/Br., hatte W. gebeten, nochmals Stellung zu nehmen zu Planung und Realisierungschancen des Baus einer deutschen Atombombe.

S. 209 *Interview mit dem Stern:* Das 1984 geführte Interview mit H. Jaenecke in der Zeitschrift »Stern« ist abgedruckt in W.s Buch »Bewußtseinswandel«, 1988, S. 362–376.

S. 220 *An Jürgen Habermas:* Von zahlreichen analytischen Anmerkungen zur Philosophie von Jürgen Habermas abgesehen hat W. eine persönliche Reminiszenz niedergeschrieben in dem Beitrag »Selbstdarstellung« (in: »Der Garten des Menschlichen«, 1977, S. 576 f.): »Die Studentenrevolte aber betraf nicht primär die Universität, sondern die ganze Gesellschaft. Ich habe mich nie als Linker empfunden, aber politische Unterstützung habe ich meist links von der Mitte erhalten, an die ich mich mit meinen Reden wandte. Nun traf mich die linke Bewegung in dem Augenblick, in dem ich die Hoffnung auf eine Friedensstabilisierung durch Außenpolitik, die mir rational stets problematisch geblieben war, im elementaren Empfinden verloren hatte. Sie eröffnete die Hoffnung, auf dem Wege über Gesellschaftsänderung zu erreichen, was außenpolitisch unmöglich war. Aber sie war mit zwei aufeinandergehäuften Erstickungsgefühlen verbunden. Das erste ist für meine Generation typisch: obwohl ich das, was die Jungen Basisdemokratie nennen, persönlich als eine neue Chance begrüße und willig in experimentellem Geist mitmachte, konnte ich, so wie ich nun einmal geprägt bin, darin nur mit äußerster Selbstbeherrschung den ruhigen Atem behalten. Das zweite ist die Qual für die Jungen: im Grunde war schon nach kurzem klar, daß die Bewegung politisch zum Scheitern verurteilt war. Hier begann freilich für mich die theoretische Frucht dieser Mühen. Ich verdanke dem Diskussionszwang, dem die Linke mich unterworfen hat, daß mir die Augen geöffnet wurden für das, was gesellschaftlich in der Welt vorgeht. Endlich lernte ich, Marx zu assimilieren. Jürgen Habermas, den ich als Mitdirektor fürs Institut gewinnen konnte, erläuterte mir diese Denkweise in derjenigen Liberalität, in der ich sie aufnehmen konnte. Aber in all dieser Lernbereitschaft bin ich den Linken ein Kritiker geblieben; und ich glaube, ein trostreicher Gesprächspartner könnte ich erst einem in der Tiefe enttäuschten Linken sein. Nicht Optimismus, aber Hoffnung habe ich zu bieten.«

S. 220 *Erinnerung an jene Jahre:* Rückblickend auf Entwicklung und Ende des Starnberger Instituts hat W. an anderer Stelle geschrieben: »Es erschien mir politisch unerläßlich, nicht eine Hoffnung rational unnachvollziehbarer Prophetie zu geben, sondern ein rational nachvollziehbares Bild einer möglichen Zukunft zu zeichnen. Aber die Angst hinderte die Menschen, die Vernunft eines solchen Bildes nachzuvollziehen; sie hielten gerade das Vernünftige daran für unvernünftig. Und ebendies machte es unmöglich, das Bild mit real möglichen Details anzureichern... Im Anfang des Starnberger Instituts wußte ich nur die Formel, die Bewahrung des Friedens müsse die politische Priorität haben. Mehr ist auch nicht dazugekommen. Und die Formel blieb blaß, geeignet für verlogene Sonntagsreden der Politiker. Habermas ist ein tragischer Held der aufgeklärten Vernunft. Er sieht, daß Vernunft nicht Besitz des isolierten Subjekts, sondern Leistung der Kommunikation ist. Er muß dann die Regeln der Vernunft aus den Bedingungen der Kommunikation bestimmen. Dies alles ist hochwichtig, um Logik, Physik und politische Analyse zu beurteilen. Aber ist die bisherige Aufklärung nicht ein Kartenhaus unter dem Anhauch Nietzsches?« (Aufzeichnung »Wohin fliegt die Rakete der Menschheit?«, Februar 1986, in: »Bewußtseinswandel«, 1988, S. 429).

S. 222 *Schließung des Starnberger Instituts:* Reimar Lüst war derzeit Präsident der Max-Planck-Gesellschaft, die die Auflösung des Max-Planck-Instituts zur Erforschung der Lebensbedingungen der wissenschaftlich-technischen Welt in Starnberg verfügte.

S. 223 *An Christian Deubner:* Christian Deubner war für die Friedrich-Ebert-Stiftung in Paris tätig.

S. 224 *An Volker Weidemann:* Volker Weidemann lehrte als Astronom am Institut für Theoretische Physik und an der Sternwarte der Universität Kiel.

S. 226 *An Gunver Clements-Höck:* Mitbegründerin der Aktionsgruppe »Mütter gegen Atomkraft«, einer Bürgerinitiative, die sich bundesweit nach der Reaktorkatastrophe in Tschernobyl im April 1986 gebildet hatte.

S. 225 *An Martina Wille:* Eine Verwandte von C. F. v. W.

S. 232 *An Hans Friedensohn:* Ein Berliner Schulfreund von W., der heute in Israel lebt und Partner einer lebenslangen Korrespondenz war, auch über die politische und gesellschaftliche Situation im modernen Israel.

S. 234 *»Frieden für Nahost«:* Wiederabgedruckt in »Der bedrohte Friede«, 1981.

S. 236 *zu den Ereignissen, die jetzt stattfinden:* Ende 1987 war in Israel die Intifada ausgebrochen, der bewaffnete Aufstand der Palästinenser in den von Israel besetzten Gebieten. Die israelische Regierung wurde damals von Yitzhak Schamir (rechter Likud-Block) geführt.

S. 237 *An Hans Heinrich:* Mitarbeiter des Bundes Naturschutz in Bayern. Heinrich hat zwei Jahre nach der Katastrophe im Kernkraftwerk Tschernobyl W. um seine Einschätzung der Kernenergienutzung und der Gefährdung durch terroristische Anschläge auf Kernkraftwerke gebeten.

S. 238 *Vorsitzender des beratenden Ausschusses ... beim Forschungsministerium:* Das Bundesministerium für Forschung und Technologie wurde seinerzeit von Hans Matthöfer geleitet, im Kabinett Helmut Schmidt. W. hat 1978 in einem Vortrag im Wissenschaftszentrum Bonn unter dem Titel »Kernenergie« seine Position zur friedlichen Nutzung detailliert vorgestellt (wiederabgedruckt in: »Deutlichkeit«, 1978, S. 43–72).

S. 238 *des Gorleben Hearings 1979:* Am 23. August 1979 hatten sich Bund und Länder auf die Einrichtung eines Zwischenlagers zur Entsorgung des atomaren Mülls in Gorleben geeinigt. Der damalige Ministerpräsident von Niedersachsen, Ernst Albrecht, hatte W. zum Vorsitzenden einer Experten-Anhörung berufen.

S. 243 *An Gerhard Dette:* Generalsekretär der Deutschen Akademie für Sprache und Dichtung in Darmstadt.

S. 244 *Hansischen Goethepreises:* Der Hansische Goethepreis der Stiftung F. V. S. wurde W. für das Jahr 1989 verliehen. Aus diesem Anlaß hielt er eine Rede »Deutschland: Schiller und Goethe« (abgedruckt in: »Bedingungen der Freiheit«, 1990, S. 31–45).

S. 245 *DESY:* Deutsches Elektronen-Synchroton, zentrale kernphysikalische Forschungseinrichtung in Hamburg.

S. 246 *Ihr Buch über Goethe und die arabische Welt:* Das 1988 erschienene Werk »Goethe und die arabische Welt« der an der Stanford University lehrenden Germanistin Katharina Mommsen zog W. hinzu für seine Interpretation »Goethes Farbentheologie – heute gesehen« (1991), einer Antwort auf das Buch »Farbentheologie« von Albrecht Schöne (abgedruckt in: »Zeit und Wissen«, 1992, S. 976 ff.).

S. 248 *»Der deutsche Titanismus«:* Unter diesem Titel hielt W. den Festvortrag zum 50jährigen Jubiläum des Carl Hanser Verlages am 1. Oktober 1978 (abgedruckt in: »Wahrnehmung der Neuzeit«, 1983).

S. 249 *Wiedervereinigung zu meinen Lebzeiten:* W. hat nach dem Fall der Berliner Mauer im November 1989 im März/April 1990 in Leipzig, Potsdam, Berlin und Bratislava einen gleichlautenden Vortrag »Bedingungen der Freiheit« gehalten: »1989 wird ein unvergeßliches Jahr bleiben. Sechs Völker der östlichen Hälfte Europas gingen den Weg der Revolution zur Freiheit... Dieser Weg zur Freiheit ist ein unvorhergesehenes, ein erschütterndes Geschenk. Es ist umwittert von fortdauernder großer Gefahr. Also stellt er Aufgaben. Von diesen Aufgaben möchte ich heute reden.«

S. 251 *das Buch von Robert Jungk:* »Heller als tausend Sonnen« (1956)

S. 254 *Pugwash:* Die Pugwash-Konferenzen, benannt nach dem ersten Tagungsort Pugwash in Kanada, waren auf Initiative des britischen Mediziners Joseph Rotblat 1957 gegründet worden. Ein erstes Manifest war unterzeichnet von Bertrand Russell, Albert Einstein u. a. Die Konferenzen sind Treffen von internationalen und allen politischen Lagern zuzurechnenden Wissenschaftlern, die die Bedrohung durch ABC-Waffen und Probleme der Abrüstungspolitik diskutieren.

S. 254 *Joseph Rotblat:* Der Präsident der Pugwash-Konferenzen von 1957–1973 wurde 1995 mit dem Friedensnobelpreis ausgezeichnet.

S. 257 *An Peter Degen:* Arbeitete seinerzeit am Office for History of Science and Technology der University of California in Berkeley.

S. 270 *Vortrag in Basel:* Unter dem Titel »Theologie heute« hatte W. im Dezember 1989 bei der Verleihung des Ehrendoktors der Theologie durch die Theologische Fakultät der Universität Basel einen Vortrag gehalten. W.s Fragestellung lautete: »Wie reagiert die christliche Theologie auf die rasende Dynamik dieser unserer Zeit? Über drei Beziehungen der Theologie zu dieser Dynamik möchte ich sprechen: die Beziehungen zur Politik, zur Aufklärung und zu den nichtchristlichen Religionen« (abgedruckt in: »Bedingungen der Freiheit«, 1990, S. 49–67).

S. 274 *Befreiungstheologie:* Die Befreiungstheologie hat ihren Ursprung in der zweiten Hälfte der sechziger Jahre in den Armuts- und Unterentwicklungsregionen Lateinamerikas. Sie war die Reaktion katholischer Theologen und Ordensleute auf das Versagen der bisherigen Entwicklungspolitik und der Protest gegen die repressiven Regime Lateinamerikas. Die Befreiungstheologie zielt auf Veränderung und Überwindung des herrschenden Systems in unmittelbarer Verwirklichung des christlichen Liebesgebotes. Die Wortführer waren Ernesto Cardenal, Leonardo Boff, Paolo Freire, Dom Helder Camara u. a. In Deutschland waren Norbert Greinacher und Helmut Gollwitzer die maßgeblichen Interpreten der Befreiungstheologie.

S. 274 *An Mark Walker:* Der amerikanische Physiker und Wissenschaftshistoriker Mark Walker hat der deutschen Atomwissenschaft in Nazi-Deutschland, der Persönlichkeit von Werner Heisenberg und der Planung von Atombomben während des Zweiten Weltkrieges intensive

Forschungsarbeit gewidmet. Er stand dabei in engem Kontakt zu W. Seine Ergebnisse sind in zwei Publikationen veröffentlicht worden: »German National Socialism and the Quest for Nuclear Power 1939–1949« (1989) und »Nazi Science: Myth, Truth and the German Atombomb« (1995).

S. 288 *An Eugen L. Feinberg:* Feinberg arbeitete als Kernphysiker an der Sowjetischen Akademie der Wissenschaften. W. hatte Feinberg 1987 in Moskau kennengelernt und von ihm Details über die Atomforschung in der Sowjetunion während und nach dem Zweiten Weltkrieg erfahren.

S. 288 *russisch geschriebene Arbeit:* Unter dem Titel »Werner Heisenberg – Die Tragödie des Wissenschaftlers« ist dieser Beitrag abgedruckt in: »Werner Heisenberg«, 1992, S. 57–108.

S. 295 *Mitschuld an diesen Ereignissen:* W. hat sich zum Antisemitismus und Nationalsozialismus an verschiedenen Stellen geäußert: im Kapitel 5 »Denk ich an Deutschland ...« (in: »Bewußtseinswandel«, 1988, S. 257–299) mit direktem Bezug. In der »Selbstdarstellung« schrieb er: »Dann kam die Herrschaft des Nationalsozialismus. Ich muß auch davon etwas persönlicher reden, nicht weil das interessant wäre, sondern weil, es nicht zu tun, ein Beispiel jener Feigheit wäre, die seitdem das deutsche politische Bewußtsein mit lebensgefährlichen Verdrängungsbarrieren durchzieht. Ich gehöre zu denjenigen Deutschen, die das Faktum des Nationalsozialismus nicht bewältigt, sondern überlebt haben ... Faktisch habe ich in widerstrebendem Konformismus überlebt« (in: »Der Garten des Menschlichen«, 1977, S. 565 f.).

Zu Jäckels Werk »Hitlers Herrschaft. Vollzug einer Weltanschauung« (1986) nimmt W. ausführlich Stellung in: »Hitler und die Deutschen« (in: »Bewußtseinswandel«, 1988, S. 289–297).

S. 296 *Freud war ein genialer Wahrnehmer:* W. hat Freud mehrere Studien gewidmet: »Sigmund Freud« (1991, in: »Zeit und Wissen«, 1992, S. 946–953) und »Gespräch mit Sigmund Freud« (in: »Der Garten des Menschlichen«, 1977, S. 269–282).

S. 298 *»Deutschland: Schiller und Goethe«:* Mit diesem Vortrag hat W. 1989 auf die Verleihung des Hansischen Goethepreises der Stiftung F. V. S. geantwortet (abgedruckt in: »Bedingungen der Freiheit«, 1990).

S. 299 *An August Everding:* Everding, der damalige Generalintendant der Bayerischen Staatstheater, hatte W. als Vortragenden in der Reihe »Das Ende des Jahrhunderts« im Münchner Prinzregententheater gewonnen. Andere Vortragende waren der Dichter Joseph Brodsky, der Philosoph Hans Jonas und der Politiker Henry Kissinger.

S. 302 *An Ruth Lewin Sime:* Die amerikanische Wissenschaftshistorikerin hat eine Studie über die Physikerin Lise Meitner verfaßt, in der sie den Nachweis erbringen wollte, daß deren Mitarbeit an der Entdeckung der Kernspaltung 1938 von Otto Hahn in antisemitisch motivierter Weise unterschlagen worden sei.

S. 305 *S. H. der Dalai Lama:*

Übersetzung des Briefes:

Eure Heiligkeit,
ich möchte Ihnen sehr für Ihre freundlichen Glückwünsche zu meinem 80. Geburtstag danken. Ihnen zu begegnen war eines der größten und bedeutsamsten Ereignisse in meinem Leben. Über den Buddhismus wußte ich bereits vorher einiges, aber der wiederholte Kontakt zu Eurer Heiligkeit verhalf mir zu einer viel tieferen Einsicht in den Buddhismus als lebendige Wirklichkeit.

Unglücklicherweise konnte ich im Juli nicht nach Salzburg kommen, und ich bin mir nicht sicher, ob es mir mein Alter erlauben wird, nach Indien zu einer Zusammenkunft zu reisen, die einige Ihrer Mitarbeiter für eines der kommenden Jahre angekündigt haben. Da Sie aber selbst häufig in Europa sein werden, habe ich die große Hoffnung, daß es zu einer Begegnung mit Ihnen kommen wird.

Einstweilen drücke ich Ihnen meine aufrichtigen Wünsche für die Zukunft von Tibet aus, für das Sie in so eindrucksvoller menschlicher Weise wirksam sind.

Ihr Ihnen ergebener

Seine persönliche Beziehung zum Dalai Lama hat W. ausführlich beschrieben in: »Zeit und Wissen« (1992, S. 1068–1072).

S. 314 *»Zeit des Umbruchs«:* Unter diesem Titel hat Hans-Jochen Vogel am 20. November 1992 ein Referat vor dem Deutschen Management-Kongreß in München gehalten.

S. 319 *An Heinz-Werner Meyer:* Meyer, seinerzeit Vorsitzender des Deutschen Gewerkschaftsbundes, hatte W. gebeten, an der Debatte um die Neubestimmung des Grundsatzprogramms des DGB angesichts der veränderten Weltlage mitzuwirken.

S. 326 *Küngsches Vorhaben:* Hans Küng hat in seinem Buch »Projekt Weltethos« (1990) einen Appell an alle Weltreligionen formuliert: »Kein Überleben ohne Weltethos. Kein Weltfriede ohne Religionsfriede. Kein Religionsfriede ohne Religionsdialog. Davon wird in diesem Buch die Rede sein ... Sein Ziel hätte dieses Buch erreicht, wenn ein Doppeltes gelänge: daß immer mehr Spezialisten aus den einzelnen Religionen und aus der Ethik sich zusammentun, um durch gemeinsames Quellenstudium, geschichtliche Analysen, systematische Auswertung, politisch-soziale Diagnosen das Bewußtsein für ein globales Ethos zu schaffen oder zu schärfen.«

Der Küng-Appell hat eine weltweite Diskussion ausgelöst. Auf Initiative amerikanischer Theologen wurde ein Aufruf zu einer universalen Weltethos-Erklärung verfaßt. Auf Einladung des Organisationskomitees des Weltparlaments der Religionen in Chicago im August/September 1993 wurde von Küng und seinen Mitarbeitern eine ebensolche universale Weltethos-Erklärung ausgearbeitet. Auf diesen Aufruf bezieht sich W. in seinem Brief an Wolfgang Huber. Das Parlament der Weltreligionen hat schließlich am 4. September 1993 in Chicago eine »Erklärung zum Weltethos« verabschiedet: »Mit Weltethos meinen wir keine neue Weltideologie, auch keine einheitliche Weltreligion jenseits aller bestehenden Religionen, erst recht nicht die Herrschaft einer Religion über alle anderen. Mit Weltethos meinen wir einen Grundkonsens bezüglich bestehender verbindender Werte, unverrückbarer Maßstäbe und persönlicher Grundhaltungen. Ohne einen Grundkonsens im Ethos droht jeder Gemeinschaft früher oder später das Chaos oder eine Diktatur, und einzelne Menschen werden verzweifeln ... Deshalb verpflichten wir uns auf ein gemeinsames Weltethos: auf ein besseres gegenseitiges Verstehen sowie auf sozialverträgliche, friedensfördernde und naturfreundliche Lebensformen« (in: Hans Küng, Hg., »Ja zum Weltethos«, München 1995, S. 24, 44). W. hat sich zum Projekt Weltethos ausführlich geäußert in: »Zeit und Wissen«, 1992, S. 1064-1067; und in: Hans Küng. Hg., »Ja zum Weltethos«, 1995, S. 89–101.

S. 330 *die unvollendete Religion:* »Bewußtseinswandel«, 1988, 4. Kapitel, »Die unvollendete Religion«, S. 179–256.

S. 340 *Die letzten Sätze des Buches:* Das Buch »Zeit und Wissen« endet mit einem Abschnitt »Die Aufgabe«. Dessen letzte Sätze lauten: »Es geht jetzt um das gemeinsame, regulierte Tun der Menschheit ... Wir müssen zulernen. Diese neue gemeinsame Erfahrung wird vielleicht erst durch unsägliches Leiden möglich werden. Auch unsägliche Freude ist uns prophezeit. Beides liegt nicht in unserer Macht. Aber den Weg zur Wahrnehmung zu öffnen, darauf sollte die intellektuelle Anstrengung zielen; dem sollte die meditative Bereitschaft dienen; dies sollte die Gemeinsamkeit des Handelns lehren« (»Zeit und Wissen«, 1992, S. 1159).

S. 346 *An Hildegard Hamm-Brücher:* Die Vorsitzende der Theodor-Heuss-Stiftung hatte den Entwurf einer sog. »Stuttgarter Erklärung« aller ehemaligen Theodor-Heuss-Preisträger (u. a. Weizsäcker) zur politischen und sozialen Weltentwicklung an W. zur Kommentierung geschickt.

S. 351 *Neuausgabe eines älteren Buches:* Unter dem Titel »Der bedrohte Friede – heute«.

S. 352 *An Konrad Raiser:* Der Schwiegersohn von W. lehrte evangelische Theologie an der Universität Bochum und ist heute Generalsekretär des Ökumenischen Rats der Kirchen in Genf.

S. 354 *An Jacques Chirac:* Im Mai 1995 war der Gaullist Jacques Chirac als Nachfolger von François Mitterrand französischer Staatspräsident geworden. Im September (bis Anfang 1996) unternahm Frankreich trotz weltweiter Proteste Kernwaffenversuche auf dem Mururoa- und dem Fangataufa-Atoll im Südpazifik.

Übersetzung des Briefs:

Herr Präsident,
ich erlaube mir, Ihnen beiliegend die französische Übersetzung eines Textes zu übersenden, den ich in dieser Woche in der deutschen Wochenzeitschrift »Stern« veröffentlicht habe. Dieser Beitrag ist nicht nur eine Information für die deutsche Öffentlichkeit, sondern drückt zugleich eine persönliche, an Sie, Herr Präsident, gerichtete Bitte aus. Seit Anfang 1939 sah ich mich als Atomphysiker mit den politischen Konsequenzen der Atombombe konfrontiert, deren Konstruktion zu dieser Zeit möglich geworden war. Diese Konsequenzen haben sich verstärkt und sie betreffen den Frieden für die Menschheit in vitalem Maße. Mein Beitrag soll meinen großen Respekt Ihnen gegenüber, Herr Präsident, und gegenüber Ihrer Aufgabe zum Ausdruck bringen.
Mit vorzüglicher Hochachtung

S. 357 *publication »Copenhagen«:* In dem Dreipersonenstück »Kopenhagen« hat der englische Schriftsteller Michael Frayn das berühmte, aber rätselhafte Gespräch zwischen Niels Bohr und Werner Heisenberg vom September 1941 in Kopenhagen nachgespielt. Der Verlauf dieses Vieraugengesprächs ist unbekannt geblieben, hat aber um so zahlreichere Deutungen provoziert. Es ging im wesentlichen um die Frage, wie und mit welchen Absichten und Erwartungen die beiden befreundeten Nobelpreisträger über den Stand des Atombombenbaus in Deutschland und in Amerika geredet haben könnten. W. hatte Heisenberg nach Kopenhagen begleitet, aber nicht an dem Gespräch teilgenommen. Michael Frayn hat ihn in seinem Brief um Hintergrundinformationen gebeten. An das Stück »Kopenhagen« (1998) anschließend, hat Frayn (zusammen mit David Burke) einen erzählenden Text verfaßt, der die Zeit der Internierung der deutschen Atomwissenschaftler Heisenberg, Hahn, Weizsäcker u. a. im englischen Landhaus Farm Hall vom Juli 1945 bis Januar 1946 in einer fingierten Handlung schildert (deutsch unter dem Titel »Celias Geheimnis. Die Kopenhagen-Papiere«, München 2001).

Zu dem Gespräch zwischen Heisenberg und Bohr äußerte sich W. in: »Bewußtseinswandel«, 1988, S. 377–383. Inzwischen hat sich die Familie von Niels Bohr entschieden, »alle in ihrem Besitz befindlichen Dokumente, seien sie geschrieben oder von Niels Bohr diktiert, freizugeben, die in besonderer Weise auf das Treffen zwischen Bohr und Heisenberg im September 1941 Bezug nehmen«.

S. 357 *Buch von Powers:* Thomas Powers, »Heisenberg's War: The Secret History of the German Bomb« (1993).

S. 358 *Religiöse Gruppe wie die Bahá'í:* Bereits 1979 hatte sich W. in einem in der »Süddeutschen Zeitung« veröffentlichten »Appell an die politische und geistliche Führung im Iran« für Toleranz und Schutz der verfolgten Mitglieder der Religionsgemeinschaft der Bahá'í eingesetzt. Im April 1979 war von Ayatollah Khomeini die »Islamische Republik Iran« proklamiert worden.

Die Briefempfänger

Heinrich Barth (1890–1965) lehrte Philosophie an der Universität Basel.

Hellmut Becker (1913–1993) war seit 1963 Direktor des Max-Planck-Instituts für Bildungsforschung in Berlin und prägte maßgeblich die Schul- und Bildungspolitik der Bundesrepublik.

Werner Becker, geboren 1937, lehrt Philosophie mit dem Schwerpunkt Praktische Philosophie an der Universität Gießen.

Agehananda Bharati (1923–1991) lehrte Indologie und Religionsphilosophie an der Universität Syracuse/USA.

Robert S. Bilheimer, geboren 1917, war ständiger Sekretär einer Kommission des Weltrates der Kirchen, die von 1956–1958 zum Thema »Christen und die Verhütung des Krieges im Atomzeitalter« getagt hat.

Hans Blumenberg (1920–1996) lehrte Philosophie an den Universitäten Hamburg, Gießen, Bochum und zuletzt Münster. Zu seinen Hauptwerken gehören »Die Legitimität der Neuzeit« (1966), »Die Genesis der kopernikanischen Welt« (1975) und »Arbeit am Mythos« (1979).

Heinrich Böll (1917–1985) erhielt 1967 den Georg-Büchner-Preis und 1972 den Nobelpreis für Literatur. Er engagierte sich in der Friedensbewegung und trat als Fürsprecher osteuropäischer Dissidenten hervor.

Niels Bohr (1885–1962); für seine wegweisenden Forschungen in der Quantentheorie (Bohrsches Atommodell) und die Entdeckung des sog. Korrespondenzprinzips (in der Beziehung zwischen der klassischen Mechanik und der modernen Quantentheorie) erhielt der dänische Physiker 1922 den Nobelpreis für Physik. Mit seinem Schüler Werner Heisenberg entwickelte Bohr 1927 die sog. Kopenhagener Deutung, mit der die mathematischen Grundlagen der Quantenmechanik festgelegt wurden. 1943–1945 arbeitete Bohr im amerikanischen Los Alamos an der Konstruktion der Atombombe mit.

Max Born (1882–1970) mußte nach Lehrtätigkeit an den Universitäten Berlin, Breslau, Frankfurt/M. und Göttingen 1933 Deutschland verlassen. Von 1936–1954 war er Professor in Edinburgh. Als Lehrer von Werner Heisenberg und Pascual Jordan war er ein bedeutender Wegbereiter der Quantentheorie. Zusammen mit W. Bothe erhielt er 1954 den Nobelpreis für Physik.

Willy Brandt (1913–1992), 1933 Emigration nach Norwegen, 1940 Flucht nach Schweden, 1957–1966 Regierender Bürgermeister von Berlin, 1964–1987 Parteivorsitzender der SPD, Außenminister 1966–1969, 1969–1974 (Rücktritt) Bundeskanzler.

Peter Brandt, geboren 1948, lehrt Neuere Deutsche und Europäische Geschichte an der Fernuniversität Hagen mit Schwerpunkt Europäische Verfassungsgeschichte und Geschichte der Arbeiterbewegung.

Martin Buber (1978–1965) lehrte 1924–1933 jüdische Religionswissenschaft und Ethik in Frankfurt/M. und 1938–1951 Sozialphilosophie in Jerusalem. Zusammen mit Franz Rosenzweig schuf er eine neue deutsche Bibelübersetzung, in der sich jüdische Textauslegung und charakteristische Sprachgebung verbanden.

Adolf Butenandt (1903–1995), seit 1936 Leiter des Kaiser-Wilhelm-Instituts für Biochemie in Berlin, seit 1956 des Max-Planck-Instituts in München, von 1960–1971 Präsident der Max-Planck-Gesellschaft. 1939 erhielt er zusammen mit L. Ružička den Nobelpreis für Chemie, den er wegen eines Verbots von Hitler erst nach dem Krieg entgegennehmen konnte.

Jacques Chirac, geboren 1932, Parteivorsitzender der gaullistischen Partei RPR (Rassemblement pour la République), war Bürgermeister von Paris, Premierminister und ist seit 1995 Staatspräsident der Französischen Republik.

Gunver Clements-Höck, geboren 1935, Fremdsprachenlehrerin und Mitbegründerin der Aktionsgruppe »Mütter gegen Atomkraft«.

Ernst-Otto Czempiel, geboren 1927, lehrt Politische Wissenschaften an der Universität Frankfurt/M. mit den Schwerpunkten Internationale Politik und Konfliktforschung und war Forschungsleiter bei der Hessischen Stiftung für Friedens- und Konfliktforschung.

S.H. der Dalai Lama, der höchste Priesterfürst des tibetanischen Buddhismus, ist gegenwärtig der 14. D.L., Tenzin Gyatso, geboren 1935 und nach seiner Flucht vor der chinesischen Besetzung Tibets 1959 in Indien residierend.

Max Delbrück (1906–1981) lehrte seit 1937 Physik in den USA, zuletzt am California Institute of Technology, und wurde 1969 für seine Forschungen in der Genetik und Bakteriologie mit dem Nobelpreis für Medizin ausgezeichnet.

Gerhard Dette, geboren 1940, Generalsekretär der Deutschen Akademie für Sprache und Dichtung in Darmstadt.

Christian Deubner, geboren 1942, war Vertreter der Friedrich-Ebert-Stiftung in Frankreich und als solcher Leiter des Pariser Büros. Arbeitet jetzt als Leiter der Forschungsgruppe Europäische Integration der Stiftung für Wissenschaft und Politik in Berlin.

Hoimar von Ditfurth (1921–1989) lehrte Psychiatrie an den Universitäten Würzburg und Heidelberg und arbeitete seit 1969 als Wissenschaftspublizist.

Michael Drieschner, geboren 1939, war Mitarbeiter am Max-Planck-Institut zur Erforschung der Lebensbedingungen der wissenschaftlich-technischen Welt und lehrt Naturphilosophie an der Universität Bochum. Seine Einführung in das Denken von Carl Friedrich von Weizsäcker erschien 1962.

Friedrich Edding, geboren 1909, lehrte an der Technischen Universität Berlin und widmete sich als Direktor am Max-Planck-Institut für Bildungsforschung besonders der Bildungsökonomie und Finanzplanung.

Hanns Engelhardt, geboren 1934, war Richter am Bundesgerichtshof.

Erhard Eppler, geboren 1926, Bundestagsabgeordneter der SPD, war 1968–1974 Bundesminister für wirtschaftliche Zusammenarbeit.

Walter Euchner, geboren 1933, lehrt Politologie an der Universität Göttingen.

August Everding (1928–1999) war seit 1963 Intendant der Münchener Kammerspiele und seit 1973 Intendant der Hamburgischen Staatsoper. Er wirkte vor allem als Opernregisseur und war seit 1981 Generalintendant der Bayerischen Staatstheater.

Klara-Marie Faßbinder (1880–1974) arbeitete als Pazifistin während der Weimarer Republik im Friedensbund Deutscher Katholiken und nach dem Krieg in der Westdeutschen Frauen-Friedensbewegung. Von 1945 bis 1955 lehrte sie Geschichte an der Pädagogischen Akademie in Bonn.

Eugen Feinberg, geboren 1912, arbeitete seinerzeit als Kernphysiker am P. N. Lebedew-Institut für Physik an der sowjetischen Akademie der Wissenschaften.

Iring Fetscher, geboren 1922, lehrte seit 1963 Politische Wissenschaften an der Universität Frankurt/M. mit dem Schwerpunkt Geschichte der Politischen Ideen.

Johannes Fischer war wissenschaftlicher Mitarbeiter am Militärgeschichtlichen Forschungsamt in Freiburg/Br.

Michael Frayn, geboren 1933 in London, arbeitete als Journalist beim »Guardian« und beim »Observer«. Er ist als Romanschriftsteller und als Autor des Stückes »Kopenhagen« bekanntgeworden, in dem das Gespräch zwischen Niels Bohr und Werner Heisenberg im September 1941 im von Deutschland besetzten Kopenhagen behandelt wird.

Hans Friedensohn, ein Berliner Schulfreund von W., der nach Israel emigriert war.

Max Frisch (1911–1991), Architekt, Dramatiker und Romanschriftsteller, der sich direkt in seinen Tagebüchern der Jahre 1946–1949 (1950) und 1966–1971 (1972) als politischer Kommentator und Zeitdiagnostiker geäußert hat.

Karl von Frisch (1886–1982) lehrte als Biologe seit 1930 in München. Für seine grundlegenden Forschungen zur Sinnes- und Verhaltensphysiologie, besonders zum Tanzverhalten von Bienen, erhielt er zusammen mit Konrad Lorenz und Nico Tinbergen den Nobelpreis für Medizin oder Physiologie 1973.

Hans-Georg Gadamer, geboren 1900, lehrte Philosophie an den Universitäten Marburg, Leipzig, Frankfurt/M. und seit 1949 Heidelberg. Sein Werk »Wahrheit und Methode« (1960) ist grundlegend für eine moderne philosophische Hermeneutik.

Brigitte Gerstenmaier, die Tochter von Eugen Gerstenmaier (1906–1986), der als Mitglied der Bekennenden Kirche und des Kreisauer Widerstandskreises 1944 in Zuchthaushaft kam und von 1954–1969 als Bundestagspräsident amtierte.

Theodor Glaser, seinerzeit Oberkirchenrat in der Evangelisch-Lutherischen Kirche in Bayern.

Hellmut Glubrecht, geboren 1917, lehrte an der Universität Hannover und war Direktor der Abteilung Ökologische Physik der Gesellschaft für Strahlen- und Umweltforschung in München. Er hat sich besonders für Solarenergieforschung und -anwendung eingesetzt.

Helmut Gollwitzer (1908–1993) lehrte evangelische Systematische Theologie an der Freien Universität Berlin. Sein Werk »Die Christen und die Atomwaffen« erschien 1957.

Norbert Greinacher, geboren 1931, lehrte seit 1969 katholische Systematische Theologie an der Universität Tübingen. Er hat sich in seinen Arbeiten vor allem der christlichen Ethik und der politischen Verantwortung der Kirche (u. a. der Befreiungstheologie in der Dritten Welt) gewidmet.

Jürgen Habermas, geboren 1929, lehrte 1964–1971 Philosophie an der Universität Frankfurt/M. und war danach zusammen mit Carl F. v. Weizsäcker Direktor am Max-Planck-Institut zur Erforschung der Lebensbedingungen der wissenschaftlich-technischen Welt. 2001 wurde ihm der Friedenspreis des Deutschen Buchhandels verliehen.

Otto Hahn (1879–1968) war 1928–1945 Direktor des Kaiser-Wilhelm-Instituts für Chemie in Berlin, 1948–1960 Präsident der Max-Planck-Gesellschaft. In Zusammenarbeit mit Lise Meitner und Fritz Straßmann gelang ihm 1938 die Spaltung von Urankernen bei Neutronenbestrahlung. Nach Kriegsende wurde ihm der Nobelpreis für Chemie des Jahres 1944 verliehen.

Hildegard Hamm-Brücher, geboren 1921, war als FDP-Kulturpolitikerin im hessischen Kultusministerium und im Auswärtigen Amt tätig. 1994 war sie Kandidatin für das Amt des Bundespräsidenten. Sie leitet die Theodor-Heuss-Stiftung.

Johannes Hanselmann, geboren 1927, war seit 1975 Landesbischof der Evangelisch-Lutherischen Kirche in Bayern und seit 1987 Präsident des Lutherischen Weltbundes.

Wolfgang Harich (1923–1999) war 1949–1956 Professor für Gesellschaftswissenschaften an der Humboldt-Universität in Ost-Berlin. Wegen »konterrevolutionärer« Tätigkeit war er 1956–1964 inhaftiert. Nach seiner Amnestie arbeitete er als Verlagsdirektor.

Martin Heidegger (1889–1976) lehrte Philosophie von 1923–1928 an der Universität Marburg und von 1928 bis 1945 an der Universität Freiburg/Br.

Hans Heinrich, Mitarbeiter des Bundes Naturschutz in Bayern.

Werner Heisenberg (1901–1976) lehrte von 1927–1941 Physik in Leipzig, war 1941–1945 Direktor des Kaiser-Wilhelm-Instituts für Physik in Berlin und 1946–1970 des Max-Planck-Instituts für Physik und Astrophysik in Göttingen/München. 1932 erhielt er den Nobelpreis für Physik für seine bahnbrechenden Forschungen und Hypothesen in der Quantentheorie.

Martin Heisenberg, geboren 1940, Sohn von Werner Heisenberg, lehrt Biologie an der Universität Würzburg.

Hartmut von Hentig, geboren 1925, lehrte bis 1987 Pädagogik an der Universität Bielefeld und war Wissenschaftlicher Leiter der Laborschule und des Oberstufen-Kollegs des Landes Nordrhein-Westfalen.

Stephan Hermlin (1915–1997), 1936 Emigration und Teilnahme am Spanischen Bürgerkrieg, 1944 Flucht aus Frankreich in die Schweiz. Er lebte als Schrifsteller seit 1947 in Ost-Berlin.

Max Himmelheber war Unternehmer und gründete 1971 zusammen mit Friedrich Georg Jünger die Zeitschrift »Scheidewege. Jahresschrift für skeptisches Denken«.

Erich Honecker (1912–1994), Funktionär des während der NS-Zeit im Untergrund arbeitenden Kommunistischen Jugendverbandes, war 1937 bis 1945 inhaftiert. Er war nach dem Krieg maßgeblich am Aufbau der Parteibürokratie in der DDR beteiligt und 1971–1989 Partei- und Staatschef. 1989 wurde er gestürzt und unter Anklage gestellt.

Wolfgang Huber, geboren 1942, lehrte bis 1980 evangelische Theologie an der Universität Heidelberg. Er ist heute Bischof der Evangelischen Kirche in Berlin-Brandenburg.

Joachim Illies, geboren 1925, war Professor im Max-Planck-Institut für Limnologie.

Eberhard Jäckel, geboren 1929, lehrt seit 1967 Neuere Geschichte an der Universität Stuttgart und konzentriert sich auf die Geschichte und Ideologie des Nationalsozialismus.

Max Jammer, geboren 1915, war 1934 nach Palästina emigriert und lehrte seit 1956 Physik an der Bar-Ilan-Universität in Ramat Gan in Israel.

Karl Jaspers (1883–1969) lehrte Psychiatrie in Heidelberg, emigrierte 1937 und lehrte seit 1948 Philosophie an der Universität Basel.

Robert Jungk (1913–1994) emigrierte 1933. In Paris, Prag und Zürich war er als Korrespondent für englische und schweizerische Zeitungen tätig. 1964 gründete er in Wien das Institut für Zukunftsfragen, 1970 wurde er Professor für Zukunftsforschung an der Freien Universität Berlin. Seit 1980 aktiv in der Friedensbewegung tätig, erhielt er 1986 den Alternativen Nobelpreis. Zuletzt leitete er in Salzburg ein Forschungs- und Dokumentationszentrum für Zukunftsforschung und Ökologie.

M. W. Keldysch, Physiker, war von 1961–1975 Präsident der Akademie der Wissenschaften der UdSSR.

Henry A. Kissinger, geboren 1923, 1938 Emigration, seit 1952 Lehrtätigkeit an der Harvard University. Sonderberater amerikanischer Präsidenten, im Anschluß an den Waffenstillstand im Vietnam-Krieg Friedensnobelpreis 1973. 1973–1977 Außenminister der Administrationen Nixon/ Ford.

Franz Kardinal König, geboren 1905, war von 1956–1986 Erzbischof von Wien, seit 1958 Kardinal.

Kurt Körber (1909–1992) war Industrieller und gründete 1959 seine Stiftung und 1961 den Bergedorfer Gesprächskreis, ein Forum für internationale Diskussion zu politischen und gesellschaftlichen Themen der Gegenwart.

Helmut Kohl, geboren 1930, war 1969–1976 Ministerpräsident von Rheinland-Pfalz, 1967–1982 Fraktionsvorsitzender der CDU/CSU im Bundestag und wurde durch konstruktives Mißtrauensvotum gegen Bundeskanzler Helmut Schmidt (SPD) 1982 Bundeskanzler. Er wurde 1998 von Gerhard Schröder (SPD) abgelöst.

Lew Kopelew (1912–1997), bis zu seiner Rehabilitierung Opfer der Verfolgung in der Sowjetunion und hatte wegen seines Eintretens für Regimekritiker seit 1966 Schreibverbot. Ausbürgerung 1981. 1981 erhielt er den Friedenspreis des Deutschen Buchhandels.

Arnold Kramish, geboren 1923, war als Physiker am Manhattan-Projekt zum Bau der amerikanischen Atombombe beteiligt und arbeitete in der amerikanischen Atomenergie-Kommission. Sein Buch »Der Greif« über die Spionagearbeit des deutschen Physikers Paul Rosbaud für den britischen Geheimdienst erschien 1986 (in deutscher Übersetzung 1987).

Bruno Kreisky (1911–1990) emigrierte 1938 aus Österreich nach Schweden und wirkte nach dem Krieg an den Verhandlungen über den Staatsvertrag 1955 mit. Von 1967–1983 Vorsitzender der SPÖ und 1970–1983 österreichischer Bundeskanzler.

Jürgen Kuczynski (1904–1997) emigrierte 1936 nach Großbritannien und lehrte seit 1964 Ökonomie an der Humboldt-Universität in Ost-Berlin; Autor einer monumentalen »Geschichte der Lage der Arbeiter unter dem Kapitalismus«.

Hans Küng, geboren 1928, lehrte von 1960–1980 katholische Fundamentaltheologie an der Universität Tübingen. Wegen kritischer Positionen zur Amtskirche und zur Papstautorität wurde ihm die kirchliche Lehrbefugnis entzogen. Er lehrte danach ökumenische Theologie und war Direktor des Instituts für ökumenische Forschung an der Universität Tübingen.

Hermann Kunst (1907–1999), evangelischer Theologe, war während der NS-Zeit Mitglied der Bekennenden Kirche und 1957–1972 evangelischer Militärbischof.

Konrad Lorenz (1903–1989), 1961–1973 Direktor am Max-Planck-Institut für Verhaltensphysiologie in Seewiesen. Für seine grundlegenden Forschungen zur vergleichenden Verhaltenstheorie erhielt er zusammen mit Nico Tinbergen und Karl v. Frisch 1973 den Nobelpreis für Medizin oder Physiologie.

Reimar Lüst, geboren 1923, war 1969–1972 Direktor am Max-Planck-Institut für Physik und Astrophysik und 1972–1984 Präsident der Max-Planck-Gesellschaft.

Hans Mayer (1907–2001) lehrte vergleichende Literaturwissenschaft und Literaturgeschichte in Leipzig und Tübingen.

Yohanan Meroz, vormaliger Botschafter Israels in der Bundesrepublik.

Hans-Werner Meyer (1932–1994) war von 1990–1994 Vorsitzender des Deutschen Gewerkschaftsbundes.

Klaus Michael Meyer-Abich, geboren 1936, war Mitarbeiter am Max-Planck-Institut zur Erforschung der Lebensbedingungen der wissenschaftlich-technischen Welt, lehrte seit 1972 Naturphilosophie an der Universität Essen und war 1989–1996 Projektleiter am Wissenschaftszentrum Nordrhein-Westfalen.

Katharina Mommsen, geboren 1925, lehrte seit 1974 Germanistik an der Stanford University.

Martin Niemöller (1892–1984) war während der NS-Zeit führend in der Bekennenden Kirche tätig. Seit 1938 war er bis Kriegsende in Konzentrationslagern inhaftiert. 1947–1964 war er Kirchenpräsident der Evangelischen Kirche in Hessen und Nassau und trat öffentlich als Pazifist und Gegner der Wiederbewaffnung der Bundesrepublik hervor.

Erich Ollenhauer (1901–1963), nach 1933 Mitglied des Parteivorstandes der exilierten SPD (Prag, Paris, London), war nach dem Tode Kurt Schumachers 1952 SPD-Partei- und Oppositionsführer.

Wolfhart Pannenberg, geboren 1928, lehrte 1967–1994 evangelische Systematische Theologie an der Universität München.

Helmuth Plessner (1892–1985) lehrte bis zu seiner Entlassung und Emigration 1933 an der Universität Köln, später an der Universität Groningen. 1951 Rückkehr nach Deutschland als Professor für Soziologie und Philosophie an der Universität Göttingen.

Karl R. Popper (1902–1994) emigrierte 1937 aus Wien nach Neuseeland, wo als eines seiner Hauptwerke »Die offene Gesellschaft und ihre Feinde« entstand. 1946 begann seine Lehrtätigkeit an der London School of Economics in Logik und wissenschaftlicher Methodenlehre.

Konrad Raiser, geboren 1938, lehrte evangelische Systematische Theologie und Ökumenik an der Universität Bochum und ist heute als Generalsekretär des Ökumenischen Rates der Kirchen in Genf tätig.

Enrico di Rovasenda, geboren 1906, war bis 1986 Direktor der Kanzlei der Päpstlichen Akademie der Wissenschaften im Vatikan.

Helmut Schelsky (1912–1984) lehrte Soziologie an den Universitäten Bielefeld und Münster.

Helmut Schmidt, geboren 1918, war 1961–1965 Innensenator in Hamburg, 1969–1972 Bundesverteidigungsminister, 1972–1974 Bundesfinanzminister und nach dem Rücktritt von Willy Brandt 1974 Bundeskanzler. Nach dem Austritt der FDP-Minister aus der Koalition wurde er im Oktober 1982 durch ein konstruktives Mißtrauensvotum gestürzt.

Theodor Schmidt-Kaler, geboren 1930, lehrte Astronomie an der Universität Bochum.

Gerd Schmückle, geboren 1918, war Stellv. Nato-Oberbefehlshaber.

Helmut Schnelle, geboren 1932, lehrt Allgemeine Sprachwissenschaft und Linguistik an der Universität Bochum.

Klaus Scholder (1930–1985) lehrte seit 1968 Neuere Kirchengeschichte und Kirchenordnung (ev.) an der Universität Tübingen.

Erwin Schrödinger (1887–1961) lehrte als Physiker an den Universitäten Zürich, Berlin, Oxford und Dublin. Zusammen mit P. A. M. Dirac erhielt er 1933 den Nobelpreis für Physik.

Ruth Lewin Sime, amerikanische Wissenschaftshistorikerin, die in ihrem Buch »Lise Meitner – ein Leben für die Physik« die These aufstellt, Otto Hahn habe den Anteil der Physikerin Lise Meitner an der Entdeckung der Kernspaltung in antisemitisch motivierter Weise unterschlagen.

Bruno Snell (1896–1986) lehrte klassische Philologie an der Universität Hamburg.

Sofia, Königin von Spanien.

Emil Staiger (1908–1987) lehrte deutsche Literaturwissenschaft an der Universität Zürich. Er ist besonders mit seinen Werken zur Interpretationstheorie hervorgetreten: »Grundbegriffe der Poetik« (1946), »Die Kunst der Interpretation« (1955).

Douglas Steere (1901–1995) lehrte Philosophie am Quäker-College in Haverford (USA).

Fritz Stern, geboren 1926, emigrierte 1938 in die USA und lehrte seit 1953 Geschichte an der Columbia University in New York. Eines seiner frühen Hauptwerke war »The Politics of Cultural Despair« von 1961 (dt. unter dem Titel »Kulturpessimismus als politische Gefahr. Eine Analyse nationaler Ideologie in Deutschland«, 1963).

Gerhard Stoltenberg (1928–2001) war 1971–1982 Ministerpräsident von Schleswig-Holstein, 1982–1989 Finanzminister und 1989–1992 Verteidigungsminister im Kabinett Kohl.

Fritz Straßmann (1902–1980), Mitarbeiter von Otto Hahn am Kaiser-Wilhelm-Institut für Chemie in Berlin und dort mitbeteiligt an der Entdeckung der Kernspaltung. Nach dem Krieg war er Direktor des Max-Planck-Instituts für Chemie in Mainz.

Edward Teller, geboren 1908 in Budapest, mußte nach Forschungstätigkeit an den Universitäten Leipzig und Göttingen Deutschland verlassen. Er war in Amerika maßgeblich an der Entwicklung der Atom- und Wasserstoffbombe beteiligt und lehrte zuletzt Physik an der University of California in Berkeley.

Konstantin Tschernenko (1911–1985), seit 1984 Generalsekretär der KPdSU und Staatsoberhaupt der ehemaligen Sowjetunion.

Alfred C. Toepfer (1894–1993) war Reeder und Gründer der Stiftung F. V. S. in Hamburg.

Hans-Jochen Vogel, geboren 1926, war 1960–1972 Oberbürgermeister von München, 1972–1981 Bundesminister in verschiedenen Ressorts und nach 1983 Fraktionsvorsitzender im Bundestag, 1987–1991 auch Parteivorsitzender der SPD.

Mark Walker, geboren 1959, Mathematiker und Wissenschaftshistoriker, veröffentlichte 1989 die Studie »German National Socialism and the Quest for Nuclear Power (1939–1949)« (dt. »Die Unranmaschine. Mythos und Wirklichkeit der deutschen Atombombe«, Berlin 1990).

Volker Weidemann, geboren 1924, lehrte Astronomie an der Universität Kiel.

Victor Weißkopf, geboren 1908, war Mitarbeiter am amerikanischen Atomenergieprojekt in Los Alamos und lehrte Physik am Massachusetts Institute of Technology in Cambridge/Mass. Von 1961–1966 war er Generaldirektor des CERN in Genf.

Richard von Weizsäcker, geboren 1920, seit 1969 Bundestagsabgeordneter der CDU, 1981–1984 Regierender Bürgermeister von Berlin, von 1984 bis 1994 Bundespräsident der Bundesrepublik Deutschland.

Günther van Well (1922–1993), seinerzeit deutscher Botschafter in den Vereinigten Staaten.

Martina Wille, eine schweizerische Verwandte von W.